LUCERO G. SANCHEZ LOPEZ

# LA CHAPO DIPUTADA

Mi historia con el señor de la montaña

HISTORIA REAL

LA CHAPODIPUTADA MI HISTORIA CON EL SENOR DE LA MONTANA.

PIMERA EDICION: JULIO 2024

© copyright Lucero G Sanchez López 2024

Gracias por comprar una primera edición de este libro y por respetar los derechos de Autor y Copyright. Al hacerlo está respaldando al autor y permitiendo que a futuro pueda escribir más desde su libre expresión

Queda prohibido bajo las sanciones establecidas por la ley escanear, reproducir total o parcialmente esta obra por cualquier medio o procedimiento de ejemplares mediante alquiler o préstamo publico sin previa autorización.

ISBN: 979-8-9910176-2-6

Printed in USA.

## AGRADECIMIENTO

A Dios, por cuidarme y guiarme en los momentos de oscuridad. A mis hijos, mi motor e inspiración para mantenerme de pie. A mi compañero de vida, gracias por estar en las batallas más difíciles. A mis padres. A mi Ángel, que cuida de mi desde el cielo, mi hermana María Carolina Sánchez López, quien partió muy temprano de este plano terrenal; ella es una inspiración en este proceso.

## INDICE.

Introducción……………………………………………..13

**1.** Pasos de la infancia……………………………..……….15

**2.** Amor a temprana edad……………………………….29

**3.** Camino al señor de las montañas………………..……59

**4.** El comienzo de una extraña relación………………145

**5.** Enfrentamiento en las montañas ………………….175

**6.** La muerte de don Juan el comandante………………189

**7.** La continua desfachatez ……………………..……199

**8.** La renuncia de virgo……………………………..…209

**9.** Operativo en los cabos B.C……………………………213

**10.** De la sierra a empresaria………………..……………249

**11.** De reina a diputada y espionaje……………………277

**12.** El adiós del x1 y Carolina……………………………303

**13.** La captura del chapo en el Miramar…………..……317

**14.** Visita en el Altiplano……………………………….345

**15.** 181 días prófugo………………………………….....359

**16.** La última recaptura……………………..…………373

# Introducción

Nos sumergiremos en la intrigante historia de Lucero Guadalupe Sánchez López, una exdiputada del Estado de Sinaloa, y su conexión con uno de los narcotraficantes más influyentes de nuestra época: Joaquín Guzmán Loera, conocido como "El Chapo".

Lucero captó la atención de la opinión pública tras visitarlo en la prisión del Altiplano, ubicada en el Estado de México. Este encuentro marcó el inicio de una historia llena de misterio, amor y traición, cuyos detalles se revelan en nuestros relatos.

A lo largo de nuestra narrativa, exploramos la vida de Lucero Guadalupe Sánchez López, desde sus humildes comienzos hasta su ascenso en la política. También examinaremos las acusaciones en su contra, su participación en el mundo del narcotráfico y su relación con "El Chapo" Guzmán, desde sus inicios hasta sus dramáticas consecuencias.

Descubriremos los oscuros negocios y complicidades, así como sus arriesgados escapes por túneles y fugas que surgían inesperadamente por tierra y aire. A través de estos relatos, conoceremos los momentos más impactantes de la joven y un romance prohibido, que culminó en prisión, traición y decepción. Los hechos alcanzaron los rincones más remotos de México y Estados Unidos. "La Chapo Diputada" es una historia basada en hechos reales.

Cada episodio que compartimos es una ventana abierta a la verdad del sufrimiento descrito desde la perspectiva única de la autora. Para proteger la identidad de algunos protagonistas, hemos utilizado seudónimos en nuestros relatos.

Únete a nosotros en este fascinante viaje a través de las aventuras y tragedias de Lucero Guadalupe Sánchez López, una mujer cuyo destino quedó entrelazado para siempre con el del legendario narcotraficante Joaquín Guzmán Loera.

Esta historia simplemente disipa dudas y brinda claridad al lector sobre los intereses en el tema. Con esto concluye una etapa de su vida, sellando un pasado y un ciclo doloroso.

Está abierta a nuevas experiencias, con el objetivo de ser mejor persona cada día y un buen ejemplo para sus hijos y para aquellos a quienes pueda inspirar. A través de la lectura y la escritura encontró un refugio que hoy utiliza para reflexionar sobre lo que ha sido su vida personal. Esta historia simplemente disipa dudas y brinda claridad al lector sobre los intereses en el tema.

# 1
# pasos de la infancia

Desde los ocho años, recorrí las calles empedradas de mi pueblo natal, yendo de puerta en puerta y rifar mi suerte.

— "Oiga, ¿Compra pan?", — preguntaba la niña tres días a la semana, en busca de la vida. Esta es mi historia...

Era una madrugada, la recuerdo bien. Desperté, aturdida por los gritos y el llanto inconsolable de mi madre, sus quejidos agonizantes resonaban con fuerza hasta mi habitación, en ellos mi ama reflejaba el dolor que la embargaba.

Los gritos me hicieron levantarme rápidamente de la cama, aún confundida y medio dormida, me dirigí a investigar lo que pasaba. Caminé hasta la puerta de mi dormitorio, somnolienta, desde allí observé la silueta de mi papá en medio de la oscuridad del pasillo, golpeando a mi amá. Pude ver cómo levantaba sus puños, mientras ella permanecía en el suelo, entre sollozos.

Yo estaba asustada y confundida, ni siquiera podía reaccionar ante lo que veía. Cuando pude hacerlo me apresuré a intentar detenerlo, aunque solo era una niña, intentaba enfrentarlo para protegerla. Después de acercarme, mi papá se apartó y me incliné ante ella para ayudarla a levantarse. Era la primera vez que presenciaba la violencia y miraba la sangre de un ser humano brotar.

Entre lágrimas, la sostuve en mi regazo mientras lloraba inconsolable. Aquel sería el punto de quiebre de mi infancia. La inocencia se desvanecía ante la cruda realidad de la violencia doméstica. Mis sueños de muñecas y juegos de té quedaron atrás, reemplazados por la necesidad de ser el apoyo de mi madre. Mientras acomodé su cabello despeinado, miré su rostro casi desfigurado y cubierto de sangre, producto de los puños que golpearon su cara. Los días se volvieron sombríos, marcados por el miedo y la incertidumbre, y las noches se llenaron de pesadillas en las que aquellas manos se convertían en un temor.

Mi percepción del amor paterno se desmoronaba, dejando un vacío doloroso en la niña que fui. Aunque con el paso de los años, llegué a comprender los problemas. Mi papa, fue consumido por las drogas, se convertía en un temor a diario. Los golpes, los gritos y las humillaciones se volvieron rutina en nuestro hogar, destrozando cualquier rastro de amor y estabilidad.

Mi madre, una figura de fuerza y sacrificio, soportaba el peso de una familia quebrada, luchando en silencio contra el dolor y la desesperación. Sus lágrimas, aunque silenciosas, hablaban más fuerte que cualquier palabra. La violencia y la infidelidad se entrelazaban en un ciclo destructivo que parecía no tener fin. Cada día era una batalla por la supervivencia, mientras yo observaba impotente cómo mis hermanos caían en la misma espiral de dolor y desesperanza.

Desde aquel fatídico día, mi mundo se tiñó de gris. La seguridad y el amor familiar se convirtieron en ilusiones lejanas, mientras luchaba por encontrar sentido en un hogar marcado por el sufrimiento y la desolación. En ese entorno hostil, crecer se volvió sinónimo de supervivencia, dejando cicatrices invisibles en el alma.

Las imágenes de aquella madrugada me perseguían como sombras, recordando la fragilidad del amor y la brutalidad del mundo que me rodeaba. A menudo me preguntaba qué habría sido de nosotros si el amor hubiera sido más fuerte que todo, y si la compasión hubiera triunfado sobre el egoísmo.

Pero en medio de la oscuridad, encontré una chispa de esperanza. Aunque mi infancia estuvo marcada por el dolor, también me enseñó el valor de la resistencia y el poder del amor incondicional. Aprendí a ser mi propia luz en la oscuridad, buscando la redención en cada amanecer y encontrando fuerzas donde parecía no haberlas. Y así, con el tiempo, encontré mi camino en esta vida. Aprendí a perdonar, no por ellos, sino por mí, luchando día a día contra el peso del pasado y abrazando un futuro lleno de posibilidades. Aunque el camino fue largo y difícil, cada paso me acercó un poco más a encontrar esa tranquilidad.

*** 

En el umbral de la adultez, miro hacia el pasado con gratitud por las lecciones aprendidas y hacia adelante con esperanza por lo que está por venir. Mi historia está llena de tragedias, es verdad. Pero también de fortaleza y el coraje de negarme a rendirme ante la adversidad. Y en esa fortaleza, encuentro la verdadera esencia del amor familiar: no en las palabras vacías o los gestos grandiosos, sino en la capacidad de asumir juntos las tormentas y salir más fuertes del otro lado.

Vivir en un entorno de constante maltrato físico y psicológico hacía imposible cualquier convivencia o intimidad familiar. Los gritos, los golpes y los insultos eran el pan de cada día, dejando en nosotros cicatrices difíciles de sanar. A menudo, me encontraba culpando a Dios por su aparente ausencia en nuestro hogar, donde el amor, la paciencia y la comprensión brillaban por su ausencia en una familia numerosa.

Los acuerdos entre mis padres eran inexistentes, y cualquier intento de comunicación se desmoronaba en segundos, desembocando en enfrentamientos verbales y, en ocasiones, físicos. Mi padre era un hombre posesivo cuya actitud marcaba el desarrollo de mi infancia y la de mis hermanos. Este entorno lleno de angustia dejó en mí traumas profundos que afectaron todas las etapas de mi vida. La madurez llegó a una edad temprana, reflejándose en mi forma de pensar y actuar como una niña adulta. La lucha por sobrevivir en este mundo hostil era constante para todos nosotros.

Mi madre, en ocasiones, compartía las penurias que vivió para mantenernos a flote, desde la escasez de alimentos hasta las batallas contra las injusticias sociales y familiares que enfrentó incluso antes de mi nacimiento. El machismo y la opresión hacia las mujeres son una realidad palpable, no solo en el pasado, sino que aún hoy en día seguimos viviéndola. Mi madre sufría las consecuencias al exigir respeto como esposa y madre, enfrentándose a reacciones negativas y contraproducentes. Sé que muchas mujeres pueden identificarse con esta experiencia.

Yo no elegí el entorno en el que crecí, ni la familia que me tocó. Ahí me coloco Dios, por alguna fuerte razón.

A pesar de las dificultades, fui criada según los principios de mis papás. Sin embargo, el contexto de ignorancia y falta de educación formal limitaba la expresión del afecto y la comprensión del amor hacia los hijos. Desde pequeña, aprendí a enfrentar las dificultades de la vida a mi manera. Aunque conocía el amor a Dios y encontraba consuelo en la fe en momentos difíciles, nunca me identifiqué con una religión en particular, a pesar de ser criada en la fe católica.

En mi interior, coexistía una niña fuerte, noble y protectora, pero también sumisa en ciertas circunstancias. A lo largo de los años, estas cualidades se fusionaron, convirtiéndome en el pilar de mi familia, especialmente para mis hermanas menores a quienes consideré más vulnerables. Reconozco mis virtudes y defectos con sinceridad, aceptándome tal como soy.

Desde pequeña, anhelaba un futuro lleno de sueños y logros. Sin embargo, los obstáculos surgieron temprano en mi camino educativo debido a la difícil situación económica de mi familia y por ser la mayor entre las mujeres. Aunque el preescolar quedó fuera de mi alcance, ingresé a la escuela en La Estancia, Cosalá, en el segundo grado de primaria. Mientras tanto, mis hermanos mayores recorrían los caminos para asistir a clases en Los Braceros, una comunidad localizada a 20 minutos de distancia de la cabecera municipal.

Durante mi infancia, mi amá ya me enseñaba responsabilidades en el hogar, convencida de que era una tarea natural para las mujeres y preparándonos para futuros roles como esposas y madres. Su enfoque estaba marcado por la sumisión y la aceptación de cualquier trato que recibiéramos de nuestros futuros esposos, algo que no compartía.

Siendo la mayor entre mis hermanas, cargué con muchas responsabilidades desde temprana edad. A medida que crecía, mi mamá me inculcó el apego familiar y la idea de que era mi responsabilidad cuidar del bienestar de todos en casa. Sentía la necesidad de proteger y cuidar a mis hermanos y hermanas en todo momento.

Este exceso de cuidado y protección los privó de la oportunidad de desarrollarse por sí mismos, los limitó en muchos aspectos de sus vidas. Me volví codependiente, incapaz de dejarlos ir por miedo a que algo malo les ocurriera.

Esto ha tenido consecuencias en ellos hasta el día de hoy; viven con limitaciones mentales inculcadas por mí y mi mamá. El amor incondicional por mi familia sigue siendo mi fuerza impulsora a pesar de los desafíos que hemos enfrentado.

Desde chica, intentaba encajar con los de mi edad, pero siempre me resultaba difícil. En lugar de jugar como los demás niños, a menudo me encontraba atrapada en el papel de adulto, simulando ser mamá y papá. Este comportamiento poco convencional no era comprendido por otros niños, generando desdén hacia mí. Para mí, era simplemente una extensión de los roles que desempeñaba en casa: siendo los ojos y las manos de mi ama en las labores del hogar y en el cuidado de mis hermanos. La forma en que fui criada, con mano dura y en medio de carencias, limitaba mi capacidad para interactuar con otras personas.

Casi siempre encontraba conflictos con mis compañeros debido a mi comportamiento diferente, aunque no buscaba los problemas, parecían encontrarme fácilmente. Mis hermanas y yo intentábamos disfrutar de una infancia lo más normal posible, a pesar de los conflictos de nuestros padres y de mi peculiar comportamiento.

***

Recuerdo con humor algunas de estas travesuras, como aquella tarde en la que Carolina, mi hermana menor, y Carmela, una prima, y yo decidimos jugar a las escondidillas.

En la casa, existía una vieja hielera que mi amá utilizaba como alacena, y aunque era un lugar poco común, nos divertíamos jugando allí.

—"¡Es tu turno!", —dijeron las niñas, indicándome que me tocaba esconderme en la vieja hielera mientras ellas se encargaban de asegurar el cerrojo afuera. Desde el interior de aquel insólito escondite, escuchaba sus voces contando el tiempo, mientras yo aguardaba en silencio.

—"¡1, 2, 3, 4, 5!", — dejaron de contar, pero el cerrojo de la vieja hielera nunca se escuchó abrir. Incapaz de abrirlo desde dentro, intenté mantener la calma, pero el silencio y la oscuridad empezaron a atemorizarme, aumentando mi desesperación con cada minuto que pasaba. El calor y la falta de oxígeno me debilitaban cada vez más.

—"¡Ey.! ¡Sáquenme de aquí!", — grité, pero no tuve respuesta. Golpeé la puerta de la vieja hielera con fuerza, en un intento desesperado por llamar la atención de las niñas.

—"Carolina, sácame... o le diré a mi ama", — amenacé, creyendo que todo era parte de una broma. Pero, al pasar el tiempo y sin respuesta, el pánico se apoderó de mí.

En un acto desesperado, llamé a una de nuestras primas mayores y vecina más cercana:

—"¡Naty... ayuda... Naty!", — grité con todas mis fuerzas, esperando que alguien viniera en mi auxilio. Solo contaba con al menos diez años, cuando me enfrenté por primera vez a la posibilidad de perder la vida. Mientras yacía dentro del viejo refrigerador, la debilidad física había invadido mi cuerpo, Sumida en la oscuridad y privada del oxígeno necesario para sobrevivir. Todo parecía estar perdido.

Desde la inconsciencia, escuché un sonido distante que se abría paso a través del silencio: el cerrojo de la puerta de la vieja hielera se abría con la fuerza de alguien que había acudido a mi rescate.

Al abrir los ojos, sentí golpes suaves en mi rostro que me devolvieron a la realidad, segundos antes de que la vida me abandonara por completo.

Era Naty, mi prima, quien había respondido a mis desesperados gritos de auxilio. En ese instante, el desahogo inundó mi ser y las lágrimas brotaron, como una expresión de alivio y gratitud por estar viva. Abracé con fuerza a Naty.

Tras el susto inicial, Naty me ayudó a levantarme y me llevó en busca de atención médica urgente. Al regresar a casa, mi mamá, quien estaba ausente aquel día, se enteró de lo sucedido y en un arranque de ira y preocupación, castigó a mi hermana Carolina y a Carmela, nuestra prima, por su descuido. Fue un recordatorio doloroso de la fragilidad de la vida y la importancia de la atención y el cuidado constante, que debían tener nuestros padres incluso en los momentos más simples y aparentemente inocentes.

\*\*\*

En los días de lluvia, nos encantaba jugar y cantar en las colinas de la comunidad. Las tragedias solían ocurrir cuando mi mamá no estaba en la casa, confiada en que nuestra prima Agustina, quien vivía con nosotros, nos cuidaba bien.

Una tarde, después de la lluvia, Carolina y yo salimos a recoger frutas de temporada. Me subí a un árbol para cortar algunas, pero resbalé cuando otra niña me empujó. Sentí un dolor agudo en mi pierna y noté sangre bajando por mi muslo. Mi pierna había quedado atrapada en un trozo de árbol recién podado.

—¡Se está desangrando! —escuché gritar a alguien. Los niños me miraban sin saber qué hacer. Carolina corrió a ayudarme y juntas nos dirigimos a casa, con el sangrado aumentando.

—¡Agustina, por favor, ayúdanos! —gritaba Carolina a nuestra prima. Al llegar a la puerta, no podía contener mis gritos de dolor. Agustina intentó detener el sangrado con compresas y hasta con café, pero nada que lo lograba detener.

Minutos después, nuestros padres regresaron del centro comercial. Me cargaron y me llevaron al centro de salud del pueblo, entre el pánico y la desesperación para recibir la atención necesaria.

El doctor hizo todo lo posible para limpiar y cerrar la herida, a pesar del café que Agustina había echado. Fue un proceso difícil, pero al final lo logró. Después de eso, mi mamá se volvió más cuidadosa y no quería salir de casa para poder vigilarnos más. Nos prohibió jugar con los niños del vecindario, pero nosotras seguíamos escapando sin su permiso. Incluso optó por atarme a una silla, para evitar mis salidas, pero ese acto no le daba resultados.

Hubo muchas historias como esta que marcaron nuestra infancia. Gracias a la insistencia de mi madre, que nunca dejó de corregirnos a mis hermanas y a mí, soy una mujer de fortaleza.

Con el tiempo, mis padres decidieron mudarse a una nueva ubicación, una nueva casa en un lugar apartado lejos de la gente. La casa está en la cima de una colina, eso nos daba privacidad. Sus paredes eran de adobe y piso de tierra, una casa muy humilde entonces. Poco a poco fuimos arreglándola para que fuera más cómoda para todos.

La relación de mis padres empeoró cuando él empezó a ausentarse más. Seguía siendo violento con mi mamá, pasaba mucho tiempo en las cantinas y con otras mujeres, y su trabajo lo llevaba lejos de casa por días recorriendo la sierra.

Mi mamá siempre buscaba maneras de ganar dinero extra en casa para ayudar con los gastos. A veces, yo tenía que saltarme comidas para asegurarme de que mis hermanitos, especialmente los más chicos, tuvieran suficiente para comer. Desde pequeña, en lugar de jugar, pasaba mi tiempo ayudando en casa y trabajando.

Mi mamá, mi hermana Carolina y yo nos turnábamos para hacer las labores domésticas y también preparábamos el pan y otras cosas para vender. Los fines de semana, trabajábamos en el centro comercial del pueblo para ganar algo de dinero extra. Así que, desde chiquitas vivimos una vida de adultos, haciendo lo que fuera necesario para ayudar en el hogar.

Las drogas y el alcohol tuvieron un impacto devastador en nuestra familia. Mis hermanos también cayeron en su influencia, especialmente mi hermano mayor, "Nito", quien comenzó a consumir a una edad muy temprana.

Recuerdo una tarde, mientras cuidaba a mi hermanito José, salí por un momento para lavar su biberón. Al regresar, me encontré con una escena de miedo: "Nito" apuntaba un arma hacia la cuna. Rápidamente, corrí hacia el bebé y lo tomé en mis brazos justo antes de que "Nito" disparara. La bala cayó cerca de mis pies y con el bebé aún en mis brazos, salí corriendo, esperando desesperadamente a que mis papás llegaran a casa. Les conté lo sucedido, desde luego, mi hermano no estaba en condiciones de cuidarnos.

Lamentablemente, cayó en las garras de las drogas y se rodeó de malas compañías, lo que afectó muchísimo a nuestra familia.

A medida que fui creciendo, me daba cuenta de los problemas en casa. Sentí la necesidad de ayudar más, así que convencí a mi mamá de dejarme experimentar otros trabajos para ganar dinero extra y apoyar en el hogar. Éramos muchos y pocos recursos.

\*\*\*

Fue muy difícil vivir en un hogar donde las peleas eran moneda corriente, eso se volvió una pesadilla constante para mí. Las palabras hirientes y los golpes de mi apa hacían mi mamá eran una escena demasiado común. Recuerdo con dolor cómo esos momentos de violencia dejaban a todos marcados emocionalmente, especialmente a mis hermanos menores.

Mi amá, con sus ojos llenos de lágrimas y el rostro marcado por los golpes, intentaba protegernos a pesar de todo. Pero era una lucha desigual contra un padre que llegaba ebrio y violento a casa, rompiendo puertas y sembrando miedo cada noche.

Mis hermanos habían crecido con el paso de los años y se habían marchado de la casa. Fue ahí que llegó el momento en el que decidí enfrentarlo y proteger a mi mamá. El miedo y la incertidumbre me embargaban, pero no podía quedarme de brazos cruzados.

En una ocasión golpeé a mí apá con todas mis fuerzas, intentando detenerlo de su violencia, aunque fuera por un momento.

Con el paso del tiempo, comencé a comprender que esta realidad no era normal. Observaba a otras familias y anhelaba esa paz y armonía que veía en ellas. Quería escapar de esa violencia y llevar a mi familia conmigo, pero mi madre, atrapada en sus miedos y creencias, se aferraba a un matrimonio que solo le causaba sufrimiento.

Mis intentos por convencerla de huir fueron en vano. Aunque la rutina y el dolor eran su compañía constante, no podía abandonar la única vida que conocía.

Mientras tanto, mi papá continuaba con su comportamiento destructivo, incluso concebía hijos fuera del matrimonio, sin importarle el daño que causaba a nuestra familia.

***

Sí, había preferencias entre mis hermanos y yo. Mi apá no nos golpeaba físicamente a mis hermanas y a mí, pero sí era violento con mis hermanos varones, especialmente cuando intentaban proteger a mi amá. Estos son recuerdos dolorosos, que también me han dado la fuerza para buscar una vida diferente.

A raíz de las infidelidades, mis hermanos mayores y mi papá tuvieron una pelea muy fuerte. Resulta que descubrieron que él tenía otra vida aparte de la que llevaba con nosotros. Todo terminó en una pelea donde mi mamá, de repente fue la que atacó a mi apá, lanzándole golpes por todos lados. La casa se convirtió en un caos y mis hermanos decidieron irse desde entonces de la casa, siendo todavía unos adolescentes.

El tío Paulo, que era como un segundo papá para el mío, también se metió en la pelea. Desde mi rincón, vi cómo todo volaba y el tío corría de un lado a otro sin saber qué hacer, tratando de calmarlos.

Mi tío compartió nuestros problemas hasta su final. Estuve a su lado cuando murió y recuerdo cada detalle de él, su sonrisa, su voz, su cariño y todos sus cuidados, su presencia significaba mucho. A pesar de las pérdidas, nunca dejé de soñar. Después de la muerte del tío, mi papá intentó cambiar, pero mis hermanos ya se habían ido y mamá ya no quería tenerlo cerca. Carolina y yo empezamos a ayudarlo, yendo con él en sus viajes para llevar los surtidos a las tiendas de la sierra. Para mí, mi papá, a pesar de todo, sigue siendo muy importante.

Con aquel acercamiento más con él, entendí cada vez mejor la importancia del trabajo de mi papá. Su esfuerzo y dedicación me parecían admirables.

— "Hay que trabajar, yo también tengo que comer, y si no vamos, la gente no come", — nos repetía constantemente. Esta frase siempre me saca una sonrisa. A medida que crecimos, apoyamos más su labor.

Solíamos llenar su carro doble rodado con los productos que debía llevar a diferentes localidades. Una de nosotras leía la larga lista de artículos mientras otras cargábamos el carro con todo el peso necesario. Realizamos esta tarea al menos tres veces por semana.

Además, mi papá nos enseñó a conducir los carros de carga para que pudiéramos ayudarlo aún más. Así, él podía descansar después de largas horas y noches recorriendo la sierra para abastecer las tiendas.

Para mí, su trabajo significaba más que solo conducir un carro. Con el tiempo, descubrí que ayudaba a personas necesitadas, transportando enfermos desde la sierra hasta la ciudad e incluso llevando a mujeres a punto de dar a luz. Muchas veces, acompañé a mi papá en estas travesías, presenciando situaciones difíciles. Aunque él nunca cobraba por estos servicios, las personas a menudo le expresaban su gratitud con obsequios, pequeños como gallinas y puercos, que aceptábamos emocionadas.

La entrega de suministros a las tiendas rurales y los campos agrícolas durante años fue nuestra rutina. Recuerdo los paisajes verdes y las brechas que veíamos antes de llegar, mientras recorríamos los caminos entre los riscos. Me maravillaba la habilidad de mi papá para conducir y recorrer esos caminos, con su carro lleno de carga entre las empinadas cuestas.

En esos viajes, experimenté pequeños momentos de felicidad, especialmente junto a mis hermanas. Disfrutamos cada oportunidad mientras mi papá nos explicaba cómo funcionaba cada parte del interior del carro.

Las noches bajo el cielo estrellado, sobre el doble rodado, eran habituales en sus viajes. Al llegar a los pueblos, buscábamos un buen lugar para aparcar y descansar un poco. Con la luz del día, despertábamos al son del canto de los gallos y los sonidos de los animales en los corrales. A las 7:00 a.m., cuando el sol se asomaba, las tiendas abrían y comenzábamos a ayudar a descargar la mercancía, listos para el regreso a Cosalá.

Aprendimos mucho de las labores, otra de ellas era la fabricación de ladrillos de barro. Cuando no viajábamos con él a Remedios, madrugábamos para trabajar la tierra, moldear y secar los ladrillos al sol.

Era un trabajo duro, pero gratificante. Mi papá construía varios hornos al mes, alimentados con la leña que recolectábamos en nuestros viajes.

Las tardes dedicadas a buscar leña y recolectar miel eran especiales. En esos momentos, descubrimos su lado más noble, compartiendo con nosotras experiencias únicas. A pesar de su dura rutina, aún encontraba tiempo para llevarnos de paseo o comprarnos regalos con las ganancias de los hornos. Recuerdo con cariño mis primeros tacones, un regalo de mi papá que me llenó de ilusión y motivación.

\*\*\*

Nuestras vacaciones eran en los grandes campos agrícolas, para la recolección de tomate, chile y pepino para su exportación a otros países y tiendas locales. Al término de las vacaciones seguíamos nuestra preparación escolar y después de la escuela, nos dirigíamos a ayudar también a mi mamá en sus ventas por las tardes.

La rutina era agotadora y a veces me sentía enfadada. Las pocas horas de sueño no eran suficientes para recuperarme, pero seguíamos adelante. Aunque a veces recibíamos castigos severos por desobedecer o pelear entre nosotras, siempre buscábamos apoyarnos y seguir adelante juntas. Dentro de las situaciones malas, también existían buenas.

A pesar de querer escapar muchas veces de casa debido al cansancio y la frustración por no poder disfrutar de mi niñez, me quedaba para seguir recibiendo castigos injustos y cumplir las órdenes de mis padres. A menudo me sentía apagada. Cada vez que protestaba, solo conseguía un maltrato que me callaba de nuevo.

Los años de mi infancia pasaron con dificultades, especialmente para mis hermanos mayores, quienes dejaron el hogar debido a los conflictos familiares. A pesar de querer seguirlos, me detuvo el amor por mi mamá y mis hermanas. Ella nos enseñó a Carolina y a mí a mantenernos unidas y a cuidar especialmente a María, nuestra hermana menor y al resto.

La llegada de las amistades de mi papá a casa, a menudo ebrias, nos expuso a riesgos peligrosos. Como padres, es esencial escuchar y proteger a nuestros hijos de situaciones y personas incómodas.

A los catorce años, decidí dejar el hogar debido a muchos problemas. Aunque intenté hablar con mis papás, no creían en mí, situación que pasa en todo adolescente, la incomprensión. Esta falta de apoyo reforzó mi decisión de irme.

Decidí buscar nuevas oportunidades, alejándome del trabajo agrícola y los empleos impuestos por mis padres. Trabajé como mesera y luego en limpieza de casas, pero el bajo salario y la falta de valoración me desanimaron.

Al irme de casa, otras puertas se abrieron para mis conocimientos. A los catorce años, tuve la oportunidad de ser educadora en áreas rurales. Esta experiencia fue breve, pero me llenó de orgullo y satisfacción al saber que había ayudado a otros.

Este capítulo de mi vida ha sido una montaña rusa de emociones y desafíos. Vi cómo mi familia se sumergía en las garras de las adicciones, y sentí la necesidad de intervenir, ya desde mi vida adulta. Ingresé a mi padre y a uno de mis hermanos mayores en un centro de rehabilitación, estaba convencida de que no lo harían voluntariamente. Fue un proceso doloroso, pero necesario para su bienestar y el de todos.

Lamentablemente, el centro al que los llevamos resultó ser un desastre. No ofrecía los servicios adecuados y las condiciones eran inhumanas. Después de intentar sin éxito buscar ayuda oficial, decidimos sacarlos de allí y enfrentar la situación por nuestra cuenta.

A pesar de todo, mi papá y mi hermano encontraron la fuerza para dejar las drogas y reconstruir sus vidas.

El divorcio de mis padres marcó el final de aquel matrimonio triste y doloroso, pero también el comienzo de nuevas oportunidades. Mi mamá optó por quedarse sola, mientras que mi padre formó una nueva familia. Mis hermanos encontraron su camino, viviendo con sencillez, pero tranquilamente cada uno por su lado.

Este capítulo de mi vida ha sido un viaje de autodescubrimiento y resiliencia. A través de las dificultades, aprendí a valorar mi propia fuerza y el apoyo de aquellos que me rodean

## 2

## Amor a temprana edad.

A los dieciséis años, conocí el amor verdadero. No era un amor aprobado por leyes humanas o divinas, sino un amor instintivo, nacido de la misma esencia del sentimiento inexplicable.

Era el 15 de septiembre y en mis orígenes resonaban las celebraciones de la independencia. Los majestuosos colores patrios adornaban las calles, y el espíritu festivo me envolvía junto a mi familia.

Tras el festival cultural, llegaba el momento de los fuegos artificiales y el baile de la noche para los cosaltecos. Aquel fue uno de los primeros bailes a los que asistí y el último de mi corta adolescencia. Carolina y yo convencimos a nuestros papás para que nos dejaran entrar al bullicioso salón de fiestas del pueblo.

La música estaba en pleno apogeo cuando nos abrimos paso entre la multitud, ansiosas por encontrar un lugar desde donde observar y disfrutar de la noche. Minutos después de entrar, Carolina se fue a bailar con un joven, mientras yo decidí ser espectadora y disfrutar de la noche y su música.

— ¿Vamos a bailar? — dijo una voz apenas audible sobre el estruendo de la música. El lugar estaba semi iluminado por luces de colores, lo que dificultaba distinguir el rostro de quien me extendía la invitación.

— No, gracias. No bailo — respondí rápidamente, apenada por la proposición del joven, quien mantenía su mano extendida, esperando una respuesta afirmativa. Al ver mi negativa, el chico se sentó a mi lado e intentó entablar una conversación. Su atrevida actitud me incomodaba, y me mantuve reservada, sorprendida por su persistencia y seguridad. Dijo haberme observado desde que entré al salón de baile. Poco después, Carolina regresó, exhausta de tanto bailar.

—"Anda, ve a bailar con el muchacho. ¿Para qué vinimos entonces?" — dijo con voz firme y optimista al ver que el joven seguía insistiendo en llevarme a la pista de baile.

Finalmente, me convenció, tomó mi mano y nos dirigimos juntos a la pista, donde comenzó nuestra historia. A pesar de mis reservas, a medida que avanzaba la noche entre la música y las conversaciones apenas audibles por el ruido, empecé a disfrutar de su compañía y quedé fascinada por su encantadora personalidad. No quería que la noche terminara. Comenzamos a conocernos mejor, compartiendo detalles de nuestras vidas y estudios escolares

— Me llamo Rubén — dijo él al final de la noche, en medio de la pista de baile.

— Mucho gusto, Rubén. Yo soy Lucero — respondí, sonrojada. Cuando las luces del salón se encendieron al final de la noche, pude ver con claridad su rostro; me pareció el más lindo que había visto nunca. Rubén tenía dieciocho años, y aquella noche compartió conmigo algunos de sus sueños y aspiraciones futuras, así como historias que me hicieron reír y sentir una conexión con él.

Hablaba de la universidad como un sueño muy anhelado. Era oriundo de Tamazula, Durango cerca de Chacala.

— Voy a ser piloto de Marina — me confesó aquella noche. Era su sueño más preciado. El baile había terminado y se nos fue la noche sin darnos cuenta. Al despedirnos, acordamos seguir viéndonos como el inicio de una linda amistad.

Después de aquella noche, comenzamos a visitarnos con frecuencia hasta que nos hicimos novios. Rubén estaba lejos, continuando sus estudios universitarios, así que nos llamábamos por teléfono siempre que podíamos. Los fines de semana viajaba a Cosalá para vernos y conocernos mejor. Mis papás no estaban de acuerdo con nuestro noviazgo y sus visitas, lo que provocaba discusiones con mi mamá. Me encontraba en plena adolescencia y la relación con él me volvió más rebelde. Yendo en contra de mis propios padres.

Creía estar haciendo lo correcto, pero mis papas no estaban equivocados al pensar que nuestra relación era solo un error de adolescentes. Como toda adolescente, pensaba que mis padres no sabían nada de la vida, y que yo entendía más sin haber vivido aún las desilusiones amorosas.

Con su regreso a sus estudios, las oportunidades de vernos disminuyeron debido a limitaciones económicas. Fue entonces cuando propuso dar un paso más en nuestra relación. Me planteó la idea de huir juntos. Al principio rechacé la idea, pero sus argumentos me convencieron.

Temía perderlo, así que al final de la tarde, después de pensarlo detenidamente, acepté huir con él. Nuestro noviazgo fue breve; después de ser rechazado en la universidad, Rubén decidió regresar a su comunidad para ayudar a sus padres en el campo y a sus hermanos con sus estudios. Perdimos la oportunidad de conocernos lo suficiente, yo estaba convencida a mi corta edad del amor que sentía por él y eso fue suficiente para intentarlo.

Estábamos inexpertos e inmaduros, sin pensar en las consecuencias. Por amor, dejé todo: mi casa, mi trabajo y mis planes futuros.

Una tarde, Rubén me llamó apresurado y preocupado. Me contó que su sueño de ser piloto se había esfumado. Algunas de sus presentaciones en la escuela de aviación y naval en Mazatlán habían sido exitosas, pero otras no. Sus ilusiones se desvanecieron cuando fue rechazado por un problema físico: de sus piernas encorvadas. Un detalle mínimo, pero significativo para la escuela de aviación naval.

El contratiempo que enfrentaba le robó toda esperanza de convertirse en el gran aviador que siempre había soñado ser desde su infancia. Entre esos sueños, yo ocupaba un lugar especial. Hablábamos de estudiar y construir nuestras carreras juntos, y eventualmente casarnos en un futuro. Sonaba como muchos ofrecerles un futuro mejor a sus padres, agradeciéndoles todo su esfuerzo por él y sus hermanos. Estaba entusiasmado con la idea de estudiar en las Fuerzas Especiales de Aviación de México. Aquel rechazo lo cambio todo de manera radical, dándole un giro inesperado a nuestros destinos. Rubén y su familia vivían en Tapi Chahua, una comunidad olvidada en la sierra del Triángulo Dorado.

\*\*\*

El 11 de noviembre de 2005, huimos a la sierra de Durango, convencida de que sería feliz y de que nuestra vida sería completamente diferente a la que llevaba con mis padres. Llena de incredulidad ante las bellas promesas de amor, me lancé a lo que creía sería la vida mágica de mis sueños. Nos convertimos en un joven matrimonio bajo la ley del monte, una relación aprobada por su familia, pero negada totalmente por mis padres.

Con el tiempo, comprendí que mi decisión estaba influenciada por el amor irrefrenable que sentía por él siendo sólo una adolescente, y también por el deseo inconsciente de escapar de los conflictos en casa de mis padres.

Desafortunadamente nuestra relación no duró para siempre, como estaba previsto. Sin arrepentimientos hoy puedo contar que de esos errores coleccione momentos increíbles, fue un amor puro, mi etapa más inocente.

Los padres de Rubén siempre me trataron con bondad y los consideraba como míos. Siempre intentaban animar a Rubén a retomar sus estudios, proponiéndole la carrera de ingeniería.

Una mañana, mientras estábamos en la cocina, sus padres tocaron el tema mientras él atizaba la hornilla, como era su costumbre cada madrugada. Doña Luisa pensó que su hijo merecía más oportunidades y que debería considerar otra profesión para asegurar nuestro futuro. Yo también estaba de acuerdo.

—"No insistas ama... ya te dije que no voy a estudiar algo que no me gusta y tampoco me pienso quedar aquí mucho tiempo. Si no estudio, veré qué hago para sacarlos de la miseria en la que vivimos", —respondió Rubén a su madre con frustración, dejando caer algunas lágrimas que reflejaban su desesperación. Sus palabras se clavaron en mi corazón, viendo el sufrimiento en sus ojos. Sin decir una palabra, intentaba ser su refugio, ofreciéndole mis brazos en silencio, vivía mi etapa más noble.

Salíamos juntos cada noche cuando todos dormían, nos sentábamos bajo los árboles para contemplar las estrellas del cielo y compartir nuestras preocupaciones.

La negativa de Rubén a aceptar su defecto físico y el rechazo de la academia de aviación lo sumieron en una profunda desilusión, cambiando su destino soñado.

Decidimos dejar de lado nuestros sueños y centrarnos en construir nuestro hogar, superando juntos las dificultades y esperando formar nuestra propia familia. Al partir con Rubén, no solo abandoné mis sueños, sino también a mi familia, especialmente a mi hermana menor, Carolina, quien quedó sola con nuestras responsabilidades.

El día que me fui, ella estaba preocupada al ver que no regresaba a casa. Ella y mi padre me buscaron por todas partes durante toda la tarde y noche, sin saber que había huido con él a la sierra. Sin noticias mías, mi familia acudió a la policía al día siguiente para pedir ayuda. Mi familia estaba confundida, creyendo que, al ir a mi trabajo, algo me había sucedido en las comunidades vecinas, las cuales recorría normalmente desde que era educadora de CONAFE.

No podían entender mi decisión. Cuando descubrieron la verdad, se molestaron mucho y presentaron una demanda en su contra, él era mayor de edad y yo solo una menor de dieciséis años aún. Para ellos, no tenía sentido que, a mi corta edad, hubiera decidido huir por amor.

A pesar de sus objeciones, yo seguía aferrada a la idea de un matrimonio feliz y luché por quedarme junto a Rubén y su familia. Aquella madrugada, supimos que la policía había llegado desde Sinaloa a Durango. Decidimos escondernos entre los cerros, yendo hasta su área de trabajo.

Caminamos entre arroyos y montañas de Tapi Chahua hasta llegar a los sembradíos de marihuana, donde permanecimos todo el día hasta el atardecer. Escuchábamos las noticias sobre la policía en la zona por la radio que colgaba de su cinturón. A pesar de la situación, el día pasó rápido y fue divertido a su lado. Fue la primera vez que presencié una de sus actividades laborales, en la siembra de marihuana.

Rubén era noble y muy trabajador. Poco a poco, fui conociéndolo mejor y descubrí sus habilidades como cazador. A veces salía de noche con sus primos en busca de presas para llevar comida a casa. Aunque no era perfecto, tenía muchas cualidades y virtudes que me enamoraron desde el primer momento en que lo conocí.

Con el tiempo, me adentré en la vida y costumbres de las familias de la sierra. Descubrí su estilo de vida, sus tradiciones y sus medios de subsistencia. La mayoría de los habitantes se dedicaban al cultivo de marihuana, una de las principales fuentes de ingresos. Otros cultivaban maíz y frijol. Además, criaban ganado, lo que proporcionaba leche y queso para nuestro consumo diario.

Después de fracasar en sus estudios, Rubén se dedicó al cultivo de la marihuana para sobrevivir. Me adapté a su forma de vida y también ayudaba en los cultivos y el cuidado del ganado para nuestra familia. Aprendí junto a él, sin cuestionar la moralidad de nuestros actos. La necesidad y las dificultades nos acompañaban constantemente, al igual que a muchas otras familias en situación de pobreza.

La vida en la sierra fue dura, pero estábamos juntos; eso era lo único que entonces me importaba. Descubrí muestras de amor y afecto que nunca había conocido. En ese pequeño rincón apartado, experimenté una nueva vida.

***

Nuestra relación parecía un cuento de hadas, pero cambió, en cuestión de días, Rubén empezó a comportarse de manera distinta. Descubrí que mantenía contacto con otras mujeres, ocultando secretos detrás de su aparente bondad. Me sentí herida y confundida. Cada vez que lo enfrentaba, recordaba las palabras de mi madre:

"Permanece al lado de tu esposo". Luchaba por mantenerme fiel a mis convicciones y a la idea del amor que tenía para mantener mi hogar.

El 12 de diciembre, solo un mes después de nuestra unión, nos dirigimos juntos al festejo en honor a la Virgen de Guadalupe. Aunque deseaba acompañarlo, no esperaba sentirme excluida en nuestra relación. Durante el trayecto, Rubén apenas hablaba, sumergido en su propio mundo.

Al llegar al festejo, me sentí aún más distante de él. Durante la noche, me encontré sola mientras él conversaba con otros. Vi cómo bailaba con otra muchacha y sentí una mezcla de molestia, humillación y desamparo. Mis lágrimas brotaron sin control. Me di cuenta de que no le importaban mis sentimientos. Comencé a sentir que nuestra relación sería difícil. Sus cambios de comportamiento me desconcertaban y despertaban inseguridades en mí. Aquella noche, decidí que no quería esa vida para mí y le pedí que me llevara de vuelta a casa de mis padres. Su reacción fue de enfado y me gritó. Fue la primera señal de alerta.

Aunque logramos arreglar la situación, desperté de ciertas ilusiones que tenía con él. Comencé a ver cosas que no quería en mi vida.

Desde el día en que hui con Rubén hacia Tapi Chahua, me sumergí en el trabajo de los cultivos de marihuana. Cada día, madrugaba para recorrer los arroyos y llegar a los sembradíos. Aprendí mucho sobre las plantas, desde su aroma hasta cómo cuidarlas en cada etapa. Rubén me enseñaba todo con paciencia y detalle.

Trabajar en los campos se convirtió en nuestra rutina diaria. Con el tiempo, aprendí a amar esas plantas tanto como él. Cada rama representaba nuestro sustento, y cuidarlas era una tarea difícil. A pesar de las dificultades, encontrábamos alegría en nuestro trabajo y disfrutábamos de estar juntos. No éramos ricos, pero valorábamos cada comida y cada día de trabajo. Sobrevivir en la sierra era todo un logro para nosotros. Además del trabajo en los campos, las mujeres teníamos nuestras tareas domésticas. Desde preparar la comida hasta cuidar del ganado, cada tarea era parte de nuestra vida cotidiana.

***

Cada mes, esperábamos ansiosos el modesto apoyo del gobierno conocido como "Progresa". Nos subíamos a la camioneta de Rubén para salir del rancho y visitar el pueblo de Chacala. Aunque el subsidio no era suficiente, nos permitía cubrir lo esencial. Disfrutábamos esas visitas mensuales a Chacala, donde compartíamos charlas con otros habitantes de la región.

Nuestra situación económica se volvía cada vez más difícil. Apostábamos todas nuestras esperanzas en nuestras siembras y cosechas, pero la tragedia nos alcanzó cuando nuestras plantaciones más importantes fueron destruidas por el ejército mexicano. Después de arrasar con nuestros cultivos, registraron nuestras casas con agresividad, pero luego mostraron compasión ante nuestra humildad.

Les ofrecimos a los militares lo poco que teníamos para comer y beber. Al día siguiente, descubrimos que nada se había salvado. Nuestros corazones se desmoronaron al ver los campos vacíos y dañados irreparablemente. Con las plantas en el suelo, se esfumaron nuestras esperanzas. Nuestras manos quedaron vacías, excepto por las señales marcadas del esfuerzo que mostraban los callos y ampollas por el arduo trabajo entre las plantas. Con tristeza, observé mis pies casi descalzos, llenos de llagas y sin esperanza de calzado adecuado. Las ganas de salir adelante y cambiar nuestras vidas para mejor se derrumbaron en segundos en aquel campo vacío.

Los planes de dejar el rancho y vivir en la ciudad se desvanecieron en aquel sembradío arrasado, mientras la tierra aún mostraba la humedad del riego del día anterior. Habíamos trabajado de pie, cargando la pesada manguera de surco a surco hasta que el sol dejó de iluminarnos.

Nos contemplamos mutuamente mientras Rubén se dejaba caer al suelo para recoger lo poco que quedaba. Las lágrimas le inundaron los ojos mientras abrazaba a sus padres con fuerza. La desesperación lo llevó a maldecir su suerte y la triste realidad de la miseria en la que estaban sumidos. Les juró a sus padres que los sacaría de la pobreza, prometiéndoles que haría lo que fuera necesario para escapar de aquel lugar que solo ofrecía hambre y sequía.

Quizás muchos nunca entenderán este sentimiento, pero otros podrán identificar el dolor de perder los cultivos, incluso de estas plantas de marihuana. La razón es simple: aquellos que han experimentado el hambre buscan salir adelante con los recursos que tienen a su alcance. En esta vida, no todos tenemos la fortuna de nacer en la opulencia, de obtener títulos universitarios o de heredar riquezas de padres empresarios. En mi camino, encontré carencias y dificultades que me impulsaron a querer hacer más por los míos.

Habíamos apostado todo a nuestras cosechas; de ellas dependían nuestras nuevas oportunidades. Soñábamos con criar a nuestros hijos en un entorno sin tantas privaciones, lejos de ese mundo que nos robaba todas las posibilidades de crecimiento y educación adecuada para ellos. Al ver la inminente escasez que tendríamos que afrontar, su preocupación se intensificó. Todo aconteció en un momento desesperado de nuestras vidas, justo cuando acabábamos de recibir la noticia de que estábamos esperando a nuestro primer hijo. Con esa razón tan importante para nosotros, Rubén y yo habíamos entregado todo nuestro esfuerzo durante ese último año.

A pesar de encontrarme en los primeros meses de embarazo, estaba llena de ánimo, dejando el alma en los cultivos que esperábamos fueran la clave para retirarnos con algo de dinero. Nuestro objetivo era criar a nuestro bebé lejos de la miseria en la que estábamos sumergidos, ofreciéndole oportunidades que la vida nos había negado por diversas razones. La falta de recursos económicos y de oportunidades nos había llevado a tomar decisiones desafortunadas.

En ese momento, no disponíamos de ni un solo centavo y no teníamos idea de cómo costear los gastos del parto. Nuestros ahorros se habían esfumado con aquel intento fallido de sembrar, y no podíamos permitirnos invertir nuevamente en una nueva cosecha sin tener lo suficiente en lo económico.

Después de la triste tragedia que nos había golpeado, la única alternativa era esperar la temporada de lluvias para sembrar nuevamente la semilla y empezar de nuevo, con menos recursos materiales, pero con la esperanza de obtener algo que nos permitiera prepararnos para la llegada del bebé. Siempre contábamos con la ayuda de la familia de Rubén, pero la desgracia parecía haberse instalado en esa pequeña comunidad por largo tiempo.

\*\*\*

La temporada de lluvias finalmente llegó, y aprovechamos para sembrar frijoles, maíz y algunas legumbres. Con tiempos difíciles para todos, hacíamos lo posible para sobrevivir.

Rubén tomó la difícil decisión de dejar el rancho y partir hacia Culiacán, dejándome al cuidado de sus padres mientras buscaba trabajo. La crisis económica nos golpeó duro; las ocho familias de Tapi Chahua apenas podían asegurar tres comidas al día.

Tres meses después, regresó con las manos vacías y el ánimo por los suelos. Su intento en la ciudad había fracasado. Aceptó un trabajo en Guamúchil, Sinaloa, por un salario injusto, trabajando en duras condiciones. Al final de la temporada de cosecha, su pariente apenas le entregó dos costales de granos resquebrajados. Rubén, derrotado, los llevó a casa de sus padres entre lágrimas, sintiéndose incapaz y una vergüenza para su familia.

Desde su regreso, noté cambios en él. Se volvió más audaz, involucrándose en actividades que me preocupaban, como relacionarse con personas del mundo del contrabando de marihuana. La primera vez que le ganó la frustración fue una tarde, me pidió ayuda para cortarse el cabello, pero terminó en una discusión que escaló a la violencia. Temerosa por mi seguridad y la de nuestro hijo por nacer, salí huyendo.

Me sentía desconcertada ante la sorpresa de su mala reacción. Su mama lo castigó por lo que hizo; él apenas tenía veinte años y yo estaba meses de cumplir dieciocho cuando paso ese desagradable episodio. Traté de comprender su comportamiento, pensando que la pobreza extrema y la frustración lo habían llevado a actuar de esa forma.

Conforme mi vientre crecía, me resultaba más difícil acompañarlo a los sembradíos de marihuana, pero mis responsabilidades en casa no disminuían. La temporada de lluvias trajo consigo una tormenta devastadora que arruinó todo a su paso.

La tormenta, increíble, pero cierto inundo nuestra casa. Me vi luchando en medio del agua, sintiendo el peso de la vida creciendo dentro de mí. La mascota, un perro fiel y especial, llamado "Negro", se convirtió en mi protector durante esos momentos difíciles. Su comportamiento extraño llamó la atención de mi suegra y del anciano "Papá Che". Los hombres de la comunidad luchaban juntos por restaurar los caminos bloqueados para buscar ayuda médica antes de que el parto llegara.

Rubén me dejó a merced de mi suerte en aquel rancho, desoyendo las advertencias del animal. Optó por regresar con su pariente en Guamúchil, Sinaloa, y seguir trabajando por unas cuantas monedas, la situación era insostenible. Le rogué que me llevara a casa de mis padres, ya que el momento de dar a luz estaba próximo. Sin embargo, su mente y su corazón estaban confusos, incapaces de comprender la importancia de la atención médica que necesitaba, para ambos. Aunque noble y de buen corazón, sus arraigadas costumbres machistas obstaculizaron su juicio.

—"¡Te guste o no, me iré! Necesito saber cómo está el bebé. No me siento bien", — le dije, enfrentando sus negativas. Dos de sus hermanos menores se unieron a mí, respaldándome y desafiándolo verbalmente. Me ofrecieron llevarme en una cuatrimoto hasta Cosalá, la única opción de transporte disponible en aquel momento para buscar atención médica imprescindible.

—"Si decides irte sola, entonces vete. Pero no pienses que volveré por ti", —me dijo. Aquellas palabras sumadas a las situaciones complicaron más las cosas. A pesar de todo, desobedecí y, me fui junto a mis cuñados, partí de Tapichahua con destino a Cosalá, siguiendo mi instinto maternal.

Rubén nos acompañó parte del viaje, pero nos abandonó a mitad del camino con una despedida fría y sin entusiasmo, retomando su camino hacia Culiacán.

***

Los últimos meses de mi embarazo, me vi sola, acompañada únicamente por mis cuñados, resignada a aceptar que Rubén había cambiado tanto que ni siquiera esperaba que estuviera presente en el día del parto. En mis últimos chequeos médicos del embarazo, todo parecía ir bien. Sin embargo, el parto sería por cesárea debido a las complicaciones que presentaba el bebé. A pesar de la cirugía, esperaba con ansias y amor la llegada de mi hijo, aunque sabía que lo enfrentaría sola. Durante las últimas revisiones, se planteó la posibilidad de un embarazo gemelar, aunque el diagnóstico era incierto debido a la falta de tecnología avanzada en el hospital de Cosalá.

Aquella tarde del 5 de marzo de 2007, con la emoción de la llegada próxima de mi bebé, fui a comprar ropita para él. Elegí tonos verdes pastel, símbolo de esperanza, queriendo que su llegada fuera especial. Esa noche, la familia se reunió para esperar juntos su nacimiento. Rubén llegó más tarde, para mi sorpresa, estuvo presente. Después de cenar, nos fuimos a descansar, pero en la madrugada, desperté con un dolor insoportable. Intenté no preocupar a nadie, pero Rubén se despertó y me ayudó al escuchar mis gemidos. Su intento de aliviar mi dolor fue en vano, segundos después caí al suelo en medio de una convulsión.

En medio de la oscuridad de la noche, un grito desgarrador por Rubén rompió el silencio en busca de ayuda, anunciando el pánico que se apoderaba de todos. Minutos más tarde, desperté en confusión, luchando por entender lo que ocurría a mi alrededor. Sentí como si estuviera en un limbo entre la vida y la muerte, con destellos de estrellas y un zumbido constante que me aturdía. Pero pronto la voz de mi suegra me devolvió a la realidad, asegurándome que todo estaría bien mientras me sostenía con ternura.

Fue una carrera contra el tiempo. Mi familia se esforzaba por llevarme al hospital, pero el auto estacionado en la cochera se negaba a arrancar, como si estuviera poseído por fuerzas misteriosas. Mientras tanto, Rubén y sus hermanos buscaban ayuda por las calles, tocando puertas en busca de auxilio.

La desesperación crecía con cada segundo que pasaba. Mientras esperaba en el suelo, rodeada por la preocupación de mi familia, me aferré a la fe, orando por una oportunidad mientras contemplaba el cielo estrellado. En medio del caos, la ayuda finalmente llegó de la mano del comandante Maturana y su esposa Yesenia, quienes nos llevaron al hospital con urgencia, rompiendo el silencio de la noche con el sonido de su auto.

Al llegar al hospital, nos enfrentamos a otro obstáculo: los médicos estaban profundamente dormidos, ajenos a nuestra emergencia. La angustia se apoderaba de nosotros mientras los minutos pasaban sin respuesta. Rubén, desesperado, irrumpió en el dispensario, sacudiendo al personal para que se hicieran cargo de la situación.

El enfermero aturdido y aún adormilado, no lograba comprender la urgencia de mi problema. Intentaba posponer mi atención, empeorando la situación. El enojo de Rubén, lo hizo agarrar al enfermero del cuello de su uniforme, exigiéndole que tomara en serio mi estado. La familia y el comandante Maturana intervinieron para calmar la situación y asegurarse de que recibiéramos la atención necesaria.

Finalmente, el enfermero se comprometió y nos aclaró que la ginecóloga no estaba disponible de momento en el hospital y que iría en su búsqueda. La angustia se apoderó de todos mientras esperábamos ansiosos, conscientes de que cada segundo que pasaba era crucial para mi salud y la del bebé.

Desde mi lecho, traté de tranquilizar a Rubén, quien se acercó con expresión angustiada.

—"Tranquilo, todo estará bien", — le dije, mientras apretaba su mano. Sus ojos reflejaban el miedo a perdernos a ambos. Se mantuvo a mi lado, asustado, mientras esperábamos la llegada de la especialista, quien minutos más tarde se presentó en la sala de urgencias.

De repente, sentí un golpe interno, como si mi corazón comenzara a palpitar con fuerza. Preparándome para lo inevitable, apreté la mano de Rubén. Antes de que pudiera explicarle mis síntomas, las convulsiones me atacaron nuevamente, llevándome a un estado de inconsciencia. Cuando desperté, la doctora estaba a mi lado, monitoreando mis signos vitales con preocupación. Mis niveles de presión arterial eran críticos, generando graves complicaciones. La doctora explicó a la familia la gravedad de mi situación después de mi regreso a la conciencia.

—"Lamento informarles que su cuerpo no resistirá otra convulsión. Necesitamos morfina, pero no la tenemos aquí y no podemos trasladarla a Culiacán en estas condiciones. Hay que decidir entre salvarla a ella o al bebé", — les explicó la doctora con seriedad, esperando una respuesta definitiva de la familia. La sala de espera estaba cargada de tensión mientras la familia debatía sobre la difícil decisión que debía tomarse. Rubén, entre lágrimas y desesperación, expresaba su angustia por no poder salvarnos a ambos.

Su madre intentaba consolarlo, indicándole que esperara la llegada de mis padres para que ellos tomaran la decisión final.

—"Mira, hijo, tenemos que esperar a que lleguen sus papás y que ellos decidan", — le decía la madre de Rubén, mientras se apresuraban a llamar a mis papás para que vinieran lo antes posible.

Consciente de la situación y decidida a luchar por la vida de mi hijo, pedí intervenir.

—"Nadie va a decidir por mí. Quiero que salven a mi hijo", — afirmé, ejerciendo mi derecho como adulta.

—"Está bien, saldré a informarles", — me respondió la doctora, entregándome el consentimiento que firmé como única responsable de la decisión de vivir o morir.

Mis padres llegaron y, tras explicarles mi decisión, la doctora les pidió que también firmaran el consentimiento. Rápidamente, los familiares se despidieron de mí, como si fuera la última vez que nos veríamos.

—"Tienes que cuidarlo, es tu hijo. Quiero que nazca, pase lo que pase. Sé que lo vas a cuidar como nadie más en el mundo, y quiérelo mucho" — le dije a Rubén, apenas con fuerzas para hablar. Mis padres mostraron fortaleza y positividad en todo momento.

—"¿Cómo te sientes?", — preguntaron, incapaces de ocultar su temor.

—"Estoy bien, no se preocupen. Pase lo que pase, ustedes manténganse tranquilos", — les dije, intentando transmitirles calma mientras mis hermanas se encontraban devastadas.

Antes de entrar al quirófano, les encomendé a mi suegra y mis padres que vistieran a mi bebé con el traje verde que había elegido para él. Estaba segura de que todo saldría bien, tenía mucha fe, así lo creía. La última palabra estaba en manos de Dios.

Dentro del quirófano, el personal médico se preparaba para la cesárea. La doctora entró y administró una dosis fuerte de morfina que habían logrado conseguir antes de iniciar la intervención. La anestesia no era una opción debido a la gravedad de mi preeclampsia. Observé a la doctora y al equipo médico, todos visiblemente nerviosos. Aunque la morfina calmó un poco mis nervios, me mantuve consciente, sintiendo y escuchando cómo mi piel se rompía cada vez más profundamente.

Lo último que recuerdo es haberme escuchado gritar dentro de ese pequeño quirófano. El dolor era indescriptible, como si cada latido de mi corazón enviara una oleada de tormento a través de todo mi cuerpo. Mi visión se desvanecía, mis latidos se volvían cada vez más lentos, y en medio de la confusión, nunca logré escuchar el llanto del bebé.

Caí inconsciente, sintiendo cómo la vida se me escapaba. Sin embargo, aferrada a la mano del enfermero Fredy, que sostenía la mía, mantenía una débil esperanza.

Fue entonces cuando mi alma pareció separarse de mi cuerpo y comencé a viajar a través de un túnel de luz. Crucé esa puerta oscura y me sumergí en un vacío. Después de lo que parecieron ser interminables tres minutos, me encontré de nuevo en el mismo lugar, un hilo de luz fosforescente apareció de pronto ante mí. Sin saberlo, había experimentado la muerte durante esos pocos minutos en el quirófano, donde los médicos milagrosamente lograron devolverme a la vida.

Desperté, recuperando el conocimiento mientras me transportaban en una camilla por el pasillo de urgencias del hospital. Mi visión seguía borrosa, mis pupilas palpitaban con dolor persistente. En los pasillos, la familia esperaba ansiosa por noticias.

Entre el revuelo, mi suegra y mi hermana Carolina se acercaron rápidamente a la camilla. La cama se detuvo por unos instantes, y ellas fueron las primeras voces que escuché al salir del quirófano; el diagnóstico aún era reservado.

—"Te recuperarás, lo sé. Mira, aquí está tu hijo, sano y hermoso. Ambos estarán bien, tienes que ser fuerte", —decían, intentando mostrarme al bebé. Pero mis fuerzas flaqueaban y apenas pude distinguir su rostro. Solo alcancé a ver de forma borrosa aquel bulto envuelto en el traje verde pastel, la misma prenda que había elegido para él el día anterior.

Me reconfortó saber que habían cumplido mi deseo, vestir al niño con el trajecito que había escogido para él. El verde, el color de la vida y la esperanza. La camilla se dirigía a la ambulancia que me llevaría de urgencia a la capital de Culiacán, Sinaloa. Mi vida pendía de un hilo.

Los médicos habían diagnosticado preeclampsia y luego eclampsia, una complicación grave que amenaza la vida de las mujeres embarazadas y la salud del bebé.

El camino hacia el hospital era largo y crucial. Me acompañaban Rubén, mis padres y el personal médico, para brindarme los cuidados necesarios durante el trayecto. Rubén y la doctora que viajaba a mi lado intentaban mantenerme consciente, hablándome constantemente. Pero mantenerme despierta resultó imposible y llegué al Hospital General de Culiacán en estado de coma, el cual se prolongó durante cinco largos días en terapia intensiva.

Desperté tras esos cinco días inconsciente, rodeada de monitores, tubos y cables por todos lados. Veinte días más tarde, fui dada de alta con pequeños daños que, según los médicos, se solucionarían con el tiempo y con terapias de recuperación.

Dios me mostró lo fuerte que soy, sin duda, su ángel consentido. Este ha sido mi lema desde siempre. A lo largo de mi vida, he pasado por experiencias malas y maravillosas. Ninguna de las malas ha logrado apagar mis ganas de vivir. La mejor de todas fue el nacimiento de mi hijo indudablemente.

Después de ser dada de alta del hospital, quise conocer a mi bebe. Casi un mes había pasado y yo apenas vería su bello rostro por primera vez. Ser madre cambió mi vida en muchos sentidos; quería protegerlo y cuidarlo como a nada en el mundo, sobre todo después de nuestra fuerte lucha contra la muerte. Agradezco a la vida por mi inmenso regalo.

Cuando tuve a mi hijo entre mis brazos, estaba segura de que Dios nos había unido por razones muy poderosas, él era mi propósito y mi testimonio más grande, un milagro que contar para otros. El destino nos tenía preparado un camino largo y difícil que recorreríamos juntos, como madre e hijo. Esa etapa de nuestras vidas estuvo marcada por situaciones increíbles y difíciles, pero mi lucha por nuestras vidas siempre se mantuvo firme.

Después de regresar a casa y tomar un respiro, recibimos una noticia impactante: en mi vientre se habían gestado dos vidas, aunque una no llegó a pleno desarrollo. Era una realidad difícil de aceptar, pero comprendí que sólo Dios tenía la última palabra. A menudo me he preguntado cómo habría sido la vida de ese ángel que nunca llegó a este mundo.

***

Dos años más tarde, mi esposo y yo nos separamos definitivamente tras descubrir su infidelidad. Fue una situación dolorosa con la que tuve que lidiar durante mucho tiempo, y que finalmente no pude perdonarle. Con el tiempo, mi esposo había cambiado significativamente, afectando nuestra relación de manera irresponsable. A pesar de la vida que habíamos construido juntos para nosotros en el tranquilo pueblo de Cosalá, no había sido suficiente. Pues para entonces habíamos dejado atrás la vida en el rancho de su familia en Durango.

El amor entre nosotros se esfumo inexplicablemente. Él se transformó en un hombre distinto, un hombre machista que no reconocía. Me prohibía salir de casa y recibir visitas de mis hermanas y mis padres. Para evitar conflictos, obedecía y cumplía con mis deberes como esposa, tratando de justificar su cambio por el estrés en su trabajo en la compra y venta de ganado. Sin embargo, me sentía asfixiada y privada de mi libertad y mis emociones, lo que me llevó a sospechar que algo no estaba bien.

Mi intuición de mujer me alertaba sobre su falta de amor y una tercera persona entre nosotros dos. Una noche, esperé a que se durmiera profundamente y, aunque lo pensé mucho, tomé su teléfono celular. Al revisar sus mensajes, me llevé una desagradable sorpresa:

—"Mi amor, la he pasado muy bien contigo. No quiero que nos separemos nunca", — leí en uno de los mensajes. Este descubrimiento me destrozó completamente. A un así, anoté aquel número de teléfono y lo guardé pensando investigar más sobre aquella mujer por la que el decidió derrumbar nuestro hogar.

Devolví el teléfono a su lugar y, con el corazón hecho pedazos, me di media vuelta. Esa noche lloré hasta quedarme dormida. Y decidí callar lo que había descubierto por miedo a que nuestra relación terminara. Temía a la separación.

Sellé mis labios y no confronté nada de lo que había visto. Me sentí poco valiosa desde luego y no sabía cómo manejar la ruptura de nuestra relación. Entre todos esos sentimientos que me ahogaban, recordaba a mi madre y me compadecía de mí misma por repetir su suerte.

El tiempo pasaba y sentía que mi vida se desvanecía en un abismo del que no podía escapar. Me volví celosa y posesiva. No quería dejarlo salir de casa, y cualquier pequeño gesto desencadenaba gritos y lágrimas.

Finalmente, no pude resistir más y marqué aquel número, el de su amante, desde una caseta pública. Estaba segura de que ella no sabía de mi existencia. Necesitaba hacerle saber lo que estaba ocurriendo. Cuando ella contestó, mi corazón amenazaba con salirse de mi pecho. Apenas pude decir unas palabras antes de colgar, pero escuchar su voz fue suficiente para hacerme desmoronar.

Abracé a nuestro hijo con la fuerza de madre, incapaz de contener el llanto que me ahogaba.

De vuelta en casa, mis pensamientos se centraron en el futuro de mi hijo. No sabía qué sería de nuestras vidas sin su padre. Nos encontrábamos al borde del fin de lo nuestro. Aunque me aferraba a cualquier esperanza, sabía en lo más profundo de mi ser que todo lo que habíamos luchado por mantenernos juntos se había desvanecido.

Nunca comprendí que había hecho mal. Fue difícil, pero entendí que tenía que tomar una decisión definitiva. No podía seguir viviendo en medio de tanto sufrimiento y confusión. Era hora de poner fin a ese ciclo y seguir adelante, aunque eso significaba enfrentar un futuro incierto.

Mientras tanto, seguía fingiendo que todo estaba bien, como una mujer sumisa y resignada, aceptando las migajas de amor que dejaba su amante. Nos habíamos mudado de la casa de sus padres para tener un poco más de privacidad, pero él seguía aferrado a sus orígenes en la sierra.

Él, al igual que mi papá, pasaba cada vez menos tiempo en casa, justificando su ausencia con el trabajo. Decidí no hacerle reproches ni pedir explicaciones, pero al final, eso no nos llevó a ningún lado positivo. El silencio se volvió un eco ensordecedor en mi pecho, mientras intentaba sanar a solas mis heridas. Él, agobiado por el cansancio y la frustración, Cambió de trabajo, dejando la crianza de ganado por oportunidades supuestamente más lucrativas relacionadas con la venta de marihuana.

Esto marcó un cambio drástico en nuestras vidas. La soledad se hizo aún más presente en nuestro hogar, acompañada ocasionalmente por el maltrato físico, verbal y la desilusión. Mientras él se alejaba emocionalmente, yo seguía aferrada a la imagen del hombre del que me había enamorado, el cual ya era solo un fantasma.

***

Su nuevo trabajo nos generaba constantes conflictos entre nosotros, al igual que sus amistades, a las cuales yo rechazaba. Uno de esos amigos, apodado "Güero 90", había dejado su trabajo como policía municipal para adentrarse en el mundo del tráfico de marihuana. Juntos exploraron la vastedad de la sierra en busca de hierba de mejor calidad., yo mantenía distancia de sus compañías. Mi rol se limitaba a ser ama de casa, según las costumbres de la época. No se me permitía entablar amistad con hombres que no fueran mi esposo, mis cuñados, mi suegro, mi padre o algún otro miembro familiar cercano. Estos roles y estereotipos definían su idea de masculinidad.

Nuestra relación se desmoronaba día a día. A pesar de mis esfuerzos, no pude lograr que abandonara ese negocio. Con el tiempo, él y esas amistades se distanciaron, cada uno siguiendo su camino. Mientras Rubén triunfaba en el mundo de la marihuana, también los lujos aumentaban y las mujeres abundaban. Era claro que nuestra relación estaba destinada al fracaso, con tantos cambios.

La violencia entre nosotros se volvió frecuente. Era una situación insostenible. Por lo que decidí tomar las riendas de mi vida y la de mi hijo. Retomé mis estudios, dispuesta a abrirme paso como madre soltera, aunque eso significaba enfrentarse a los desafíos sin su apoyo.

La amante de mi esposo parecía disfrutar de mi sufrimiento, buscaba provocarme a como diera lugar y llamaba a mi teléfono con malas intenciones. Mientras ellos disfrutaban juntos, yo esperaba como de costumbre. Cada vez que respondía mi celular, la voz despectiva de la mujer me recordaba mi situación. Hasta que un día, se presentó como la esposa de Rubén, sentí que el mundo se desmoronaba. Sus palabras hirientes confirmaron mis peores temores: él me había reemplazado sin dudarlo.

Tras esa llamada, enfrenté a Rubén con la verdad. Admitió haberle prometido un futuro juntos a su amante, dejándome humillada y sin respeto. Él pensaba abandonar a su familia. Sumida en la tristeza y la depresión, me perdí en un abismo del que no sabía cómo salir, tras mi doloroso fracaso.

Aquella noche fue el punto de quiebre. Las mentiras salieron a la luz, y el velo de engaños se desgarró de manera irremediable. Cada vez que Rubén salía de casa, decía estar trabajando en la sierra, pero en realidad se perdía en los brazos de otras mujeres, desapareciendo por días enteros.

La tensión en nuestro hogar alcanzó niveles insoportables. En medio de una discusión acalorada sobre su negativa a dejarme salir o visitar a mis padres, estallé.

—"¡Eres un cínico! ¡Pasas tiempo con ella mientras me mantienes encerrada aquí con tu hijo para que no descubra tus engaños!", — le grité, incapaz de controlar ya mis emociones. En medio de la discusión recibió una llamada que no contestó, y supe que era ella, estaba molesta por saber que estaba en casa con su familia.

—"¡Contesta! ¡Respóndele a tu mujer, a tu esposa, como ella se hace llamar!", —le exigí mientras me abalanzaba sobre él. En un acceso de furia, tomó mi celular y lo estrelló contra la pared, rompiéndolo por completo. Fue entonces cuando la paciencia se rompió, y llegamos a los golpes.

Las agresiones se volvieron más frecuentes, acompañadas de insultos y la tristeza que envolvía nuestra relación, que se desmoronaba con cada día que pasaba. A pesar de mis problemas, no compartía mis preocupaciones con mi familia, temiendo preocuparlos o sentirme avergonzada. Incluso le pedí a Rubén que reconsiderara y reflexionara sobre la estabilidad de nuestro hogar. Pero el tiempo pasó sin que mostrara signos de cambio o interés en salvar nuestra relación, ni siquiera por el bienestar de nuestro hijo.

Como muchas mujeres en situaciones similares, el miedo a enfrentar sola el futuro, con la responsabilidad de criar a mi hijo, me paralizaba. Llegué a pensar que nunca podría enamorarme de nuevo, y el temor de terminar como mi madre me atormentaba. A pesar del engaño y los golpes, no podía ver con claridad. Me sumergí en un oscuro vacío donde la depresión se apoderaba de mí, llevándome a considerar la idea de la muerte, sin darme cuenta de que conmigo arrastraba al niño.

A pesar de todo, desde casa, aún esperaba el regreso de Rubén del trabajo, sabiendo con certeza que estaría con otra persona. Aquella noche, como tantas otras, me encontraba llena de inquietud y ansiedad. A pesar de las promesas y expectativas, Rubén no aparecía.

La mesa, preparada para una cena compartida, permanecía vacía mientras luchaba contra la creciente sensación de desesperación. ¿Dónde estaba él? Mientras yo ordenaba cuidadosamente sus cosas, tratando de encontrar consuelo en ellas, mientras luchaba por desprenderme de mis sentimientos hacia él.

***

La Semana Santa había llegado, trayendo consigo la visita de mis hermanas a la casa de mis suegros. Rubén, una vez más, había prometido regresar temprano para disfrutar juntos de un paseo, pero su ausencia prolongada dejaba en claro que las promesas vacías eran una constante en nuestra relación. Agotada de esperar, acepté la invitación de mis hermanas para ir a casa de mis padres, donde el calor familiar ofrecía un respiro bienvenido ante la soledad y la decepción que sentía.

Dos de mis hermanas, que también enfrentaban dificultades en sus relaciones, compartían mi pesar. Nos apoyábamos mutuamente en medio de la incertidumbre y el dolor que la vida nos había impuesto.

De pronto, el teléfono interrumpió la reunión familiar. Era la voz de Rubén, furiosa y demandante, me sacudió.

—¿Quién te crees para largarte así? ¡Tienes cinco minutos para regresar! —me ordenó, con un tono impregnado de enfado. La ansiedad me invadió de inmediato. Sin pensarlo dos veces, le pedí a mis hermanas que me llevaran de vuelta a casa.

—Por favor, ¿me pueden llevar a la casa? Ya llego Rubén y está muy enojado — les explique. En mis palabras temblorosas les revelaba mi angustia.

Carolina, con su intuición perceptiva, notó mi nerviosismo y empezó a hacer preguntas para entender la razón de porque me ponía de esa forma. Me vi obligada a inventar una serie de mentiras para justificar mi urgencia, hasta que finalmente logré convencerlas de llevarme de vuelta a la casa de mis suegros.

Al llegar, entré a la habitación sosteniendo a mi bebé en brazos, pero no pasó mucho tiempo antes de que la discusión se convirtiera en una violenta confrontación. Los golpes comenzaron a llover sobre mí, sus puños encontraban mi cuerpo indefenso.

Por suerte, mi apá no se había tragado todas mis mentiras antes de que yo me fuera de casa. Apenas la inquietud lo carcomió, llegó en su camioneta a la casa de mis suegros. El sonido del motor lo conocí enseguida y no dudé en gritar pidiendo su ayuda.

— "¡Apá, ayúdeme!" —grité desesperada, y él irrumpió en la habitación, encontrándome atrapada por las manos de mi joven esposo, mientras me tiraba del pelo.

Mi apá intervino al toque, ordenándole que me soltara y advirtiéndole de las consecuencias si no lo hacía. En los ojos de Rubén vi un desprecio que me partió el alma. Apenas me solté, agarré a mi hijo y corrí hacia la camioneta de mi papá, mientras ellos seguían discutiendo.

Escuché las palabras de mi viejo, advirtiéndole a Rubén que reflexionara sobre lo que había hecho. Aunque él se resistía a dejarme ir, cegado por la furia, sacó un arma. Me apuntó y me exigió que bajara de la camioneta delante de su familia y algunos vecinos que se habían juntado en la calle.

Pero mi apá actuó rápido, arrancando la camioneta y lo dejó atrás, mientras su familia intentaba calmarlo y quitarle el arma. Minutos después, apareció en casa de mis papás, acompañado por uno de sus hermanos, intentando arreglar las cosas y convenciéndome para que volviera con él. Mis hermanas me suplicaban que lo recibiera y habláramos, en el fondo sabía que él no iba a cambiar. Pero cedí una vez más, cometiendo el error de volver con él, como una ilusa.

Las promesas se desvanecieron pronto y los problemas entre nosotros seguían sin resolverse. Su comportamiento no mostraba signos de cambio, lo que me dejaba hecha un lío emocional, perdiendo poco a poco el sentido de la vida.

Esa época turbulenta me arrastró a un abismo del cual parecía imposible salir. Me refugié en medicamentos para dormir, dejando que los días pasaran. Mientras tanto, descuidaba las necesidades de mi hijo, incapaz de saber si comía o bebía mientras yo dormía largos días, él dormía a mi lado, buscando consuelo.

Mi esposo seguía con su vida como si nada, entre su trabajo, la sierra y mujeres. Mientras que yo permanecía días en casa sin siquiera recibir visitas y una libertad limitada por mi lealtad a él. Los conflictos entre mi hermana Carolina y él se alimentaban por el descaro de su infidelidad. En medio de mi desesperación, decidí irme a Culiacán sola con mi hijo, en un intento desesperado por alejarme de aquella realidad asfixiante. Sin embargo, los problemas no tardaron en surgir cuando mi hijo enfermó gravemente, dejándome incapaz de brindarle el cuidado que necesitaba.

Fue entonces cuando una de mis tías, preocupada por la salud del niño, decidió contactar a Rubén, proporcionándole nuestra ubicación. Llegó hasta la casa de mi abuela, prometiéndome de nuevo lo mismo de siempre: prestar más atención a nuestra familia y que abandonaría por completo a su amante, y ahí va la tonta cayendo de mentira en mentira nuevamente.

Durante un tiempo, todo pareció estar tranquilo después de mi regreso a su lado. Viajamos a su rancho en Durango por algunos días, donde él trabajaba con la hierba. Sin embargo, una tarde de regreso a Cosalá, encendió su celular y recibió mensajes de su amante. Esta vez, no pudo evitar verlos. Los insultos y reclamos de ella se proyectaban en la pantalla, acusándolo de traición y engaño por sus promesas vacías de dejar a su familia.

Cuando llegamos al pueblo, me dejó en casa de sus padres antes de dirigirse a ver a un supuesto amigo. Regresó más temprano de lo esperado, visiblemente enfurecido. Me culpaba a mí, a la madre de su hijo, por el abandono de su amante. Me quedé en silencio, escuchando sus acusaciones. Me levanté de la silla, donde me encontraba, tomé a mi hijo en brazos y caminé hacia la puerta.

—"Vete mucho a la fregada", — le dije en un tono de frustración y agotamiento de tanto luchar por la relación. Ignoré sus súplicas, continué caminando con mi hijo por las calles hasta llegar a casa, donde abrí la puerta y entré. Minutos después, él estacionó su camioneta afuera y entró a la casa. Comenzamos a discutir, pero esta vez yo estaba decidida a no escucharlo más.

—"Vete, no quiero verte", — le grité, mientras él amenazaba con llevarse a mi hijo. En un arranque de angustia y desesperación, exigí que me devolviera al niño, pero se marchó llevándolo con él. Me quede sola en la casa, enfrentando mi dolor y mi propia incapacidad para cuidar de ambos.

Regresé al interior de la casa, completamente desorientada y ajena a la realidad, atormentada por pensamientos de muerte. Camine hacia la cocina, ahí él había dejado un líquido conocido, "quema todo", utilizado comúnmente para eliminar la maleza. Sin pensarlo, y sin razonar un segundo siquiera, lo tomé y lo bebí. En segundos, sentí cómo mi interior ardía, un arrepentimiento instantáneo llego a mí, pero era demasiado tarde. Intenté llegar al baño para purgar el veneno, pero mis esfuerzos fueron en vano.

Desperté furiosa en una cama de hospital, enlazada a múltiples tubos, recibiendo lavados estomacales y medicación contra el veneno. Rubén había regresado a casa, consumido por el remordimiento de sus acciones pasadas, y de todo lo que me había dicho. Al reflexionar sobre el estado en que me había quedado a solas, algo dentro de él se conmovió y decidió regresar al que fue nuestro hogar, recordando que había dejado el veneno en la mesa.

Dejó a nuestro hijo con sus abuelos y a prisa llegó a casa. Pero ya era demasiado tarde; ambos habíamos cruzado límites que jamás imaginé. Sorprendido por mi silencio, buscó la manera de entrar a la casa y me encontró inconsciente en el suelo tras derribar la puerta.

Dijo que me llevo en brazos hasta su camioneta y me traslado a una sala de urgencias en el hospital central del pueblo. Donde por segunda vez, salvaron mi vida.

Un joven médico al conocer mi situación y mi estado en aquella cama de hospital intentó darme ánimos, instándome a cambiar mi vida y buscar ayuda psicológica. Sus palabras calaron en lo más profundo de mí ser, y decidí tomar sus consejos. A partir de entonces, empecé a ver la vida de otra manera, entendiendo que el doctor tenía razón, ninguna persona que nos daña vale la pena, morir por ella.

—"Tu juventud y tu belleza no deberían sacrificarse por ningún hombre. Tu vida vale más que la de cualquiera, y tu hijo te necesita. Has vivido y sufrido mucho, lucha por ti misma, te lo mereces", —fueron algunas de sus palabras que aún resuenan en mi ser.

A pesar de los intentos de mi pareja por verme, rogué que no lo dejaran pasar, pues no deseaba su presencia. Aun así, ingresó sin autorización. Su presencia junto a mi cama me hizo abrir aún más los ojos. Arrodillado a mi lado, me juraba amor y me confesaba sentimientos por su amante. En ese instante, comprendí su confusión y me convencí de que no podía continuar a su lado sin vivir plenamente mi propia vida.

Ahora, con claridad sobre lo que acontecía, me dispuse a mirar hacia adelante, decidida a poner fin a nuestros problemas por el bien de ambos y a buscar mi propio destino. Tras mi recuperación, opté por permanecer en silencio, compartiendo tiempo con mis suegros mientras, a escondidas de él, me preparaba para dejar su casa y forjar un futuro completamente independiente.

Retomé preparación en el Instituto ICATSIN, enfocándome en cosmetología, escultura de uñas y peluquería, una de mis pasiones. Cuando me sentí lista para dar un nuevo paso, empecé a trabajar mientras él pasaba largas jornadas fuera de casa, sin preocuparme por su vida. Gracias a mi decisión y a las terapias psicológicas, inicié mis planes. Una tarde, aunque él se negó a hablar conmigo incluso cuando le advertí, tomé una de sus camionetas y reuní lo esencial para mi hijo y para mí. A pesar de la desaprobación de mis suegros, subí a la camioneta y me fui a casa de mis padres mientras buscaba un lugar donde establecerme.

***

Aquel día fue el decisivo, me había ido para jamás envolverme con sus falsas promesas de amor. El despertar y el coraje, al fin habían llegado a mí.

Mi mamá, aferrada a sus costumbres y creencias antiguas, trataba de convencerme para que volviera con quien se decía mi esposo, pero eso no sucedería nuevamente.

—"¿Y qué vas a hacer sola con un niño?", — me preguntó. Pero le dije que sus limitaciones no serían las mías y no me convencería de regresar a donde no deseaba estar.

Mi madre solía inculcar a mis hermanas y a mí, antes de casarnos, que, al irnos de casa con nuestros esposos, no podríamos regresar nunca más. Para nuestros padres, era vergonzoso vernos separadas y con hijos. Para ella, pase lo que pase, debíamos criar a nuestros hijos junto a su padre. Eran ideas con las que yo no estaba de acuerdo. Fue entonces cuando decidí desafiar esas costumbres y romper con un legado de mujeres maltratadas por sus esposos. Me negaba a ser parte de esa tradición que mi ama y sus hermanas defendían con tanto fervor. No era justo ni correcto para ninguna de nosotras, y mucho menos sería saludable para nuestros hijos, física o mentalmente, crecer en un ambiente de falta de respeto y violencia doméstica, como crecimos nosotras.

Los padrinos de mi hijo, el comandante Maturana y su esposa Yesenia, al enterarse de mi separación, decidieron buscarnos y apoyarnos. Nos ofrecieron una pequeña vivienda en una de las colonias del pueblo, donde vivimos mi hijo y yo durante algún tiempo, mientras yo decidía qué hacer con mi vida.

Rubén al darse cuenta de que no volvería, intentaba acercarse a mí, algo que nunca permití. Sabía que él no cambiaría su forma de ser. Yo ya había entendido que él era libre y que no podía cambiar su naturaleza. Estaba convencida de que quería paz para mí, así que me enfoqué en mis prioridades y trabajar arduamente para salir adelante.

Trabajar, ser madre y estudiante al mismo tiempo fue todo un desafío. No resultó fácil, pero tampoco imposible. Pasé de un empleo a otro en el pueblo: desde limpiar casas, trabajar en tareas de computación y atender a clientes en una tienda de telefonía celular, hasta ser mesera y cocinera en restaurantes. Todo esto mientras me ocupaba del crecimiento y cuidado de mi hijo, sin rechazar ninguna oportunidad laboral.

Deseaba encontrar un empleo más estable, con mejores oportunidades y un horario más flexible basado en mi profesión de estilista y cosmetología. Una tarde, me presentaba para una prueba en uno de los ciber de cómputo del pueblo, aprovechando que mi hijo se encontraba de visita en casa de su papá.

Durante esas horas, mi expareja llegó sin previo aviso y, sin mediar palabra, comenzó a golpearme. Los golpes que recibí me dejaron aturdida, incapaz de entender qué pasaba y por qué él había reaccionado así. Impulsivamente, también me defendí lanzándole el teclado de un computador. Mientras tanto, el menor presenciaba la violenta pelea.

Llegó acompañado de su amigo, el Yiyo, quien también me golpeó sin piedad. Me sentí débil y desprotegida, llena de tristeza y dolor al ver en lo que se había convertido el hombre que una vez había amado. Esa noche, amenazó con quitarme la custodia de nuestro hijo. Desesperada, corrí tras él hasta su camioneta, mientras se subió a ella y arrancó llevándoselo a casa de sus padres. Nunca le había negado ver a su hijo, pero esta vez todo había cambiado. Para entonces, Rubén ya vivía con su amante, en casa de sus padres, a una semana de avernos separado. No pude evitar que se llevara al niño, así que llamé a nuestro compadre Maturana, el comandante de la policía municipal. Le conté lo sucedido y vino de inmediato. Intentó hablar con Rubén para resolver las cosas, pero él se negó a escuchar.

—"Buenas noches, compadre. Estoy aquí con la comadre. Me ha contado lo ocurrido. Sugiero que hablen y arreglen las cosas sin complicaciones", — dijo mi compadre, tratando de convencerlo. Pero él seguía cerrado. Decidí acudir a la vía legal. A la mañana siguiente, presenté una demanda por agresión física y retención ilegal del menor, y pedí una orden de restricción. Por la tarde, Rubén había recibido la notificación del Ministerio Público en Cosalá.

Asistió a la audiencia, donde el Ministerio Público, al ver las pruebas de mis heridas, concedió mis peticiones. Ordenaron la devolución de mi hijo y emitieron una orden de restricción para él. También le exigieron pagar diez mil pesos mensuales para la manutención del niño y por los daños físicos. Le advirtieron que, si no cumplía, podría ir a prisión. Al escuchar la resolución, él mostró su disgusto y decidió apelar, negándose a aceptar las restricciones del Ministerio Público. Pero lo que más le molestó fue la orden de pagar la manutención. Opté por no discutir. Solo quería mantenerlo lejos.

—"Señor, con que me conceda la orden de restricción, para mí es suficiente. Lo económico no me interesa", — expresé, solo estaba cansada de los enfrentamientos. Prefería la paz y tranquilidad que no podía darme, pero sobre todo olvidarlo.

El Ministerio Público aceptó mi decisión y dejó efectiva la orden de restricción. Salí de ahí acompañada de mi mamá. Él nos siguió, al salir de las instalaciones intentando hablar con cinismo, pero tarde entendió que había perdido más. Nací pobre y aprendí a valerme sola. Mis padres me enseñaron principios y valores, que están por encima del dinero. Me uní a él por amor, no por interés. A pesar de todo, me ofreció dinero para el niño, después de estar lejos de los ojos de la ley, pero evidentemente lo rechacé.

Aunque estaba marcada por los golpes, fui valiente. Por dentro, estaba a punto de llorar, pero decidí mantenerme firme. Aquella experiencia me transformó. Me sentí más libre que nunca, lista para comenzar mi destino de nuevo. Descubrí que aún había mucho por vivir. Sin embargo, él siempre complicaba las cosas cuando nos encontrábamos, a pesar de su nuevo compromiso.

***

Asistí a un baile tradicional con mi hermano Pancho, quien había regresado a Cosalá después de muchos años de ausencia. Durante la noche, mi expareja me envió un mensaje a través de uno de sus amigos, pidiéndome que no bailara con nadie más y que no aceptara regalos de otros hombres. Lo ignoré y seguí disfrutando de la música y el ambiente junto a mi hermano. En un momento, alguien se acercó a nuestra mesa. Era mi expareja, extendiendo su mano hacia mí. Su gesto me recordó nuestro primer encuentro, pero esta vez su invitación a bailar tendría un final diferente. Al rechazar su invitación, lo vi marcharse del lugar. Minutos después, un florista se acercó con un enorme ramo de rosas. Mi expareja había comprado todas las rosas del lugar para mí, mientras su esposa lo esperaba en casa.

—"Señorita, le mandan este detalle", — dijo el vendedor ofreciéndome el ramo.

—"¿Quién las envía?", — pregunté. Al saber que era él, decidí rechazarlas y pedí al joven que las devolviera. Pancho sugirió que nos retiráramos del baile debido a la incomodidad de la situación.

En el camino de regreso, una camioneta nos siguió y bloqueó nuestro paso. Un hombre armado con una pistola en mano se acercó y trató de sacarme del coche. Era mi expareja, enfadado por mis rechazos y dijo que nuevamente iba a robarme. Pancho se opuso. Rubén no estaba solo; tenía varios hombres con él, desafiando la orden de restricción impuesta por el ministerio público de no acercarse a mí, hay que recordar que para entonces el X1, quien así era reconocido mi expareja, ya contaba con poder y el control de zonas importantes de la sierra de Durango en la siembra y compra de marihuana.

Mientras intentaba abrir la puerta del coche, sus hombres apuntaban a Pancho. Mantuve mi postura, consciente de que la situación estaba fuera de control. Finalmente, logró bajarme del coche y trató de subirme a su camioneta, pero me resistí. La situación escalaba rápidamente hasta que Leopoldo, compadre y amigo de ambos, intervino.

—"¡Ey, plebes ya estuvo! ¡Bajen las armas, compadre, ya estuvo! ¡Dejen estas tonterías y vámonos!", — exclamó Leopoldo, calmando a Rubén e interrumpiendo sus intenciones, quien claramente había bebido demasiado. Al final, Leopoldo logró calmarlo, y yo regresé al coche con mi hermano.

—"Gracias, compadre. Lléveselo a su casa, él no está bien. Cuando estés tranquilo, hablamos", — le dije mientras me retiraba, consciente de que nuestra situación no mejoraría y que había escalado otros peldaños, sabía que debía hacer algo al respecto.

Esa noche no pude dormir, obsesionada con la necesidad de resolver mi situación. No podía quedarme en el pueblo y seguir enfrentándome a él de esa forma peligrosa. Decidí abandonar Cosalá de forma definitiva y tratar de recuperarme emocionalmente. Sabía que mientras siguiera viéndolo, no podría avanzar.

Necesitaba perdonar y poner distancia entre nosotros sin resentimientos ni miedos. Solo quería vivir y empezar de nuevo, enfocándome en mis metas. Tras nuestra separación, había madurado mucho y comprendí que unir nuestras vidas fue un error muy temprano, pero significativo para ambos. Éramos jóvenes e inexpertos. Sin embargo, aprendimos lecciones valiosas, tanto buenas como malas.

La relación entre mi familia y él siempre fue tensa, con desacuerdos y peleas en cada encuentro debido al enojo por lo sucedido. Era una batalla constante entre mi madre, mis hermanas y él cada vez que visitaba a nuestro hijo. Nunca quise negarle el derecho de ver al menor, pero su comportamiento lo complicaba todo. Mi mayor temor era dar sufrimientos futuros al niño y necesitaba evitar sembrar en él resentimientos que no le correspondían. Aunque me separé de una relación dañina, nunca quise que él perdiera el amor de su familia. Por eso, me esforzaba por mantener la paz de ambos lados.

Encontré un trabajo que me apasionaba y establecí relaciones saludables. Con el tiempo, las heridas emocionales sanaban poco a poco y reconstruía mi bajo autoestima. Me di cuenta de que era más fuerte de lo que creía y que podía enfrentar cualquier desafío que se presentara en mi camino.

Mi nuevo destino era incierto, solo quedaba esperar y emprender nuevos comienzos

## 3

## Camino al señor de las montañas.

Mi camino estaba marcado para encontrarme con Joaquín Archivaldo Guzmán Loera en algún momento de mi vida, y ese día había llegado.

Era el año 2007, nos disponíamos a viajar hacia Chacala, Durango. Esto sucedió años antes de mi separación con mi expareja. La noticia de la celebración del Día de las Madres se extendió rápidamente por las radios locales:

—"¡Gente, vámonos al baile a Chacala! ¡Va a estar El Chapito, se va a poner buena la fiesta!". — dijeron. En aquel entonces, nada sabía sobre ese personaje del que todos hablaban. Sería la primera y única vez que escucharía su nombre sin llegar a ver su rostro.

El 10 de mayo de 2007, "El Chapo" llegó a la sierra de Durango en un helicóptero que aterrizó en la pista de Chacala. Según los informes radiales, estaba acompañado por algunos de sus socios, entre los que se mencionaba a Nacho coronel, originario de Canelas, Durango, quien solía visitar el pueblo de Chacala con frecuencia.

La comunicación por radio era vital para los pobladores de la zona. Su tarea era transmitir lo que sucedía diariamente para mantenerse alerta y cuidarse unos a otros. Se relataban sucesos que iban desde Culiacán hasta los ranchos de la sierra de Tamazula, donde la misma frecuencia de radio conectaba a los habitantes, todos pagaban una cuota anual para formar parte de la red de comunicación. Una tarde, los radios se activaron con urgencia. Alertaban sobre la circulación de más de cincuenta cuatrimotos conducidas por hombres armados.

—"¡Gente, pónganse truchas! ¡Ahí van para arriba! Ya pasaron Mexcal titán. ¡listos Tapi Chahua!", — gritó uno de los observadores. Ese ejército cruzaba la carretera que atravesaba la pequeña comunidad de Tapi Chahua para llegar a la mesa del rodeo, donde se decía que residía Adriana Meza, una de las esposas de Ovidio Guzmán, hijo del narcotraficante Joaquín A. Guzmán Loera.

El recorrido de los hombres armados fue vigilado y transmitido por los radios de un rancho a otro. La caravana pasó por el rancho Guamuchilito hasta llegar a Chacala, donde se informó que se reunieron con su jefe, el señor de las montañas, Joaquín Guzmán Loera. En esa época resonaban los nombres de los coroneles y los Estrada, quienes destacaban en Chacala. Se decía que los hombres que viajaban en cuatrimotos estaban vestidos con camuflaje, equipados con radios de comunicación y armamento sofisticado.

La mañana siguiente, una emocionante invitación fue transmitida a todos los habitantes de los ranchos cercanos de Chacala. Guzmán había enviado organizado una gran fiesta con grupos musicales, banquete y regalos para todas las madres de la zona serrana. En aquel momento, yo vivía junto a Rubén y su familia, a tan solo 20 minutos de distancia, en la comunidad de Tapichahua, Durango. Ese día, todos en el rancho se preparaban para asistir al evento; hombres y mujeres estábamos emocionados por ir. Rubén, al verme lista para salir junto a él y mis suegros, cambió de opinión y decidió que no debía acompañarlos. Esto debido a los rumores negativos que circulaban sobre aquel personaje.

—"Mejor quédate aquí, quién sabe qué pueda pasar. Ese amigo tiene mala fama, es un enamorado y no respeta, es capaz de robarte", — me dijo frente a sus padres. Aunque el comentario fue vergonzoso, solo obedecí y me quedé en casa, cuidando al bebé de días de nacido. Aquel día escuchaba la música en vivo y algunos disparos desde el radio que mi esposo me había dejado para emergencias en casa.

Días después, llegaron regalos hasta Tapichahua para las madres que no habíamos podido ir al evento, venían firmados con las iniciales

JGL. Desde entonces, mi destino y el de Guzmán se entrelazaron, sin imaginar que años más tarde el destino me llevaría hasta él.

*\*\*\**

En el año 2009, decidí cambiar mi vida y aventurarme en busca de nuevos horizontes, dejando atrás mi relación fallida. Mi destino fue Remedios, un pueblo en el centro del Triángulo Dorado. Con esta decisión, esperaba dejar atrás todos los problemas que había enfrentado hasta entonces. Había fundado mi propio negocio de peluquería y cosmetología, y estaba decidida a llevarlo a nuevos niveles, emprendiendo según mis ideas y aprovechando el aprendizaje que había adquirido con mi preparación en el Instituto ICATSIN, que ofrecía oportunidades de formación práctica.

Me aventuré a probar suerte en una nueva etapa de mi vida y a embarcarme en nuevos proyectos, poniendo a prueba mi capacidad laboral y mental. A pesar de comenzar desde abajo, estaba feliz de haberme mantenido fiel a mí misma y de haber superado los dolorosos estragos de la depresión. Con esperanza, me aferré a mis objetivos, sin preocuparme por las posibles consecuencias, con tal de dejar el pasado atrás de una vez por todas.

Un día, como si fuera un regalo del cielo, llegó a casa de mi mamá Carmela, una amiga de la familia a quien no había visto en años. Hablamos de mis problemas recientes, y coincidimos en un viaje que tenía planeado hacer pronto. Carmela, que trabajaba en el comercio en Durango, me invitó a ir con ella en su viaje. Aunque era mayor que yo, mi mamá confiaba en ella.

El viaje que había planeado estaba impulsado por el deseo de alejarme y comenzar de nuevo, dejando atrás los recuerdos dolorosos de mi separación amorosa ocurrida meses atrás. Estaba ansiosa por emprender y probar suerte en un nuevo destino, así que acepté la invitación de Carmela para acompañarla en el viaje.

Ya no había nada que me atara en Cosalá, solo recuerdos dolorosos que me impedían encontrar la felicidad plena. Sin embargo, mi hijo era mi razón para seguir adelante. Finalmente, se abría ante mí la posibilidad de alejarme de esos paisajes que solo traían tristeza, y eso me llenaba de alegría. Estaba convencida de que marcharme era la mejor oportunidad para construir un futuro mejor y brindarle una vida sana a mi hijo.

Remedios es un lugar que conocía desde mi infancia y donde parte de la familia de mi mamá radica actualmente, también mi padre aún viajaba por aquellos rumbos. Yo me desempeñaba como escultora de uñas y peluquería para entonces, gracias a los conocimientos adquiridos en mi formación. Migrar resultó una idea brillante y una oportunidad para crecer en lo personal.

Antes de irme, hablé con mi mamá y mi hermana Carolina, que también se había separado de su esposo. Les pedí que cuidaran de mi hijo mientras me reubicaba. Desafortunadamente, mi hijo no podía ir conmigo, tenía problemas de salud delicados desde su nacimiento. Alejarme de él fue muy difícil, pero sabía que el esfuerzo valdría la pena por su bienestar.

Mi hijo era lo más importante para mí. Sabía que mi misión era cuidarlo y darle un buen futuro. No podía arriesgarme a sacarlo de su zona de confort debido a sus problemas de salud; tenía miedo de arriesgarlo en ese sentido.

Durante el largo trayecto, el sol comenzó a asomarse, y el clima se volvió agradable mientras el viento fresco acariciaba mis mejillas. Desde el interior del doble rodado, contemplaba los largos caminos que había recorrido incontables veces cuando era niña. Los árboles dejaban caer sus hojas en pleno invierno, y el aroma a pino impregnaba el ambiente. Pensaba en mi hijo y el sacrificio de haberlo dejado atrás, había sido una buena decisión, considerando el clima desfavorable de esos meses. Estaba convencida de que la decisión valdría la pena. El tiempo nos demostraría que habíamos tomado el camino correcto.

Desafortunadamente, en esos años en el pueblo de Remedios, escaseaban muchos servicios esenciales, especialmente el de salud. Las dificultades de acceso a los servicios médicos eran comunes en esas regiones montañosas.

Tras horas de viaje, sorteando los baches y sacudidas del carro, Carmela y yo llegamos a Remedios casi al ocultarse el sol. Me instalé en casa de mis tíos, mientras que ella se quedó con una familia diferente.

Con el paso de los días, había logrado establecer una rutina muy beneficiosa.

El tiempo resultaba insuficiente para atender a todas las clientas, quienes estaban emocionadas por los servicios de belleza accesibles. También algunos hombres acudían para cortarse el cabello, a falta de peluquerías en el pueblo. Las filas eran largas. Además, viajábamos de una zona a otra, ofreciendo los productos de Carmela y mis servicios de belleza a precios muy bajos para los habitantes de las comunidades serranas.

***

Durante meses de intenso trabajo en la sierra, me reencontré con mi hermano mayor, Nito, a quien no había visto en años. Conversamos y decidimos dar un paseo. Sin embargo, noté que Nito comenzó a beber en exceso, como si estuviera preocupado. De repente, me pasó el volante, pidiéndome que manejara su cuatrimoto. Aunque no tenía tanta experiencia, tomé el control sabiendo que estaba ebrio. Mientras paseábamos por la plazuela de Remedios, Nito se volvió histérico y sacó un arma, disparando al aire. Intenté calmarlo, pero él me presionaba para que condujera más rápido.

Con la noche cayendo, me sentía insegura. Nito seguía gritándome y los casquillos caían a mi alrededor, haciéndome perder el control. Tomé un atajo por un camino estrecho, perdiendo visibilidad, y el vehículo terminó estrellándose contra un poste. Nito y Carmela salieron volando por el impacto. El cuatrimoto quedó inclinado, y yo atrapada. El peso del aparato empezó a inclinarse sobre mí. Traté de escapar antes de que me aplastara, pero parte de mi cuerpo quedó atorado. Grité por ayuda, pero nadie vino. Con gran esfuerzo, logré liberarme. El cuatrimoto rodó y cayó sobre las piernas de Carmela, quien aún estaba en el suelo y quedó atrapada por una de las ruedas.

Me levanté como pude y vi que "Nito" seguía tumbado en el suelo, aturdido por los golpes y anestesiado por el alcohol. Los gritos de Carmela me sacaron de mi confusión y corrí para ayudarla. Traté de levantar el cuatrimoto con todas mis fuerzas y, finalmente, logré liberarla. Sin embargo, segundos después de eso, me desvanecí, perdiendo la fuerza en mis piernas. "Nito", que estaba de pie para entonces, corrió hacia mí y me tomó en brazos, tratando de llevarme al sanatorio. Por suerte, pasaba un par de jóvenes en su carro, a quienes les indicó que se detuvieran y les pidió trasladarnos al dispensario del pueblo, donde recibí la atención médica necesaria.

El doctor nos informó que tendríamos que esperar a que el desinflamatorio hiciera efecto y, si no mejoraba, tendría que llevarme a la capital al día siguiente y solicitar la avioneta de emergencia. La borrachera de "Nito" desapareció de repente después del tremendo susto que habíamos vivido.

Ya había pasado poco más de una hora cuando finalmente recuperé la movilidad de mis piernas. Bajo la preocupación que nos mantenía tensos, el médico nos indicó que debíamos viajar a Cosalá para hacer algunos estudios y asegurarnos de que todo estuviera en orden. Esa misma noche fui dada de alta del dispensario. El día de descanso de Nito, había terminado de forma nada agradable. Después de caer por completo la noche, nos despedimos tras regresar a casa de mis tíos y contarles lo ocurrido. Nito se marchó sin revelar su destino y desde aquel día no supimos más de él.

Al día siguiente, Carmela empezó a sentirse mal por los golpes internos que había sufrido la tarde anterior. A pesar de los síntomas, continuamos con nuestra rutina de trabajo hasta que por la noche se le disparó la fiebre. Sus moretones eran cada vez más visibles y decidimos acudir al dispensario. El médico nos ordenó regresar a Cosalá para realizarle estudios médicos más exhaustivos, lo que la incapacitó temporalmente.

***

Habían Pasado un par de semanas mientras yo esperaba la recuperación de Carmela. Cuando un hombre llegó a mi puerta: Carlos Mariscal, alias "el Güero 90", era un viejo conocido, de quien no había sabido desde la ruptura con mi expareja.

—¿Qué te trae por aquí? —le pregunté, sin entender su visita.

—Me pidieron buscarte y preguntar cuándo planeas regresar a remedios —dijo, explicando que la petición era por medio de algunas clientas que necesitaban mis servicios para un evento especial. Yo aún no tenía una fecha definitiva, ya que esperaba a que Carmela se recuperara para volver juntas como anteriormente.

—Pagarán bien, es un rancho más arriba del pueblo. Tal vez podrías pensar ir antes. Quieren saber si pueden contar contigo para arreglarse ese día — insistió, sugiriendo que la gente esperaba con ansias dicho evento. Sin embargo, la verdadera razón de su visita aún no me convencía. Desde aquel día Carlos formaría parte importante en la historia de mi vida.

En el año 2010, ya me desempeñaba como estilista, ofreciendo una variedad de servicios básicos que incluían maquillaje, peinado, escultura de uñas y cortes de cabello para personas de todos los géneros. Mi profesión constituía mi principal fuente de ingresos desde que me preparé en este ámbito.

—No estoy segura de poder volver para entonces. Todavía tengo asuntos pendientes y debo esperar a que Carmela se recupere —le expliqué mientras me sugería considerarlo. Antes de marcharse, dijo que iba a las tiendas del centro del pueblo para abastecer de víveres, que debía transportar a las zonas altas de la sierra. Esperaba pacientemente tenerle una respuesta antes de que partiera a Remedios al día siguiente. Había conocido a Güero 90 años atrás, por su amistad con mi expareja en el pasado, amistad que, entre él y yo, no existía entonces.

Su reputación en el pueblo no era la mejor; Sin embargo, Carmela confiaba en su amistad plenamente, y aseguró que lo conocía bien, tenían una relación de amistad de muchos años. Antes de irse, El Güero mencionó que la fiesta sería en las próximas dos semanas, sin especificar fechas.

La mañana siguiente llegó, y aún no había tomado una decisión. Varias preocupaciones rondaban mi mente, además de mis responsabilidades como profesional de la belleza, era madre soltera con otras ocupaciones. Después de largas horas de espera, Güero 90 no regresó más, sino que lo hizo una semana después.

—¡Hola! ¿Ya estás lista? —gritó una tarde a las afueras de mi casa, sorprendiéndome con su inesperada presencia.

—Hola...Pensé que ya no volverías —le manifesté confundida por su regreso repentino. Explicó que había tenido asuntos urgentes que resolver y que salió del pueblo de forma apresurada. Parecía decidido a convencerme de ir con él hasta la sierra.

—No creo que encuentren a nadie más dispuesto a trabajar allá.

El evento es esta semana y me pidieron que te rogara que fueras, ándale, yo te traigo de regreso. Además, una de las muchachas es mi novia, vas a estar en confianza. Puedes cobrarles el doble, pero ve —insistió, pero mi decisión no era por cobrar más o menos, sino por el hecho de tener que viajar sin Carmela, la idea de viajar sola no me gustaba. Así que aun, seguía indecisa y le dije que necesitaba consultar con mi compañera de viaje antes de tomar una última decisión.

—Déjame ver a Carmela. Si ya se siente mejor, le diré que nos regresemos. De lo contrario, tendrán que buscar a alguien más. — respondí. El Güero 90 mencionó que ya había estado en casa de Carmela para averiguar cómo se encontraba. Aunque estaba mejor. Aun así, decidí llamarla y confirmar por mí misma su estado de salud.

Al responderme el teléfono Carmela, lo primero que hice fue preguntar cómo se encontraba. Aseguró que estaba mucho mejor, eso me dio alivio.

—Estuvo aquí '90' y dijo que te necesitan arriba. Deberías aprovechar la oportunidad. Él es de confianza, puedes viajar segura con él. Yo aún no me siento bien para regresar a Remedios — dijo Carmela, anticipando mi respuesta antes de abordar mi inquietud. Le confesé que no me sentía lista para viajar sin ella.

—Ya estoy bien, pero tengo un viaje a Culiacán pendiente. Creo que está bien que te vayas ahora para que no pierdas la oportunidad de seguir trabajando. Luego te alcanzo. No te preocupes, estarás bien, anímate —agregó, dejándome más tranquila y dándome espacio para considerar la oferta de trabajo y viajar sola.

Durante el trayecto, el Güero mencionó un lugar llamado "El Carrizo de la Petaca", lugar del que nunca había escuchado hablar, incluso ni durante mis viajes por Remedios.

El cuidado de mi pequeño hijo siguió a cargo de mi mamá. Sabía que entre ella y mi hermana Carolina, cuidaban de él, estaba segura de que estaría en buenas manos, y eso me permitía marcharme con tranquilidad.

Aunque mi familia no estaba del todo convencida con mi decisión de viajar sin Carmela y en cambio con el Güero 90, les expliqué la importancia de mi trabajo y comprendían que era el sustento de nuestro hogar.

La única forma de llegar a Remedios era mediante el raite, usando el transporte ofrecido por quienes transitaban la zona. El transporte público no existía en esa área, y abandonar mi negocio no era una opción. Alguien más seguramente tomaría mi lugar y ofrecería los mismos servicios en las montañas. Aunque estos lugares estuvieran alejados de la ciudad, eran beneficiosos para mí y yo había descubierto esa idea.

Con mi emprendimiento, las cosas marchaban bien, y económicamente mi casa era estable. Mi trabajo no solo me ayudaba económicamente, sino también emocionalmente, manteniendo mis pensamientos ocupados y alejados de lo que había sido mi vida hasta entonces.

Mientras viajaba por las montañas y rancherías de la sierra, tenía sueños de seguir creciendo como persona y continuar estudiando para ofrecer un futuro mucho mejor a mi hijo y preparar su camino. Las secuelas de mi relación fracasada me habían llevado a trabajar lejos de casa.

***

Fue marzo de 2010, cuando subí a aquel doble rodado con el Güero 90 que me llevaría a encontrarme con mi verdadero destino.

El camino parecía tranquilo mientras charlábamos para hacer el viaje más llevadero. Recordábamos episodios del pasado y disfrutamos de los paisajes: de sus verdes arboledas y las altas cuestas de la sierra. Sin embargo, algo en mi interior me inquietaba, una desconfianza me alertaba a no creer completamente en mi compañero, después de que un retén militar apareciera en nuestro camino. El Güero 90 me pidió que guardara silencio.

— No digas nada. Si te preguntan, diles que eres mi hermana y que estás de vacaciones —me instruyó, y así comenzaban las cosas extrañas. Un militar nos pidió bajar para una inspección de rutina. Revisaron mi maleta y sacaron todas mis pertenencias.

— ¿Van solos? —preguntó el uniformado.

— Sí —respondimos. Nos preguntaron si éramos pareja y cuáles eran nuestras ocupaciones.

— Soy fletero, llevo alimentos para el ganado y las tiendas del pueblo. Ella es mi hermana y estudia en Culiacán —dijo el Güero 90. Me puse nerviosa, esperando que no me preguntaran más. Por suerte, la inspección terminó y nos dejaron seguir sin problemas.

Había caído el mediodía cuando llegamos al pintoresco pueblo de Remedios. Le pedí a "El Güero 90" que me llevara a casa de mis tíos para avisarles que seguiría hacia los altos de la sierra, hacia el Carrizo de la Petaca. Mi tío, al escuchar esto, se sorprendió e intentó detenerme.

—Tú no debes ir con ese hombre —dijo, sin dar razones concretas. Insistió en que era peligroso, pero no ofreció más detalles que me convencieran de su desaprobación.

—Tío, tengo que trabajar. He invertido mucho tiempo y esfuerzo en mi negocio —respondí. Él pareció comprender mis razones y no dijo más. Me despedí de ellos y continué mi camino.

Aunque todos en la región conocían historias sobre las montañas remotas, nadie hablaba abiertamente de ellas, ni siquiera mis parientes. Durante el viaje, no percibí nada fuera de lo normal. "El Güero 90" parecía un hombre común, con su vehículo lleno de alimentos y suministros para el campo, algo muy similar a lo que se había dedicado mi papá, una actividad muy normal.

Como persona responsable, he sido exigente conmigo misma. Desde niña, me enseñaron a cumplir mi palabra, y ese día no sería la excepción. Mi trabajo y mi responsabilidad como madre eran mis motivaciones principales y lo que hacía entonces me hacía muy feliz.

Aquella tarde, Güero 90 pareció leer mis pensamientos y rompió el silencio.

—No tengas desconfianza, yo te voy a cuidar. Además, tu hermano va y viene por esta zona. Lo vi antes de venirme —dijo, notando mi preocupación.

Cuántas veces he escuchado la promesa de "te cuidaré", una palabra que rara vez puede ser cumplida. Los lobos siempre se visten de ovejas para atraer a su presa con palabras lindas, pero vacías. Que mencionara a "Nito" me sorprendió; no sabía que él trabajaba en esa zona remota de la sierra.

—¿Y qué hace él allá? —pregunté, descubriendo su trabajo.

—Está trabajando con unos operadores de máquinas que abren caminos —me explicó, tranquilizándome un poco. La explicación me resultó apropiada.

En la sierra, las ocupaciones de los habitantes son diversas: la ganadería, abarrotería y siembra de cultivos son las actividades más comunes. Sin embargo, muchos se dedican a la siembra de marihuana y la goma de opio. Para algunos, es una forma de vida arraigada en la Sierra Madre. Aunque lejos de las oportunidades de la ciudad, la siembra de estupefacientes había sido lo más rentable para ellos en la región. Aquellos que viven en esas zonas sufren la marginación y entienden el mundo de la siembra mucho mejor que quienes lo ven desde otro ángulo.

A pesar de los desafíos en el Triángulo Dorado, la esperanza sigue viva entre sus habitantes. Y a pesar de las carencias, hay personas trabajadoras, decididas a salir adelante. Padres que luchan por ofrecer a sus hijos una educación digna, incluso si eso implica depender de cosechas, no dudan jamás en llevarlas a cabo.

Gran parte de esta realidad se debe a la falta de oportunidades y al escaso apoyo gubernamental, que solo aparece en tiempos de elecciones y luego desaparece, dejando atrás en el olvido a los más vulnerables.

Ya adentrados en los caminos más remotos que conducen al Carrizo de la Petaca y con largas horas de viaje, divisamos extensos cultivos de marihuana. Aunque para muchos es una vida habitual, para mí resultó impactante. Ver esas enormes plantaciones me hizo reflexionar sobre el exceso y la ostentación en la región.

Los habitantes de esa zona demostraban una capacidad asombrosa para cultivar la marihuana, todo gracias a un elaborado sistema de suministro de agua. No pude evitar notar el derroche de recursos, una realidad muy distinta a la de mi antigua familia en nuestro modesto rancho. Recordé las sequías que apenas nos dejaban conservar unas pocas ramas de marihuana, suficientes solo para subsistir, nunca para prosperar.

Después de aquel asombroso paisaje, finalmente, estábamos a pocos minutos de llegar al Carrizo de la Petaca. Güero 90 notificó nuestra llegada por radio, y los halcones ocultos en los cruces de los ranchos describieron nuestro vehículo e informaron sobre nuestra ruta, evidenciando la vigilancia en la zona. En un lugar donde la gente vive al día y está atenta a cada movimiento, la discreción es imprescindible.

La comunicación en la sierra del Triángulo Dorado es altamente coordinada gracias al uso de la radio. Este medio no solo permite protegerse de posibles enemigos, sino también enterarse de sucesos importantes. Desde los años 90, la radio ha sido fundamental.

Quienes poseen una radio escuchan y comunican noticias, chismes y problemas entre los habitantes. En la sierra, los radios nunca descansan, permitiendo que la gente viva con cierta tranquilidad. A simple vista, la vida en la sierra en el Triángulo Dorado parece tranquila y apacible, pero oculta grandes misterios y personajes entre sus cerros y pinares. El ambiente es relajante, con aires frescos que llevan el aroma del ocote, y la gente es notablemente amable y solidaria.

Durante el trayecto, observamos los caminos deteriorados por la lluvia y los derrumbes, estos son parte de los senderos que conducen al Carrizo de la Petaca. Después de horas recorriendo las cumbres más altas de la sierra, descendimos y tomamos atajos hasta llegar a las orillas del Río Los Remedios, cerca de los caminos que conducen al Carrizo de la Petaca. Por la radio, escuché repetirse el apodo de Güero 90, quien a través del medio de comunicación recibió la orden de regresar de emergencia al pueblo. Aunque no entendí las claves aún desconocidas para mí, él aseguró que alguien más me llevaría al Carrizo, lo que restaba del trayecto.

Fue entonces cuando me invadió la preocupación al no conocer a mi nuevo acompañante. La incertidumbre y el miedo se apoderaron de mí antes de ver quién sería. Insistí en preguntarle a Güero 90 si estaría de vuelta pronto, ya que mi tiempo en aquel lugar sería limitado, al menos tres días, el plazo que me había propuesto para cumplir con aquel trabajo. Con lo indispensable y un par de mudas, temía que Güero 90 no regresara dentro de ese plazo.

El nuevo chofer tardaba en llegar, así que Güero 90 lo llamó por radio para pedirle que se diera prisa. Enseguida reconocí la voz del otro lado.

— ¿A dónde vienes, cochas? —preguntó "90". Al cochambre, como lo apodaban, este informó que estaba a solo minutos de llegar. A lo lejos, una camioneta RAM, último modelo, descendió por una empinada cuesta y cruzó el río hacia nosotros. Al detenerse, se bajó un hombre alto, de tez blanca y barba mal arreglada, con harapos llenos de marcas de aceite de motor; aparentemente un mecánico. Casi inmediatamente lo reconocí: era "Nito", mi hermano, con quien había tenido un accidente en Remedios semanas atrás. Su aspecto me entristeció; se veía cansado y demacrado. Desde niño aprendió la mecánica y el manejo de carros de carga pesada junto a mi apá. Su presencia me sorprendió y reconfortó, no esperaba verlo de nuevo, sobre todo en aquel lugar. El encuentro me llenó de alegría y disipó mis miedos.

Estaba convencida de que estaría segura con él. Nos saludamos afectuosamente, y le pregunté qué hacía en aquel lugar. Su respuesta fue brusca y distante, en marcado contraste con su tono amable en Remedios. Parecía no estar contento con mi visita, así que decidí guardar silencio mientras él y Güero 90 transferirían la carga de un carro a otro. Al terminar su trabajo, "Nito" inició una discusión con Güero 90, y mientras prestaba atención, capté los reclamos sobre por qué me habían llevado hasta allí. La discusión fue breve, pero algo no encajaba. Sentía que "Nito" ocultaba algo y quería asegurarse de que yo no me enterara.

—"Sube al carro… Luego hablamos tú y yo", — me indicó molesto. Nito mientras tanto seguía discutiendo con Güero 90. Desde el interior de la cabina, escuché a Güero 90 indicarle a "Nito" apurarse, ya que tenía que ir por los tambores de Diesel, y le sugirió dejarme en la casa de la entrada del rancho a donde nos dirigimos.

Después de despedirnos, Güero 90 se marchó de regreso a Remedios, dejándonos continuar nuestro camino hacia el Carrizo. El semblante serio y preocupado de Nito, indicaba que algo le estaba inquietando. Finalmente, rompí el silencio y comencé a recriminarle su actitud. La tensión creció entre nosotros, y ambos acabamos gritándonos mutuamente. Me molestó que él se atreviera a criticar mi decisión de estar allí, y le recordé que se había ido de casa hace mucho y que haber ido aquel lugar había sido mi elección.

A pesar de nuestras diferencias, él insistía en que aquel no era un lugar adecuado para una mujer como yo, refiriéndose a mi tipo de crianza, con valores y principios, lo que me hizo sentir como si fuera a un burdel. Aunque en ese momento no lo admití, con el tiempo descubriría que tenía razón. Nuestro conocimiento mutuo como familia era escaso.

Desconocía sus ocupaciones y su paradero desde que había abandonado la casa de mis padres a temprana edad. Era un enigma para nosotros. Sin darme cuenta, llegamos al Carrizo de la Petaca, donde "Nito" se dirigió a una pequeña casa en la entrada del rancho, tal como nos había indicado Güero 90.

***

Eran alrededor de las 5:00 pm cuando nos detuvimos frente a una modesta casa construida con adobe, tejas y láminas de cartón en mal estado. Al descender del vehículo, una joven mujer salió a nuestro encuentro con una sonrisa cálida y amable que inspiraba confianza de inmediato. Nos presentaron y casi de inmediato conectamos como si nos conociéramos desde siempre. Ella era Liliana, una de las cocineras de Joaquín Guzmán Loera, de quienes yo desconocía su historial criminal ni quiénes eran realmente, hasta esos momentos.

— Buenas tardes, Lili. Esta muchacha se quedará aquí contigo. Es mi hermana —dijo "Nito", quien me había traído hasta allí. Liliana saludó afectuosamente y me invitó a entrar con gran amabilidad. Ya estaba al tanto de mi llegada y dijo que ya me esperaba.

Al adentrarme en la modesta vivienda, noté que el piso era de tierra bien pulida. Aunque humilde, todo lucía limpio y ordenado. Observé detenidamente el lugar: unas mesas en el pequeño portal con sillas alrededor, pretiles de adobe adornados con coloridas macetas verdes y geranios de diferentes colores adornaban la humilde casa.

Lily, como la llamaban, tenía alrededor de unos 35 años cuando la conocí por primera vez. Fue siempre amable y sencilla. Esa tarde, me invitó a dejar mi pequeña maleta. La casa tenía un nombre: "La Covacha".

A pesar de su sencillez y falta de lujos, ofrecía un ambiente acogedor. Cruzando las paredes, desde el portal hasta la cocina y las habitaciones, más parecía una tienda o bodega de abarrotes, repleta de víveres y alimentos como para alimentar a un ejército hambriento.

— Sígueme por aquí — me indicó Lily, esquivando charolas de refrescos, agua embotellada y cajas de todo tipo de enlatados y verduras. Caminamos por la cocina, donde se veía una sencilla estufa con ollas de buena calidad, hasta llegar al fondo de la casa. En una de las habitaciones con paredes de adobe dormía Lily, rodeada de víveres. Más al fondo, había otra habitación más amplia con una pequeña cama y, en el fondo, una gran carpa bajo el techo.

— Aquí dormirás. Te daré algunas cobijas. Puedes acomodar tus cosas adentro —dijo, enviándome al interior de la enorme casa de campaña.

— ¿Aquí adentro? —pregunté sorprendida, mientras ella me explicaba la razón de tener una carpa dentro de la habitación.

— Sí, ahí adentro. No te preocupes, tuvimos que ponerla porque el techo está roto y se filtra el agua —dijo, señalando el techo que tenía un gran agujero cubierto con plástico negro, por donde se colaba el sol y a veces la lluvia.

— ¡Está bien, muchas gracias! —dije, mientras me instalé. Sin preguntarle ni comentarle nada sobre mi nueva forma de descanso, supuse que el techo no había sido reparado por cuestiones económicas o, tal vez, debido a lo apartado del lugar. En la sierra, normalmente la gente se las ingenia para resolver cualquier problema y sobrevivir a la pobreza y a los desastres causados por la naturaleza. Por tales motivos, casi nada me resultó nuevo; estaba acostumbrada a vivir los estragos del clima, las dificultades de la vida y el trabajo duro. Pocas veces había dormido en el suelo, pero nunca dentro de una casa de campaña.

Eso fue lo único que llamó mi atención y admiración por quienes habían tenido tan buena idea para solucionar el problema del techo. La casa no tenía muebles, solo lo necesario para cocinar los alimentos del día a día. Excepto por esas dos mesas blancas de plástico en el portal, un par de camas individuales y la enorme casa de campaña anclada en la habitación.

Aunque la carencia de lujos era evidente, la calidad de la comida no se veía afectada; en aquel remoto lugar, la buena comida era una constante. Lily destacaba como una excelente cocinera y siempre recibía visitas ávidas de saborear sus platos, preparados con esmero y dedicación.

Aquella tarde, "Nito" se despidió dejándome al cuidado de Liliana.

— Te quedas con ella —dijo antes de partir. — Regreso para cenar, y si no regreso pronto, te pido que te vayas una vez hayas terminado tus asuntos.

— No te preocupes, estaré bien. Esperaré a las mujeres que me llamaron. Una vez que Güero vuelva por mí, me iré —respondí antes de despedirnos. Él subió a su camioneta y se alejó.

Durante la tarde, Lily y yo nos involucramos en las labores de la casa. Dirigiéndose a la cocina, Lily ya tenía una olla grande con un delicioso caldo de pollo y verduras. Mientras ella preparaba la mesa y algunas tortillas para los invitados, me ofrecí a ayudarle. Minutos después de la partida de "Nito", regresó para cenar, seguido por el sonido de un cuatrimoto que se aproximaba a la covacha.

— ¡Buenas tardes! —anunció una voz desde el portal, a la que Lili respondió con rapidez y les dio la bienvenida.

— Pasen, por favor —les invitó, mientras trabajaba en el comal.

Acto seguido, "Nito" se asomó desde la puerta de la cocina y me indicó que saliera.

— Ven acá, saluda a este hombre —me pidió. Así que lavé mis manos y salí al portal para saludar a los recién llegados, sin tener idea de quiénes eran.

— ¡Hola! Buenas tardes —saludé, aunque me sentía intimidada por la intensidad de sus miradas clavadas en mí.

— Encantado, soy Juan. Aquí todos somos Juanes. Bienvenida, siéntase como en casa —dijo con un tono sarcástico, pero firme y autoritario aquel hombre. Sus ojos miel parecían atravesarme, enviando un escalofrío que me recorría el cuerpo. La fuerza de su mirada era poderosa, podía derribar cualquier barrera si así lo deseaba. Su sola presencia imponía respeto y, al estrechar mi mano, pude sentir su energía inquebrantable.

Aún recuerdo la sensación inexplicable que me produjo ese estrecho saludo. Era una mezcla entre el mal y el bien. Aquel día, Lili y yo nos conocimos un poco más. Conversamos sobre nuestros hijos, nuestras decepciones y lo difíciles que habían sido nuestras vidas.

Durante el transcurso de la semana, ella esperaba ansiosa el regreso de Lola, una de sus hermanas menores, quien había viajado a la capital de vacaciones. Lili aguardaba con ilusión la vuelta de su compañera, después de todo el arduo trabajo que realizaba sola en "La Covacha" la agotaba. Se veía cansada y ojerosa por levantarse, madrugada tras madrugada sin descanso. Demostraba ser una mujer de buenos sentimientos, amable, cariñosa, alegre, humilde y muy sencilla, con los pies bien plantados en la tierra. Era de esas pocas personas con las que uno se siente compatible de inmediato.

Nuestra agradable conversación se interrumpió casi una hora después, cuando escuchamos el zumbido de los cuatrimotos que anunciaban el regreso de los Juanes para la cena. Lily se apresuró a arreglar la mesa y me pidió mi ayuda para prepararla, mientras los hombres llegaban de nuevo hasta el portal.

—"¡Siéntense, les serviré enseguida!"—les dijo Lily, invitándolos a pasar con cordialidad hasta la mesa y enseguida les ofrecía la cena que había preparado especialmente para ellos. Desde la mesa, noté que la mirada de aquel hombre me buscaba, y me encontraba en la cocina, desde donde pude sentir su intensidad. Me inquietaba su mirada y la antipatía hacia él comenzó a crecer en mí más rápido que el viento, pues no me atraían los hombres maduros y peor si me veían de esa forma que él lo hacía.

Después de la cena y de conversar un poco entre él y sus acompañantes, se levantó de la mesa para despedirse y caminó hasta el interior de la cocina, donde yo esperaba su retirada.

—"Muchas gracias, mujeres. Estuvo todo muy sabroso. Pasen buenas noches, nos vemos mañana", — dijo el hombre, quien en realidad era Joaquín Guzmán Loera. Lily y yo nos miramos, sorprendidas por su anuncio de volver al día siguiente. Ella quiso asegurarse de que así sería.

—¿Entonces vendrán a comer mañana para prepararles algo bueno?" — les preguntó, tan sorprendida como yo.

—"Sí, mañana aquí nos vemos. Vendremos a comer tortillas hechas por la Güera. Ya veo que sabe hacerlas. ¿Dónde aprendió? —" me preguntó el hombre. Le expliqué que había sido mi mamá quien me había enseñado desde niña. Tras no conseguir mucha conversación, decidió marcharse casi enseguida, en compañía de su amigo don Juan y Medusa, el joven que solía acompañarlos a diario.

Al despedirse, el Chapo Guzmán dejó flotando en el aire una promesa velada de regreso, como si su partida fuese solo un preámbulo a un nuevo encuentro. Sus palabras resonaron en el portal mientras montaban las cuatrimotos, con él al volante y el Comandante como su fiel acompañante. Hasta ese momento, seguía en la oscuridad sobre la verdadera identidad de aquellos visitantes a la covacha. Esa noche, mientras Lily y yo limpiábamos la cocina, la charla fluía entre nosotras, pero me abstuve de profundizar más allá de lo que ella compartía. Parecía haber captado mucho más que yo sobre las intenciones de Joaquín.

— Parece que le has caído bien al señor, casi nunca viene por aquí —comentó Lily, con cierta sorpresa.

— Es un hombre extraño... Su forma de mirarme me da miedo, no me gusta para nada, le comenté. Lily trató de justificarlo, sugiriendo que esa era simplemente su manera de ser y que no congeniaba con todas las personas. Aunque sus palabras no me convencieron del todo, me tranquilizaron un poco. Decidimos dejar la limpieza y retirarnos a descansar. Lily propuso ir a dormir, consciente de la temprana hora que nos esperaba al día siguiente. Nos dirigimos a nuestras respectivas áreas de descanso. Me instalé dentro de la casa de campaña en el interior de la covacha.

La madrugada siguiente, nos levantamos temprano, a las 4:00 a.m. El clima era frío y el viento soplaba con fuerza en aquel rancho situado en la cima del Carrizo. Envueltas en mantas, nos dirigimos al baño para una ducha rápida con agua tibia y así despertar un poco más. Luego nos arreglamos rápidamente y nos dirigimos a la cocina, donde Lily tenía que preparar una considerable cantidad de loncheras que serían recogidas unas horas más tarde.

Ella me explicó que los lonches que estábamos preparando estaban destinados a los hombres que trabajaban en las afueras del rancho. Algunos se dedicaban a obras de caminos para conectar con otras comunidades, mientras que otros trabajaban en los sembradíos de marihuana en las cercanías del Carrizo. Al principio, había pensado que la covacha era simplemente un lugar de venta de alimentos preparados. El trabajo me pareció agotador, así que me limité a ayudar en la cocina, ofreciendo mis manos como única contribución. El frío era intolerable en esa zona, y nos mantuvimos en silencio, concentradas cada una en su tarea, mientras intentábamos calentar la cocina tras encender el fuego de la hornilla.

Durante la hermosa mañana, el sol asomaba detrás de las inmensas montañas, ofreciéndonos una vista impresionante desde la puerta trasera de la covacha. El día se despejó por completo, y un grupo de hombres, tanto civiles como uniformados, llegaban en busca de un poco de café. Lily los atendió amablemente, desayunaron y se marcharon agradeciéndole. Durante el día, Lily me advirtió que no se comentaba ni se hablaba sobre lo que se veía en ese lugar. La urgencia por terminar el trabajo por el que había sido convocada aumentaba, y esperaba con ansias que llegaran las clientas que aún no conocía y que tanto habían jurado necesitar mis servicios.

Ya eran las 12:00 pm y aún nadie había ido en mi búsqueda a la covacha. Cabizbaja, continué ayudando en las tareas del hogar.

—"No te preocupes, en cuanto las muchachas sepan que estás aquí, vendrán a buscarte y tendrás mucho trabajo", — me consoló Lily. Sin embargo, algo no me dejaba estar tranquila y me sentía insegura. Estaba segura de que algo no estaba bien. Fue entonces cuando "El Chapo" cumplió su promesa. Alrededor de las 5:30 pm, cuando el sol comenzaba a ocultarse tras las montañas, lo vi llegar a la covacha.

Descansaba bajo el techo, y el ruido característico de un par de cuatrimotos anunciaba su llegada. Era el hombre de estatura media y mirada penetrante, acompañado una vez más por aquel "viejito" que parecía más que un simple amigo. Junto a ellos también llegaba Medusa. Los vi estacionarse afuera y rápidamente me dirigí hacia la cocina para evitar saludarlos.

—"Ya llegaron esos señores de ayer", — le informé a la muchacha, quien salió de inmediato a recibirlos. Para entonces, los alimentos ya habían sido preparados y la mesa estaba lista para la cena, además de las tortillas que se cocinaban en el comal.

—"Voy a calentar la comida y poner la mesa, ¿podrías ayudarme echando las tortillas?", — me pidió ella mientras se apresuraba hacia la mesa ubicada en el portal.

La compañía de Lily me resultaba agradable, y juntas el tiempo parecía pasar más rápido mientras trabajábamos. Una voz fuerte y dominante rompió el silencio:

—¡Buenas tardes! — Era el Chapo y el comandante, que habían entrado en la covacha y se sentaron a la mesa. Tras devolver el saludo, preferí permanecer en la cocina sin hacer contacto visual con ellos. La puerta que daba al portal estaba abierta, así que le pedí a Lily que la cerrara un poco para evitar la incomodidad. Pero, el comandante ordenó que la abriera de nuevo para poder vernos mientras cenaban.

Lily obedeció la orden, y el comandante solicitó que compartiera cómo me sentía al estar entre ellos. Confundida por las múltiples identidades, ya que tanto el Chapo como el comandante se habían presentado, los identifiqué como los "Juanes". La sensación de ser observada comenzaba a inquietarme, así que me concentré en mis tareas en la cocina. No logré escuchar sus conversaciones, pero los vi sonreír mientras disfrutaban de la cena.

Después de terminar la comida, el Chapo y el comandante se dirigieron hacia la cocina con total confianza. El viejito, don Juan, comentó mientras me veía hacer tortillas en el comal:

—"El hombre que se case con usted se va a sacar la lotería Reinita".
—La palabra "reinita" era la forma cariñosa que usaba el comandante para dirigirse a las mujeres. De esa manera, elogió mi trabajo con la

prensa y el fuego, sorprendido de que no solo era una profesional del estilismo de cabello y demás, sino que también fuera tan trabajadora. Lily, sonriendo, confirmó que desde mi llegada no había dejado de ayudarla en las tareas de la casa.

Minutos después, "El Chapo" entró también en la cocina y se sumó a la conversación, desatando una serie de bromas que parecían ser habituales entre ellos. "El Chapo" había hecho creer al comandante que yo sería su nueva conquista, dejando de lado a Lily, a quien el comandante solía pretender con sus bromas amorosas. Sin embargo, en realidad, era "El Chapo" quien tenía su atención puesta en mí. Mientras su plan se desarrollaba, se escudaba entre risas y bromas, utilizando al comandante como parte de su estrategia, con un comportamiento que rayaba en lo adolescente.

—"¡Mi comandante ya encontró pareja! ¡Ahora sí parece que habrá boda!", — bromeó "El Chapo". Su comentario me pareció desagradable y fuera de lugar, así que opté por ignorarlo por completo, concentrándome en lo que estaba haciendo.

El comandante, ingenuo y manipulado por su jefe, sonreía mientras yo sentía que mi rostro se desfiguraba de la vergüenza. Quería que desaparecieran de la cocina, pero sabía que no podía pedirles que se fueran, siendo yo la invitada que estaba de paso. El viejito se sumaba a las locuras de su amigo, jugando su papel a la perfección, mientras disfrutaban de su propia fiesta de risas.

Aquel segundo día en la covacha fue agotador y tedioso para mí. La distracción constante me sacaba de mi serenidad, y ansiaba regresar a casa. Las quemaduras en mi antebrazo fueron el resultado del viejo comal de la hornilla, que se sumaban al malestar. Soporté en silencio el dolor, sin atreverme a quejarme, y aguanté la incómoda situación hasta que finalmente se marcharon de mi vista. Claramente, el interés del Chapo por mí no pasó desapercibido. Su forma de observarme y comportarse lo delataba ante los demás, mostrando sumo interés.

Cerca de las 11:00 pm, finalmente decidieron marcharse, abandonando su modo repulsivo al darse cuenta de que no estaba funcionando. Intentaron comportarse de manera seria al notar mi incomodidad y seriedad, cambiando su estrategia.

— Cuéntenos cómo se ha sentido y cuándo planea irse —me preguntó enseguida Guzmán.

— Espero que sea pronto, solo estoy de paso por un par de días. Me iré la próxima semana — le indiqué, tratando de disipar sus intenciones reflejadas en su rostro, traté de ser breve y no parecer grosera.

— Oh, son muy pocos días los que estará por aquí. Usted parece una mujer muy seria, ¿o es que no le gusta platicar? — Me preguntó, intentando animar el ambiente. Contuve mi mal humor y sonreí ligeramente, diciéndole que así era mi forma de ser.

— ¿No baila usted? Debemos hacer el baile — Propuso Joaquín. Le dije que bailaba ocasionalmente y que no era fanática de las fiestas ni de ese tipo de ambientes. La noche estaba cayendo y ya se había despedido más de una vez sin irse del todo.

— Bueno, la dejaremos descansar. ¿No le duelen los brazos? — preguntó al notar las ampollas en mi brazo. Traté de evitar que se acercara y le dije que estaba bien, aunque en realidad me dolía. A pesar de ello, traté de mantenerme en mi carácter. No perdió la oportunidad para elogiar la cena y las tortillas que le habían fascinado.

— Muchas gracias, la cena estuvo deliciosa. Vendremos más seguido —dijo el Chapo, mientras yo en mi interior deseaba que no regresara.

—"Gracias. Que pasen buenas noches," — respondí, tratando de ser amable y cortante al mismo tiempo para aligerar su despedida. Finalmente, salió de la cocina apresuradamente junto al comandante, subieron a su cuatrimoto y se alejaron.

Me dejé caer en una silla, soportando el dolor de las quemaduras y respirando profundamente. Lily me brindó material de curación, y poco después nos retiramos a descansar. Así terminó nuestro día aquella noche; tras nuestro descanso, volvió a llegar rápidamente la madrugada y con ella la rutina cotidiana de levantarse antes de salir el sol.

***

Un nuevo día comenzaba con el sol asomándose sobre el horizonte. Las horas pasaban mientras empacábamos loncheras en platos desechables. La tarde se acercaba y las supuestas clientas seguían sin aparecer. Era mi tercer día en aquel lugar y ya debía estar regresando al pueblo de Remedios. Sin embargo, Güero 90 no había dado señales de vida y mi hermano "Nito" tampoco.

Empecé a notar un aumento en la presencia de hombres con camisas camufladas en los alrededores del rancho, lo cual captó mi atención. Pero recordé las advertencias y no me atreví a preguntar nada. Aún no tenía la confianza suficiente para indagar sobre la vida en aquel lugar. En ese tercer día, el Chapo no había visitado la covacha, pero esa mañana llegó Medusa, su hombre de confianza. Entró apresurado a la cocina y, mientras yo estaba distraída, se me acercó y sin previo aviso metió su mano en mi bolsillo, dejándome un pequeño detalle y susurrando unas palabras al oído.

—"No se lo enseñes a nadie, es solo tuyo", — me dijo antes de salir rápidamente. Con temor, metí la mano en el bolsillo y encontré una servilleta de papel con unas palabras escritas en tinta azul:

—"Eres muy hermosa, me gustas. Att: el Tío" —. Se podía leer aquel mensaje. Aquel sobrenombre no me sonaba y no tenía ni idea de quién se trataba. Tal como me lo había pedido el joven, guardé el recado nuevamente en mi bolsillo sin darle mayor importancia. Me pareció una broma de mal gusto. Sentía una mezcla de incomodidad y curiosidad. Mi estancia en la covacha se volvía cada vez más extraña, llena de presencias inquietantes y mensajes enigmáticos. Solo esperaba que los días pasaran rápido y poder regresar a la normalidad lo antes posible.

Durante la mañana, cuando Lily entró en la cocina, me debatía sobre si preguntarle o no acerca del mensaje que había encontrado. La duda me carcomía por dentro, haciéndome sentir insegura y solitaria. Finalmente, decidí mostrarle el mensaje y preguntarle sobre la identidad de la persona que lo había enviado, aunque al principio dudé si debería hacerlo.

—"¿Puedo preguntarte algo?" – dije, buscando su atención.

—"Si, lo que quieras. Te veo seria, ¿qué pasa?" — pregunto Lily con curiosidad. Entonces le mostré la servilleta de papel que el joven había dejado en mi bolsillo. Su expresión cambió, mostrando sorpresa ante mi inquietud, y pareció bromear antes de responder.

—"¿Quién es 'El Tío'?" — Le pregunté, explicándole el motivo de mis preguntas. Ella se mostró indiferente al principio, pero después accedió a explicarme.

—"¿Por qué preguntas?" — indagó, en un tono casi susurrante. Sin esperar más, le mostré la servilleta. Lily me explicó, entre susurros, que "El Tío" era el mismo hombre que había estado visitando la covacha junto al viejo y Medusa. Era conocido entre los suyos como "El Tío".

—"¡Mira tú, parece que te ha echado el ojo!" — bromeó Lily de manera no muy delicada. Le pedí más detalles sobre ese hombre misterioso, pero ella se mostró renuente a hablar mucho más sobre él.

—"No se llama, así como te dijo, y no puedo decirte más. Pero al parecer le has gustado, y cuando a una mujer le gusta, las cosas son diferentes," — explicó con cautela. Un escalofrío recorrió mi cuerpo. También percibí cierta inquietud en ella, ocultando más de lo que me contaba.

Aun así, trató de darme más información sobre él siendo cuidadosa, la gente sentía el cariño y respeto por él mientras otros le temían, según las versiones.

Se decía que el cariño hacia el señor de las montañas, como también lo llamaban, había sido comprado a través de la ayuda que brindaba a los pobladores y los problemas que resolvía. Para muchos, era una especie de Robin Hood; para otros, era temido en igual medida.

Aquella tarde, mientras conversábamos, descubría que el hombre que se hacía llamar Juan o "El Tío" era en realidad todo lo contrario a lo que yo veía. Sin embargo, seguía sin comprender completamente quién era. Estaba ajena a su historial y sus vínculos criminales.

Lily sabía sobre aquel hombre y su identidad, desde luego, pues durante largo tiempo trabajaba como cocinera al servicio de Guzmán. Aunque no era de su círculo de mayor confianza, conocía qué terrenos pisaba.

Algunos habitantes del Carrizo lo admiraban y lo protegían; les proporcionaba empleos y buenos salarios, motivándolos a mantener el silencio. Otros preferían mantener la paz en la sierra. La mayoría estaba ocupada en diversas labores; algunos en seguridad, mientras que a otros se les prohibía o se les pagaba para no comentar nada sobre él. Además, se les instruía para mantenerlo informado de todo lo que ocurría en la zona. Esta era una de las razones por las que cambiaba de apodos y sobrenombres, dificultando ser encontrado por las autoridades.

***

El Carrizo de la Petaca era, en ese entonces, un lugar hermoso y tranquilo, al igual que su gente.

Durante el cuarto día en la sierra, finalmente solicitaron mis servicios. Me citaron en una de las casas del rancho. Esa tarde, me dirigí hacia el domicilio de "Chayo", una mujer que había conocido una tarde cuando visitó a Lily en la covacha.

En la casa de los padres de Chayo, solía transcurrir las tardes con frecuencia la presencia de "El Chapo" en su amplio portal. Aquella tarde, me dirigí con mis herramientas de trabajo hacia ese domicilio para ofrecerles mis servicios de peluquería, sintiéndome contenta de que finalmente se había concretado la cita. Al llegar al portal, me sorprendió la multitud de gente que esperaba para recibir los servicios. Había más de treinta hombres formados en fila, claramente necesitados de un corte de cabello. Algunos tenían el cabello largo, barbas desaliñadas y atuendos desgastados, como si hubieran sido sacados de un barrio donde el cuidado personal era escaso. Había quienes llevaban harapos, mientras que otros vestían trajes camuflados; muchos eran campesinos trabajadores de los cultivos de la marihuana.

Para mi sorpresa, en aquel portal se encontraba el mismísimo "Chapo", quien pacientemente aguardaba su turno al final de la fila para cortarse también el cabello. Sentado y relajado en una silla de madera, parecía indiferente al paso del tiempo. Observaba cada uno de mis movimientos con atención desde su asiento, hasta que finalmente se puso de pie y comenzó a caminar de un lado a otro del portal. Luego se acercó curiosamente a mi lado y admiró mi trabajo, lo que incrementó mi tensión y nerviosismo, dificultando mi concentración.

En aquel portal se congregaron diversos personajes con apodos extraños, algunos conocidos y otros no tan famosos. Eran nombres y sobrenombres que jamás había escuchado. Algunos de estos individuos llegaron a formar parte de mi vida después de aquel encuentro, sin siquiera imaginarme, que eso pasaría en un futuro.

En ese pequeño pueblo, comenzó mi historia y mi primer encuentro con gente de Crimen organizado. Socios, amigos, familiares e integrantes de la facción del Cártel de Sinaloa, liderado por el Chapo Guzmán. Entre los integrantes que conocí en aquel lugar destacaban "El Picudo", "El Cóndor" y "El Chaneque", alguno de los colaboradores más importantes para el capo. Ese fue el inicio de un nuevo capítulo en mi vida y un viaje a las entrañas del cártel de Sinaloa, representado por uno de los narcotraficantes más influyentes de los últimos tiempos. Las funciones de cada individuo eran un misterio hasta esa tarde en el portal. Inocente en cuanto a los temas del narcotráfico, sus roles y sus líderes, los percibí como gente común.

Bajo la sombra del portal, el Chapo compartía espacio con algunas de sus visitas. Su compadre "El Centenario" llamó mi atención con su distinguida vestimenta. Parecía una versión original del llamativo buchón, con camisa, pantalón de mezclilla y botas de avestruz, complementadas con su sombrero y una medalla colgada al cuello, que resaltaba desde su pecho semiabierto. La enorme moneda conmemorativa centenario no podía pasar desapercibida. "El Guano", hermano menor de Guzmán, también se encontró presente. Permanecía serio e impasible. Sin sonreír ni bromear, se mantenía en una esquina del portal, observando y escuchando atentamente. Entre los uniformados destacaban "El Chanate" y "Medusa", dos jóvenes que estaban al mando de El Tío mientras recorrían la sierra dentro del Carrizo. Permanecían de pie, a unos metros de su jefe.

Algunos con apariencia militar llamaron mi atención, como "El Chino", "El Sombra", "Garrobo" y "El 12", entre otros. Exhibían rasgos sureños y apodos extraños para proteger su identidad. Todos con un estilo militar que causaba confusión.

Poco a poco, algunos individuos fueron desapareciendo de las filas, sin conocerse en detalle qué sucedió con cada uno de ellos o a dónde fueron. Aquella tarde, muchas cosas ocurrieron en el portal de "Chayo" que despertaron mi curiosidad. La multitud de personas extrañas y la atmósfera cargada de energía negativa me resultaban inquietantes. Quería terminar pronto y salir de aquel lugar que parecía sofocarme.

Una voz me sacó de mi poca concentración. Era el "Tío", preocupado por su corte de cabello al verme utilizar solo la máquina.

—¿Sabe cortarlo con pura tijera? — Me preguntó.

—Sí, como usted lo quiera, puedo utilizar también la tijera, — le respondí. Su turno había llegado y me pidió que primero atendiera a su hermano, para asegurarse de que hiciera bien mi trabajo.

—Ah, sí, sabe, échele — se escuchó decir al Chapo. Después de horas de espera, finalmente se sentó en la silla desde donde explicó que quería un corte clásico y tradicional. Al terminar, se levantó sin decir una palabra y caminó hasta un espejo colgado en el portal. Minuciosamente revisó cada mechón de su cabello, llevándolo de un lado a otro, y enseguida elogió mi trabajo. Luego, con agradecimientos, proclamó que yo sería su estilista personal oficial.

—¡Desde ahora la nombro oficialmente mi estilista personal, usted va a ser la buena de ahora en adelante! — exclamó el Chapo, en un tono bromista ante todos los presentes en el portal, sonriendo, tratando de ser simpático a mis ojos. Tomé todo como una broma, sin creer que lo que decía era verdaderamente real. Al finalizar la tarde recibí el pago por mis servicios. Con la noche acechando, regresé a la covacha con algunos asuntos pendientes aún en mi lista.

Al día siguiente, terminé mis labores luego de realizar algunas manicuras con esculturas de acrílico. Mi tiempo en el Carrizo estaba llegando a su fin y ansiaba volver con los míos lo antes posible. Mientras tanto esperaba con paciencia a "Güero 90" para que me llevara de regreso al pueblo. Finalmente, por la tarde llegó al Carrizo, pero me informó que aún debía esperar su turno para partir fuera del rancho, por lo que mi espera continuaba.

Su camioneta doble rodado estaba repleta de suministros agrícolas, desde rollos de manguera hasta fertilizantes, destinados a las cosechas y siembras de la región, incluyendo provisiones para "la covacha". Después de estacionar su carro, solicitó algo de cena, hambriento tras el viaje. Aproveché el momento para hablar con él junto a la mesa.

—¿Cuándo puedes llevarme de regreso? — le pregunté sin rodeos.

—Todavía me tardare un poco, tengo que descargar todo. ¿Ya terminaste? — me pregunto.

—Sí, y me pagaron más de lo que esperaba. Todos son muy amables, pero ya estoy lista para irme — le respondí, señalando algunas incomodidades del lugar.

—Parece que te fue mejor de lo que esperabas. Te pagaron bien, — comentó, luego me mencionó al "General", otro apodo que surgía en el momento, refiriéndose a Guzmán.

—Ya no entiendo nada. ¿Por qué tiene tantos nombres ese señor?, — le pregunté, cada vez más confundida. No estaba lista para continuar, había trabajado lo suficiente y necesitaba unos días con mi hijo en Cosalá, a quien extrañaba demasiado.

— Aún nos quedaremos unos días más. Ahora debo ir más arriba, pero luego volveré por ti. Estarás bien aquí, no te preocupes. Aprovecha el tiempo, seguramente tendrás más clientes poco a poco —dijo Güero intentando tranquilizarme y convencerme de quedarme, aunque no me sentía cómoda en aquel lugar.

Hasta ese momento, todo me parecía normal y no me había relacionado mucho con los habitantes. Por aquellos días, llegó "Lola", la hermana menor de Lily, quien regresaba de unas vacaciones. Su presencia me reconfortó, sintiéndome más acompañada y compatible en edad, aunque parecía menos cercana que Lily. Con el tiempo, comenzamos a llevarnos mejor.

\*\*\*

El fin de semana había llegado y los rumores sobre mi deseo de partir ya habían empezado a circular. Al mediodía, una invitación llegó a la covacha: "El Tío" había organizado un pequeño baile al que nos habían invitado cordialmente. No estaba muy segura de querer asistir, pero las chicas intentaban convencerme.

Por la tarde, la música en vivo comenzó a sonar desde una pequeña casa en los altos del rancho, donde el grupo Los Mayitos había llegado para amenizar la noche. Todos estaban emocionados, por aquella gran fiesta. El alboroto se extendió durante toda la tarde. A pesar de no ser una fanática de las fiestas, observaba y escuchaba atentamente, tratando de mantenerme al margen del bullicio.

Más tarde, cuando las muchachas se arreglaban con emoción, me sentía indecisa sobre asistir al baile. Observé cómo pulían sus peinados y daban el toque final a sus maquillajes, con una mezcla de aprehensión.

—"Ey arréglate, vamos al baile. Si no te vas a quedar aquí sola", — interrumpió la voz de Lily, sacándome de mis pensamientos. Prefería quedarme en casa, pero el temor a estar sola en la casucha me hizo ceder. Aunque intentaba buscar excusas para no ir, sabía que enfrentar a "El Tío" sería inevitable.

—"Pero si voy al baile, mañana me costará levantarme temprano. No quiero desvelarme, y, además, no tengo ropa adecuada para una fiesta", — me intenté justificar ante las muchachas. En mi maleta solo había unas pocas mudas y un par de zapatos, pensados para los tres días que supuestamente estaría en el Carrizo y que ya habían pasado.

—"Ándale, vamos, ponte cualquier cosa. Nosotras vamos casuales. Además, alguien está esperando que vayamos", — dijo Lily, era de su conocimiento que había sido el Chapo quien organizaba aquel baile. Logró convencerme, así que comencé a prepararme junto a ellas. Momentos más tarde, llegó hasta la covacha una joven desconocida para mí, quien se aproximó en busca de las muchachas.

—"¡Buenas noches, ya están listas mujeres!", — dijo, mientras entraba al interior de la casa. La mujer bajita, estaba entusiasmada de asistir al baile. Era Celia, conocida como "La Chaparra" o Chapis, y era una de las cocineras más leales a Guzmán Loera, atendía la cocina particular de "El Tío" en los altos del Carrizo y a una gran variedad de visitantes allegados a el chapo.

—"Te presento a Amairany, llegó hace unos días", — le dijo Lily, refiriéndose a mí con aquel sobrenombre que había adoptado desde entonces.

—"¡Hola muchacha! Mucho gusto, ya había escuchado hablar de ti, pero no había podido bajar a conocerte", dijo — La Chaparra. Sus palabras me indicaron que mi presencia en aquel sitio era comentada por toda la comunidad. Después de conocerla, me explicó que trabajaba haciendo lo mismo que Lily y Lola en las montañas, sin saber casi nada de lo que pasaba en el lugar simpatice con todas ellas. Fue así como poco a poco descubrí que mucha de la gente trabajaba para "El Tío".

La curiosidad de saber por qué aquel hombre con tantos apodos necesitaba tanta gente despertó en mí. Para muchos, era alguien sumamente importante, pero para mí era cualquier otro.

La Chaparra es originaria del Carrizo de la Petaca y había conseguido aquel empleo tras la llegada de El Tío a su rancho, su llegada le brindó nuevas oportunidades para el sustento de su familia, así lo manifestó tiempo después de ese encuentro.

Esa noche salimos de la Covacha rumbo al baile. Fuimos juntas: Lily, Lola, La Chaparrita y yo, hasta aquella casa en lo alto del Carrizo. El patio era grande, lo suficiente para todos los invitados. La música estaba en su máximo esplendor, y cuando llegamos, la mayoría de los jóvenes del rancho ya disfrutaban del grupo musical en vivo Los Mayitos, el cual hacía eco entre los cerros.

Me sentí fuera de lugar entre tanta gente desconocida. El baile era exactamente como lo había imaginado, típico y tradicional de los ranchos, pero un ambiente poco común para mí. Me senté en una silla en el portal de la casa, donde la gente se amontonaba, mirando alrededor con curiosidad. Cuando la multitud se despejó un poco, vi a El Chapo sentado en un rincón del patio, junto al comandante, rodeado por un grupo de hombres con chaquetas verdes. Parecían divertirse, frente a una fogata y entre risas bromeando unos con otros.

Esa noche, Joaquín Guzmán lucía diferente. Llevaba una elegante chamarra oscura, camisa, pantalones Levis y botas de vestir, sin olvidar su distintiva gorra negra. Se veía tranquilo, tocaba su rostro repitiendo esa habitual manía. Aunque la música ya había comenzado, el baile aún no arrancaba. Traté de evitar cruzarme con él, pero las muchachas insistían en salir hasta las afueras del portal. así que salí con ellas, me senté en uno de los pretiles de la casa para observar a la gente disfrutar de la noche, eso es lo más común en mí, disfrutar mirando sin participar. Me concentré tanto en disfrutar de las melodías de la música, que me adapté al ambiente, de pronto noté a alguien que me observaba fijamente. Era El Chapo, quien desde su silla clavó la mirada en mí, causándome alteración nerviosa.

De pronto, lo vi levantarse y caminar hacia mí, y mi corazón comenzaba a latir aceleradamente.

—"hay Dios mío, viene hacia acá", — pensé, mientras trataba de buscar algo con que evitar su acercamiento. Justo en ese momento, un joven pasó junto a mí buscando compañía para bailar, así que tomé su mano y fui a la pista. Vi cómo El Chapo se desvió disimuladamente hacia otro lugar al darse cuenta de mi proceder. Claramente supo que no quería compartir la pista con él.

Mientras se alejaba, se detuvo junto a un par de ancianos que disfrutaban de la música y unos tragos de mezcal. Los saludó afectuosamente y se sentó junto a ellos, sin dejar de observarme, mis manos sudorosas temblaban. Su mirada expresiva mostraba molestia. Aun así, intenté disfrutar del baile sin dejar de pensar en su cercanía, bajé la mirada para no sentirme intimidada y poder disfrutar el resto de la noche.

El Chapo se mostraba fuerte y calmado, pero también parecía guardar la esperanza de una oportunidad conmigo. Sin embargo, yo no quería darle ninguna señal equivocada. La noche apenas comenzaba, así que me dediqué a mantenerme en la pista de baile sin parar, que en realidad era el suelo de tierra del patio de aquella casa.

Al llegar la madrugada, mis pies estaban cansados, adoloridos y llenos de ampollas, pero aun así continuaba bailando. Joaquín parecía tener más energía que muchos de los presentes, y seguía tan fresco como una lechuga. Los tragos de Buchanan's 18 que se empinaban parecían no afectar, su rostro no mostraba ningún signo de cansancio.

—"Ey... Ven a sentarte un rato, no has parado", — dijo Lili, acercándose a mí hacia el centro de la pista.

—"No te preocupes, estoy a gusto aquí bailando con este muchacho", — respondí, sin explicar por qué no quería sentarme.

—"Deberías sentarte para bailar con otros, casi no hay muchachas. No bailes siempre con el mismo, si no van a pensar mal. Todos quieren bailar, déjalos", — dijo Lili. claramente entendí su mensaje, hice caso omiso y continué disfrutando de la noche, deseando que el baile terminara pronto. Finalmente, El hombre se cansó de esperar. Lo vi tomar un trago tras otro de su botella Buchanan's 18. Se notaba incómodo y ansioso, jalándose el bigote una y otra vez conteniendo su serenidad.

Pasada la medianoche, un grupo de jóvenes del rancho La Belleza llegó al baile. Este es un poblado vecino, de los alrededores del Carrizo. Vi cómo El Chapo observaba a una de las jóvenes de ese grupo y se levantó de su silla, caminó hasta las recién llegadas y la invitó a bailar. Tomó su mano y juntos fueron al centro de la pista.

Entretenido con la muchacha, finalmente se olvidó de mí y todo fue más tranquilo para mí. Así pude disfrutar más del baile y la música sin preocupaciones, y hasta pude descansar un poco sentándome en una silla. Minutos después, regresé al centro del baile y noté a El Chapo visiblemente ebrio, bailando de manera inusual con la joven. A unos pasos de ellos, un par de hombres seguían sus movimientos, cuidando que no perdiera el equilibrio. En su estado de embriaguez, intentaba acercarse a mí en la pista, clavando su mirada como si quisiera decirme algo. Su comportamiento me incomodó y ya no pude concentrarme. A pesar de ello, intenté disimular mi incomodidad. Esa noche, él estaba siendo demasiado evidente en su intento de llamar la atención, así que decidí retirarme de la pista.

Al verme desocupada, intentó dejar a su compañera y envió a uno de sus hombres a donde yo estaba. Este me pidió que lo acompañara a la pista, donde pretendía intercambiarme con la joven. Al darme cuenta de su intención, rechacé la propuesta.

—"Gracias, pero ya no puedo seguir, es muy tarde", — dije al enviado de Guzmán, quien era uno de sus cuidadores esa noche. Mi actitud molestó a él y a El Chapo, quienes no estaban acostumbrados a que se les dijera que no, lo que para muchos fue considerado un atrevimiento grosero de mi parte. Le pedí a las muchachas que nos retiráramos a descansar, pero ellas se negaron. Finalmente, había decidido regresar sola a la covacha.

—"Espera, si te vas, el baile se va a terminar", — dijo Lily. Le manifesté que ya no quería estar ahí, por lo que cambió de opinión y decidió que nos fuéramos todas juntas a casa. Poco después de irnos, la música se detuvo, tal como había predicho ella, y el baile llegó a su fin.

\*\*\*

Eran casi las 7:00 am cuando nos pusimos de pie, aún desveladas, para comenzar el día. Aquella mañana, los comentarios sobre lo ocurrido no se hicieron esperar. "El Chapo" se había retirado poco después de que nos habíamos ido de la fiesta, por lo que se esperaba que durmiera el resto del día.

Mi motivo en ese lugar era laboral; pensar en nuevos amores o pretendientes no estaba en mis planes. No me importaba en lo más mínimo entablar relaciones de ningún tipo, ni en quién pudiera estar interesado en cortejarme, tampoco si se tratara de él como influyente o adinerado. Para mí, esas cosas no tenían relevancia. Había sido criada con principios y valores distintos, y veía las cosas desde una perspectiva diferente. Era una mujer acostumbrada a conseguir lo que tenía por mis propios méritos. Tal vez vivía en una especie de ignorancia, pero sigo estando satisfecha con mi forma de ser y de pensar.

Ya nada fue igual desde la noche de aquel baile. Muchos hablaban despectivamente sobre el desplante que le había hecho a aquel hombre, y para muchos de los habitantes eso era una ofensa a su líder, pues todos lo defendían con fervor. Todo parecía volcarse en mi contra y encontrar una salida se volvía cada vez más complicado para mi regreso a casa. Los rumores de aquel incidente incluso llegaron hasta la cocina de la cima de la sierra donde habitaba el propio Guzmán Loera.

Cuando tomé la decisión de alejarme de lo que en el pasado me había hecho daño, nunca imaginé que me encontraría con situaciones y personas mucho más extrañas y complejas. Sin saberlo, había ingresado a un mundo que nada tenía que ver con el mío: un terreno minado y sumamente peligroso en el que debía cuidar muy bien mis pasos y mis palabras.

Aquella mañana, "El Tío" seguía descansando en lo profundo de su cabaña, mientras a la covacha llegaba el comandante acompañado de Medusa. Se sentó en la mesa junto a nosotras y comenzó a conversar y bromear un poco con las muchachas, con quienes ya existía cierta confianza. Durante la conversación, el viejito sacó a relucir problemas que habían surgido semanas antes de mi llegada, situaciones que se relacionaban directamente conmigo y mi hermano. Dijo que "Nito" había tenido problemas y había sido golpeado por los hombres uniformados que cuidaban a Guzmán. Sus comentarios comenzaban a preocuparme, y parecía que nadie quería hablar más del tema ni dar más detalles, tal vez por la imprudencia del comandante.

—"Ahora entiendo por qué me regañó por venir aquí", — pensé. Él casi no se aparecía por la covacha, y yo no tenía idea de a dónde había ido.

Disfruté de la tranquilidad mientras duró en aquel lugar apartado de la civilización, y pude haberme sentido protegida si no fuera por el acoso que se estaba manifestando. La visita del viejito tenía otro motivo, aquella tarde no tenía nada que ver conmigo, sino con sus obligaciones.

De su mochila sacó algunos fajos de billetes y comenzó a colocarlos sobre la mesa en pequeños montones. Tras contar y acomodar cada uno de ellos, extendió un pequeño fajo a cada una de las muchachas. Era el pago semanal correspondiente a sus trabajos en la cocina. Don Juan, me ofreció un fajo de billetes, algo que no me esperaba. Sin embargo, rechacé el gesto, tratando de explicar que no era necesario pagarme los favores y que solo estaba haciendo lo que me correspondía por la hospitalidad que me estaban dando. A pesar de mi negativa, el comandante insistió.

—"Usted trabajó esta semana igual que ellas y lo justo es que gane por su trabajo", — dijo el viejito, tratando de convencerme para aceptar la compensación. Una de las muchachas intervino diciendo que debería aceptarlos. Tenía todo tipo de servicios necesarios y gratuitos, eran parte de la amabilidad y las atenciones, y estaba agradecida.

—"Viera qué poca gente ha rechazado la ayuda... No me había tocado en mucho tiempo escuchar a alguien que dijera eso. Usted vale oro, Reinita", — dijo el comandante, elogiando mi forma de pensar. Luego, me pidió que aceptara los billetes como un regalo de su parte, insistiendo en que los tomara como un humilde obsequio.

Yo no estaba acostumbrada a recibir regalos de alto valor ni a que me resolvieran la vida; ese gesto me sorprendió y me apenó muchísimo, era como una ofensa para mí. Aun así, acepté los billetes con la condición de no recibir más este tipo de obsequios, ya que mi educación venía de la gratitud.

—"Gracias Reinita. Le prometo que no volverá a pasar, pero mientras esté aquí y trabaje como ellas, va a ganar porque aquí nadie trabaja gratis. Ellas reciben su pago puntualito, tómelo como horas extras de trabajo igual que las demás. El trabajo no se regala, mientras esté aquí y no se haya ido, trabaje para mí", — me pidió don Juan, tratando de darme un lugar como a los demás a pocos días de conocerme. Sin embargo, ahora entendía menos que antes el dilema y le dije que pensaría su proposición. Todo dependería de los días que permaneciera en el mismo lugar, gracias a las dificultades de regresar a casa. Los días transcurrían en El Carrizo y a pesar de los obstáculos, yo buscaba la forma de irme.

Tras la segunda semana en el carrizo, escuché que Güero 90 había viajado fuera del rancho sin invitarme a dejar aquel lugar, lo que definitivamente hacía que las cosas me gustaran menos cada día. Durante ese episodio, había gente que aseguraba que el Chapo solo era un ganadero que ayudaba a la gente, pero yo no me convencía totalmente de eso.

El ganado no se asomaba por ninguna parte, tampoco había alimentos para su mantenimiento. Nunca vi que llegara a la pequeña casa nada de eso. Pues ahí era el lugar principal para recibir la carga proveniente de Cosalá y Culiacán. Había alimentos de todo tipo, químicos y materiales para la siembra, pero nada relacionado con la actividad ganadera. A ese punto, ya imaginaba que el Chapo era un delincuente, pero la pregunta seguía: ¿de qué o de quién se trataba realmente? Eso era algo que me faltaba por investigar.

Desde que vi al Chapo por primera vez, nunca apareció solo; siempre estaba acompañado por el comandante, quien también era un personaje que se paseaba de arriba a abajo con la bolsa llena de billetes. Ingenuamente, por un momento llegué a pensar que eran parte de un batallón del ejército militar, incluso por su apodo como el "General". Muchos así lo conocen.

Desde la noche del baile, el Chapo había dejado de visitar la covacha; eso era parte de su enojo, pero fue bueno para mí, estaba avergonzada y no quería cruzarme con él. Entre más pasaban los días, más miedo me causaba amanecer entre su gente.

Días más tarde, se esparció el rumor de aquel recado que el Tío me había enviado días atrás con Medusa. A raíz de ese inconveniente en el rancho, surgieron algunas enamoradas de Guzmán, casi brincando a la yugular y marcando territorio.

—"Nomás esto me faltaba", — pensaba para sí misma. La diferencia entre ellas y yo fue que, personalmente, el Chapo no me interesaba. Eso pareció atraer aún más su atención. Tal vez para él y para muchos era difícil creer que un hombre de su nivel no estuviera entre mis gustos y que no lo aceptara.

***

A el Carrizo había llegado su ahijado, Alex Cifuentes, un colombiano y socio del Chapo, a quien todos se referían a él como Panchito. Se instaló en los altos de las montañas junto a Guzmán y su sobrino el Moon. Lo conocí días después de su llegada, cuando, acompañado del comandante, visitaba la covacha. Era joven, amable y muy simpático, y se distinguía entre todos por su peculiar acento colombiano. Se adaptaba a la convivencia de cualquier ambiente, especialmente a las bromas de Joaquín y el comandante.

Por aquellos días, Nito, había dado señales de vida y llegó a la covacha casi al oscurecer. Me emocioné tanto de verlo como nunca pensé que lo haría.

—"¡Qué bueno que llegas! No me he podido ir, llévame al pueblo", — le pedí entre lágrimas, mientras me maldecía por haber ido a aquel lugar.

—"Pensé que ya te habías ido tú...", — dijo con el rostro desfigurado y un tanto enfadado de que siguiera allí entre esa gente.

—"No puedo llevarte, tengo mucho trabajo. Vengo por los tambores de Diesel para las máquinas y tengo que regresar luego. Voy para arriba y muy lejos, no sé cuándo regreso", — me explicó. Regresar estaba siendo más complicado de lo planeado. Traté de explicarle las dificultades que se habían presentado, y también le conté sobre mi breve conversación con el comandante, exigiendo que me explicara qué había sucedido.

—"Ya sabes entonces lo que va a pasar si salgo del trabajo sin permiso para llevarte. Aquella vez me golpearon por tu culpa", — dijo, y no comprendía por qué me culpaba de eso, así que le pedí que me explicara más.

—"Tú no entiendes nada… A ti te trajeron por caprichos del viejo. La otra vez del accidente, él me mando por ti. Se enojaron él y el comandante porque llegué solo, me golpearon y me castigaron. Me dieron de tomar agua con suavitel mientras me pegaban", — detallo, mientras me explicaba los problemas en aquel lugar.

Fue entonces cuando sentí un escalofrío recorrerme el cuerpo, no podía creer lo que decía. Güero 90 había completado aquella orden para complacer a Guzmán.

Me dijo que no podíamos seguir conversando de ese tema y que tampoco tratará de averiguar con las muchachas. Me advirtió que me cuidara de todos y de todas, que no confiara en nadie, y que me olvidara de seguir esperando a Güero 90 porque él me estaba evitando por esos motivos.

—"Trata de mantenerte lejos de todos y evita al viejo", — dijo, refiriéndose a Guzmán, todo esto por mi bienestar.

—"¿Y si me voy caminando y espero un raite en el camino?", —

—"Ni se te ocurra hacer eso… Si te ven por el camino, hay gente que te puede disparar, tienen gente escondida. Tú no los ves, pero ellos nos ven. No sé para qué venías, ya te había dejado ir… Lo del accidente fue a propósito. No creo que te puedas ir luego, es muy complicado que la gente salga sin permiso del viejo, aquí todo el mundo está vigilado", — explico, tratando de quitarme toda intención de intentar escapar. Con preocupación, se despidió de la misma forma en que había llegado, dejándome callada y atemorizada en la covacha.

El silencio ya no era sinónimo de calma, sino de un miedo que me abrazaba. Con desconcierto, observaba todos los rincones posibles y prestaba atención a todo movimiento, especialmente a los hombres que se movilizaban con frecuencia de un extremo a otro a bordo de sus cuatrimotos.

A veces eran grupos de dos, otras veces se convertían en caravanas, pero siempre se identificaban por sus vestimentas de color verde. El sonido de los radios opacaba el susurro del viento, y algunas ráfagas se escuchaban entre los cerros. El insomnio se había apoderado de mí cada noche. Para muchos en la sierra, desplazarse de un lugar a otro con arma en mano era una costumbre normal debido a la falta de autoridad, pero ciertamente, en el Carrizo ya no lo era.

\*\*\*

El intrigante mundo de en aquel lugar se volvía aún más misterioso, y las dudas en torno al capo seguían creciendo.

Por esos días, los caminos estaban en malas condiciones, y nadie quería viajar en sus carros fuera del lugar. Realmente no tenían la necesidad, mientras tuvieran al Chapo para resolver sus problemas alimenticios, de salud y demás. Tenían acceso a muchas comodidades. La avioneta particular, que se decía era propiedad del Tío, aterrizaba en la pista de El Carrizo de dos a tres veces por semana para abastecer los víveres y sostener a su gente, beneficiando a algunos habitantes del poblado. Ahora sí, como decimos los del rancho, estábamos "en buen potrero, con agua y comida adentro".

Algunos se veían pasar montados en bestias o cuatrimotos para viajes no muy largos. Con las excusas del camino, Güero 90 se respaldaba, sin saber que ya me habían prevenido de las mentiras que me contaba.

Mientras tanto, el Chapo continuaba con su tranquila y confortable vida. Por las tardes, se le veía descender de los altos de la sierra y detenerse en el portal de la casa de Chayo. Desde allí, observaba todo lo que acontecía, mientras dirigía su mirada hacia la covacha, guardando la esperanza de verme pasar. Para mí seguía siendo un misterio su verdadera identidad, seguía sin ubicarlo, ya que en aquella zona serrana no había tiempo para la televisión ni para las noticias, mucho menos el acceso a internet. Nunca vi fotografías que me llevaran a relacionarlo y conocer a detalle la misteriosa historia que lo envolvía. Lejos de ser un empedernido y un criminal, su conducta parecía muy normal, nada daba signos de que fuera mala persona.

Por aquellos días, Medusa llegó hasta la cocina nuevamente. Ya me consideraban parte del equipo de las cocineras, sabiendo que no saldría pronto del sitio había aceptado la propuesta de don Juan.

—"Buenas tardes, Lili," — saludó Medusa.

—"Vengo por Lola, necesito que me acompañe a la casa de arriba. Se necesita alguien que limpie porque no está 'Concha', se fue a su descanso." — Menciono aquel apodo que aún me resultaba desconocido. Concha era una cocinera de las más antiguas al servicio de Joaquín y amiga de su esposa Griselda, según datos.

Lola obedeció sin dudar, tomó los utensilios de limpieza y salió hacia donde esperaba Medusa. Hablaron algunas palabras en secreto y luego Lola regresó al interior de la casa y me invitó a acompañarla. Desconocía si la idea había sido de Lola o de Medusa, como una estrategia más de las que utilizaban por sugerencia de su jefe, pero que entonces solo ellos conocían.

—"¿Cuántas tengo que limpiar?" — preguntó Lola desde el interior de la casa. Medusa respondió que serían tres.

—"Ven conmigo, necesito ayuda para terminar luego," — me dijo Lola, explicando que la noche estaba por caer y no terminaría sin ayuda, me aseguró que el Tío no se encontraba en su área y sin problemas, decidí acompañarla.

—"Ve, así saldrás de aquí un rato y aprovechas para buscar señal para tu teléfono y llamar a tu casa. Hay un lugar donde se puede llamar, desde ahí"— sugirió Lily. Al mencionar lo de la señal para mi teléfono, no lo pensé dos veces, lo necesitaba con urgencia y aproveché la oportunidad para acompañar a Lola. Subí junto a ella en la cuatrimoto que conducía Medusa. Aquella tarde, por primera vez desde mi llegada, salí del refugio y viajé a lo alto de la sierra por un sendero que se alejaba del pueblo y se internaba en las montañas del Carrizo. El paisaje era impresionante, un paraíso armonioso que contrastaba con la oscuridad de la covacha.

Bajo el frondoso bosque, el aire puro nos envolvía, mientras el canto de las aves alegraba mis oídos. Durante el recorrido, encontramos senderos que se separaban en distintas direcciones. Algunos llevaban hasta la cima del Carrizo de la Petaca, donde se decía que estaba la cocina donde trabajaba la chaparra y que nunca visité. Otros nos conducían a los sembradíos de marihuana y uno en particular nos llevó hasta las cabañas del Tío, los demás fueron destinos prohibidos para nosotras. Acceder a ese lugar requería la autorización del Chapo; incluso los habitantes evitaban pasar sin previo aviso. Aquella tarde fue una experiencia excepcional, una mezcla de sensaciones agradables de la naturaleza que quedó grabada en mi memoria para siempre. El viento fresco acariciaba mi rostro, mientras observaba maravillada el horizonte y las altas cumbres de las montañas. Era un lugar mágico, donde la naturaleza parecía protegerme del mal que se escondía entre las sombras. Las cabañas del Chapo se camuflaban entre los pinos verdes, atrayendo nuestra atención en medio del paisaje montañoso. Estratégicamente ubicadas, con techos revestidos de cartón en colores verdes que las ocultaban desde el aire. El área comprendía tres cabañas idénticas, cada una con su propio encanto.

Al adentrarnos, quedé impresionada por cada detalle. Las paredes de madera original emanaban un aroma exquisito, mientras que la robustez de la estructura demostraba la habilidad de quien las construyó. Los interiores, revestidos de Tablaroca, ofrecían una sensación de lujo y confort. Cada habitación contaba con comodidades modernas y una cama King size que prometía un descanso reparador.

El sol estaba a punto de ocultarse cuando empezamos la limpieza, confirmando que el Chapo no estaba en esa zona. La tranquilidad de su residencia temporal nos envolvió mientras trabajábamos, dejándome un respiro limpio en medio de la incertidumbre que reinaba en aquel lugar.

Aquella tarde como otras más, Lola se encargaría de limpiar la casa del comandante, "Panchito", y la cocina, dejándome la cabaña del "Tío".

—¿Y si viene ese señor? —Le pregunté a Lola al encomendarme dicha tarea, preocupada por la posibilidad de encontrarme con él a solas.

—"Hay... No te va a hacer nada, apúrate, — dijo ella en un tono molesto. Sin esperar más, me apresuré al interior con los utensilios de limpieza. El "Tío" parecía ser un hombre muy ordenado, así que no me llevaría demasiado tiempo limpiar la casa.

Entre el poco desorden que encontré, estaba la cama y un montón de revistas en una mesa junto a ella. Comencé a ordenarlas una por una, cuidadosamente. Algunas revistas se llevaron mi atención. Entre esas, un catálogo de modelos diferentes me atrajo y comencé a hojearlo casualmente. En él se apreciaban algunas celebridades de la televisión, a quienes reservo sus nombres por respeto y educación. De pronto del interior del catálogo, cayeron un par de hojas sueltas en colores blanco y negro, simples copias en las que se dejaba ver claramente imágenes de mi rostro. Las imágenes habían sido fotocopiadas de mi antigua red social de Facebook; en una de ellas, sostenía a mi hijo en brazos, mientras en otras me mostraba sonriente.

Encontrarlas fue muy impactante, especialmente después de la conversación que había tenido anteriormente con Nito.

—¿Qué es esto? —murmuré para mí misma. De repente, el sonido de una cuatrimoto me sacó de mi asombro, provocando la alteración de mis latidos y volviendo mis manos torpes para acomodar las hojas de papel. Estaba con los nervios de punta y, de inmediato, volví todo a su sitio, simulando no haber visto nada. Al salir hasta el portal, pude escuchar a Medusa hablando por radio con el Tío.

—Ya casi terminan, "Tío" —lo escuché decirle, me daba prisa por terminar antes de que apareciera por allí. El sonido de una cuatrimoto se aproximaba cada vez más, así que salí rápidamente de la casa. El Chapo ya se había estacionado a unos metros del portal y mi corazón empezó a latir más rápido del susto.

Sin pensarlo, caminé apresuradamente cuesta abajo buscando a Lola, hasta la casa del comandante y de "Panchito".

—¿Terminaste? — me pregunto Lola al verme llegar, mientras intentaba disimularle mi nerviosismo.

—¿Por qué estás pálida? —preguntó Lola.

—Por nada, ya terminé arriba. Vámonos, ya llegó el señor ese, — le dije, desde luego no le contaría sobre lo que había encontrado entre las revistas del Tío, recordando las advertencias de no confiar en nadie.

—Ya casi termino, pero vámonos a hablar por teléfono. Acompáñame —dijo Lola, y le mentí diciendo que la señal no agarraba. Aun así, ella insistió en intentar con su celular y llamar a su familia.

La señal de teléfono solo llegaba hasta una de las partes cercanas a la cabaña del Tío, por su tecnología de internet que utilizaba gracias a su equipo de técnicos en comunicación. Así que caminamos hasta allí. Cuando regresamos, el Chapo ya se había ido de nuevo. Lola se estaba tardando un poco mientras intentaba contactar a su familia, quienes viven en la sierra de Canelas, Durango. Minutos más tarde, pidió a Medusa llevarnos de regreso a la covacha.

—"Espérense, tengo que esperar al Tío, le tengo que entregar algo", — dijo Medusa, así que forzosamente me encontraría con su jefe. A lo lejos, se escuchó el sonido de su cuatrimoto, y pronto una nube de polvo lo envolvió mientras conducía cuesta arriba por el camino de terracería. Con su temperamento sereno, llegó hasta el patio de su casa, viajaba solo. Se estacionó y bajó de su cuatrimoto. Lo vi hablar con Medusa en voz baja, luego caminó hacia nosotras.

—"¡Hola, hola...! ¿Cómo les va?" — Pregunto. Nos recibió con una sonrisa de alegría al encontrarnos frente a frente afuera del portal de su cabaña, empolvado por el camino que había recorrido. Saludó con entusiasmo y se mostró interesado en nuestro trabajo. Mientras inspeccionaba las habitaciones, pude sentir su obsesión por el orden y la limpieza, así como su sensibilidad hacia los aromas.

— "Las felicito, dejaron todo muy limpio", — dijo Guzmán. Al elogiar la limpieza, preguntó por el aroma que habíamos utilizado, revelando así uno de sus gustos personales. Aunque mi respuesta fue simple, señalando el uso de cloro y pinol, él sugirió amablemente que para la próxima vez usáramos Fabuloso, expresando su preferencia por ese aroma.

A pesar de su cortesía, no pude evitar sentir cierta desconfianza, recordando las imágenes que había visto en su habitación. Y él parecía haber olvidado que las conservaba y me instaba a quedarme, ofreciéndome cuidado y tranquilidad en aquel lugar junto a él. Le gradecí su ofrecimiento y preferí mantenerme distante y regresar a la covacha con el resto del grupo.

La tarde siguiente, de nuevo decidimos dirigirnos hacia el lugar en busca de señal móvil cerca de la casa de Guzmán para intentar contactar a nuestras familias. Las muchachas tenían el permiso para subir al lugar, por uno de los hombres del rancho. En busca de la recepción telefónica, nos movimos hacia "El Parejo" a bordo de una cuatrimoto.

A pesar de varios intentos, no lográbamos establecer comunicación. Medusa se unió a nosotras y, tras conversar con las muchachas, les facilitó su teléfono satelital que siempre funcionaba. Después de la llamada, mencionó que el Tío estaba ocupado revisando los cultivos. Por fin encontré una de las respuestas que buscaba: antes que ganadero, era un agricultor de la hierba mala, una duda se había dispersado de las muchas que tenía, sobre el misterioso sujeto.

Casi media hora después, regresó el Chapo. La falta de comunicación telefónica me tenía estresada y ansiosa, especialmente por no saber de mi familia, y más aún de mi hijo. Lily y Lola estaban tardando demasiado en la conversación con sus familias, lo que me impedía realizar una llamada a casa.

Más tarde, Guzmán salió de su casa y se acercó hacia nosotras. Fue amable e intentó iniciar una conversación.

— ¿Y usted no va a llamar a su familia? — Me preguntó, con la mirada perdida en el horizonte. Le expliqué que no teníamos recepción, y enseguida extendió su mano ofreciéndome su móvil personal.

— ¿Sabe el número de su casa? Tenga, le presto el mío... Con confianza —dijo, y sin dudarlo, tomé su teléfono. No podía perder la oportunidad de saber de los míos, sin conocer cuándo se presentaría otra oportunidad como aquella. Al dármelo en mis manos, el Tío se retiró a su cabaña, dejándome mi propio espacio.

— Tómese el tiempo que necesite —dijo antes de desaparecer. Aquello marcó el inicio de los encuentros en aquel lugar. Esa tarde, no le entregué el móvil directamente a sus manos, sino que se lo dejé a Medusa, para luego retirarme con las muchachas. El Chapo parecía más relajado y, según Medusa, se quedó dormido. En casa, la salud de mi hijo estaba empeorando, así que me quedé preocupada después de esa llamada.

Con la ausencia de doña Concha, su cocinera personal, subíamos al menos dos veces por semana hasta la casa de Guzmán para ayudar con la limpieza. Por lo general, el aseo se realizaba por la tarde, ya que el Tío se levantaba después del mediodía y, según los comentarios, desayunaba antes de partir a sus recorridos.

Esa tarde, el Tío llegó antes de lo usual, encontrándome sola en su casa. A pesar de su saludo, preferí concentrarme en mi tarea y evitar su presencia. Medusa ya se había ido, nos dejó solas. Para evitar a Joaquín, salí sin importarme el estado del aseo. Noté al Tío siguiéndome a donde me movía, su aproximación era incómoda.

—"¿Por qué me evita?", — Me preguntó cuando se dio cuenta de mi actitud. Me quedé sin palabras y simplemente me alejé, sintiéndome acosada en cada paso que daba. Finalmente, sostuve una conversación con él. Me senté en una silla en el portal, mientras él se mantenía de pie frente a mí, expresando sus sentimientos de una manera confusa.

—"Siempre me ha parecido hermosa desde que la vi por primera vez", — me confesó. Sentí cómo la temperatura de mi cuerpo descendía, mis manos se enfriaban y mi corazón latía desbocado. Intenté mantener la compostura mientras él continuaba hablando, pero su afecto no era correspondido. Intentó abrazarme, y lo rechacé inmediatamente.

—"No puedo corresponderle", — le dije, un tanto desconcertada. A pesar de mi rechazo, él intentó ser comprensivo y sugirió que pudiéramos comenzar por ser amigos. Sin embargo, su actitud seguía siendo inapropiada; ese mismo día me invitó a ver televisión juntos en su recámara personal, lo cual me pareció fuera de lugar.

Rechacé su propuesta y pensé en alejarme. Aunque él intentaba ser amable, se notaba molesto por mi rechazo. Con cautela, me confesó sobre las fotografías que tenía de mí en su recámara, y yo fingí no saber de su existencia.

—"Sé de usted desde hace tiempo. Ya había mirado fotografías suyas", — me confesó aquella tarde. Mis recuerdos me llevaron de regreso a mi pasado en los ranchos de Remedios, donde había trabajado como estilista y manicurista. La curiosidad del Chapo había sido despertada por Güero 90, quien le había mencionado mi nombre y mi relación terminada con mi expareja.

Con todas estas confesiones, todo empezaba a cobrar sentido, pero también me preocupaba aún más permanecer en el lugar. Un ataque de pánico me incomodaba, y sin pensarlo, fui hacia Medusa, para pedirle que me llevara de vuelta a la covacha. Los nervios me traicionaban, haciéndome sentir como si todos estuvieran en mi contra y quisieran dañarme. Sin mirar atrás, me alejé rápidamente, olvidando incluso a Lola. Corría como un animal desbocado, decidida a volver a la "Covacha".

\*\*\*

Mientras tanto, después de aquel encuentro El Chapo seguía con su rutina sin preocuparse, visitando de vez en cuando el portal de Chayo y la covacha. El traslado por carretera seguía bloqueado para los habitantes del Carrizo, supuestamente por órdenes de los allegados a Guzmán. Solo algunas personas autorizadas por su círculo podían salir, y lo hacían en cuatrimotos o camionetas 4x4.

Durante las semanas de marzo de 2010, la actividad aérea aumentó significativamente en el rancho. El ruido de las avionetas provenientes de Culiacán era constante, aterrizando una o dos veces al día. La pista estaba controlada por la gente de Joaquín, algunos hombres de su confianza autorizaban y supervisaban los vuelos. En El Carrizo, nadie podía entrar o salir sin una justificación valida.

La pista estaba al final del poblado, junto a un aula escolar donde los niños recibían educación básica. La escuela fue restaurada y equipada por El Chapo, según testigos de la población, lo que lo hacía un benefactor ante todos. Sin embargo, el misterio sobre su vida privada persistía y desconocía su nivel en las altas esferas del narcotráfico.

No pasó mucho tiempo antes de que descubriera algunos aspectos de su mundo y su personalidad. También algunos de sus gustos y su actitud manipuladora, así como su control absoluto sobre todo lo que poseía. No pudo mantener en secreto cómo recibía a sus visitas femeninas, siendo atento y generoso con ellas. Los movimientos de las cuatrimotos revelaban cada nueva actividad en la pista, transportando alimentos e insumos que llegaban en aviones Cessna.

Entre los suministros, se incluían aperitivos para el Chapo, que compartía con su gente. Pedía en la covacha que las muchachas repartieran primero entre sus hombres. Los suministros llegaban en grandes cantidades, incluyendo cajas con tarros de comida china de Thai Pak, cajas de pan casero, conserva de papaya y más. Él era el último en probar.

Una tarde, una avioneta se aproximó al Carrizo, trayendo a una de las jóvenes esposas de Guzmán, conocida como "La Monita". La noticia causó un alboroto en la cocina y se convirtió en el tema del día. Aunque no comprendía completamente lo que sucedía, prestaba atención desde lejos, tratando de entender la situación.

Para mi sorpresa, resultó que "El Tío", se había casado apenas unas semanas antes de mi llegada. La elección del Chapo fue una esposa de entre quince y dieciséis años; el tema generaba muchos comentarios en la cocina, especialmente cuando se supo que era la segunda vez que se encontraban el Chapo y "La Monita" después de su unión. Se rumoreaba que la ceremonia de matrimonio fue una celebración íntima, con la presencia de los más cercanos a la pareja, incluyendo a la madre de la novia, los padrinos de honor y algunos allegados al Tío.

Según testigos la Monita había lucido un vestido de novia impecable, blanco como la nieve. La ceremonia se llevó a cabo bajo la palapa de la cocina, en lo alto de la montaña. Fue dirigida por un falso sacerdote, que se dijo recibió una gran suma por bendecir a la pareja en ese hermoso entorno natural.

Después de la ceremonia, hubo un pequeño baile nupcial para presentar oficialmente a la pareja. Sin embargo, para algunos, estos eventos fueron considerados insignificantes y humillantes para la novia y su familia. Al finalizar la noche, el Chapo y La Monita se retiraron para consumar su matrimonio.

Aunque no presencié estos eventos, mis fuentes en el Carrizo confirmaron lo ocurrido la noche del 14 de febrero de ese año, un día en que se celebra el amor y la amistad.

La joven, conocida como La Monita, era hija de una de las cocineras de Guzmán, y se sumó a mi lista de nombres en la cocina. Su madre, Doña Chala, una mujer humilde, quien aún permanecía en servicio después de la boda de su hija, había sido reubicada fuera del Carrizo a pesar de entregar la inocencia de su adolescente a El Chapo.

Para ella, el parentesco no resultó beneficioso, no mejoró su situación económica; continuó siendo una empleada más del grupo de cocineras. La Monita con el tiempo, se unió a la lista de mujeres decepcionadas y engañadas por las promesas vacías de El Tío.

La boda fue similar a tantas otras realizadas durante su recorrido por la sierra y otros lugares que visitaba. Vestirse de blanco con velo y corona era el sueño de muchas jovencitas en la sierra y algo que Guzmán tal vez disfrutaba hacer, al igual que realizar actos inciertos.

Doña Chala, madre de la muchacha, fue reubicada en el rancho Los Sauces a pocos días de la boda de su hija con El Chapo, contaba la gente. Se rumoreaba que, en Los Sauces, el "Tío" tenía grandes lotes con sembradíos de marihuana, y parte de su gente trabajaba en dicha zona. Allí, Doña Chala debía cocinar para ellos junto a otras empleadas del equipo de cocina, como la apodada Morena, otra de sus cocineras, que conocí tiempo después.

Joaquín Guzmán envió a La Monita a vivir en la capital de Culiacán apenas unos días después de su matrimonio, supuestamente para que ella retomara sus estudios como un acto de buen esposo, aunque en realidad era para tener total libertad para continuar con sus otras visitas con mujeres y coleccionar nuevas conquistas. Mientras tanto, su madre continuó trabajando en los altos de la sierra al servicio de su yerno, Guzmán Loera, por un par de meses más.

No pasó mucho tiempo desde esa visita hasta que conocí a Doña Chala, madre de La Monita y suegra de El Chapo. Me costó decidir si debía mencionarles esta parte de la historia, pero sentí que era importante hacerlo para comprender mejor la situación. Lo hago con el debido respeto que ambas señoras merecen, y espero que la vida de La Monita haya mejorado desde aquellos episodios. Todo esto sucedía antes de que entre Joaquín y yo se diera una relación desde luego.

Finalmente, la tan esperada visita para El Chapo llegó aquella tarde. El avión aterrizó en la pista del Carrizo de La Petaca, y el revuelo comenzó al escucharse la avioneta aproximarse para aterrizar. Los hombres de verde que se encontraban esa tarde en "La Covacha" se dirigieron hacia la pista. Desde la sierra se escuchó el eco de varios cuatrimotos que venían del que yo llamaba el "paraíso".

Así, el anfitrión se dirigió por su joven esposa. Yo estaba impactada con la historia y el cinismo de aquel hombre con el que, a pesar de tener una relación reciente, había intentado tener un acercamiento conmigo.

Con el paso del tiempo, fui descubriendo más sobre el personaje. Había prohibido a las personas más cercanas en "La Covacha" hablar de temas como ese, pretendiendo mantener ocultas sus relaciones ante mí. Este fue uno de los motivos por los que las muchachas no comentaban la vida de Guzmán en mi presencia.

Durante mi tiempo en el rancho, conocí a nuevas personas durante una visita a la casa de La Chaparra. Allí, me encontré con una vieja conocida, quien me alertó sobre los peligros y me dio información sobre algunas mujeres relacionadas con "El Tío", tanto dentro como fuera del lugar. A lo largo de mi estancia en el Carrizo, nunca escuché hablar de Emma coronel, por lo que su relación con El Chapo era ajena a mi conocimiento.

No había dudas de que "El Tío" era todo un seductor, cambiante en sus relaciones y en los lugares que elegía para vivir. En cualquier momento, podía irse del lugar sin avisar y dejar todo atrás. Tenía algunas conquistas dentro de la misma comunidad del Carrizo, llevando también a sus mujeres y amantes de diferentes estados y pueblos.

La visita de La Monita había llegado a su fin tras tres días, y el Chapo la acompañó hasta la pista, asegurándose de que abordara la avioneta y fuera de regreso a Culiacán. La Cessna despegó antes de que cayera el sol, y Joaquín regresó a su rutina.

\*\*\*

Un par de días después, me reencontré con el Tío, en lo alto de la montaña. No podía apartar de mi mente la cruda realidad de su relación con una niña." Mi rechazo hacia él crecía cada día más. Estaba convencida de que entre nosotros no podría surgir nada, me sentía aliviada cuando su esposa venía de visita, esperando que él no intentara más acercarse a mí. Para mí, el tío era mayor, pero para la joven, lo era aún más.

Nuestros encuentros eran siempre inesperados, y yo evitaba incluso saludarlo para evitar entre nosotros motivo de conversación. En apenas tres semanas, había aprendido demasiado sobre su vida. A pesar de eso, el Tío nunca cesó en sus intentos de cortejarme, buscando de mil formas el momento para estar a solas y expresarme sus supuestos sentimientos, sin éxito.

Aunque creía que estaba enamorado de la joven, su falta de respeto hacia ella era evidente, mientras hacía creer a su bella esposa lo contrario." La Monita" regresó al Carrizo unos días después de su última visita. Como era habitual, en cada fin de semana la avioneta privada del Chapo aterrizó, y con ella llegó el revuelo característico en la pista, con el propio Chapo Guzmán dirigiéndose hacia ella. Doña Chala también se trasladó por tierra desde el rancho Los Sauces para visitar a su hija y a su yerno. Fue esa tarde cuando conocí a la madre de la joven. Llegó a visitar la covacha mientras esperaba ser autorizada para subir al valle montañoso donde su hija esperaba junto con El Chapo. Así, el tío pasaba sus días junto a su nueva familia y otros visitantes que hacían fila para estar cerca de él.

A la mañana siguiente, un día después de la llegada de la joven esposa, una avioneta aterrizó sorpresivamente en la pista sin previa autorización. Los hombres que resguardaban el sitio estaban preocupados, sin saber quién había autorizado la llegada de esa Cessna.

Por el radio, escuché al tío presionando el botón desde su transmisor para averiguar qué estaba ocurriendo.

La gente de Guzmán estaba preparada, lista para actuar ante lo desconocido. Al descender la Cessna, se dieron cuenta de quién abordaba el vuelo: Griselda López Pérez, la segunda esposa oficial de El Chapo, la única con poder sobre todo el imperio de su marido y con quien El Chapo había procreado cuatro hijos.

Los empleados de Guzmán no tuvieron más opción que obedecer las órdenes de "La Tía", era así como todos la conocían en la organización. Incluso el tío no pudo negarse a recibirla ese día. Su llegada causó un caos tremendo, con todo el mundo corriendo de un lado a otro. Mientras algunos intentaban alertar a su jefe sobre la visita de su segunda esposa, otros ayudaban a trasladar a "La Tía" hasta su cabaña, al lado de su esposo.

Los desplantes no solo los tuvo que sufrir la joven, sino también doña Chala, quien tuvo que soportar las humillaciones hacia su hija, aquel día. Pues Joaquín y "La Monita" no sabían que la señora Griselda estaba allí por una única razón: había descubierto la reciente boda de su marido con la joven. Motivo por el que tomo la avioneta y voló hasta el Carrizo para comprobar por sí misma lo que ya sabía.

Griselda, o "La Tía", como muchos la llaman, era querida y respetada por muchos, sobre todo por los empleados del Tío. Por lo tanto, era imposible que no se enterara de lo ocurrido y de todo lo que su marido hacía a sus espaldas; además, el miedo que imponía era evidente.

La vi pasar rumbo a la sierra montañosa, escoltada a bordo de la camioneta del tío, seguida por una caravana de cuatrimotos que transportaban algunas de las compras que había realizado antes de viajar al Triángulo Dorado. Entre sus exuberantes compras había elegido cobijas, almohadas y sábanas para las camas donde su marido y la joven habían compartido algunas noches. Quienes conocían a Griselda desde hacía tiempo la describen con gustos exóticos.

Todo parecía indicar que La Monita y El Chapo habían abusado de la confianza de Griselda. Los comentarios y lo que sucedió en la montaña fue un caos terrible, sobre todo para la joven y su madre, que la pasaron muy mal con tan inesperada visita.

Todos nos manteníamos en gran silencio en La Covacha, aunque yo no conocía bien lo que pasaba en ese momento, poco a poco fui uniendo aquellas historias que despertaban pena, tristeza, rabia y otros sentimientos, sin saber hacia dónde canalizarlos. Casi nadie pudo dormir tranquilo esa noche, Griselda estaba allí para marcar su territorio, exigiendo su lugar y haciendo respetar su autoridad. Sin revelar lo que ya sabía, Griselda convivió inteligentemente con El Chapo, como solía hacerlo, haciéndole creer que no estaba al tanto de la situación. Se dice que a la mañana siguiente pidió que la llevaran a la cocina de doña Chala y La Chaparra, donde se encontró con "La Monita".

También se comentó que, al llegar, la señora saludó como de costumbre. La joven y ella se encontraron frente a frente, y Griselda les recriminó su traición. Antes de viajar al Carrizo, "La Tía" había enviado a uno de sus hombres a casa de doña Chala. Allí encontraron fotografías que demostraban la traición de ambos. Con las pruebas en mano, "La Tía" desenmascaró al Chapo, a la joven y a su madre. Les hizo saber que estaba enterada de la desfachatez de su marido y su protegida.

Con rabia, Griselda rompió algunas de las fotografías encontradas durante el allanamiento y lanzó al suelo perfumes de marcas reconocidas que supuestamente había regalado a la joven y su madre por cariño. A partir de lo que pude discernir, Griselda había tenido un afecto especial por doña Chala y su hija, a quienes había estado apoyando con estudios y asistencia económica, junto con los hermanos menores de la muchacha. Sin embargo, les reprochó los gastos de cirugías y tratamientos médicos anteriores que ella había cubierto a doña Chala, y con cuánta razón, se sintió traicionada por la falta de gratitud de ambas:

—"Tanto que las apoyé a ti y a tu madre, y así me pagaron el cariño que les di", — dijo Griselda, según los murmullos. El estallido de los vidrios contra el suelo hirió a la joven mientras permanecían en silencio, sumidas en la vergüenza que envolvía el lugar tras la llegada de Griselda y los rumores sobre lo sucedido. Los acontecimientos pusieron patas arriba el rancho, y yo solo podía escuchar los comentarios que volaban de boca en boca. Ante la furia de "La Tía", pude empatizar con su indignación. No es fácil enfrentarse a desengaños con la pareja; recientemente me había pasado. La familia o las personas en las que hemos depositado nuestra confianza casi siempre resultan falsas.

¿Valdría la pena seguir entregándolo todo por aquellos que no lo merecen y persistir en la misma situación? Reflexiono con frecuencia.

La joven se retiró tras las humillaciones sufridas, mientras que la esposa, cargada de decepciones acumuladas, voló de regreso a Culiacán una semana después, con el alma más desgarrada que nunca, mientras que el Chapo quedaba solo por aquellos días.

*** 

Después de esos vergonzosos episodios, se acercaban los días de Semana Santa. El Chapo planeaba pasar momentos agradables junto a su gente y disfrutar de la frescura de los vientos de abril. Así, la gente podría dejar atrás los malos momentos, el trabajo y el cansancio de las madrugadas cotidianas. Los planes incluían visitar el río de Remedios y descansar bajo los árboles de la sierra de Durango.

Mientras tanto, yo me resignaba a pasar esas fechas lejos de mi familia, con la posibilidad de regresar al pueblo y no volver al Carrizo. Estaba cansada de esperar, y de las excusas; ese viaje representaba una única oportunidad para mí.

El comandante, fiel a su costumbre, seguía visitando la covacha, aunque fuera sin la compañía de Joaquín. El tiempo transcurrido en el pueblo, anclado entre las montañas, no cedía, y las emociones intensas continuaban desbordándose.

La necesidad nos impulsa a veces a realizar acciones que no deberíamos, y así me vi obligada a regresar en busca de señal móvil en compañía de las muchachas hasta la montaña donde habitaba el Chapo. Allí me encontré nuevamente con él aquella tarde. Al verme, se acercó y me preguntó por qué había huido de él la última vez que estuvimos solos en aquel lugar.

—"No teníamos ni tenemos, nada más que hablar"—le afirmé, tratando de evitar una conversación con quien para mí seguía siendo un desconocido y un hombre casado. Me sorprendió tras mencionar cosas extrañas de mi vida privada, y entre ellas a mi hijo.

—Sé que tienes un morrito chiquito y sé que lo echas de menos, ¿verdad? — Me preguntó Guzmán, en su habitual tono intimidante.

—¿Cómo sabe usted de él? — recuero que le pregunté, aún más desconcertada. La piel se me erizó al darme cuenta de que nunca había compartido detalles sobre mi vida privada con él; había olvidado que toda esa información la conocía muy bien Güero 90.

—Yo siempre investigo, corazón, lo que me interesa. ¿A poco no te gustaría verlo? — Me preguntó nuevamente.

—Por eso me tengo que ir — le respondí, yo no tenía más razones de vida más que él, la luz de mis ojos en aquellos años. El Chapo no dijo más; simplemente me miró con una sonrisa habitual en su rostro y me despedí aquella tarde.

Las pocas palabras que intercambiamos ese día bastaron para que él tomara acciones a su manera, tras su firme intento de conquistarme y de verse bien ante mis ojos.

Contemplaba el atardecer desde la mesa del portal de la covacha. El sol estaba a punto de ocultarse detrás de las montañas mientras disfrutaba de una breve charla con las muchachas. De repente, el estruendoso sonido de una cuatrimoto se escuchó descender por las altas cuestas que llevan al Carrizo de la Petaca. El zumbido resonó entre los cerros, disminuyendo a medida que se perdía entre los tramos que recorría. Finalmente, la cuatrimoto llegó a "La Covacha" y se estacionó a unos metros de la entrada del portal. De ella descendió "Güero 90", y los rayos del sol, que estaban a punto de perderse, golpearon mi rostro, impidiéndome ver con claridad el bulto que sostenía en sus brazos.

—¿Qué trae este 90? — preguntó una de las muchachas, también confundida por el resplandor del sol.

El hombre caminó hasta la entrada y enseguida nos dimos cuenta de que en sus brazos sostenía a un niño pequeño. Nos pareció **extraño**, por lo que de golpe nos pusimos de pie. Al llamarme, caminé hasta él.

Efectivamente, Güero 90 sostenía en brazos a aquel pequeño, que resultó ser mi hijo, Rubencito. El niño llevaba puesta un pijama mameluco azul marino con estampados, que reconocí al instante. Mi corazón dio un vuelco y corrí a su encuentro, arrebatándole de los brazos de Güero 90.

El niño lucía desmejorado; su ropa estaba empapada de orina que escurría de su pañal, y su rostro apenas se distinguía entre el polvo y la tierra que se había adherido a su cara. Las muchachas pronto trajeron trapos para envolverlo y calentarlo, ya que estaba frío. No podía creer que lo tuviera en mis brazos. Tras pasar la emoción, el miedo comenzó a invadirme. Mi mente se llenó de pensamientos incontrolables relacionados con el Chapo.

— "Esto es obra de él", — pensé. Las condiciones en las que el niño había sido transportado durante largas horas desde Cosalá hasta el Carrizo eran inhumanas.

—"¿Por qué lo trajiste así? ¿Quién te mandó?", —pregunté a Güero 90 después de recuperarme del desconcierto y las emociones.

—"A mí me mandaron por él nomás y ahí está", — respondió, sonriendo como si disfrutara del momento.

—"¿Sabes que el niño está enfermo y lo expusiste al mal clima?", — pregunté molesta, pero él se mostraba sin escrúpulos, satisfecho de lo que había hecho para complacer los deseos de su jefe, y sonreía mientras discutíamos.

—"Yo solo cumplo órdenes", — afirmó. Su respuesta me dejó sin palabras. Reencontrarme con mi hijo en aquel lugar había sido algo inesperado, pero también me alivió el corazón. Su condición de salud no era buena, y desde ese momento estábamos sin posibilidad de viajar fuera del rancho del Carrizo. Intenté hacer entrar en razón a Güero 90, explicándole las condiciones del niño y pidiéndole que lo llevara de regreso a Cosalá.

—"Ya avisé que está aquí, ya no puedo", — me dijo, y salió de la casa sin más explicaciones y me dejó con las palabras en la boca.

—"90, no te vayas, ven acá", — le grité. El desespero me estaba ganando, y sabía que mi hijo enfermaría más tarde, al notar su fatigada respiración. La rabia e impotencia eran parte de mis sentimientos; las cosas estaban fuera de control.

Rubencito había llegado solo con lo que tenía puesto aquella tarde, sin fórmula, sin ropa extra ni medicamentos que usaba a diario para su vital subsistencia. Me preocupaba mi mamá y me preguntaba cómo había sido capaz de soltarlo sin que yo la llamara y autorizara tal cosa. Entré al interior de la "covacha" con el niño envuelto en una de las cobijas que teníamos a la mano, temiendo que el clima comenzara a afectarlo. Calenté agua en la hornilla de leña y lo bañé para abrigarlo. Luego nos dirigimos al cuarto dentro de la casa de campaña donde yo solía dormir. Mientras me ocupaba del niño, escuché el sonido de una cuatrimoto que se estacionaba afuera de la covacha. A bordo había llegado el Tío, acompañado del comandante, quienes no habían aparecido por aquel lugar en mucho tiempo. Lo miré desde la entrada del cuarto mientras arrullaba al niño.

— ¡Hola, hola! ¿Le gustó su sorpresa, mi "Mosura"? —preguntó con alegría y orgullo en sus ojos por lo que había planeado. Aquel día usaba esa frase que nuca más dejo de mencionarme. *"Mi Mosura"*.

Cada una de sus expresiones de esa tarde, quedaron grabadas en mi memoria, mientras yo aún luchaba contra las lágrimas y mantenía un silencio incierto, sin saber qué decirle, con todos mis sentimientos revueltos. Me quedó claro su poder de influencia, capaz de mover el mundo con solo usar una palabra suya. Decidí mantener la calma y platicar con él.

— ¿Sabía usted que mi hijo sufre de bronquitis crónica? — le pregunté con voz quebrada, mostrándole mi preocupación.

— Ah... ¡no se preocupe! Aquí tenemos de todo, corazón. Contamos con un buen médico, así que quédese tranquila —dijo Joaquín mientras usaba palabras cariñosas, con aparente tranquilidad, aunque parecía ignorar la gravedad del problema de salud del niño, más tarde se daría cuenta de los errores cometidos.

— Pero... escuche oiga, su condición no es cualquier cosa, el niño aquí se puede empeorar. Ni siquiera trajo "90" su ropa ni sus medicamentos. ¿Dónde voy a conseguir todo eso en este momento? — Le reproché con un tono angustiado, mientras la desesperación de madre me invadía. No pude contener mis lágrimas y mi frustración.

Al verme Joaquín en aquel estado de ansiedad, guardó silencio, observándome fijamente mientras yo bajaba la mirada. La mujer altanera y bravucona que solía ser desapareció en cuestión de segundos, rendida ante lo más maravilloso que tenía, un hijo por el cual pelear las batallas. El Chapo se dio la vuelta sin decir nada y salió del cuarto, dirigiéndose al portal, desde donde llamó a Medusa.

—E y "chavalón", ven un momento, — lo escuché gritar al joven.

Dígame, Tío — le respondió Medusa.

— Entra al cuarto y pídele a la güera que te dé una lista de todas las cosas que necesita el niño y lo que ella necesite también. Hazlo ahora mismo y habla de inmediato para Culiacán y que compren todo eso. Asegúrate de conseguir lo indispensable para el niño en el abarrote ahora y checa si en las tiendas aquí tienen pañales y leche, si no hay aquí manda a un muchacho para Remedios y que busquen eso — le ordenó Guzmán con precisión a Medusa y en forma de urgente.

El rostro de Guzmán mostraba un semblante de arrepentimiento, pero el daño ya estaba hecho y no quería ceder a lo que él mismo podía remediar, enviar de vuelta al niño a casa. El dispensario del Carrizo no tenía los medicamentos necesarios, ni equipos de emergencia. Las reacciones imperturbables de Guzmán me inquietaban más de lo que podía esperar. Era el creyente de su lema del "No pasa nada", incluso en situaciones críticas como esa.

Desde luego, aquellos días la mente más que nunca me hacía cuestionar cómo había llegado a ese lugar, alternando mis días entre risas y llanto. Sentía que estaba a punto de adentrarme en un viaje infernal, tal como me lo había anticipado mi familiar: el miedo, el insomnio y los nervios me consumían poco a poco.

Me sentía sola, anhelando mi hogar y la seguridad para mi hijo. La gente con la que compartía ahora no era confiable, ni mucho menos eran mi familia, sino completos desconocidos que ocultaban lados muy oscuros, y aquellos actos eran las primeras muestras de ello.

Todo lo que el comandante había advertido también días atrás resultaba ser cierto. Él mayor tesoro que yo poseía lo había expuesto al peligro desde el momento en que accedí a viajar a ese rancho. A pesar de mis intentos por protegerlo, no había sido suficiente tratar de ser una buena madre.

Durante la madrugada de ese día, se desencadenó lo que tanto temía, convirtiéndose en las horas más largas y angustiantes tanto para el niño como para mí. Su fiebre alcanzó niveles alarmantes que no cedían, mientras Lili y yo luchábamos por estabilizarlo con baños y compresas de agua fría. Ella llamó a un hombre que hacía guardia por las noches y le rogó que buscara al médico en la comunidad. Este último administró medicamentos para bajar la fiebre y lo controló por algunas horas.

El sol empezaba a asomarse en el horizonte cuando sus rayos me alcanzaron despierta y cansada, rezando por la vida de mi hijo, mientras su pecho se hundía en su intento por respirar. Tuve miedo de perderlo en ese lugar inhóspito.

Horas más tarde, aterrizó la avioneta cargada con todo lo que habíamos solicitado en la lista del día anterior. Hasta la covacha, llegó un hombre en su cuatrimoto a prisa para entregar una maleta roja repleta de ropa para el niño, medicamentos, fórmulas, biberones y todo lo indispensable para su recuperación y cuidados.

Al abrirla encontré algunas cosas extras que el Tío había agregado según su consideración; había leído la modesta lista antes de que fuera enviada para surtirse en Culiacán. Con aquello fue con lo que el médico del dispensario cuidaba de su bienestar.

Durante la mañana, el Chapo fue informado del estado del niño y de lo ocurrido durante la madrugada.

— ¿Cómo sigue el niño? —preguntó a sus empleados a través del radio.

— Sigue mal, Tío, dice la Güera que pasó muy mala noche, lo está atendiendo el doctor, contestó el apodado "mecánico", hombre de confianza de Joaquín y quien estaba a cargo de la orden de la gente en el Carrizo.

— Que el doctor este muy al pendiente, — le ordenó el Tío. Mientras que el doctor de Guzmán suministró algunos nebulizadores para ayudar a sus bronquios y lo mantuvo en observación durante las noches.

Nunca comprendí por qué Joaquín eligió esa forma de trasladar al niño. Tenía todo a su disposición, ¿por qué exponerlo de esa manera? Me pregunté una y otra vez.

Días después, el niño había mejorado, gracias a Dios. Aunque seguía siendo delicado su estado, era cuestión de cuidados.

El Tío no había aparecido por "La Covacha" desde la llegada del niño, parecía no querer darme la cara. Una mañana decidí subir a las montañas y llamar a mi mamá para investigar lo sucedido. En el camino, me di cuenta de que el Chapo tenía una visita importante.

En el portal de Chayo, estaba sentada la Tía, Griselda López Pérez, la razón por la que Joaquín no podía salir a visitar de momento la covacha. Ella había vuelto al Carrizo sin hacer ruido, después de su enfrentamiento con "La Monita". Ella clavó sus ojos en mí de una forma extraña, como si algún rumor o sospecha hubiera surgido sobre la deslealtad de su marido nuevamente, la única diferencia es que a mí no me unía nada a Griselda, más que el sentimiento de sentirnos traicionadas.

Después de la llamada con mi mamá, me contó cómo fue que llevaron al niño hasta el Carrizo de la Petaca. Güero 90 apareció sin previo aviso, el niño jugaba en el patio de su casa. Cuando mi mamá salió a ver quién era, él ya llevaba al niño en su cuatrimoto.

— Le gritamos, y no se detuvo. Pasé días muy feos, — dijo mi amá visiblemente afectada por lo sucedido.

— "Le explicaré todo cuando regrese a la casa, ahora no puedo, debo irme, nosotros estaremos bien, cuídese amá, y nos vemos pronto", — le comenté al despedirme de ella, dejándola más tranquila. Tenía prisa por regresar a la covacha antes de que llegara el Tío y su esposa. Mi cabeza estaba hecha un lío, no sabía qué hacer. Cuando volví a la Covacha, encontré a Güero 90 sentado a la mesa y no perdí la oportunidad de abordarlo sobre el tema.

— "Hablé con mi mamá. ¿Ella te dio al niño?", — le pregunté directamente. Guardó silencio por un momento, como si estuviera pensando qué decir.

— "Tu mamá no estaba cuando llegué. El niño estaba solo, así que lo agarré y me lo traje", — dijo 90, confirmando lo dicho por mi amá. Había tomado al niño como si fuera cualquier cosa.

— "¿Cómo? ¿Eso significa que te robaste a mi hijo?", — lo acusé.

— "No hubo tiempo para agarrar nada. Cuando llegué, él estaba en el patio jugando y lo subí a la moto. Tu mamá salió después", -- me explicó. No había más remedio que esperar y buscar la oportunidad de salir ilesos de aquel lugar, pues él se negaba a llevarnos de regreso hasta entonces.

***

Era ya la época de los vientos cuaresmeños. Por la tarde, vi pasar al Chapo a toda velocidad en su camioneta Yukón, seguido por una caravana de más de treinta cuatrimotos y hombres. Aquella tarde fue lo más grande y estrepitoso que había presenciado en torno a sus actividades.

— "¿Para dónde irán?", — nos preguntamos unas a otras en la covacha, sin tener una respuesta. Todo el rancho quedó en completo silencio; ni siquiera los gallos se escuchaban cantar. Después de unos minutos, el silbido de un par de cuatrimotos resonó entre las cumbres, indicando regreso a toda prisa. Llegaron hasta la covacha, de donde descendieron hombres bajo el mando de Guzmán.

— "Venimos por ustedes. Lili, alístense para irse con nosotros. Ella se irá conmigo, y ustedes dos en el otro cuatrimoto", --dijo Toño, supuesto sobrino de Guzmán.

—"¿Pero a dónde vamos?", — le preguntaron las muchachas, mientras les indico que "Al sauce", refiriéndose a un rancho río abajo donde se encontraban algunas cocineras más.

—"Gracias, pero yo no iré. El niño está delicado y no puedo llevarlo así", — le dije, aceptando mi decisión, él y las muchachas partieron con ellos mientras mi niño y yo nos quedamos solos en la covacha. Minutos más tarde, Toño regresó con nuevas órdenes.

—"Oiga, me dijeron que me la llevara como sea. Si no, van a regresar por usted otra vez. Mejor vámonos de una vez para no perder tiempo", — dijo Toño. Sin decir más, capté la orden y me preparé, tomé lo indispensable, además de una cobija para cubrir al niño. Subí al cuatrimoto junto al muchacho y emprendimos el viaje, recorriendo las altas cuestas que descienden del carrizo, desde lejos se observaban las olas de polvo que dejaba la caravana que escoltaba a Joaquín hasta el rancho El Sauce.

Al descender de lo alto, nos adentramos por atajos que nos apartaban del camino hacia Remedios, dirigiéndonos hacia el río que rugía con sus corrientes. Toño detuvo la marcha antes de cruzar y evaluó la fuerza del agua, consciente de los riesgos que implicaba cruzar con la corriente. Desde la orilla, observamos a algunos que luchaban por atravesar mientras otros lo lograban sin problemas.

— "¡Ey wey! ¡La corriente está bien fuerte, métete atravesado!", — le gritó uno de los hombres del otro lado, ofreciendo ayuda para indicar el camino.

— "Agárrate bien, vamos a cruzar. Y ten cuidado con el niño", dijo Toño, visiblemente nervioso. Mientras nos adentrábamos en el agua. La corriente golpeaba mis piernas con fuerza, y tras unos metros, nos arrastró. Toño maniobró hábilmente cuando la cuatrimoto estuvo a punto de volcarse, gajes del ambiente. Tomé a mi hijo en brazos y me senté en el extremo opuesto de la cuatrimoto para contrarrestar el peso y mantenernos estables. Una vez en tierra firme, nos detuvimos brevemente para asegurarnos de que estábamos bien y luego continuamos nuestro camino hacia el pequeño rancho.

Al llegar, nos recibió la madre de la joven que cumplía quince años, nos condujo a su modesta vivienda donde se celebraba la pequeña fiesta. En la cocina, encontramos a las muchachas de la covacha y a doña Chala, entre otras cocineras de Guzmán, preparando la cena para la celebración. A pesar de nuestras incomodidades, la noche transcurrió tranquila para la festejada, quien celebró su quinceañera de manera sencilla y casual, sin el tradicional vestido.

En la mesa, había algunas bebidas alcohólicas y la música sonaba desde un pequeño equipo para animar el ambiente. Mientras tanto, yo permanecía junto a las muchachas y las demás mujeres en la cocina, intentando secar mi ropa empapada por el cruce del río.

Minutos más tarde, la noche había caído y el Chapo se movía con soltura entre la cocina y el exterior. Su presencia relajada llenaba el ambiente, mientras disfrutaba de unos tragos.

— "Doña Chala, ¿cómo va todo por aquí?", — le preguntó con tono casual a su suegra.

. —"Bien, aquí estamos, pasándola", — le respondió ella, mostrando un rostro cansado marcado por las arrugas y el pelo corto rizado, parte de sus características. A pesar de su expresión seria, continuaba con sus labores en la cocina.

— "¿Y cómo sigue de salud el niño?", — dijo de repente el Chapo, acercándose a donde yo estaba sentada. Su actitud despreocupada parecía ignorar la presencia de su suegra.

Esa noche, nada parecía ser un impedimento para que el Chapo se dirigiera a mí, demostrando que no reconocía fronteras ni restricciones de nadie.

— Está mejor, gracias por preguntar —le respondí, a pesar de las miradas críticas a mi alrededor.

— ¿Y usted, ¿cómo ha estado? Parece más relajada —me dijo el tío, haciendo referencia a mi comportamiento desde que llevo a mi hijo a esa zona. Era evidente que los tragos comenzaban a hacer mella en su juicio.

— Estoy bien, gracias — le insistí nuevamente, tratando de minimizar la conversación. La mayoría de las mujeres se habían congregado en la cocina y observé que al Chapo le gustaba interactuar con ellas mientras trabajaban, su sencillez fue algo que descubrí y admiré de él.

Después de su breve charla, él se sentó a la mesa y cenó relajadamente. Al terminar, hizo alboroto para dar inicio al tradicional baile ranchero. Regresó a la cocina, tomó en brazos a mi hijo y me llevó al portal de la casa, donde la música ya había comenzado a sonar. Intenté detenerlo, mientras doña Chala lo observaba con ojos de desaprobación. Era comprensible su actitud, pero el Chapo parecía ignorarlo todo con su habitual tranquilidad y yo no sabía cómo controlar sus arranques.

Con el niño en brazos y su otro brazo rodeándome la cintura con orgullo, el Chapo disfrutaba de la fiesta en el portal, moviéndose al ritmo de la música como cualquier persona común. Esa armonía se rompió cuando el niño comenzó a llorar de repente en medio de la pista de baile. El Tío intentaba calmarlo sin interrumpir la celebración, y aunque yo quería tomar al niño, él no me lo permitió.

El comandante, nos observaba desde lejos, se abrió paso entre la multitud, visiblemente molesto al darse cuenta del engaño de su protegido. Había creído que yo sería su pareja en lugar del Chapo, lo cual me llenó de más vergüenza.

— "Nadie sabe para quién trabaja" —espetó el comandante furioso al acercarse. El Chapo río ante las palabras de don Juan, mientras yo bajaba la cabeza, sintiéndome ridiculizada.

— "Tranquilo, mi comandante es solo un baile", — le dijo tratando de apaciguar la situación el Chapo, pero el comandante, cada vez más incrédulo, no se calmaba. La gente, al percatarse de lo que ocurría, estalló en risas.

—"comandante, mira cómo sudo por bailar con la reina, tráeme unas servilletas, anda, para limpiarme el sudor" — le ordeno desafiándolo el Chapo, irritando aún más la cólera del comandante. Este, con gesto de furia, le lanzó las servilletas en la cara, mientras algunos hombres intentaban detenerlo, pensando que don Juan se lanzaría contra Joaquín.

— "Ey déjenlo, déjenlo, el comandante está jugando"—intercedió el Chapo, recogiendo las servilletas del suelo. El comandante, con la cabeza baja, se retiró entre la oscuridad, sumido en su embriaguez. Aterrada por la situación, me sentí aliviada al verlo alejarse.

— "Tranquila, mi "mosura", no pasa nada. Así se pone con los tragos, ya se le pasará" —trató de tranquilizarme Guzmán, mientras continuamos al ritmo de la música. La algarabía de la fiesta seguía afuera y, sin pensarlo, dejé de bailar en medio del portal. La dueña de la casa tomó al niño y lo llevó a una habitación para calmarlo al verlo incómodo.

Decidí acompañarlos, cerrando la puerta con llave. Pasamos un rato allí, conversando, hasta que alguien tocó la puerta. La casera la abrió, revelando al Chapo en el umbral.

– "¿Cómo sigue el morrito?", — preguntó, notando que el niño se había quedado dormido. La señora dejó la puerta abierta que daba al portal.

El Tío estaba parado justo en la entrada cuando una de sus cocineras, apodada "La Morena", lo tomó del brazo y lo arrastró al centro del baile. La Morena parecía haber bebido de más y se aferraba extrañamente a su cuello.

Aunque incómodo, el Chapo le concedió un par de piezas de música antes de liberarse de ella y dejarla en brazos de uno de sus hombres. Después de aquello, el Chapo entró a la habitación con prisa y nerviosismo evidentes.

— "Venga, Reina, vamos a bailar, no hay excusas", — me dijo, tomándome del brazo mientras pedía a la dueña de la casa que cuidara al niño. Pasaron los minutos y las horas, con uno de sus hombres sirviendo tragos de Buchanan s18 mientras bailábamos bajo el techo del portal.

Luego, el niño comenzó a llorar y la señora no pudo calmarlo, lo que me dio la oportunidad de retirarme.

—"Deje que ella se encargue", — me dijo don Joaquín.

—"No... el niño sigue irritable, no puedo dejarlo solo, lo siento", — le dije, ofreciéndole bailar con otra chica. Pero él insistió en acompañarme a la habitación y, al tocar la frente del niño, confirmó que seguía enfermo y expuesto al mal clima.

—"Sí, está muy caliente", — admitió al sentir el calor del niño. Luego, se despidió de todos y me pidió prepararme para retirarnos con su equipo. Agradecí la hospitalidad, me preparaba para irme, cuando miré que el Chapo regresó al portal.

—"¿Dónde está la cumpleañera?", — preguntó, y al encontrarla, le entregó una paca de billetes como regalo. Enseguida, caminaba con las muchachas hacia la cuatrimoto, sosteniendo al niño envuelto en una cobija.

— "Reinita, venga aquí, usted ya no necesita ir allá, debes estar al lado de tu hombre", — dijo el comandante, aún molesto, mientras me llevaba del brazo hasta la puerta de la camioneta, Guzmán me abrió la puerta del copiloto con una sonrisa de satisfacción. Intenté ir al asiento trasero, pero el comandante me detuvo.

—"Reinita, tú vas junto a tu rey", — me indico, llevándome hasta la puerta abierta, mientras el Chapo esperaba cortésmente. Acto seguido, indicó a las muchachas que se subieran con nosotros en el asiento detrás. Durante el trayecto, Joaquín y el comandante aclaraban los mal entendidos sucedidos en el portal. Él estaba tranquilo, deseando que todo estuviera bien. El Chapo, por su parte, parecía disfrutar del viaje, compartiendo historias y poniendo música desde su estéreo.

— "¿Qué música te gusta, Reina?", — me preguntó.

— "De todo un poco", le respondí. – "Entonces pondremos algo de Los Canelos", -- dijo el Chapo. La música comenzó a sonar, y aunque había tomado algo de alcohol, parecía lúcido mientras conducía hasta El Carrizo, escoltado por su caravana de hombres en cuatrimotos. Después de aproximadamente una hora de viaje, llegamos de regreso a El Carrizo.

—"Llegamos pronto, comandante", — anunció el Chapo, expresando que el trayecto se le había hecho corto. Al estacionar la camioneta frente a la "covacha", bajó y se dirigió a la puerta, abriéndola con galantería.

—"Gracias, pasé usted Buenas noches", — le dije al bajar de su camioneta.

—"Buenas noches. Fue un placer su compañía. Descanse bien, y espero verla mañana", —anuncio con una sonrisa radiante en los labios y un brillo especial en los ojos, que denotaba la combinación de desvelo, alcohol y emociones que lo acompañaban en aquella madrugada.

No sentía nada en particular por él. Sin embargo, me sentía incomodaba lo poco que conocía sobre su vida. Su forma de ser era espontanea, a pesar del dinero y el poder que poseía, conservaba su lado humilde. Nada le quitaba méritos; demostraba en cada detalle ser romántico, caballeroso, atento y sencillo, detalles de los que se enamora cualquier mujer. Esa manera de ser, la implementaba con los miles de mujeres que había conquistado a lo largo de su vida.

En ese contexto, yo era inexperta; en mi vida solo había existido un hombre y al cual aún no lograba sacar de mi corazón. Por lo tanto, no tenía espacio para dejar entrar a alguien más en él. El Chapo, como todo ser imperfecto, tenía también errores y defectos. Su edad no se adecuaba a la mía; era un hombre comprometido con incontables mujeres e hijos, aunque los negaba a cada paso. A su edad, era difícil creerle que estuviera soltero.

Ser madre soltera no me devaluaba como mujer en lo absoluto, he conocido mi valor desde siempre y encajar en su círculo fantasioso no estaba en mis planes.

Su amabilidad y generosidad, aunque destacables, no terminaban de convencerme. No era la más linda entre todas las flores de su inmenso jardín, eso estaba claro. Pero nací con muchas cualidades y virtudes gracias a Dios y mi gracia había cautivado a Guzmán, desde el primer momento en que nuestras miradas se cruzaron.

\*\*\*

Después de la cruda y la desvelada de la fiesta anterior, llegó una visita inesperada. Una avioneta había aterrizado en la pista a pesar de la seguridad que la resguardaba. Provenía de Cosalá, todos estaban seguros de que no era algo familiar.

Los hombres se apresuraron a averiguar de qué se trataba, mientras otros permanecían atentos al radio, listos para seguir cualquier orden que pudiera surgir. Ese medio era la forma más fácil de enterarme de lo que pasaba a mi alrededor, siempre y cuando alguno de los hombres que portaba el radio estuviera cerca.

Aquel día, "Güero 90" se encontraba justamente sentado en una de las mesas de la covacha, con su radio siempre activo. Por el estruendo que resonaba de forma escandalosa, noté que los hombres de Guzmán estaban preocupados.

— ¡Plebes, ¡qué pasa! Reporten los que están en la pista, ¿quién está en la raya? ¡Reporten! — repetían por el radio, alertando mantenerse atentos a lo que ocurría.

— Estamos pendientes en la raya, el pájaro ya aterrizó, se bajó un chavalo. Aquí lo atoramos ya, dijeron.

— "E y, Mecánico", le llamaban al secretario y líder de flotilla de pistoleros a su mando.

— El chavalo dice que es de Cosalá y que quiere hablar con el encargado del área. Usted diga qué hay que hacer, dijo uno de los hombres a través del micrófono de su radio.

— "Copiado copiado, —dijo, repitiendo la clave de enterado a través del radio.

— Dicen aquí que diga quién es y qué quiere, preguntaron desde lo alto de la montaña, uno de los secretarios más allegados al Chapo. Mientras tanto, en la covacha, todos escuchábamos con atención lo que sucedía en la pista.

— Dice que le dicen el X1, y que es amigo de "90" y que quiere hablar con él, o con el jefe de él, replicó la voz en el radio. Al escuchar eso "90" se asombró y su semblante cambió. Tomó el radio y lo estrechó más atentamente.

— ¿Es Rubén? — Le interrumpí, aunque sabía que era él, quería que me lo confirmara. La sangre se me fue a los talones luego de escuchar que el padre de mi hijo se encontraba muy cerca, y debo admitir que hasta me sentí feliz. "90" se levantó de la mesa, caminando de un lado a otro del portal, subiendo y bajando el volumen de su radio. Enseguida se escuchó del otro lado de la radio la voz del "tío".

—"A ver chavalones, que diga la persona qué necesita. Aquí no recibimos visitas sin permiso y sin saber qué quieren:", — Advirtió, desde lo alto Guzmán.

—"Tío, el chavalo dice que quiere hablar con usted, que es un asunto personal. También quiere saber de su familia que sabe que está aquí," — escuché que informaron por radio los hombres.

Rubén se había enterado de que Güero "90" quien se decía su amigo, se había llevado a Rubencito en extrañas circunstancias de la casa de su abuela, ubicada en el pueblo de Cosalá.

Por lo tanto, el X1 sabía dónde encontrar a Güero 90, por lo que había viajado a investigar los motivos de por qué se lo había llevado. Aquella situación vergonzosa obligó al Chapo a buscar una excusa para deshacerse del forastero y enviarlo de vuelta a Cosalá sin resolverle nada.

— ¿Este chavalo, no es el mismo que anda traficando marihuana sin mi autorización en mis terrenos? ¿Ven cómo vino solito sin que nadie lo llamara? — dijo, aparentando saber del individuo.

— Sí, tío, es él, confirmaron sus hombres después de un interrogatorio.

— Díganle que estos son mis terrenos y necesitan mi permiso para estar aquí. No lo he autorizado a venir ni a comprar en mi área. Ya saben lo que van a hacer, dijo el tío, ignorando el permiso otorgado por su propia gente.

— Entendido, así lo haremos Tío, dijeron y la radio cayó en silencio. Aunque más tarde volvió a resonar.

— ¡Tío! Dice el chavalo que usted había dado permiso hace tiempo a través de sus cuñados y que trabaja con "90", dijeron al parecer Rubén se defendía, eso desconcertó a Guzmán.

— "A ver, encuentren a "90" para que aclare esto, ordenaba el Tío." — Güero "90" al escuchar aquello salió disparado hacia la pista a resolver la situación. Mientras tanto, desde la covacha, escuchaba la discusión a través de los radios que aún permanecían en la casa.

La situación se tornaba tensa cuando los hombres de Guzmán lastimaron a mi expareja tras negarse a retirarse sin saber de su familia. Minutos después, "90" explicó por la radio la situación a Guzmán en una línea más privada.

— Tío, es el muchacho del que le había hablado, el que trabajaba con nosotros en Cosalá. Es el papá del niño de la Güera, dijo "90". El Tío se quedó en silencio por algún tiempo, reflexionando sobre el problema.

— Por esta vez se le perdona, pero que se enseñe a respetar. Mientras tanto, yo temblaba de miedo al otro lado del micrófono, sintiendo cómo mis fuerzas se desvanecían. Quise salir corriendo para ayudarlo, pero hombres del tío me lo impidieron.

El Güero 90 abandono a Rubén a su suerte en la pista, rodeado de los hombres de Guzmán. Mas tarde güero regreso con la cabeza gacha a la covacha.

— ¿Qué pasó? Dime... llévanos con él, le supliqué, los nervios estaban a punto de desbordarse y él guardó silencio, con el rostro enrojecido a punto de estallarle.

— No puedo llevarte. Si vamos, solo empeorarás las cosas y el señor lo vas a hacer cambiar de opinión. Me dijo, recuperando la compostura. En sus palabras se percibía la seguridad de lo que me decía, lo que me detuvo a ir hasta la pista.

— Pero ¿por qué? ¡Quiero irme! Al menos déjame entregarle al niño para que lo saquen de aquí. Güero, tú nos trajiste, ayúdame. Yo puedo quedarme, pero que se lleven al niño, le pedía. Sin embargo, 90 ya no estaba dispuesto a ir en contra de las órdenes o deseos de su patrón.

— No seas terca. Si vas, lo van a matar. ¿No te das cuenta de lo que pasa? El señor le interesas y no te dejará ir, y mucho menos querrá quedar como un tonto delante de su gente. Él no es cualquier persona, debes entenderlo de una vez y comportarte, me advirtió, con tono amenazante.

Ese día, Güero 90, tras su arrebato de ira, me había confesado cada uno de los planes elaborados para que yo pudiera llegar hasta ese lugar.

Aquella confesión no me tomo por sorpresa; había comprendido la gravedad del asunto. Con la visita y lo acontecido, mis dudas se despejaron ante ese tema. Ahora, podía ver claramente que estaba frente a un criminal de alto calibre. Él no era el simple ganadero inocente que había imaginado en un principio; era un narcotraficante, un mafioso poderoso al que seguía rechazando con todas mis fuerzas, especialmente después de lo ocurrido. No pude evitar contener las lágrimas; estas corrían sin cesar y temía que mi hijo perdiera a su padre en ese lugar remoto de la sierra.

Minutos después, uno de los hombres que estuvo en la pista llegó a la covacha y nos narró lo sucedido. Todo ocurrió según las costumbres del Chapo y su gente, diseñadas para infundir respeto. Acostumbrados a sembrar el terror, dejaron en claro al forastero quiénes eran ellos y quién era su jefe. Después de advertirle que no debía pisar esas tierras sin permiso del señor Guzmán, le confirmaron que su hijo estaba ahí. Al conocer la verdad, el joven se enfureció e intentó entrar al rancho por su familia, pero los hombres del Chapo se lo impidieron. Fue entonces cuando lo golpearon, lo ataron de pies y manos con cinta canela y lo subieron al avión que lo devolvería a Cosalá.

Aquella visita complicó aún más el plan de conquista del Chapo, conmigo quien no se enteró de que desde La Covacha había escuchado todo lo que sucedía en la pista, gracias a algunos de sus hombres que se descuidaron de la privacidad.

***

Días después de aquel triste suceso, el Chapo pareció olvidarlo todo. Sorpresivamente, llegó a la covacha a bordo de su camioneta, algo inusual en él. Se estacionó cerca de la puerta del portal, con una sonrisa en el rostro como si nada lo perturbara. Entró, saludó y habló en privado con una de las muchachas, para luego extender una amable invitación.

—"¡Mujeres, vamos a la pista! Hay que divertirnos un rato", — anunció el Chapo. Las muchachas se prepararon rápidamente y subieron a su camioneta.

—"Usted también viene, es mi invitada de Honor", — dijo el Chapo, tomando mi brazo y conduciéndome hasta la puerta de su camioneta, y me pidió subir. Aunque me sentía molesta, sabía que ya no podía llevarle la contraria después de todo, y más bien debía pensar encontrarle una buena solución a mi problema.

Al llegar a la pista, divisé una avioneta estacionada con su piloto esperando a un par de visitantes, listo para partir. Imaginé por un momento abordarla y dejar atrás aquel lugar. Desde mi llegada al Carrizo, nunca había visitado la pista, así que esta era una experiencia nueva para mí. Se encontraba en la cima de las colinas que formaban parte del territorio del rancho, con barrancos profundos visibles desde sus bordes.

La emotiva reunión en la pista giraba en torno al "comandante" y su viejo amigo, un albañil de escasos recursos a quien habían contratado para construirles un horno casero para uso de leña. Con la Semana Santa acercándose, el Chapo había solicitado su construcción y motivó a algunas mujeres del rancho a hornear pan, durante esos días, uno de sus placeres más apreciados que no podía faltar en la mesa.

El momento de la despedida se acercaba y decidieron hacerla memorable con una broma. El comandante, siempre el centro de las risas aceptó el desafío de una carrera a pie de un extremo al otro de la pista. Para añadir emoción, se ofreció un premio: un fajo de billetes de veinte mil pesos en efectivo para el ganador.

El juego resultó divertido para muchos, incluido el comandante, quien se mostró contento. Aunque fue arriesgado debido a la edad de los participantes, fue una competencia amistosa y limpia. El comandante, con más de 70 años, mostraba los estragos de los años y de las batallas vividas a su paso por el plano terrenal. Uno de los aspectos más notables era la historia de su brazo derecho, disfuncional debido a múltiples impactos de bala. A pesar de ello, se esforzaba por ganar la competencia, mostrando determinación incluso en un simple juego.

Con orgullo, don Juan contó su historia desde la mesa de la casucha mientras disfrutaba de una taza de café un día. Habló de los múltiples impactos que sufrió y cómo logró sobrevivir, demostrando su fortaleza y valentía incluso en los momentos más difíciles.

—"Me dieron 18 balazos, pero aquí sigo", — dijo el comandante, recordando un momento en el que estuvo al borde de la muerte. A pesar de sus luchas, seguía viviendo día a día. Aunque le costaba correr debido a sus dificultades físicas, aquella tarde inmortalizó un recuerdo imborrable para quienes presenciamos el emotivo juego.

El comandante estuvo a punto de empatar la carrera con su amigo. A pesar de su condición física deteriorada, logró competir hasta el final. Su amigo, en mejor forma, ganó por muy poco, obteniendo así los veinte mil pesos de recompensa.

Mas tarde, el comandante entregó el dinero a su contrincante, abrazándolo afectuosamente mientras aún recuperaba el aliento. El Chapo felicitó al ganador entre risas, dando ánimos a su pistolero más importante, el comandante.

—"¡Hay que saber perder, mi comandante!", — le dijo Guzmán entre carcajadas. La visita abordó la avioneta estacionada en la pista y con la caída de la luz del sol emprendieron el vuelo de regreso.

De vuelta a la covacha, El Chapo me llevó a su camioneta. Mientras conducía de regreso, vi su rostro iluminado por una sonrisa. Aquella noche, cenaron juntos en la vieja casucha, recordando el juego y planeando su próxima salida al río.

—"Las mujeres ya tienen listo su atuendo para irnos a dar unos chapuzones", — bromeó el tío durante la cena. Sin conocer el futuro que nos deparaba, nos despedimos con un simple saludo. Aquella sería la última vez que nos veríamos entre las montañas del carrizo.

***

Las vísperas de Semana Santa no auguraban buenos presagios para el Chapo, su gente y todos los habitantes del pueblo. A pesar de la emoción por los días venideros para emprender el recorrido por los ríos de Remedios, algo inesperado había alterado los planes de todos.

—"¡Se dejaron venir los del ancla plebada! ¡Estén alerta y vean por dónde agarran!", — se escucharon resonar voces por los radios una mañana muy temprana, alertando sobre la presencia del gobierno que se avecinaba cuando apenas asomaba el sol entre los riscos.

Una oleada de fuerzas especiales y la Armada de México irrumpieron en escena, convirtiendo los días santos en una pesadilla. El operativo tenía un solo objetivo: el Carrizo de la Petaca. Sin lugar a duda, iban tras "El Chapo", siguiendo sus pasos desde hacía algún tiempo.

El contundente operativo se desplegó con gran celeridad, y para mí, fue una experiencia impactante e inédita, pues nunca había presenciado algo semejante en mis años de vida, hasta entonces. Desafortunadamente, me tocó vivir episodios de gran trascendencia en esa zona del Triángulo Dorado, que nunca se pueden olvidar.

Aquella mañana, "El Chapo" aún descansaba cuando fue interrumpido en su sueño por su secretario, quien lo puso al tanto de la situación. Gracias a la tecnología de la señal analógica, mantenida al 100% por sus expertos técnicos, pudieron conocer cada movimiento del gobierno y ponerse a salvo rápidamente. Así, lograron huir junto a su gente con rapidez y ventaja.

Mientras él y su equipo ascendían por las escarpadas montañas, en la covacha nos preparábamos para huir de la casa antes de que el batallón pisara las tierras que hasta entonces habían protegido a "El Chapo" Guzmán.

— ¿Por qué tenemos que huir nosotras también? pregunté a las muchachas, sintiendo el peso de una guerra que no era la mía y desconociendo la causa del conflicto aún.

A través de un radio en la cocina, pudimos escuchar parte del recorrido que llevaba Guzmán. "El Chapo" salió acompañado de una tercera parte de su personal, incluyendo a su servicio doméstico: La "Chaparra" y doña Blanca, dos de sus cocineras en la montaña, Cristian Rodríguez, un técnico colombiano especializado en software de internet y espionaje, Alex Cifuentes, el colombiano conocido como "Panchito" o "El Ahijado", "El Comandante", quien nunca faltaba junto a

Guzmán, su equipo de seguridad, y una de sus mujeres, La "Monita", quien se encontraba de visita y pasó desapercibida durante esos días.

Los habitantes afirmaban que la calma había reinado en aquel confortable lugar durante largos meses, por lo que les dolía que Joaquín se hubiera marchado dejando el caos en la comunidad. A pocas horas de que el Carrizo dejara de ser un sitio seguro, el temor ya se palpaba en el aire.

Los pobladores manifestaron miedo hacia la forma de actuar de las fuerzas públicas. El proceder de los uniformados durante décadas recorriendo la sierra no ha logrado buena reputación entre los habitantes hacia el gobierno. Esta falta de confianza es una de las razones por las que algunos pobladores han preferido convivir y proteger a prófugos como el Chapo y los suyos. Muchos incluso afirmaban que estos prófugos suelen estar a veces más tranquilos, no los golpean ni los torturan como lo hacía el ejército mexicano en dichos tiempos, según lo manifestaban algunos habitantes de la sierra que habían vivido malas experiencias.

Guzmán contó después que había escapado para proteger a la gente y su propia vida. "La Chaparra", que era el pilar de su hogar, tuvo miedo de quedarse sin trabajo y decidió seguir a la multitud aquel día, como los apóstoles siguieron a Cristo. Conoció a Guzmán cuando él llegó al pueblo después de huir también de las "canchitas", un sitio en Durango, donde el gobierno había desmantelado un gran laboratorio de cocaína, según los medios de comunicación.

La "Chaparra", Lily y yo conversamos mucho, y ella compartió su firme deseo de quedarse con "El Chapo". Dijo que su llegada al rancho había sido como una bendición para ella y su familia. Gracias al trabajo que tenía, podía ayudar a mantener su hogar y escapar de la pobreza extrema en la que vivían.

Doña Blanca, a quien conocí después de que El Chapo fuera a otro sitio, dijo que era de Durango. Había viajado con Guzmán desde Las Canchitas, recorriendo Las Trancas, Durango y otros sitios como el carrizo, todos estos datos salieron en nuestros recuerdos de las charlas.

Mientras tanto, en la covacha, nosotras empacamos nuestras cosas, tratando de encontrar un lugar seguro al que ir. Nos preocupaba qué hacer con la comida de la covacha.

—¿Qué vamos a hacer con todo esto? El gobierno va a venir y se llevará todo, — dijeron, temiendo que los soldados saquearan ese lugar antes que ningún otro. Sin saber qué más hacer, decidimos repartir la comida entre algunas familias del Carrizo. Llamamos a mujeres y niños y les dejamos tomar lo que pudieran llevar para sustentar las próximas semanas difíciles que se aproximaban.

Vi el desorden en la covacha. Algunas mujeres peleaban por las ollas y sartenes, mientras Lily y Lola distribuían las carnes. Los niños cargaban bandejas de agua, latas, harina y todo lo que podían llevar a sus hogares.

Pronto, hubo caos cerca de los generadores de energía. Un grupo de mujeres luchaba por ellos. En el Carrizo, no había luz eléctrica, los generadores eran esenciales. Algunas familias no podían permitirse comprarlos, por sus altos costos.

Las muchachas y yo tuvimos que intervenir para poner orden ante el caos que se estaba generando. Decidimos resguardar las plantas generadoras de luz en un lugar seguro hasta que "El Chapo" y su gente se reubicaran en una nueva localidad y pudieran enviar por ellas o regresar a recogerlas. La escena en la covacha era caótica, con la camioneta de Güero 90 estacionada afuera, abandonada a su suerte, pensábamos qué hacer para solucionar cada detalle.

— Lily, ¿qué pasará con la camioneta? — Le pregunté preocupada, al verla estacionada.

— "Oyes, pues este se fue y la dejó. Los militares seguramente la van a quemar cuando lleguen," — dijo Lily. Me acerqué a la camioneta y noté que la puerta estaba sin seguro, lo que me emocionó al instante. Ahora solo necesitaba averiguar cómo ponerla en marcha.

— Esta es la oportunidad para irme. Si logro echarla andar, podremos irnos a la casa, — pensé para mí misma. Le mencioné la idea a las demás, pero Lola era algo negativa o simplemente me daba la contraria, celosa y leal a Guzmán, obedecía las órdenes de resguardar el lugar y esperar su regreso. A pesar de ello, decidí desobedecer y probar suerte sin tomarle parecer.

— ¿Y las llaves? — preguntó Lily, quien sí mostraba interés en mi plan.

— No las necesito, puedo hacerlo, le aseguré, recordando lo que mi padre me había enseñado sobre mecánica muy básica en aquellos tiempos. Armada con herramientas, localicé el switch del volante de la camioneta y busqué las líneas de corriente, finalmente logrando encenderla después de varios intentos. Sin embargo, nuestros planes se vieron truncados rápidamente.

— ¡Rápido, vámonos! ¡Ya están bajando aquí los soldados! — gritaron. Era imposible salir sin ser detenidas, así que conduje la camioneta hasta la escuela del rancho intentando salvarla para más adelante. Al abandonarla junto a la pista, regresé al centro del pueblo con las muchachas, refugiándonos en la tienda de abarrotes del rancho.

Cuando el gobierno llegó a la comunidad, se dirigieron de inmediato a la covacha y comenzaron a saquear todo a su paso, tal como habían previsto las mujeres. Los soldados se enfocaron especialmente en la cocina de la gente de Guzmán. A pesar de los esfuerzos por ocultar algunas cosas, los uniformados no tardaron en encontrar la ubicación de la cocina. Luego, se dirigieron a la pista y a las casas del tío en lo alto de la montaña, mientras otros cateaban las casas según las anotaciones de sus informes.

Al no encontrar rastros de Guzmán, los uniformados comenzaron a intimidar a los habitantes, dejando destrucciones en el Carrizo.

El Carrizo se consumía en llamas. De la covacha apenas quedaban restos carbonizados, evidenciando la presencia reciente de "El Chapo" y su grupo a través de algunas prendas abandonadas. Los soldados, al saquear lo que consideraban útil, recogían camas, cobijas y prendas olvidadas para luego prenderles fuego en las afueras del portal de la casucha.

El desenlace de aquellos días de terror y violencia fue devastador para los habitantes. La camioneta, nuestra única esperanza de escape, fue reducida a cenizas por el convoy militar sin contemplaciones que llegó hasta ella. Tres helicópteros revoloteaban sobre el Carrizo, trayendo y llevando suministros para los soldados que sitiaban el lugar.

Durante cuatro largos días, presencié cómo peinaban cada rincón en busca de pistas que los llevaran a Joaquín y su gente. Mientras las llamas devoraban las montañas, consumiendo los refugios de "El Chapo". Los uniformados arrasaron con todo, llevándose lo que consideraban de más valor. Mujeres, niños y ancianos lloraban, sintiendo el abandono y el miedo ante la violencia del gobierno que se suponía debía protegerlos de cualquier peligro.

Las noches no trajeron alivio, sino más temor. Los soldados deambulaban por el pueblo, llevando y trayendo cosas de la covacha como si hubieran descubierto algo nuevo. Me sentía aterrada e impresionada, sin saber cómo enfrentar esa nueva complicación. Los uniformados capturaron a dos jóvenes y los sometieron a torturas extremas, cruzando líneas éticas inaceptables.

En aquel momento, éramos vulnerables, sin líderes que nos protegieran. Los hombres habían huido, dejándonos a merced de la brutalidad de los soldados. Amenazaron con quemar vivos a los jóvenes capturados, uno de ellos estudiante y el otro un campesino conocido como "el cholo", dedicado a los cultivos de marihuana.

La situación era desgarradora. María, indefensa en su hogar con sus hijos como testigos, era sometida a intimidaciones y abusos por parte de los soldados. Los niños, expuestos a una violencia incomprensible, presenciaban el sufrimiento de su madre. Los soldados, desesperados por obtener información, recurrieron a la violencia extrema también con ella. María negaba cualquier complicidad, pero los militares persistían en su acusación. Intentaron fabricar pruebas incriminatorias, arrojando un chaleco táctico en el techo de su casa.

Desde nuestro escondite, éramos testigos silenciosos de la injusticia. Sentíamos impotencia al no poder detener el abuso que sufría María y su familia. Cuando el capitán la sometió con rudeza, "Chayo" se armó de valor y salió en su defensa, señalando al soldado culpable de sembrar aquel chaleco en el techo de la casa de María.

—" ¡Oigan, son muy valientes con mujeres solas!" — Les gritó con indignación.

—"No se meta, señora, o no la llevamos también", — amenazaron al responder a Chayo.

—"Te vi cuando lo pusiste. Lo tomaste de tu carro y lo echaste al techo. Desde ahí te estoy viendo", -- señaló con firmeza Chayo, mostrando su apoyo a la familia. Los llantos de los niños y las discusiones de las mujeres resonaban por toda la comunidad. Más mujeres se sumaron al rescate de María, gracias a Chayo, y arremetiendo contra el absoluto abuso de los elementos.

—"Eso que están haciendo es ilegal. Los vamos a reportar a derechos humanos. ¡Ahora mismo vamos a llamar a las autoridades!" — gritaba la gente asustada.

Los hombres de uniforme se defendieron argumentando que las mujeres estaban encubriendo a delincuentes, justificando así sus acciones. Aunque es cierto que en la comunidad se había refugiado "El Chapo" y su gente, y algunos estaban al tanto de su presencia, no todos los habitantes fueron consultados sobre su llegada. El dinero y el poder rara vez piden permiso, imponiendo su presencia sin preguntar. Con figuras como esa, las opciones son limitadas: te alineas o enfrentas consecuencias graves. Para los padres de familia, la prioridad es la seguridad de sus hijos, prefiriendo evitar conflictos con esa clase de gente.

De esa forma, "El Chapo" se dio cuenta de que volver al carrizo, no era una opción viable. Decidieron dirigirse hacia el rancho El Molino. Lola, quien sostenía contacto con ellos, nos explicó que las cuatrimotos en las que habían huido se habían quedado abandonadas en una brecha al final del camino que habían recorrido. Al no poder continuar en ellas, Guzmán y su gente decidieron escalar las montañas a pie, mientras que otros utilizaron bestias para llegar al rancho vecino.

—"Ya estamos bajando hacia El Molino. Le dejamos las llaves a un muchacho en el camino para ver si las pueden recoger", — le indicaron a Lola por el pequeño radio. Sin embargo, el joven enviado para entregar las llaves no pudo ingresar al Carrizo debido al resguardo de los elementos. A pesar de no estar acostumbrada a manejar tanta adrenalina, mi instinto de supervivencia me impulsaba a seguir adelante y pensar en nuevas opciones.

Por la tarde, cuando el sol ya se había ocultado, nos dimos cuenta de que el doctor del pueblo aún estaba refugiado en el dispensario. No había tenido tiempo de escapar del rancho y se había escondido en algún rincón de su consultorio. Los soldados forzaron la puerta y lo encontraron. No respetaron su condición de médico y su bata blanca se tiñó de rojo y, también su licencia médica fue pisoteada. Lo sometieron a una dolorosa tortura, y sus gritos angustiantes resonaban en toda la comunidad.

Planeábamos ir en su auxilio, pero el miedo nos detuvo al ver a los soldados tan armados. Solo podíamos rezar para que no lo mataran y le tuvieran piedad. Las horas pasaban y los gritos del médico continuaban, llenándonos de rabia e impotencia por no poder hacer nada por ayudarlo.

Ya la luna llena brillaba en el cielo mientras nosotras, sin poder dormir, mirábamos a través de las rendijas. Los soldados transitaban por el rancho, yendo y viniendo entre la casa de salud, la covacha y la pista.

A la mañana siguiente, los soldados ya habían abandonado el dispensario, así que salimos en busca del doctor. Lo encontramos tendido en la camilla, con golpes y heridas en el rostro, pero afortunadamente aún con vida.

Habían pasado casi cinco días desde la llegada de los soldados y los abusos contra la población. Los helicópteros seguían volando sobre el lugar, impidiendo cualquier intento de salir del rancho. Entonces, propuse un plan:

—¿Por qué no intentamos ir por las motos? No necesitamos las llaves, solo debemos asegurarnos de que los soldados no estén cerca de donde se encuentran. -- Con esa idea en mente, fuimos a visitar a Chayo para contarle y convencerla de unirse a nosotras.

—¿Sabes cómo hacerlo? me preguntó. No estoy segura, pero lo intentaré, como con la camioneta. — les respondí.

Llevamos herramientas y linternas para subir al cerro sin ser vistos por los soldados. También invitamos a "el Cholo", uno de los jóvenes torturados, para que nos acompañara y nos diera fuerza adicional. Cuantos más fuéramos, mejor.

—"Este es el plan: subiremos al amanecer para buscar las cuatrimotos donde nos dijeron que las dejaron," — les explicamos a los muchachos. Con la bendición de Dios, dejé a mi hijo al cuidado de la señora del abarrote.

—"Hay Mijas. Que Dios las acompañe. Espero que tengan suerte y puedan irse. Yo cuidaré de tu niño, — nos dijo la bondadosa mujer.

Era ya de madrugada cuando salimos camino arriba hacia las montañas. Nos aventuramos por entre los montes cuando los guardias estaban descansando. Con el rancho despejado, escalamos rápidamente. Considerábamos que era una decisión justa y necesaria. Estábamos convencidas de que sin un medio de transporte como las cuatrimotos, sería imposible escapar del rancho. A pie no llegaríamos muy lejos y la pista estaba controlada por el ejército, no había posibilidad de pedir ayuda.

Mi mayor preocupación era mi hijo, ya que los soldados habían confiscado todos los medicamentos del dispensario. Con los pensamientos más que nada en él, avanzábamos pisando la paja seca bajo los altos pinos frondosos de las montañas del Carrizo. Minutos más tarde, llegamos al sitio indicado mientras la luz del amanecer comenzaba a iluminar la mañana.

—"¡Están aquí, nadie las ha encontrado aún!", — susurramos. Los cuatrimotos estaban ocultos entre los matorrales, pero luego escuchamos ruidos extraños: pisadas que nos alertaron de la presencia de alguien. A lo lejos, vimos a dos mujeres caminando en nuestra dirección. Era una joven acompañada de su madre, aparentemente con la intención de apropiarse de algunos de los bienes.

¿Quién las había informado? Nunca lo supimos, pero no creí en las coincidencias, alguien de nuestro grupo había compartido nuestros planes.

La joven entró en discusiones con nosotras alegando tener derechos sobre aquellos bienes por algunas "noches de placer" que había entregado a "el Chapo", así lo manifestó. Increíble lo que divulgaba aquella mujer. Mi imaginación volaba alto con solo una palabra. Ignorando a las dos mujeres, continuamos nuestro plan, haciendo las maniobras necesarias para poner en marcha las cuatrimotos.

Para evitar que los soldados escucharan el sonido de los motores, debíamos apagarlos, evitando el eco ruidoso que llegaba hasta el campamento. A ratos, empujamos las cuatrimotos hasta llevarlas al rancho. Sin esperar a que algo pudiera salir mal. En cuanto llegué hasta la tienda de abarrotes, tomé a mi hijo y nuestras pertenencias, me despedí de la buena mujer que nos brindó refugio y conduje fuera del Carrizo.

No obstante, al llegar a una cumbre de alta pendiente, me detuve. El miedo de conducir por aquella empinadura con mi hijo a bordo me paralizaba. Era la primera vez que conducía por caminos alejados del suelo y a bordo de una cuatrimoto. Con el corazón a punto de salirse del pecho, bajé al niño y traté de explicarle el plan a seguir. En aquel entonces él solo tenía tres años, pero estaba segura de que podía entenderme claramente.

—"Mi amor, presta atención", — le dije.

—"Te voy a dejar aquí, cuando mamá llegue allá, te vas de poco a poquito hasta que llegues a los brazos de mami. "Te esperaré abajo, ¿entendido?" — le indiqué a Rubencito.

Aquella acción me confrontó con mi inexperiencia al volante de esos vehículos, pero entendía la importancia de manejar con cuidado, consciente de su fragilidad y del riesgo de derrapar en los caminos sinuosos que se abrían ante nosotros. Si algo salía mal y terminaba en el fondo del barranco, al menos confiaba en que las muchachas podrían encontrar a mi hijo y ponerlo a salvo. Por esos senderos, muchas historias han quedado grabadas y muchas vidas se perdieron debido a las malas condiciones de los caminos.

— "¡Papi, ven rápido!"—le grité al niño, aliviada al ver que había llegado a tierra firme. Bajé apresuradamente y corrí hacia él, llena de alegría.

—"Ahora sí, agárrate fuerte", — le dije mientras continuábamos nuestro escape. Muy pronto, las muchachas se asomaron por las pendientes y nos reunimos abajo, sin detenernos hasta llegar a Queniba, un pequeño poblado a pocos minutos de Remedios.

De repente, el estruendo de los helicópteros resonó en el aire, indicando que se habían levantado del Carrizo y estaban sobrevolando la zona. Las fuerzas especiales y la Armada de México habían detectado movimientos y se alertaron al escuchar el sonido de las cuatrimotos alejándose de la comunidad.

En Queniba, esperamos a que el rastro en el aire desapareciera antes de reanudar nuestro viaje. Minutos más tarde nos dirigimos hacia el pueblo de Remedios, con la intención de no parar hasta Cosalá, según nuestros planes. Me sentía aliviada y ansiosa por llegar a nuestro destino. Por los caminos que cruzamos, los halcones permanecen aún activos.

Al cruzar el pueblo de Remedios seguimos sin escala, rumbo a la salida del camino que conducía al pueblo a Cosalá. Pero durante la continuidad de nuestro trayecto nos salió al camino un grupo de hombres armados y encapuchados, civiles comunes, que brincaron de entre los matorrales impidiéndonos seguir adelante. Uno de ellos parecía ser el líder del grupo y se dirigió a nosotras indicando que tenía órdenes precisas para retenernos.

Aquellos venían con órdenes de "El Chapo" y debíamos esperar a sus nuevas instrucciones. Con mi cara desencajada, se me acumulaban muchas malas emociones. Uno de ellos tomó su radio y comunicó nuestra detención.

— "Vámonos a la bodega", -- dijo indicando a sus demás hombres, y dijo que iríamos con ellos. Les pedí de favor dejarnos seguir nuestro camino, explicándoles de mil formas que yo no era parte de la gente de su jefe. Pero se negaban a escucharme. Enseguida nos guiaron hasta una bodega, la cual estaba ubicada a las afueras del pueblo. En la bodega había más hombres, y entre ellos, estaba Güero 90. Era como una aparición por todos lados, siempre obedeciendo las órdenes que venían de arriba.

— "¿Para dónde iban tan a la carrera?", — nos preguntó al vernos entrar a la bodega.

— "Pues si pensamos que ya no iban a volver e íbamos para Culiacán", — les explicaron las muchachas. Entre risas, bromas y plática, explicaban cómo logramos salir del Carrizo. El líder de los hombres detalló todo a "El Chapo" a través del radio, de forma habitual. Entonces, "el tío" tuvo la magnífica idea de sacar provecho de nuestra hazaña. Ordenó a sus hombres que nos devolvieran al Carrizo y recuperaran el resto de sus cuatrimotos. Dijo que era una buena oportunidad para no perder bienes materiales, como solía hacer la mayoría del tiempo. En el Carrizo aún quedaban abandonadas cuatro de sus vehículos.

— "Vale la pena el riesgo", — dijo Guzmán. Las chicas, sin saber que cometían un error al revelar datos que nos pusieron en peligro.

— "No hay razón para volver allá", — les expresé, segura de nuestra seguridad una vez fuera del Carrizo. Estaba decidida a llegar a Remedios y encontrar una ruta hacia Cosalá.

—"Esperemos las instrucciones del jefe", — sugirió "Güero 90". Del otro lado del micrófono, Guzmán preguntó por "la Güera", refiriéndose a mí. Los detalles de la audaz fuga se transmitieron a "El Chapo" y parecía sentirse orgulloso de nuestro éxito, agradeciendo como si nuestro acto hubiera sido en su honor.

—"Parece que la mente detrás de esta astucia fue la Güera, — bromeaba Guzmán, reconociendo mi papel en el plan de escape. Interrumpiendo la charla, "Güero 90" consultó a su superior sobre mi petición de irme a casa.

—"¿Qué le digo a La Güera?", — le preguntó a "El Chapo". La respuesta fue tajante: debíamos regresar al Carrizo para recuperar el resto de las cuatrimotos.

—"¡No!", exclamé, sintiendo un nudo en la garganta. No podía volver, no podía poner en peligro de nuevo a mi hijo. Mi determinación se reflejaba en mis palabras, y "Güero 90" trasladó mi negativa a "El Chapo". Desde luego, mi respuesta no fue la que él esperaba: "La Güera" no podía irse, pero el niño podía regresar al Carrizo, si captaba la orden. Esa fue la condición de Guzmán en su última palabra. "El Chapo" pidió a su gente que ordenara un vuelo privado desde Cosalá para llevarlo a salvo. La impotencia me sobrepasaba ante la dura realidad de la situación.

— ¿Entiendes? -- me preguntó "Güero 90", pasándome un teléfono satelital para que pudiera llamar a mi familia. Llamé a mi ama, contándole solo lo necesario y despidiéndome de ella, le indiqué recoger al niño en la pista de Cosalá y cuidar bien de él.

Más tarde, se escuchó el zumbido de la avioneta en el aire, que lo llevaría a su destino, se me confirmó que el vuelo estaba listo, que debía despedirme de mi hijo, sin saber cuándo lo volvería a ver. Un par de desconocidos fueron contratados para acompañar al niño. Desde entonces "El Chapo" había decidido mi destino.

***

Después de despedirme de él, Guzmán rectificó nuestro regreso al Carrizo para cumplir con sus instrucciones. Sin más preámbulos, me integré al grupo de personas, obedeciendo y siguiendo todas las órdenes desde entonces. Me encontraba nuevamente arrastrada por la corriente de la vida, sin comprender hacia dónde me dirigía esa nueva etapa. "El Chapo", se aprovechó de la situación y de su astucia para sobrevivir. A su paso corrompió mentes y corazones, convirtiéndolos en leales seguidores mediante el poder del dinero y la intimidación.

El miedo y mi propia cobardía me envolvieron, siendo su manipulación el arma más poderosa. Desde aquel día, me sometió, doblegando mi voluntad con una de mis mayores debilidades, a las que una madre no puede apelar. Sin embargo, no pudo cambiar mi rechazo hacia él como hombre; ese sentimiento permanecía intacto y se fortalecía con la impotencia que me consumía. No podía perdonarle que me separara de lo más preciado. Fue el dolor más profundo que me infligió.

A pesar de todos esos sentimientos anclados en mi alma, me convertí en algo que no deseaba ser. Obligada por las circunstancias lo seguí en su camino.

Ese día, llena de coraje me sequé las lágrimas y continué adelante. Subí a una cuatrimoto junto a los demás, cumpliendo con la tarea encomendada y fui de regreso al Carrizo. Al llegar arriba sin contratiempos, tomamos las cuatrimotos. El ejército no imaginaba nuestro regreso y se había desplazado por los cerros en busca de los sembradíos de marihuana para destruir la planta. La hora perfecta coincidió a nuestro favor, permitiéndonos realizar el trabajo esa tarde.

Durante nuestro trayecto de regreso a Remedios, el helicóptero nos persiguió hasta el rancho vecino, donde logramos evadirlo nuevamente. Al llegar al pueblo, la plaza estaba infestada de soldados, supusimos que esperaban nuestro regreso, notificados por las fuerzas establecidas en el Carrizo de la Petaca. Con la ayuda de los hombres de Joaquín, exploramos diferentes rutas para evadir a los uniformados.

Nos dirigimos a la misma bodega donde nos habíamos mantenido ocultas hasta encontrarnos con los hombres de Guzmán, a quienes se suponía entregaríamos los vehículos para deslindar responsabilidades. Según mi entendimiento, ese había sido el acuerdo y la condición para permitirme regresar a casa. Las muchachas, por su parte, no tenían otro plan más que seguir a Guzmán y su grupo a donde fuera.

La tarde estaba llegando a su fin y los hombres a quienes esperábamos se retrasaron más de lo acordado.

Resulta que los secretarios del Chapo habían enviado instrucciones de esperar a dos pasajeros que llegaban desde Culiacán en un vuelo privado, con punto de encuentro en Remedios. Sin saberlo, los planes ya habían cambiado, las instrucciones de Joaquín ya eran otras a nuestro regreso.

"El Bey y el Virolo", expertos en comunicaciones, tenían como destino el rancho San Juan, el nuevo refugio de Guzmán.

Habían volado desde Culiacán en una avioneta comercial y esperaban en la pista. Nos informaron que las nuevas órdenes eran viajar con ellos hasta el refugio, según lo solicitado por el señor. Sin alternativas, emprendimos el camino por la otra cara de la sierra. Después de horas de viaje, hicimos una parada en un pequeño rancho llamado El Durazno. A punto de caer la noche llegamos a ese lugar.

En sus radios, los técnicos recibieron instrucciones de detenerse y esperar por cualquier movimiento extraño en los alrededores de la zona donde se encontraba El Chapo y su gente.

A medida que me sumergí en el mundo del narcotráfico y la influencia de Guzmán, me vi obligada a enfrentar desafíos que nunca imaginé. Cada paso que di, cada decisión que tomé me llevó por un camino más oscuro y peligroso del cual me costaba salir después. Al final, me encontré en una encrucijada, atrapada entre la lealtad a El Chapo y mis propios principios. Mis acciones, aunque motivadas por la supervivencia, pesaban en mi conciencia y me hacían cuestionarme quién era realmente desde entonces.

A pesar de todo, mantuve la esperanza de encontrar una salida, de recuperar el control sobre mi vida y mi destino. Mi futuro seguía siendo incierto.

No comprendía en qué momento me había metido en aquel mundo de Joaquín Guzmán Loera, lo cierto es que nuestro encuentro en el carrizo había sido planeado, testigos y las confesiones de Joaquín me lo confirmaron...

## 4
# El comienzo de una Extraña Relación

Han sido días muy intensos, llenos de emociones fuertes y un cansancio extremo. Estábamos agotados y necesitábamos descansar y alimentarnos. Al llegar al Durazno, nos encontramos con "El Nano", un joven de la región. Él nos ofreció amablemente cenar y hospedarnos en casa de sus abuelos, donde descansamos hasta el amanecer. Esperábamos recibir órdenes de Guzmán y su grupo al día siguiente.

Hasta ese momento, sabía muy poco sobre Guzmán, aún desconocía su impresionante historial criminal.

En la mañana siguiente, "El Nano" nos guio hasta el punto de encuentro. Nos detuvimos brevemente antes de que nos permitieran ingresar al lugar. El Chapo se aseguraba de que nadie nos siguiera hasta su nuevo refugio. Después de confirmar que estábamos libres de persecución, "El Nano" recibió luz verde.

Bajó de su cuatrimoto y abrió una puerta oculta entre la maleza, justo frente a nosotros. Esta entrada estaba protegida por un par de trancas que evitaban el derrumbe de las ramas.

El camino hacia el refugio era estrecho y angosto. San Juan era un lugar desolado, nada acogedor, pero parecía muy seguro. Al ingresar, contemplamos un paisaje sumergido entre cerros, un rancho fantasma que albergaba las tumbas de sus antiguos habitantes con años incontables de antigüedad.

Las viviendas que aún se mantenían en pie estaban abandonadas y en ruinas. "El Nano" conocía bien el lugar y sus rincones, y se integró al grupo de Guzmán como uno más de su gente. Su familia y él habían sido originarios de San Juan durante su infancia, pero años más tarde, las Gavillas del "Gato" los desplazaron. "El Gato" se dice, era un secuestrador, extorsionador y despojador de bienes en la sierra de Durango y Sinaloa.

A su paso, despojó a la familia del "Nano" de su hogar, sus tierras y el poco ganado que habían acumulado con el tiempo. El rancho San Juan es una de las muchas comunidades olvidadas y desatendidas por el gobierno y sus recursos.

Descendimos por las estrechas brechas hasta llegar a la nueva "covacha", en un clima árido y con gran escasez de agua. Me encontré con nuevas caras, demasiada gente para un lugar tan pequeño. Había más de 40 hombres, todos uniformados y bien equipados, impresionante.

En la cocina, laboraban varias mujeres; algunas habían viajado con Guzmán desde El Carrizo, mientras que otras habían llegado desde Culiacán para seguir atendiendo a El Chapo en esta peligrosa sierra.

Muchos de los pistoleros de esos días habían sido enviados por "El Bravo", y el licenciado Damaso, para dar protección a su compadre Chapo. El Bravo era uno de los mejores lugartenientes con los que contaban en aquella época. Estos detalles los descubrí con el paso de los años, tras desfilar por el Cártel de Sinaloa. Mi desconcierto era notable.

Después de descender de la cuatrimoto junto con las muchachas. "El Chapo" apareció desde el portal de la pequeña casa, similar a la covacha en El Carrizo.

—"Quiero felicitarlas. Merecen mi respeto por lo que hicieron. En toda mi vida, nunca había recuperado algo desde que soy," — comenzó diciendo Guzmán. Luego, el comandante respaldaba las versiones del "Tío".

—"Reinita, eres valiente. Se dice que fuiste la de la idea, pero a todas las vamos a gratificar", — dijo el comandante, sabía que bromeaba, enseguida saco de su maletín fajos de billetes, que entregó a cada una. También el viejito nos ofreció pedir lo que quisiéramos.

—"Con que me deje ir a mi casa, me doy por bien servida", — le pedí, a cambio del favor entregado.

—"Mire, usted, aquí puede pedir lo que quiera, pero no le pida nomás eso al hombre. Puede enojarse. Pórtese bien, no le cuesta nada", — me susurró el comandante. Me di cuenta de que mi regreso a casa no sería tan pronto como se había acordado.

Desconcertada, guardé silencio al escucharlo, pues el viejito no era mentiroso. Casi enseguida, "El Chapo" se acercó a mí, sacándome de mi asombro.

—"Hola, hola, buenas tardes", — saludó nuevamente Joaquín, con su mirada característica y una sonrisa imborrable en su rostro. Extendió su mano hacia mí; le negué el saludo, mostrando claramente mi enfado. Cuando me di cuenta de cómo me veía, me excusé por mi falta de respeto, haciéndole saber que no podía saludarlo porque estaba sucia y necesitaba asearme primero. Él lucía impecable, como la mayoría del tiempo. La escasez de agua en el lugar era mucha, y no habíamos podido ni lavarnos las manos.

—"Estoy muy contento, tanto que hasta le voy a conseguir una cubeta de agua para que se tumbe ese polvo, y me salude como se debe", —me dijo, en tono bromista y soltó un par de carcajadas. Apenada, bajé la mirada para evitarlo y contener lo que pensaba sobre él.

Enseguida, El Chapo ordenó a uno de sus hombres que consiguiera cubetas de agua para nuestro aseo personal.

—"Me imagino que está cansada y por eso no quiere hablarme. Mañana veremos," — dijo, tras mi seriedad. Yo solo deseaba estar a solas y llorar para desahogarme un poquito; era algo que no había podido hacer en algún largo tiempo.

—"El comandante y yo vamos a celebrar, ¿verdad, mi comandante? Ya se acerca mi cumpleaños, hay que traernos los músicos y hacer el baile," —le gritó felizmente El Chapo al viejito, mientras don Juan lo ignoraba.

Enseguida, Joaquín les pidió a las mujeres de la cocina ofrecernos cena, cobijas y unas casas de campaña que serían nuestro hogar en ese lugar. Junto a las muchachas, elegimos nuestra mejor ubicación caminando sobre una pendiente, a unos doscientos metros de la nueva covacha. Escogimos el mejor sitio; este sería el campamento de Lily, Lola y el mío, al que días más tarde se sumaría "La Chaparra".

*** 

Desde aquellos días, mi descanso lo pasaba en una diminuta casa de campo con capacidad para dos personas. La adapté bajo la sombra de los pinos, desde donde contemplaba la luna llena de algunas noches. Me alegraba por las mañanas, con el canto de las aves y el aleteo de estas que revoloteaban en los estróbilos de los pinos; era una experiencia genial.

Del otro lado, frente a la covacha, entre las llanuras, estaba el campamento de Martita, doña Blanca y doña Chala, suegra del Chapo, a las que luego se sumó también "La Chayo". Este campamento estaba compuesto también por algunos hombres, como los técnicos, secretarios y encargados de grupos.

Como soldados novatos, "El Chino", uno de los líderes del grupo, nos daba instrucciones claras cada mañana.

—"Plebes, todos los días tenemos que montar y desmontar las casas. Pueden desinflarse y dejarlas caer al suelo. Recuerden cubrirlas con la paja y asegurarse que no se vean desde el aire", — decía a las muchachas y a mí, mientras intentaba mantener el orden en el lugar. El Chapo y su gente apenas estaban recuperándose, por lo que el orden aún estaba por llegar.

San Juan todavía no estaba completamente habitable. Faltaban servicios como internet, para lo cual se necesitaba a los técnicos, recién llegados. Los hombres intentaban extraer agua de las llanuras después de encontrar señales bajo los arbustos. También, un grupo de hombres estaba trabajando en la pista con picos y palas para rehabilitar lo antes posible y permitir que el avión aterrizara en ese valle oculto y clandestino, y abastecer los alimentos.

La "covacha", así como la cabaña del Chapo y la casa del comandante, habían sido construidas previamente por un hombre conocido como "El Pantera" y su equipo de carpinteros, albañiles y peones. Aunque la cocina era similar a la covacha, todo era mucho más pequeño.

San Juan tenía dos tipos de vegetación: de un lado la sierra y del otro, las llanuras.

Las cocineras que habían llegado primero se sintieron invadidas y celosas con nuestra llegada y algunas mostraron su descontento.

En San Juan viví experiencias no tan agradables. Tenía solo veinte años cuando conocí a Joaquín Guzmán Loera, en El Carrizo. Sus sentimientos obsesivos seguían creciendo de manera clandestina, mientras sentía cada vez más mi rechazo. Haber decidido sobre mi hijo había marcado una gran barrera entre nosotros dos.

Su interés por mí no era como el de una empleada cualquiera. Tampoco era la más eficiente dentro de su círculo más cercano. Siempre me miraba como mujer, algo que no podía conseguir por voluntad. Sin embargo, El Chapo podría tener a la mujer que quisiera, cuando quisiera, y sin tanto esfuerzo de su parte. Tal vez pocas lo habían rechazado en su vida, y eso le otorgaba importancia a su interés.

En ese sitio, algunas estaban enamoradas, esperando incluso que Guzmán les ofreciera una sola noche y una buena posición. Como mencioné antes, ser parte de la colección de sus mujeres no estaba en mis planes, y eso alimentaba su ego y, desde luego, me preocupaba.

El recelo de las mujeres de la cocina dio lugar a ofensas y me llamaron "la mosca muerta" por no corresponder a las intenciones de Joaquín, su jefe, a quien idolatraban.

Como muchas mujeres, pienso distinto; fui juzgada y criticada por mi forma de ser. Cada una reconoce sus heridas. Sin ser amiga de nadie en aquel lugar, me daban igual las críticas. Había conocido lo suficiente sobre lo mala que podía ser la gente. También sabía para entonces que los encuentros entre Joaquín y yo no habían sido casualidad; los había planeado de muchas formas y con ayuda de hombres de su confianza.

***

El 4 de abril de 2010, ya se acercaba y el Tío estaba ansioso por celebrar su 53 aniversario, un día muy especial para él, según manifestó. A pesar de los días difíciles que había marcado el operativo en El Carrizo, estaba decidido a celebrarlo y pasarla bien para liberar su fatídico estrés, que claramente lo agobiaba.

—"¡Mi comandante! Vamos a hacer un gran baile. Quiero que los músicos toquen mañana" —expresó El Chapo nuevamente. La llegada de aviones aún no era posible sin la pista habilitada.

—"No no... cálmate. Deja de hacer tanto ruido. No busques problemas. Organicemos una cena aquí, solo con las mujeres. Invitemos a las muchachas del Durazno y organicemos un bailecito sin músicos. No puedes traer eso ahorita. Es mejor que te la lleves calmado y te quedes tranquilo, o nos meterás en problemas a todos" — lo reprendió el comandante.

El viejito no quería llamar la atención del gobierno y temía despertar sospechas sobre nuestra nueva ubicación, explicó, y tenía razón. La tarde siguiente se organizó el pequeño baile sugerido por el comandante. Era algo sencillo en comparación a lo que estaba acostumbrado Guzmán en cada cumpleaños. Pero era un día que no podía pasar desapercibido, así que tenía que celebrarlo a como fuera. Aquella tarde, sus cocineras le prepararon un banquete: barbacoa, frijoles y sopa. El Tío comenzó a beber desde temprano. Para cuando llegó el baile, por la noche ya estaba bastante ebrio. A pesar de las carencias en que se celebró, Guzmán se mostró contento y disfrutó cada minuto de la noche con su gente. Todo parecía estar en paz hasta entonces.

Después de unas horas, llegaban los invitados especiales, un par de jovencitas provenientes del rancho vecino. Eran el regalo de cumpleaños para Guzmán. Se abrió el baile y El Chapo invitó a una de las chicas al centro del portal. Lo observé desde el interior de la bodega donde se almacenaban los alimentos. El Chapo miraba a todos lados mientras bailaba con ella.

—"¿Dónde está La Güera?" —preguntó en voz alta.

Le indicaron que me encontraba dentro de la bodega y me puse ansiosa, sin encontrar dónde esconderme. Se acercó cada vez más, hasta el interior del almacén, y me tomó del brazo, como era su costumbre. Me arrastró hasta el portal, a pesar de que le dije que no deseaba bailar. Pensé en complacerlo un par de piezas, una vez estando en el centro de la pista.

La música sonaba desde un viejo modular, puesto encima del pretil de adobes. Observando a mi alrededor, noté caras disgustadas que me incomodaban. Por suerte, para entonces doña Chala se había marchado del rancho, y nunca más regresó como cocinera del grupo.

Joaquín no paraba de beber y tropezaba en sus pasos debido al efecto del alcohol. Más tarde, su comportamiento y la extraña manera en que me abrazaba y me estrechaba junto a él, me tenía avergonzada. Mientras tanto, doña Blanca y su grupo no dejaban de observarnos, riendo ante la forma en que Guzmán pretendía conquistarme. Una sensación de acoso me invadió y no pude soportarlo más.

—"Yo no soy risión de nadie", — le espeté, y lo abandoné a mitad de la pieza que bailábamos, en medio del portal de la "covacha". El "Chanate" y otro de sus hombres lo sentaron en una silla junto a la mesa al ver su estado alcoholizado; tomé mi lámpara y me fui a prisa con rumbo a la montaña. Minutos más tarde, la música dejó de sonar.

Era de madrugada, exactamente la hora en que el diablo hace de las suyas. Para entonces, me había reencontrado con Nito y se había instalado junto a nuestro campamento; éramos vecinos. Aquella madrugada en particular, noté algo extraño: su casa no se encontraba bajo la maleza, y tampoco había aparecido en todo el día.

—"¿A dónde iría este? ¡No lo vi en todo el día!" —pensé. El campamento estaba completamente solo, las muchachas aún no regresaban de la convivencia. Me sentí intranquila, tenía la sensación de que algo no andaba bien. Atemorizada, levanté mi casa en medio de la madrugada; sentía ojos que me observaban de todos lados. La luz de la luna se encontraba en su máximo esplendor esa madrugada, lo recuerdo bien, al igual que todas las sensaciones que erizaban mi piel en aquellos tiempos.

A lo lejos, escuché a alguien aproximarse. El sonido de las hojas secas crujía bajo sus pasos cuidadosos. Busqué con la linterna en mano, pero no vi nada. Las muchachas tardaban mucho en llegar a su lugar de descanso. Impulsada por mi intuición, salí en busca de sus casas. Revisé sus lugares habituales, pero aún estaban ocultas bajo la paja.

Decidí regresar a mi lugar, pensando que no tardarían en volver. Las pisadas se escuchaban cada vez más cerca.

—"Al fin vienen de regreso" —pensé, y me tranquilicé. Me senté en la entrada de mi casa, lista para entrar en ella.

—"¡Auxilio!", grité de repente. Alguien me derribó en medio de la oscuridad. Luché para zafarme de quien intentaba inmovilizarme y corrí, pero me alcanzó a pocos pasos de la casa de campaña. Sentí cómo jalaban mi largo cabello y me tapaban la boca.

—"Cálmate, soy 'Chanate', deja de gritar" —susurró mientras me sostenía. Era el pistolero de "El Chapo", a cargo de su seguridad esa madrugada. Me pidió que mantuviera la calma como condición para soltarme, pero me resistí cuando intentó llevarme al interior de la casa por la fuerza.

—"El señor quiere que lo cuides esta noche" — me dijo al no querer entrar por mi voluntad.

—"Ese no es mi trabajo" — Le hice saber. Dentro de la casa, esperaba el Tío, con su habitual calma, mientras su hombre intentaba resolver la situación conmigo. "Chanate" estaba armado esa madrugada.

—"Entra a la casa" —me ordenó nuevamente, casi amenazando con su arma mientras me sostenía, para que no fuera en una dirección distinta. Aun así, me resistí a cumplir sus órdenes. Me amenazó con dejarme amarrada al tallo del pino más cercano en medio de la noche fría.

Intenté correr nuevamente cuando me alcanzó y me llevó hasta la entrada de la casa, y sin piedad me aventó con toda fuerza al interior, donde caí encima de Guzmán. Él se encontraba bajo el regazo de mis cobijas y sin ningún remordimiento que lo perturbara, se quedó inmóvil.

Temblorosa, me levanté y me atrincheré en un pequeño espacio de la casa. Por un momento, pensé que se había quedado dormido con las copas que llevaba encima. Conteniendo mis sollozos desde la esquina, trataba de aliviar las dolencias de la caída provocada con alevosía por Chanate.

De pronto, vi que el Tío se sentó frente a mí, saliendo del lecho de las cobijas.

—"Mosura", venga, se me va a resfriar" —me dijo, intentando sostenerme del brazo y llevarme junto a él. Yo no quise cooperar y ese fue un error, según muchos.

—"Venga, amorcito, con su rey. Está fuerte el frío" —lo escuché nuevamente y le pedí, enfurecida, que me dejara tranquila, permaneciendo aún en mi esquina. Él no toleró más mis desplantes y, repentinamente, comenzó a lastimarme y me tomaba como mujer, por primera vez. Aunque intenté detenerlo, mis fuerzas no fueron suficientes. "Chanate" guardaba afuera, escuchando todo lo que sucedió aquella madrugada, y metros más abajo se encontraba un anillo de seguridad que resguardaba el lugar a sabiendas de que El Chapo estaba en mi casa. Después de tanto desvelo, y a punto de quedarme dormida el sol iluminó mi rostro con el amanecer. Me senté y vi que aparentemente Joaquín aún dormía. Intenté salir de la casa.

—"¿A dónde va usted, mi Reina?", — le escuché decir, y me detuve justo antes de salir. Mientras le expliqué, con dificultades para articular las palabras, que necesitaba usar el baño.

— "No... Si se va, no va a volver", — dijo, tratando de retenerme en el interior, y no me dejó salir. Para ese momento, "Chanate" se había retirado. Así que soporté hasta que se volvió a quedar dormido; minutos más tarde, logré salir y dejarlo solo. Poco a poco abrí el cierre de la casa y miré a todos lados, deseando que todos estuvieran dormidos. No quería que nadie me viera.

Al verme libre, corrí colina abajo hasta llegar a "la covacha" por la parte de atrás de la casa y tomé mi maleta, pensando en huir. Sin embargo, el lugar seguía sitiado por los hombres de Guzmán, mientras él dormía. Por lógica, no regresaría de nuevo a su lado aquella mañana.

Cuando salí de la bodega con mi maleta, me encontré a "Chanate", que salía de la cocina con su taza de café. Me miró y soltó la taza rápidamente en la mesa para salir corriendo a ver a "El Chapo" y asegurarse de que estuviera bien. Él aún dormía, sin temor ni pena alguna.

—"Yo ya no era una señorita", — criticarán muchos, pero eso no me hacía menos valiosa, y sentir vergüenza es algo muy normal cuando se conserva nuestro pudor, en la etapa que sea. Después de esa madrugada, me convertí en la burla de algunas mujeres en ese lugar. Mi quebranto me doblegó y no me dejaba levantar la cabeza; sentí mucha vergüenza por aquel hecho.

Después de tomar lo necesario de mi maleta, caminé cabizbaja hasta el baño. Sus hombres me miraron, agachando la mirada. No era lo que yo esperaba, pero sucedió; tal vez ellos sentían la vergüenza que a otros les faltaba. Al salir del baño, me encontré con Lola mirando hacia la montaña. Me recibió como si lo ocurrido fuera normal y frecuente, sin parecer sorprendida por nada de lo sucedido.

—"¡Míralo míralo... va gateando!" —exclamó riendo al ver a Guzmán que salió de la casa de campaña y caminó arañando la tierra colina arriba. Eran cerca de las ocho de la mañana; seguramente se dio cuenta de que ya no estaba con él. "Chanate" caminaba detrás de él, y "Medusa" salió a toda prisa en su cuatrimoto para alcanzarlos y llevarlo de vuelta a su cabaña en la montaña. Al perderse entre las colinas, caminé hacia la bodega y me encontré con Lily, quien me preguntó cómo me sentía después de lo ocurrido. Con ella no pude disimular; era la única en quien podía confiar en ese momento.

Me explicó que los hombres que resguardaban el lugar no les habían permitido subir a sus casas y que no habían dormido lo suficiente. Al otro lado de la pared, doña Blanca hacía comentarios desagradables desde la cocina.

— "Es una maldita mosca muerta. El gusto que me queda es que ya se le acabara ese capricho al señor, y ojalá no la tome en serio el señor", — comentó con recelo, preocupada de que su jefe siguiera encaprichado después de aquello. Lily me aconsejó no prestar atención, por mi tranquilidad.

"Nito" seguía sin regresar; ninguna de las muchachas lo había visto. "El Chino", uno de los hombres del lugar, comentó que había sido enviado al rancho El Durazno la tarde del 4 de abril, sin saber las razones. Desde que llegué a San Juan, apenas había visto a "Nito" un par de veces. Lo enviaban fuera del rancho por largos períodos de tiempo, para trabajar en obras de caminos. Era hábil en la mecánica y transporte pesado, aunque rara vez venía al rancho en sus días libres. Siempre se despedía, pero esa vez no lo hizo; estaba preocupada por él.

Más tarde, "El comandante" se enteró de lo sucedido por la madrugada y se enfadó mucho. Se había retirado temprano la noche del 4 de abril, dejando a Joaquín a cargo de la gente. Cuando llegó a la cocina, escuchó los malos comentarios de doña Blanca y las demás, y se enfureció más que nunca.

—"Difaman sin respeto. Voy a correrlas a todas. Y a ti, Blanca, te tengo en la mira", — le dijo el comandante. Blanca lo insultó, diciendo que era el alcahuete del Tío. Para Blanca, yo era mala, mientras afirmaba que Guzmán solo quería a una mujer y que no podía enamorarse de otra tan fácilmente, al menos eso creía ella.

El comandante prometió resolver el problema. Le pidió a Medusa conducir la cuatrimoto hacia las cabañas de "El Chapo" y hablar seriamente con él. Llegada la noche, Medusa fue al campamento a buscarme.

— "Tengo que llevarte arriba", — me dijo. El chapo pedía verme, y rechacé verlo; Medusa entendió el mensaje y se retiró llevando mi No, como respuesta a Guzmán. Según la versión del joven, su jefe quería "conciliar y reparar el daño", pero yo me rehusé a verlo aquella noche. No se podía reparar algo que siempre estuvo roto; entre él y yo no había nada más que decirnos, lo que paso, estaba hecho y no había vuelta de hoja.

***

Durante toda una semana, "El Chapo" insistió en que necesitaba verme y que conversáramos. Su hombre venía diariamente para intentar convencerme de hablar con su jefe. Me pedía una oportunidad para acercarse a mí, mientras que yo me rehusaba a escucharlo.

Desde los acontecimientos de aquella madrugada, Guzmán no había visitado la covacha. Según su pistolero, estaba ocupado resolviendo asuntos importantes y recibiendo visitas tras la rehabilitación de la pista. Una semana después del incidente, nuevamente llegó "Medusa" con órdenes más precisas y sin aceptar excusas. Me advirtió sobre las consecuencias si regresaba sin mí, dejando en claro que me llevaría por la fuerza si era necesario. Mi resistencia seguía firme, pero "Medusa" se sentó a mi lado, intentando convencerme de aceptar ver al Tío y salvarlo del castigo que, según él, le esperaba.

—"Me da mucha tristeza verte así y ver todo lo que te hacen aquí las mujeres", — comenzó diciendo.

—"Pero mira, si vas y hablas con el señor, todo será mejor para ti. Él solo quiere arreglar las cosas contigo. Además, entiende, eres muy difícil y le disté muchas largas al señor" — Aunque sus palabras me culpaban del mal comportamiento de Joaquín, reconocí algo de verdad en ellas. Su jefe no me dejaría tranquila, así que debía enfrentar la situación.

Pensé mucho en lo que el joven me dijo y finalmente me convencí de viajar a la montaña y dejar de vivir en mi encierro para averiguar qué propondría "El Chapo". Era mi única oportunidad de avanzar y liberarme de esta situación para regresar a casa cuanto antes, lo creí así.

El chico había sembrado la semilla en mi mente de la manipulación y la duda por lo que la culpa me hizo pensar que el, no era el único responsable de lo sucedido. Durante mucho tiempo me aferré a esa idea, hasta que finalmente comprendí que no tenía por qué ser tan severa conmigo misma. Yo jamás lo provoqué.

—Está bien, iré contigo, pero solo hablaré con él. Y exijo que me traigas de vuelta rápidamente — le pedí. Subí a su cuatrimoto y fuimos a los altos de la montaña. Convencida de que mis heridas encontrarían sentido y dejarían de doler con el paso del tiempo, adoptando una mentalidad positiva. Aunque deseaba vengarme de las humillaciones sufridas, esa actitud no era parte de mi naturaleza y dejé que las cosas fluyeran a su ritmo.

Al llegar, el joven paró frente a la cabaña del Tío. "Él estaba ocupado en una llamada telefónica. Esperé afuera hasta que salió.

—"Tío, aquí está la muchacha", – anunció el joven.

—"Pásele "mi mosura", deme unos segundos, voy enseguida con ustedes", – respondió desde el interior. Lo vi moverse de un extremo a otro desde la oscuridad, casi arrepentida, pensé que ir, había sido una mala idea.

—"Esos hijos de la chingada no quieren hacer caso… Ahí ve tú eso… Te hablo después", —lo escuché decir, mientras colgó el teléfono. Mi corazón latía con fuerza y sudaba frío mientras lo miraba que se acercaba.

—"Pase usted, mi "mosura", está en su casa", – dijo, cambiando abruptamente su tono de voz. Se mostró atento, mientras yo seguía avergonzada con la mirada en el suelo.

—"¿No trajo su maleta?", – me preguntó sorprendido al verme llegar sin ella.

—"No... ¿Por qué debería haberla traído?", le respondí desconcertada. El joven no me había revelado toda la verdad; esta visita no era para disculparse, sino porque Guzmán aun quería tomarme como su mujer. Con una idea equivocada acepté escuchar lo que tenía para decirme. Me guio hasta el interior de la casa y me senté en una silla.

—"Mi 'hermosura', quiero pedirle disculpas por lo del otro día. Estaba muy borracho, no sé qué me pasó. Este... perdí el control", – admitió, tratando de justificar su mala acción.

—"Eso no cambia nada entre nosotros", le dije, luchando contra la sensación de su mala persona. Sentía que sus disculpas no eran sinceras; sus palabras solo aumentaban mi ansiedad.

—" Le soy sincero. Al principio, la vi como algo pasajero, pero sé que no es mujer para ratos. No dejo de pensarla, corazón, y quiero que se quede", – me confesó Joaquín esa noche. Esa conversación fue incómoda, como todo lo que ahora revelo. Las lágrimas nublaban mi vista y un nudo en la garganta me impedía hablar con claridad; apenas dije algunas palabras. Sentí una mezcla entre miedo, ira y desesperación.

Cuando "El Chapo" intentó convencerme de aceptar sus disculpas, su presencia se hizo más asfixiante. Cada palabra suya me hacía sentir avergonzada.

Finalmente, me levanté abruptamente de la silla y salí de la casa; le pedí a "Medusa" que me llevara de allí. Pero en mi intento de retirarme, había incomodado a Joaquín.

Entonces, en tono alto, le ordenó a su hombre que fuera en busca de mis pertenencias y me dejó en claro que me quedaría allí, arriba con él, o con Luisa en su cocina, si no deseaba compartir su techo. Eso por los problemas en la covacha con sus demás cocineras, Cada palabra me alteró y entré en pánico.

— "Haber, chavalón, consígueme a Simi", – dijo, llamando a través del radio, y ordenó a uno de sus hombres que le enviara a su doctor y que llevara consigo una maleta de calmantes. Mientras esperaba nerviosamente la llegada del médico, caminamos hasta la habitación, hasta que finalmente apareció Simi, con una pequeña maleta, que entregó a Guzmán; mi corazón comenzó a latir más rápido de lo habitual.

Fue entonces cuando el sacó algo de la maleta y me lo dio a respirar. No recuerdo mucho después de eso. Solo sé que una extraña sensación recorrió mi ser, y perdí el conocimiento. Ese sería el inicio de una extraña relación entre Joaquín Guzmán Loera y yo.

***

Al despertar la mañana siguiente, ya pasaban de las 12:00 p.m. y no recordaba con claridad lo sucedido. Mis pertenencias ya estaban en la habitación, mi cabeza daba vueltas y me sentía confundida.

Cuando salí de la ducha, vi a Joaquín entrar por la puerta de la habitación con dos vasos de jugo de naranja en las manos. Los colocó sobre la mesa y, sin decir palabra, se acercó y me ofreció uno de ellos.

— "Estoy feliz de que estés aquí, amorcito. Arréglate, ya hace hambre. Vamos a comer y dar un paseo afuera", – me indicó, con la sonrisa distintiva en su rostro. Aún no comprendía cuál sería mi papel.

Después de haberme arreglado, me llevó a recorrer la casa, mostrándome las distintas habitaciones. Pasamos por la otra habitación anexa de la cabaña y admiré la vista hacia las colinas. La estructura de la casa me recordaba al Carrizo de la Petaca.

Enseguida, nos dirigimos a la cocina, donde me presentó a "Licha", su cocinera más cercana. También estaba allí el comandante, con quien compartimos la mesa. Parecía contento con la solución de "El Chapo" respecto a mí.

Durante la comida, me mantuve en silencio. De repente, Joaquín interrumpió:

— "¿Por qué no venías cuando te llamaba, mi 'Mosura'? Después de comer, iremos abajo y darás órdenes en la cocina, frente al comandante", — me dijo, en modo bromista mientras el comandante se reía.

— "Ándale, Reinita, ahora sí podrás vengarte de esas piojosas", añadió el viejito. Aunque intentaban hacer bromas, no les encontré gracia y mantuve mi silencio. Una nueva vida había comenzado para mí, y no sería nada fácil el camino que debía recorrer.

"Lo que se habló en la mesa, pensé que había sido solo una broma, pero esa tarde bajamos juntos hasta la covacha: 'El Chapo', el comandante, 'Medusa' y yo, en cuatrimotos. Antes de salir, Joaquín me abrigó con una campera camuflada, un gesto común para evitar la polvareda.

Al llegar a la covacha, me quité la campera y caminamos hasta la cocina. Aunque recibí malas caras, tuve que disimular que no las notaba, y ellas pusieron otras caras ante el jefe. 'El Chapo' dejó claro mi nuevo rol:

— A partir de ahora, la que da las órdenes es la reina – bromeó, para mí todo era broma. El comandante aprovechó para poner en su sitio a doña Blanca, lo que divirtió aún más a Guzmán.

'El Chapo' observó mi reacción mientras yo permanecía cabizbaja. Todo esto me llenaba de confusión. No sabía cuál sería mi verdadero lugar, pero decidí mantener mi dignidad, sin permitir que nadie definiera mi valor. No le permitiría más humillaciones a nadie. Seguí algunos consejos para mantenerme fuerte y adaptarme a Joaquín.

A partir de entonces, doña Blanca se vio obligada a tratarme con cordialidad, aunque sabía que ocupaba un lugar que no me correspondía. Yo maginaba que, para el Chapo, solo era un capricho pasajero. Decidí jugar el juego y ganar libertad lo antes posible. Sin imaginar, que con el tiempo Joaquín se fue metiendo en mis pensamientos, y fue fácil adaptarme a él, y difícil alejarme.

Los días en San Juan pasaban sin parar, íbamos y veníamos a la covacha, disfrutando por las mañanas los desayunos con jugo de naranja y una taza de avena, hora más tarde, completábamos nuestro desayuno. No podían faltar en la mesa los quequitos, frijoles apenas resquebrajados, como a él le gustaban, queso panela y una variedad de comidas que Luisa le preparaba, como la machaca con verduras, lengua de res, hígado encebollado, etc.

Aburrida de la misma rutina, un día, entré a la cocina para ayudar, pero a Joaquín no le agradó la idea y en una de esas me llevó hasta la mesa del portal y me hizo sentarme a su lado.

— Aquí te quiero, al lado de tu rey. Deja que las mujeres de la cocina trabajen, – me dijo en tono serio.

— Usted no debería estar allí, Reinita, su lugar es aquí con su hombre. Hágase respetar de esas brujas, añadió el comandante. Doña Blanca y el comandante se odiaban y usarme en contra de ella era su mayor venganza.

Una tarde, las cosas se salieron de control entre el comandante y Blanca. Ella le dio una bofetada, y él la amenazó terriblemente con su arma. Los empleados intervinieron para evitar una tragedia. El comandante estaba enfurecido, pero era el preferido de Guzmán, a quien cuidaba como a un segundo padre, y la mujer en ese caso llevaba las de perder.

***

La rutina como mujer de 'El Chapo' era: descansar hasta el mediodía, tomar el primer desayuno en la cama y arreglarme para estar con él durante el día, yendo entre la covacha y la cocina de Luisa. Aunque la rutina no era terrible, me parecía aburrida, aunque muy pronto eso cambiaría, por decisión propia. Joaquín solía despertarse temprano, únicamente si esperaba visitas, y coordinaba con su personal la llegada del avión. Una mañana me despertó más temprano de lo habitual; durante el desayuno, lo noté extraño, algo nervioso y más serio que otras veces. Algo quería decirme.

— "Mosura", vamos a ir abajo. Este... voy a tener unas visitas, estarán aquí unos días, cuando se vayan mandaré por usted, – me indicó. Pensé que se refería a sus hijos y no le di importancia. Después de pasar días juntos, ambos necesitábamos un descanso. La idea sonaba perfecta para mí; aquel día me llevó junto a Lily, estuve ahí haciendo mi vida normal como todas las demás.

Habían pasado tres días hasta que finalmente llegó 'El Chapo'. Yo estaba en la cocina junto a las demás mujeres, preparando bocadillos de harina, cuando entró. Al verme, su rostro se enrojeció y me ignoró por completo. Salió apresurado sin decirme una palabra.

Su actitud me desconcertó, pero decidí no darle importancia. Mientras tanto, desde la puerta, doña Blanca anunció con júbilo la llegada de dos mujeres que acompañaban a Joaquín aquella tarde hasta la covacha. Entonces entendí su cambio repentino: una de las mujeres era su reciente esposa, con quien se había casado en febrero. Evité su mirada, avergonzada por las circunstancias. Observé su juventud y belleza. Era alta, muy linda, de cabellos rizados y ojos verdes que resaltaban su tez blanca. Parecía aun inmadura, era casi una niña. Su presencia dejaba claro la desfachatez de Guzmán. "El Chapo" observaba nuestras reacciones. Yo no estaba dispuesta a participar en una escena vergonzosa alimentando su ego. Nuestra relación había surgido en circunstancias cuestionables, y no permitiría que me tratara de la misma manera después de todo lo ocurrido.

Una de las muchachas irrumpió en la cocina y me llamó desde el portal.

— "El comandante te está buscando, ve a la otra casa", – me indicó. Salí, sintiendo que las humillaciones eran una parte inevitable. Fue la primera y única vez que miré a la joven. Desconozco hasta qué punto nuestras vidas corrían de forma paralela con las de otras mujeres.

La Monita sabía lo que ocurría entre Guzmán y yo, aunque quizás quería confirmar por sí misma los rumores que había escuchado. Cada una conocía su lugar; entre nosotras nunca hubo disputas de ningún tipo, yo no reclamaba posiciones.

Esa tarde, corrí hacia la casa del comandante, quien siempre estaba pendiente de mí. Minutos después, escuché la cuatrimoto dirigiéndose hacia la pista, era Guzmán quien llevaba a las dos mujeres hasta la avioneta.

Vi cómo la joven y su madre abordaban el avión. El Chapo regresó apresuradamente a la covacha.

Al no encontrarme allí, envió a uno de sus hombres a buscarme a la casa vecina. Aunque sabía que yo era solo una más entre muchas, lo que había hecho no era agradable para nadie. Decidí no verlo por algunos días, él sabía que estaba molesta y que no permitiría que siguiera pisoteando mi dignidad. Pensé que había sido suficiente por el momento.

\*\*\*

No obstante, una semana después de la visita de la joven, El Chapo recibió otra más, era una mujer diferente, me enteré de su llegada por los comentarios en voz alta de doña Blanca.

— "Es un milagro que no esté doña Blanca y la chaparra", – comentó Lily mientras estábamos solas en la pequeña casa. Su ausencia era extraña, ya que nunca se ausentaban. Después de unas horas, regresaban.

— "¿Adónde andaban ustedes?" – les preguntó Lily. Ellas, al verme junto a las demás muchachas, contaron dónde habían estado.

— "Estábamos arriba visitando a Emma", – dijo Blanca. A algunas de las muchachas, al igual que a mí, nos tomó por sorpresa. Mientras pensaba para sí misma quién sería la persona de quien se hablaba.

— "¿Emma está arriba? ¿Qué no se habían separado ella y el señor?" — les preguntó una de las mujeres. Doña Blanca aseguró que la joven y El Chapo estaban resolviendo sus diferencias, hasta que llegó ella, con sus imprudencias.

Esa tarde, Blanca había visitado a la Joven después de saber de su llegada, con la intención de ponerla al tanto sobre la nueva relación que sostenía su pareja en San Juan. Según Blanca y algunos testigos, la chica y Joaquín discutieron, los detalles me los reservo.

Ella partió esa tarde, disgustada, por los engaños constantes de su marido. Mi presencia había alterado la calma para algunas mujeres de Joaquín y era algo de lo que no me sentía nada orgullosa. Mi única culpa había sido despertar sentimientos caprichosos en aquel hombre, enamoradizo, que habían ido más allá de un simple gusto.

Doña Blanca había sido imprudente y eso molestó a Guzmán. La situación me tenía exhausta y deseaba abandonar el lugar como fuera posible y alejarme de esa extraña relación, que no hacía bien a nadie. Sin embargo, había muchas razones que me lo impedían. Desafortunadamente, para las esposas las "amantes" son las causantes y únicas culpables de la ruptura de un hogar.

Aunque en este caso el tema estabilidad, no existía con un hombre como Guzmán. Contar esta historia no me hace menos culpable ni me convierte en víctima; es mi verdad de los hechos, la ofensa no cambia y sé que llegará a la razón para algunos. Después de escapar de una relación lastimada, lo último que esperaba era tener una nueva responsabilidad. Solo quería alejarme; ese lugar no era para mí, ni él era el amor de mi vida, lo tenía claro. Lo llamé "adaptación al proceso".

***

Desde el 4 de abril, Nito permaneció aislado. Su vida corría peligro y yo quería convencer a Joaquín de que le permitiera regresar a San Juan. Las versiones que circulaban me preocupaban; se rumoreaba que lo habían enviado a vigilar el camino rumbo a El Durazno, junto a "El Pollo", hermano de la joven Emma coronel, y "El Moon", sobrino de Joaquín.

Con paciencia debía demostrar a Guzmán que podía confiar en mí y obtener pronto el permiso para llevar de vuelta a Nito a San Juan.

Se acercaba el Día de las Madres; mientras tanto, Joaquín esperaba recibir visitas importantes y celebrar con todas las mujeres en la covacha. A pesar de estar en las montañas, la rutina no impedía disfrutar de fechas especiales como esa. Joaquín pidió a las muchachas preparar una lista de productos faltantes. Ese día, nadie trabajaría en la cocina; ordenó grandes cantidades de comida china y japonesa de Thai Pak, sus favoritas.

De visita en San Juan estaba Ernesto Guzmán Hidalgo, hermano mayor de Joaquín. Tuvimos que convivir con su presencia durante más de un mes. El Chapo me presentó formalmente como su pareja desde entonces.

—"Amorcito, mi carnal se va a quedar unos días con nosotros. Estoy muy contento de que esté aquí", – dijo Joaquín. Para dichas fechas, "Guano" también se había instalado en San Juan, Guano convivía poco, incluso con sus hermanos; solía ser muy aislado.

El 10 de mayo, había llegado y se armó la celebración para las madres en la covacha; se rompieron algunas piñatas que habían llegado en el vuelo de aquella mañana. La avioneta aterrizó una vez más, trayendo comida china y japonesa para el banquete, además de pasteles y pan casero. Joaquín participaba felizmente en todo el evento, dando golpes a las figuras de cartón. Todo transcurrió de manera agradable y tranquila, con risas y bromas de él y el comandante. Ernesto nos regaló a cada una un fajo de billetes equivalente a cinco mil pesos mexicanos, como un presente de aquel significativo día.

Entre las montañas y el sol, soportando las costumbres de Guzmán, también llegaron mis 21 primaveras. La mañana del 23 de mayo, Joaquín me despertó cantando las mañanitas. No esperaba que conociera de mí, una fecha tan importante.

— "Mi Reina, levántese, hay que ir a celebrar", – me dijo sonriente, como solía hacer, a pesar de sus miles de problemas. Después de un buen baño, caminamos hasta la cocina de Licha para tomar nuestro desayuno junto a los demás. Guzmán estaba organizando algunas sorpresas.

—"Buenos días, chavalón", — saludó a su secretario.

—"Pregunta si ya se vino el 'capi' con la gente que va a venir hoy", – le ordenó, Joaquín a su secretario.

—"Ya se vino, tío, pero la gente que viene por Cosalá no sé qué pasó con ellos. Dijeron que habían venido en carro y no creo que alcancen a llegar hoy", – explicó el secretario.

— "También me dicen, tío, que los plebes que estaban en la pista no cupieron todos. Algunos se quedaron allá para que cupiera lo que pidió usted", – agregó.

— "Pues que eche otra vuelta", – ordenó Guzmán, indicando que la avioneta regresara enseguida nuevamente por su personal.

Pronto, escuché un avión aterrizar y los hombres iban y venían, de la pista a la covacha.

—"Ya está todo listo Tío", — le indicó su secretario, momentos más tarde.

—"Vamos, mi hermosura, su Rey le tiene una sorpresa", – dijo emocionado. Nos dirigimos a "La Covacha", y enseguida el grupo musical "Los Alegres del Barranco" arrancó entonando las mañanitas.

Aunque intenté mostrar emoción, no podía manifestarme; aquel baile me traía los recuerdos de la noche de su cumpleaños.

— "¿No le gustó su sorpresa, amorcito?" – dijo, sacándome de mis pensamientos, al notar mi falta de emoción.

— "Sí... gracias, todo está muy bonito", – Le agradecí.

— "Yo estoy más emocionado que la cumpleañera, ¿verdad, mi comandante?", — le dijo a don Juan, mientras brindaban por la alegría de escuchar la música en vivo. Perdonar por lo que parecían buenas acciones de su parte me condenaría a mí misma. Todo era efímero y pronto pasaría, me repetí una y otra vez, conociendo sus malas costumbres. La llegada de los músicos había pospuesto el viaje del novio de Blanquita, "El Chupa", y unos cuantos más.

Doña Blanca deambulaba por el portal con gesto serio, mostrando su descontento por las acciones de Joaquín en mi nombre. Se suponía que, a la mañana siguiente, el vuelo le llevaría a su novio a San Juan. Ella guardaba su enfado bajo una capa de tristeza que se reflejaba en su rostro, quizás con el vago presentimiento de que no volverían a encontrarse nunca más. Precisamente en aquellos días tocaba hacer el relevo de personal, que ocurría cada 21 días, unos iban y otros venían en cuidado de su jefe.

A pesar de los disgustos, aquella noche nada impidió que Joaquín mostrara su esplendorosa generosidad. Entre los pasteles, la música y demás, también incluyó algunos regalos.

— Oye, muchacho, ¿dónde está el regalo que te pedí? Tráemelo — espetó a su secretario.

— Aquí lo tiene Tío —dijo el joven, entregando una pequeña caja envuelta en papel de regalo.

— Ábrela, mi hermosura —me pidió con emoción en su rostro, mientras me entregaba la caja. La observé con incredulidad antes de abrirla. Con todo cuidado, desenvolví y encontré en su interior una cámara digital, similar a la que ya poseía y en la que guardaba mis trabajos de estilismo. La tomé entre mis manos y sonreí, esta vez emocionada, sin imaginar que sería una herramienta esencial para atesorar recuerdos valiosos del futuro entre nosotros. Joaquín sugirió usarla de inmediato y capturar aquel día de cumpleaños junto a él.

— ¿Te gusta? Vengase, corazón vamos a tomarnos muchas fotos —dijo levantándose de la mesa.

— A ver, "chavalones", arrímense. Vamos a tomarnos unas fotos con mi Reina. Mi comandante, vente —dijo extendiendo la invitación a quienes estaban cercanos y a los músicos, quienes se acercaron junto con las muchachas.

Aquella cámara se convirtió en un tesoro que cuidé como si fuera nuestra vida, capturando cada momento que podía. Después de la sesión de fotos, el grupo musical interpretó nuevamente las mañanitas y tres canciones dedicadas a petición de Joaquín: "Han Nacido en Mi Rancho Dos Arbolitos", "Cuánto Me Gusta Este Rancho" y "Eres Flor, Eres Hermosa".

Luego de unas copas, comenzó el baile que duró hasta el amanecer.

La siguiente sorpresa llegó al día siguiente. Joaquín había traído a mi familia desde Cosalá hasta San Juan. Ver a mi mamá, a mi hijo y a mis hermanas fue la sorpresa más hermosa que había recibido en mucho tiempo. Ellas no sabían ni conocían la verdadera naturaleza de mi relación con Joaquín, ni quién era aquel personaje.

Su visita iluminó mi vida, pero también me llenó de temor. Me preocupaba contarle a mi mamá la verdad de todo lo que había pasado. Guzmán había planeado su llegada para coincidir con la celebración del día 23, pero el viaje era largo y complicado, no se logró.

Les revelé algunas de las dificultades que enfrentaba, aunque omití muchos detalles y les pedí que se marcharan lo antes posible debido a los peligros constantes que rodeaban nuestro entorno.

Durante tres días consecutivos, Joaquín convivió con la familia y solicitó permiso para formalizar nuestra relación.

—"Si ella lo quiere, yo qué puedo hacer", – le dijo mi ama sin saber qué decir, yo solo guardé silencio. Después de ese día, mi familia se retiró de la misma manera en que había llegado, sin mí y sin mi hermano. Tras despedirlos, regresamos a la covacha, donde nos encontramos con nuevas situaciones.

El día 24, mientras "El Chapo– y yo descansábamos después de la celebración de mi cumpleaños, ocurrió una tragedia. Dos de los hombres de seguridad a cargo de "Bravo" en Culiacán habían perdido la vida en un enfrentamiento mientras se disponían a abordar el avión que los esperaba en una pista en el Dorado, Sinaloa, para trasladarlos a San Juan. Entre los fallecidos estaba "El Chupa", el prometido de Blanca. Cuando se difundió la noticia, Blanca me culpó por lo ocurrido.

— "Por culpa de esa maldita mosca muerta y todo por hacerle fiesta, me mataron a mi Chupa –, gritaba entre sollozos. Su dolor era palpable. Comprendí que estaba en su derecho de desahogarse y acepté las ofensas con humildad.

El Chapo y yo nos miramos seriamente, sin pronunciar palabra alguna en ese momento. Permitimos que expresara su dolor hasta que logró controlarse. Entonces, Guzmán la ayudó a calmarse e intentó enviarla a su casa.

— "Lamentamos mucha doña Blanca su pérdida. Aquí nadie tuvo la culpa, son cosas que pasan y estamos con usted. Si desea ir al sepelio, puede hacerlo con toda confianza", — le dijo Joaquín, tratando de calmar su enojo, pero doña blanca no quiso irse, temerosa de perder su trabajo al lado de Guzmán.

Lo único que pude ofrecerle fue llevar a cabo el novenario de los jóvenes en San Juan y rezar entre todos por su descanso.

Durante largos meses, la culpa recayó en mí y no en el propio destino. Me sentía, desconectada de mí misma. Perdida y, convencida de que no me gustaba la vida que estaba llevando, siendo tan joven.

Tuve dudas sobre un posible embarazo, lo que me preocupó y me entristeció aún más. No quería decírselo a El Chapo; tenía miedo de su reacción. Pasaba las noches sin dormir de la angustia. Hasta que finalmente pude decirle que tal vez esperábamos. Su reacción fue sorprendente; estaba más feliz de lo que yo esperaba.

Con aquello, se me vino la idea de pedirle permiso para salir de San Juan y visitar al médico para confirmar mis sospechas o determinar si era simplemente un descontrol por estrés. Aunque no esperaba que me diera su permiso, me lo dio. Emocionado, Joaquín cedió y me permitió viajar. Aquel viaje era mi única salvación para marcharme y alejarme. La idea de tener un hijo me aterró; no estaba preparada para tener familia con alguien a quien apenas conocía, y tampoco estaba preparada para ser madre nuevamente en las condiciones precarias en las que vivía.

Nuestra vida diaria consistía en huir del gobierno, escalar montañas y desvelarnos hasta altas horas de la madrugada en momentos constantes de peligro. ¿Qué haría en una situación así, con una barriga y huyendo entre los cerros?

— Pues corazón, tienes que ir a chequearte, ahora mismo arregló todo para que vayas a ver a un ginecólogo. ¡Qué alegría! También quiero que aproveches y veas la salud de tus ojos para saber si hay una solución a tu problema — Me dijo, refiriéndose a mi típico síndrome de Tourette, el cual se fue agravando con el estrés constante en el que vivía junto a él y su gente.

Joaquín pidió a su secretario coordinar de inmediato con su piloto mi viaje para la tarde del día siguiente, ya que ese día debía recibir a alguien especial.

— Mi reina, quiero que regreses pronto si te vas mañana —dijo.

— Sí, regresaré, lo prometo. ¿Crees que pueda acompañarme mi hermano? —le pedí, pensando en aprovechar para sacarlo de ese lugar. Guzmán no se negó, desde luego.

— Deja ver dónde está, corazón. Mandaré que lo busquen y lo traigan. Si tú quieres que te acompañe, está bien. No puedo decirle que no a mi reina. También vas a necesitar un carro para moverte en Culiacán. Mandaré que te compren uno en la agencia —.

— ¿Qué carro te gustaría? — me preguntó Joaquín.

— Uno sencillo, con que funcione, no importa cuál sea —le dije modestamente. Mis planes eran no regresar, así que el modelo no me preocupaba y quedarme con algo suyo le facilitaría encontrarme.

\*\*\*

Al final del día, todo estaba listo. Mientras tanto, debía acompañarlo a recibir su importante visita.

— Venga, corazón, vamos abajo. Ya llegó mi compadre —me indicó Guzmán. Y montamos las cuatrimotos, me dejó en "La Covacha" junto a las muchachas. Sus hombres lo esperaban con una caravana organizada para acompañarlo hasta la pista y encontrarse con su compadre, de quien se dijo era "El Mayo". Aquel señor llegó acompañado de un par de hombres, su piloto y otro.

Tras recibirlo en la pista, regresaron a la covacha. Al llegar, los hombres descendieron de las cuatrimotos y los sicarios se desplazaron en ambas direcciones. El Chapo y su compadre caminaron hasta el interior de la casa, saludaron y se sentaron a la mesa. El hombre, conocido como el "Mayo", era alto y de tez morena, características contrarias a las de Guzmán.

Vestía sencillo, de gorra y playera negra, pantalón de mezclilla y tenis, y usaba un bigote abundante.

— Saluda, amorcito, a mi compadre —dijo Joaquín. Me acerqué hasta la mesa y extendí mi mano. Luego, me retiré a la cocina sin sostener una palabra con el señor. No supe quién era hasta algún tiempo después.

Mientras Joaquín me presentaba a familia y amistades, yo estaba a punto de irme y llevaba en mente la intención de no volver.

— Mujeres, sirvan la comida —gritó Joaquín desde la mesa. El compadre "Mayo" llegó con aperitivos y distintas comidas para deleitar el paladar. Desde la pista, los muchachos acarreaban cubetas con Cagua manta, un estofado típico de Sonora y Sinaloa, cartones de pan casero, coricos y demás antojitos que disfrutamos todos.

El cagua manta, según Guzmán, era uno de los platillos exóticos del "Mayo" Zambada, que enviaba con regularidad, ya fuera a la sierra o en la ciudad. Los observé saborear la comida de aquella tarde mientras charlaban.

El "Mayo" no tenía nada en particular; era un hombre común como cualquier otro. No hablaron de nada importante en nuestra presencia; todo fue una sana convivencia. Fue una convivencia breve pero agradable. Note que Joaquín disfruto esa visita.

El "Mayo" estuvo en San Juan solo un par de horas y, antes de que el sol se ocultara, se despidió amablemente de todos. El Chapo y sus hombres lo acompañaron de regreso a la pista. Esa fue la única vez en mi vida que vi en persona a aquel señor y nunca tuve la oportunidad nuevamente de convivir o compartir la mesa con él, durante todo el tiempo que duró mi relación con su compadre Chapo.

Minutos después, vi la avioneta en el aire y Joaquín regresó a "La Covacha" por mí. Enseguida le pidió a Lily mándele a su cocina aperitivos de los que su compadre le había llevado.

— Bueno, amorcito, despídete de tus amigas porque tú viajarás mañana —me indicó.

De regreso en su casa, mientras Joaquín se duchaba, algunas carpetas en la recámara llamaron mi atención. Encontré documentos que revelaban una prueba de paternidad (ADN). El documento indicaba que supuestamente había sido padre recientemente y que tenía dudas al respecto. Lo devolví a su lugar y pensé: ¿qué pasaría si estuviera embarazada? No me preocupaba criar a un hijo sola, sino cómo explicarle quién era su padre.

Esa noche nos fuimos a descansar. A la mañana siguiente, como de costumbre, desayunamos juntos. Y por la tarde, el avión descendió en la pista. Pregunto por su cuñado, mi hermano y le informaron que ya esperaba abajo.

El Chapo y yo abordamos la cuatrimoto y nos dirigimos hacia la pista. Nos despedimos mientras su piloto, apodado "Cotorrito", nos esperaba para llevarnos a Culiacán.

— Regresa pronto, corazón. Te estaré esperando con ansias. En la pista habrá un carro, te darán las llaves. No olvides a tu rey — Me pidió, manifestando el temor de no volvernos a encontrar. Desdé el aire, vi cómo entre las montañas se perdían de vista.

Esa tarde noche, aterrizamos en una pista clandestina en Culiacán. Ahí me entregaron un Tsuru último modelo automático. "Nito" tomó el volante y nos dirigimos hacia Cosalá, sin hacer ninguna parada.

No me importaba si estaba embarazada; solo quería ver a mi hijo y a mis padres.

Un par de semanas después, "Güero 90" llegó a la casa de mis papás, enviado por El Chapo desde San Juan. Y me vi obligada a regresar.

Al llegar a Remedios, nos detuvimos a esperar. Hubo informes sobre movimientos sospechosos, especialmente con el día lluvioso.

Un helicóptero del gobierno comenzó a sobrevolar la zona, justo sobre las cabañas donde estaba oculto El Chapo. Minutos después, se escuchó un estruendo ensordecedor y una nube de fuego y humo envolvió los cerros. El helicóptero se estrelló accidentalmente, provocando una explosión que resultó en la muerte de sus tripulantes. Los cuerpos quedaron atrapados entre los árboles.

Debido a este trágico incidente, Joaquín y su gente tuvieron que evacuar el rancho, anticipando la llegada del equipo de rescate de las fuerzas armadas de México.

Mientras tanto, la noticia se difundió rápidamente y los rumores culpaban a Guzmán y su gente de haber derribado el helicóptero. Joaquín estaba en su recámara cuando ocurrió aquello, según contó. Ni él ni su gente esperaban algo así. Se cree que fue producto de una falla mecánica, ya que testigos afirman que el helicóptero volaba a baja altura, se creía que lo habían ubicado con intenciones de bombardearlos.

Güero 90 y yo esperábamos órdenes para reunirnos con Guzmán. Mientras tanto, él viajaba desde San Juan con su gente a toda velocidad, venía a bordo de una camioneta rumbo al pueblo de Remedios. Su avioneta y su piloto lo esperaban en la pista del pueblo para llevarlo a un lugar seguro. Así que seguimos su trayectoria por radio.

Minutos más tarde, la camioneta en la que viajaba entró al pueblo con rumbo directo a la pista. De pronto, un estrepitoso sonido se escuchó y el revuelo por los radios se dejó sentir. La camioneta en la que viajaba "El Chapo" había volcado al deslizarse en un vado, impactando con gran fuerza en la arena.

Después de volar por los aires, dio vueltas hasta detenerse. El conductor perdió el control del volante, lo que provocó el accidente. Pronto, la gente de Joaquín y los pobladores del lugar se amontonaron para auxiliarlos. Desvolcaron la camioneta y lo sacaron del pedazo de cabina hecho-lata.

Para su fortuna, Joaquín y el chofer estaban con vida, con algunos leves golpes y raspones en su cuerpo. De inmediato, lo llevaron hasta la avioneta aún consciente. El piloto puso en marcha los motores y emprendió el vuelo con "El Chapo" y los heridos a bordo. Quedé impresionada. Me desoriente con aquello, ya no sabía si estaba vivo o muerto. "Güero 90" y yo regresamos a Cosalá después de recibir órdenes de uno de sus secretarios.

Presenciar los eventos tumultuosos de ese día me dejó sumida en un mar de emociones y pensamientos confusos. Ver a Joaquín enfrentarse a situaciones de vida o muerte, con lo del accidente del helicóptero y luego el vuelco de la camioneta, me dejó con un nudo en el estómago y una profunda incertidumbre sobre su destino.

A pesar de todo, no podía evitar sentir una extraña preocupación por su bienestar, incluso cuando debería estar buscando una salida de esa situación para alejarme de él. Le sentía compasión.

¿Por qué me importa tanto lo que le pase, si lo que quiero es alejarme de él? Esa pregunta me atormentaba, aun así, esperaba noticias y reflexionaba sobre lo que significaba para mi propia seguridad y libertad dejarlo.

En medio del caos y la confusión, sabía que mi destino estaba irrevocablemente ligado a "El Chapo". Solo el tiempo definiría lo que sucedería entre nosotros."

**MI ARCHIVO PERSONAL:**

Imágenes exclusivas

Joaquín Guzmán Loera y la Autora: En la Celebración de mi cumpleaños el 23 de mayo de 2010 en el rancho *San Juan*, Durango.

El comandante don juan Ortega celebrando mi cumpleaños en rancho San Juan el 23 de mayo de 2010.

J.G.L y la Autora con el Grupo musical Los alegres del Barranco, musca en vivo en 23 de mayo de 2010.

Bailando con Joaquín Guzmán Loera, el 23 de mayo de 2010.

Imagen del novenario llevado a cabo en San juan por el descanso de los jóvenes asesinaos por el ejército mexicano el 24 de mayo de 2010, cuando se disponían a viajar a san juan. El chupa novio de dona Blanquita

CELEBRACIOIN DEL DIA DE LAS MADRES EN LA CO-VACHA. EN EL RANCHO SAN JUAN.

10 DE MAYO DEL 2010.

J.G.L, rompiendo la piñata en la celebración del día de las madres en la covacha. El comandante, Lily y la chaparra.

J.G.L en descanso mientras caminábamos por la sierra de durango

J. G. L, bajo el portal de su cabaña de la cocina en san juan.

TZURU 2010

Primer regalo de

Ramo de rosas, *Regalo* de J.G.L. similar a muchos otros que me daba

Residencia en los cabos B.C, compartidas junto a J.G.L.

IMAGEN CAPTURA EN MAZATLAN- CULIACAN, EN EL ANO 2013, propiedad construida por J.G.L y por mí, donde nos encontrábamos con amistades. Hoy en día debería estar abandonada.

REINA DE CARNAVAL 2012-2013

DE LOS ARCHIVO DE CAROLINA SANCHEZ LOPEZ

El "50" o el Sony, imagen usada en su funeral y novenario.03 de agosto de 2013.

# Cartas de J.G.L

> **2** LUCERO SANCHEZ LOPEZ Compadre
>
> agame labor de ablar con pollito saludemelo que lo /salos Recomienda un Cobrador para que cricianey a CFes para que entregue los 400 que tiene y ay 400 mas con un amigo que a gorrar en piesa Junto con los piloter abl acomper able con Cachimbas para que Cachimbar able con la familia de los pilotos estan presos pinto, arya Cori educado y entrevezando una persona a ablar a la Consur para enterpares los Cosas a aser a guiney a los entrego no deje de pagar la Renta de Calle y la del conta en europa esos compañias estan ley limpias la diputada sabe de eso para echarles a andar el colocho que me estaba ayudando aya con eduardo tubo problemas antes y yo llegara aqui lo metieron alla en la tierra
>
> LA CHAPO DIPUTADA
>
> LUCERO SANCHEZ LOPEZ

Parte de la carta enviada por Joaquín guzmán Loera desde el penal del altiplano, a su compadre Damaso. donde pedía buscar a la diputada por el proyecto de las empresas y donde aseguraba que el proyecto estaba limpio. Con esto indica que nunca se cometió delito alguno en ellas.

Carta donde a toda costa Joaquín, deseaba que fuera a verlo, al penal. A falta de mi vista recurrió a otros métodos, contactar a otras mujeres para ayudarlo.

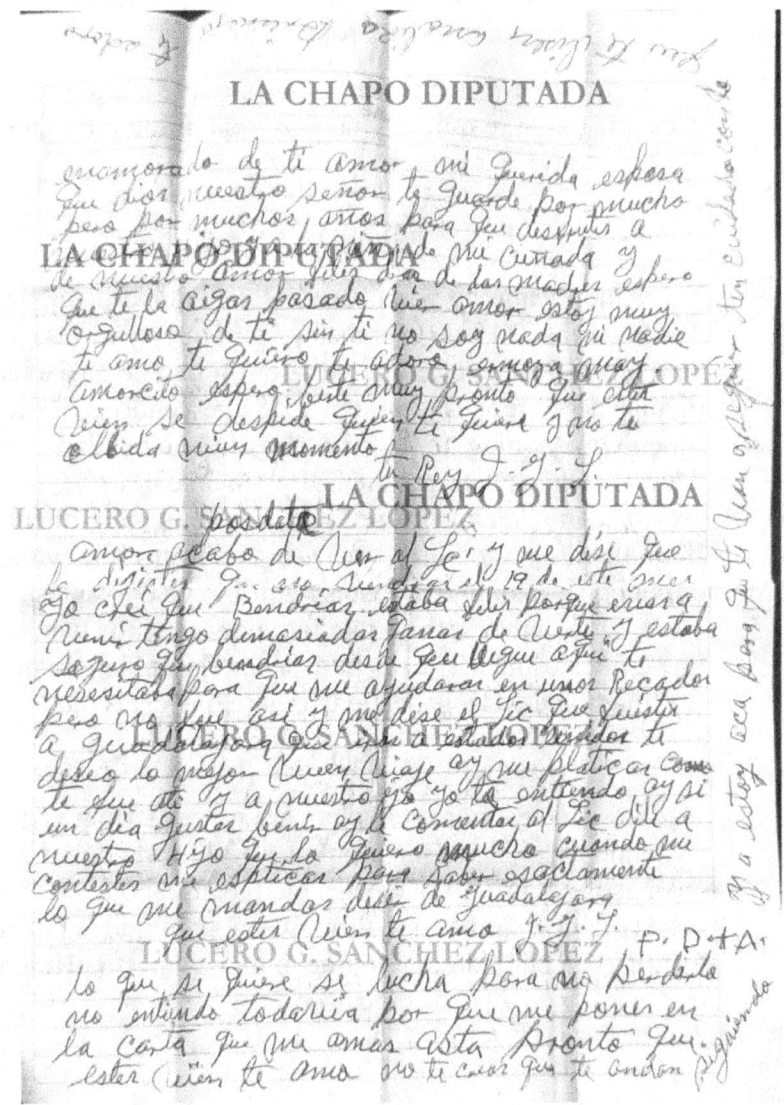

Misiva de la carta anterior:

Enamorado de ti amor, mi querida esposa que dios nuestro señor te guarde por mucho, pero por muchos años, para que disfrutes a nuestros hijos y a la niña de mi cuñada y de nuestro amor, feliz día de las madres espero que te la pases hayas pasado bien amor estoy muy orgulloso de ti. Sin ti no soy nada ni nadie te amo te quiero te adoro, hermosa May.

Amorcito espero verte muy pronto que estes bien se despide quien te quiere y no te olvida mi un momento

Tu Rey J.G.L

POSDATA

Amor acabo de ver al Lic. me dice que dijiste que no vendrías el 19 de este mes yo creí que vendrías estaba feliz porque creí que vendrías, tengo demasiadas ganas de verte y estaba seguro de que vendrías desde que llegue aquí te necesitaba para que me ayudaras en unos recados, pero no fue así y me dice el Lic. Que fuiste a Guadalajara y que has estado evitando, bueno hay me platicas como te fue a ti y a nuestro hijo, yo te entiendo ahí si un día gustes venir hay le comentas al Lic. Dile a nuestro hijo que lo quiero mucho cuando me contestes me explicas para saber claramente lo que me mandas decir de Guadalajara que estes bien

P.D.T.A

Lo que se quiere se lucha para no perderlo no entiendo todavía porque me pones en la carta que me amas hasta pronto que estes bien te amo no te creas que te andan siguiendo ya estoy acá, para que te ban a seguir. Ten cuidado con lo que te dicen analiza primero te adoro

## 5

# Enfrentamiento en las montañas

*La llevaban muy segura, ellos ya pensaban que sería el final...*

*Sabían que ahí se encontraba y querían la muerte del chapo Guzmán...*

Autoría de los Alegres del Barranco.

Tantas historias, anécdotas y corridos giran en torno al señor de las montañas. Algunos verídicos y otros inventados....

En torno a esos dichos gira mi vida. Los días transcurrían en una aparente calma; me esforzaba por olvidar y recuperar la estabilidad emocional luego de haber dejado atrás el rancho San Juan de forma abrupta semanas anteriores. Justo cuando pensaba que todo había quedado atrás, Joaquín se hizo presente. De manera inesperada, Güero 90 apareció una vez más, en la casa de mis padres en Cosalá.

—"Levántate, te buscan afuera", — me anunció mi amá. Güero 90 esperaba, y no necesité mucho para adivinar la razón de su visita; me traía razones del señor de las montañas, así lo manifestó aquella mañana. Le saludé al verlo.

—"Tenemos noticias. Ya sabes por qué vengo. El señor me envió por ti y también para que tu hermano se vaya", — dijo sin rodeos. Discutimos sobre el regreso de Nito al entorno peligroso que representaba esa gente. Su trabajo no tenía nada que ver con lo que él solía hacer, y era mejor que volviera a su empleo normal lejos de ese ambiente perjudicial.

—"Dile que me iré, pero que se quede él. No entiendo para qué lo quieren", — le sugerí.

—"A mí me dijeron que se alisten los dos. En una hora vengo por ustedes", — sentenció Güero 90. Las órdenes no se podían discutir, y ambos lo sabíamos.

—"Que vendrán en una hora por nosotros. El viejo no quiere que te quedes aquí, quiere que regresemos", — le expliqué a Nito, sintiendo frustración por cómo las cosas habían tomado un giro no deseado.

***

Para finales de junio de 2010, tenía una idea más clara de quién era realmente "El Chapo" y su dimensión de poder. Había investigado lo suficiente durante mi estancia en Cosalá, me obsesioné por leer publicaciones en internet y algunos libros. En ellos descubrí que estaba con un prófugo y un narcotraficante de alta peligrosidad, lo cual solo aumentaba mis temores.

Horas más tarde, Güero regresó y seguimos con destino a Guadalupe de los Reyes, la sierra anclada del municipio de Cosalá. Después de un largo recorrido, llegamos a una brecha cercana a la localidad de El Limón. Güero nos dejó a cargo de un par de hombres, mismos que nos llevaron hasta Guzmán. Su refugio era el rancho de su socio, Roberto Peña, con quien había formalizado un compadrazgo después del nacimiento de sus hijas gemelas.

El gobierno estaba a punto de encontrarnos en esa zona montañosa. Días atrás, El Chapo y su gente habían huido del rancho vecino, La Lagunita, perseguidos por el ejército y la Marina de México, que seguían su rastro desde San Juan. Durante esos meses, las lluvias caían diariamente y la vegetación era abundante, proporcionando a Guzmán un refugio perfecto para perderse entre el monte y evadir a las autoridades.

La mañana siguiente a mi llegada, los vigías alertaron a los secretarios por radio sobre la llegada del gobierno, que se dirigía hacia el rancho de El Limón, donde se escondía temporalmente. Aquella mañana, nos vimos obligados a huir. Los sistemas de seguridad habían fallado y estábamos prácticamente rodeados por las fuerzas gubernamentales. El Chapo ordenó la retirada, así que tomamos lo que pudimos de nuestras pertenencias y salimos rápido.

La lluvia caía sin cesar mientras la caravana iba sin rumbo claro. Después de recorrer varios kilómetros, viví uno de los momentos más tensos de mi vida: nos encontramos cara a cara con un convoy militar. Dos de los hombres de Joaquín se adelantaron, listos para detener a los soldados y darnos tiempo para huir.

Afortunadamente, lograron negociar y evitar un enfrentamiento desastroso.

—"Chavalones, díganles que aquí nadie tiene que morir hoy. Solo queremos que nos dejen pasar y listo, no queremos problemas", — transmitió Guzmán a los militares por radio. Los soldados aceptaron y nos sugirieron cambiar de ruta, ya que más comandos venían en nuestra dirección.

—"Chavalones, hay que darnos la vuelta", — ordenó Joaquín. Nos vimos obligados a retroceder, sin saber a dónde ir. Sin más opciones, tomamos caminos alternativos y subimos los cerros, guiados por gente del compadre Roberto, rumbo a la sierra. Al final del camino, dejamos los vehículos y seguimos a pie, como acostumbraba el señor de las montañas. Caminamos durante horas, subiendo las montañas bajo la lluvia, hasta llegar a la comunidad llamada "La Tableta".

Era un pequeño pueblo perdido en la vasta sierra, y los soldados seguían nuestros pasos.

Pensé que lo vivido en El Carrizo y San Juan sería lo último que tendría que pasar junto a El Chapo, pero me di cuenta de que los problemas apenas comenzaban mientras estuviera junto a él. Estaba verdaderamente asustada, era la primera vez que huía con él por las montañas. Nos alojamos en casa de una de las pocas familias que residían en esa zona remota de la sierra, la humilde mujer y su familia vivían en extrema pobreza y no tenían mucho que ofrecernos para comer.

Nos tocó esperar pacientemente, mientras unos descansaban, otros permanecían pendientes de lo que sucedía a nuestro alrededor. En medio de la lejanía, El Chapo y yo tuvimos una conversación sincera sobre nuestro futuro. Insistió en la idea de formalizar, a lo que él llamaba relación.

—"Venga, siéntese aquí", — dijo con su habitual calma., aquel día me expreso sus sentimientos sin desaprovechar la pequeña oportunidad. Ese encuentro ocurría después de semanas de haberme ido de san juan. En sus palabras por primera vez, encontré seriedad, pero no podía olvidar el comienzo de nuestra historia, y sin decir nada salí a lavar su ropa y ponerla a secar, y después, como mujer responsable, me dirigí a la cocina junto a Licha para ayudar a preparar el desayuno.

Mi mente estaba abrumada, no podía dejar de pensar en lo que me había dicho Joaquín; seguía pensando que solo era un capricho al que se aferraba.

Licha salió preocupada de la cocina, creyó haber escuchado algo extraño: a lo lejos miró una fogata. Eran los soldados que ya nos pisaban los talones, mientras tomaban un descanso y almorzaban montaña abajo, sin siquiera imaginar que tenían a Joaquín a tan solo unos pasos.

—"Oiga, abajo están los soldados", — le informaron enseguida los punteros al Chapo.

—"Hay que dejarlos tranquilos si están lejos. Hay que comer para irnos", — les dijo Guzmán, con la serenidad de siempre. Las únicas gallinas que tenía la casera se cocinaban en la olla junto al fuego. Al escuchar sobre la cercanía de los soldados, me apresuré a llevarle a Joaquín su ropa medio seca, se vistió rápidamente y salió de la habitación. Licha no se quedó quieta, por lo que entraba y salía al patio, observando entre los matorrales y notando movimientos extraños.

—"Oye, corre y dile al señor que están aquí ya los soldados. Hay dos entre los matorrales. No vayas a voltear, actúa como si no los hubiéramos visto. Entra y dile al señor", — me dijo, en tono nervioso. Lentamente caminé hasta el portal y abracé a Joaquín, disimulando lo que estaba sucediendo.

—"Están aquí los soldados frente a nosotros, no vaya a voltear", — le susurré al oído. Se puso de pie lentamente y entramos a la habitación y terminó de vestirse, lo ayudé a colocar sus tenis y su camisa de resaque aún húmeda. Pronto, se escucharon algunos disparos. Las vacas mugían y la gente se movía de un lado a otro con el estruendo de las balas.

En cuestión de segundos, el lugar se convirtió en un campo de batalla. Intentábamos salir, pero con la lluvia de balas nos refugiamos y nos refugiamos tras el pretil de adobes del portal de la casa.

—"¡Plebes, ¡hay que atorarlos!", — gritó el picudo, uno de los hombres de mayor confianza de Joaquín. Al ver que nuestras vidas estaban en riesgo, El Chapo pidió que le prestaran un arma, nunca la llegó a disparar, era por si necesitaba defenderse, manifestó. Me pidió que tomara algunas de nuestras pertenencias, las más esenciales para huir del lugar.

—"Amor, la maleta de los teléfonos, ¡no la dejes, agárrala!", — me indicó. Al tomarla, huimos juntos, rumbo a las montañas. Pronto los sonidos de las ráfagas resonaban estrepitosamente, haciendo eco entre los cerros.

Ese día fue horrible. Los soldados se acercaban cada vez más, y pude ver cómo los pistoleros apuntaban sin responderles a la agresión. Pues el Chapo, les pedía huir y no disparar a menos que fuera necesario. Me encomendé a Dios, pensando que sería el final, mientras las ráfagas continuaban y me dejaban atónita.

Sin fuerzas para seguir, me solté de Joaquín y lo fui perdiendo de vista en el camino. Los de la Marina y el Ejército tenían sobre nosotros una ventaja, se desplazaban en bestias, mientras que nosotros seguíamos la huida a pie. Me aferré a la maleta de los teléfonos, lo más que pude, eran nuestra única salvación, pensé.

Pero repentinamente entré en fuego cruzado, y me desorienté. Vi mi final de cerca en cuestión de segundos.

— "¡Corre corre!", — gritó "Moon", intentando protegernos de la lluvia de balas. Nos perdimos entre la sierra y, tras una ola de fuertes detonaciones, las granadas de fragmentación nos lanzaron al vacío. Moon y yo, rodamos hasta detenernos en el fondo del barranco. Por poco pierdo el sentido, pero ahí estuvo Dios, como siempre, en mi alivio.

La caída fue mi salvación; aquello significó tanto en mi vida. La maleta se soltó de mis manos y rodó metros abajo. Aturdida por los golpes, intenté reponerme hasta levantarme, mientras escuchaba el aleteo de los helicópteros que sobrevolaban la zona.

"El Moon" estaba casi inconsciente; traté de reanimarlo. Cuando abrió los ojos, pidió ayuda. Se estaba ahogando.

—"¡Ayúdame!", — dijo, apenas aclarando palabras, sofocado por los golpes que habían impactado en su pecho. Lo ayudé a ponerse de pie, olvidándome de la maleta con los teléfonos de Joaquín. Después de soltar su chaleco y recuperar la respiración, lo apoyé para salir del barranco.

Mientras caminábamos barranco abajo, los helicópteros seguían buscando a Joaquín, sobrevolando la zona. La neblina era espesa y nos brindaba cierta ventaja para evitar ser vistos desde el aire. Durante el trayecto, encontré al "comandante" atrincherado bajo un matorral. Estaba cansado y desorientado; los años pesaban para esos trotes. Por poco disparaba al verme salir tan de repente, pues pensó que el gobierno lo había encontrado.

—"¡No dispare, comandante, soy la Güera!", — le grité, y enseguida le pregunté por su bienestar.

—"¡Hay, jodida muchacha! Por poco te meto un tiro. Vete antes de que nos encuentren aquí", — me dijo. Pero no me atrevía dejarlo solo a su suerte. Uno de sus pies estaba herido. Los disparos aún continuaban, y los hombres se rifaban para dar tiempo a Guzmán de huir. Pregunté por Joaquín al comandante.

—"Va adelante con la enana y las demás mujeres. Váyase reinita, yo ya no puedo ir con usted", —me insistió.

—"¿Como cree usted que lo dejare aquí solo?", — le dije. Así que, con su único brazo funcional en mi hombro, continuamos cayendo y levantando, subiendo y bajando las empinadas montañas. Aquel día solo me dediqué a socorrer a pesar del miedo.

Finalmente, pudimos llegar hasta el borde de un cerco que debíamos cruzar. Había una pequeña casa donde, casualmente, estaban atadas un par de bestias. Del otro lado, se encontraba un grupo de hombres de la misma gente, quienes me ayudaron a auxiliar al comandante y lo montaron en una de las bestias. Lo dejé con ellos y seguí el camino hasta encontrarme con Joaquín y las muchachas, como me había ordenado el viejito.

Durante aquel agotador recorrido por las montañas, a mi paso, tropecé con un esqueleto aparentemente humano. Aquello me impactó profundamente; aún tenía las ataduras que lo sujetaban en el tronco de un árbol y un par de tenis, separados entre sí. La piel se me erizó y un escalofrío me recorrió. Impactada, hui del lugar; aquel episodio fue uno de los más fuertes hasta esa corta edad de mi vida.

Para entonces, la balacera había cesado. Subiendo las montañas, divisé a Joaquín y las muchachas, cruzando altos pastizales. Minutos más tarde, me integré a ellos. De pronto, los helicópteros se oyeron nuevamente por los aires, mientras continuaban peinando la zona. el Chapo ya no podía escalar, y las muchachas lo empujaban tras su espalda.

—"¡Corran, nos van a bombardear! Tenemos que llegar a los matorrales", — nos anunció Joaquín. El cielo estaba neblinoso, eso nos brindaba cierta ventaja. Caminamos atravesando cerros y arroyos, continuando río abajo durante largas horas hasta que oscureció; habíamos retornado a la comunidad de "La Lagunita".

A minutos de llegar al poblado, tomamos un breve descanso en una vieja escuela en ruinas. Joaquín se quejaba de las uñas enterradas de sus pies; hubo que ayudarlo a estilar sus tenis. Su compadre Roberto nos encontró en el sitio y ordenó a algunos de sus hombres conseguir bestias y alimentos para trasladar a su compadre, quien ya no podía caminar.

—"¿Y la maleta, corazón?", — me preguntó asombrado Joaquín, al ver mis manos vacías. Le expliqué lo sucedido, y rápidamente envió a un par de jóvenes de regreso hasta "La Tableta" en busca de la maleta, y no regresaron hasta encontrarla.

***

El cansancio nos impedía continuar; ya la noche estaba a punto de caer. A kilómetros de llegar a "La Lagunita", nos encontraron los hombres de Roberto con alimentos y bestias, como se los había ordenado. Joaquín montó uno de los caballos, mientras yo lo seguía a pie, escalando montañas. Poco a poco, los hombres extraviados en aquel acto se integraban.

Minutos más tarde, El Chapo y yo nos despedimos. Se bajó del animal y me pidió montar junto a Licha y galopar juntas hasta el rancho, para refugiarnos en las casas donde había estado anteriormente.

—"Amorcito, vete a las casas. Cuídense y cualquier cosa, manden a alguien para avisarnos si llegan los soldados. Mandaré por ti en cuanto me acomode en algún lugar seguro", — me indicó. Las mujeres y yo debíamos ponernos a salvo. Los caballos nos llevaron en medio de la oscuridad hasta las casas, como se nos había indicado.

Me acompañé del grupo de cocineras: Licha, Lola y la Chaparra. Blanca ya había sido despedida para entonces. Licha y yo, junto con las demás, nos dirigimos a la casa almacén; los víveres estaban intactos; ni la gente ni el ejército habían saqueado aún el lugar. Nos secamos y encendimos las hornillas de leña y preparamos la cena, luego intentamos descansar un poco. Estábamos asustadas y no podíamos conciliar el sueño, pensando en lo que deparaba el destino la mañana siguiente.

Al amanecer, ordeñamos las vacas para la leche y preparamos el desayuno de forma normal. Me indicaron cuál era la casa principal de Joaquín y fui ahí. Entré y todo parecía estar en su lugar. Encontré algunas prendas de mujer. Emma lo había visitado en aquel sitio reciente a mi llegada, huyó antes de que la situación se dificultara. Según, me contaron El Chapo la despidió rumbo a Culiacán cuando supieron que el ejército se dirigía hacia La Lagunita desde Cosalá.

Después del mediodía, un helicóptero aterrizó junto a las casas y nos retuvieron, haciéndonos interrogatorios una a otra de las muchachas. Preguntas a las que no podríamos responder. A Licha, siendo la mayor, la intimidaron aún más, intentando usar la psicología inversa.

—"¡Miren nomás a la cocinera favorita de El Chapo!", — le dijo uno de los uniformados. Ella estaba nerviosa, negando conocer al señor de las montañas, lo mismo que nosotras.

Nos prohibieron abandonar la comunidad, mientras Guzmán y su gente permanecían ocultos y hambrientos entre el monte. Al cabo de tres días, inesperadamente por la mañana, escuchamos un helicóptero que se aproximaba. Su sonido era diferente, y pudimos identificar que no pertenecía al gobierno. Los militares habían salido del rancho a peinar el otro extremo de la sierra, descuidando un punto importante.

—"¿Escuchas eso? Es un helicóptero y no es del gobierno. ¡Vente, corre, vamos a ver!", — me dijo Licha. Salimos a ver de qué se trataba; en el aire, un helicóptero pequeño se perdía entre los árboles, después de levantar nuevamente su vuelo, en el cual nuevamente se les escapaba El Chapo.

Los soldados, al darse cuenta, se dirigieron hasta la casa donde nos hospedamos temporalmente.

—"¿Quién iba en ese helicóptero?", — nos preguntaban molestos. Dijimos no saber ni haber escuchado nada. Después de eso, no teníamos idea de cómo saldríamos de aquel lugar, estábamos seguras de que Guzmán se había marchado.

Los del ejército nos ordenaron quedarnos en la comunidad, pero decidimos ignorar sus advertencias. Con la ayuda de un joven, nos trasladamos en su cuatrimoto hasta un pequeño rancho donde pudimos contactar a "Güero 90". Él nos recogió allí y nos llevó de regreso a Cosalá.

Fue así como, días después, volví a casa de mis papás, mientras que las otras chicas partieron hacia Culiacán. Al regresar a casa, encontré a mi ama sumida en la angustia. Después de casi dos semanas sin noticias nuestras, nos dieron por desaparecidas. Mi familia se enteró de lo que había ocurrido en la sierra, pero hasta ese momento no sabían qué había pasado con nosotras.

Mi ama lloraba desconsoladamente al verme regresar sola. Le habían informado que desaparecimos en medio de aquel caos. Algunos hombres entre las montañas seguían desaparecidos; entre ellos estaba "Nito" o "Cochambre", como era conocido, en aquel bajo mundo.

—"¿Dónde está tu hermano?", — me preguntó al verme regresar sola. La última vez que lo vi en la sierra, se había quedado con Guzmán y el resto, mientras guardaban entre el monte. No teníamos idea de qué había ocurrido con él.

Una semana después regresó cochambre y narró que había pasado días caminando hasta llegar a Cosalá, que Guzmán se había ido en aquel helicóptero que los rescato.

Inconscientemente se apartó del grupo y se perdió entre las montañas, luego de que El Chapo, su hermano y el comandante se fueron. La mayoría de los hombres quedaron a su suerte y caminaron días sin parar, hasta que un buen samaritano les brindó su ayuda, les dio comida y los llevó hasta el pueblo mágico. Él regresó a casa, mientras que los demás tomaron rumbo a Culiacán.

—"Yo ni loco quiero volver a un lugar así", — manifestó Nito. Al ver el sufrimiento de mi familia, pensé que era el momento de dejar mi relación con Joaquín para siempre.

\*\*\*

Después de aquel traumático episodio, abandoné el pueblo de Cosalá; si me quedaba, Joaquín sabría cómo localizarme tan pronto pudiera. Estaba convencida de que la vida junto a él no era para mí lo que yo esperaba. Yo tenía otro tipo de ambiciones, continuar mis estudios y prepararme para el futuro, y así poder brindarle a mi hijo un futuro más prometedor de lo que me ofrecía aquel ambiente.

Siguiendo mis metas, hui junto a mi hermana Carolina, mi compañera y amiga de siempre, decididas a tomar el control de nuestras vidas. Gracias a buenas amistades, conseguimos una casa en alquiler, empezando desde cero, sin un peso. Lo económico no sería impedimento para nosotras, estábamos acostumbradas al trabajo; estábamos convencidas de que juntas saldríamos adelante de cualquier dificultad.

Después de tomar las riendas de nuestras vidas, mi hermana Carolina y yo nos sumergimos en el mundo laboral con determinación.

Ella encontró trabajo en una boutique en el centro de Culiacán y también realizaba trabajos adicionales, mientras que yo me uní al equipo de una sucursal de Telcel, en servicio a clientes, basándome en mi experiencia. De esa forma, nuestro tiempo se dividía entre los estudios y el trabajo constante. Recuperar el control sobre mi destino fue una de las mejores decisiones que había tomado.

La vida en la sierra y la relación con Guzmán traían consigo su propia carga de dificultades, algunos traumas y recuerdos, en los que trabajaba para soltar, y a medida que pasaba el tiempo, los recuerdos que me unían a él parecían haberse desvanecido. Aprendí a aceptar la historia y a mirar hacia adelante con esperanza de que llegarían cosas nuevas y buenas. Juntas, Carolina y yo escribimos un nuevo capítulo en nuestras vidas.

No había nada más hermoso que ser feliz y tener libertad plena.

Seis meses después. Todo marchaba de maravilla. Estaba convencida de que mi historia con el Chapo había quedado atrás. Enfocada en un nuevo ambiente y en cursar mis estudios universitarios y orgullosa de lo que hasta entonces había logrado, me sentía satisfecha. Culiacán parecía ser muy seguro a simple vista. Nadie a mi alrededor podía imaginarse mi pasado ni las heridas profundas que cicatrizaban con gran esfuerzo. Sin embargo, en un día tan tranquilo, una sola llamada cambió mi paz emocional.

— "Hija, ¿cómo están? Vinieron a buscarte. Ya sabes quién y me preguntó por ti. Estoy muy asustada, no le dije dónde estabas, pero seguirá viniendo". — Era mi amá, asustada y preocupada, mientras me alertaba del pasado que se hacía presente. Sentí un escalofrío recorrer mi cuerpo y los recuerdos empezaban a inundar mi mente. Confiaba en la prudencia de mi ama y esperaba que no fuera a revelar mi ubicación.

— "No, hija, ¿cómo crees que iba a decirles eso? Les dije que no sabía nada de ti, que te habías ido y que no sabía a donde. Y se fueron" — me explicó.

— ¡Me encontraron! — le dije a Carolina, quien también estaba asustada.

— No pasará nada, deja de preocuparte. Nadie aquí nos conoce ni sabe nada de tu vida con él. Tranquilízate.

Tomamos medidas de precaución. Cambiamos de trabajo, yo apenas salía de casa y Carolina trabajaba dobles turnos para ayudar con los gastos mientras yo emprendía desde casa. Después de algunas semanas sin novedades, creí que era una falsa alarma y decidí seguir adelante con mi vida y desprenderme de mis miedos.

Aunque extrañamente me sentía perseguida, vigilada como tal. Notaba cosas extrañas, imaginaba carros que parecían seguirme. Vivía en constante zozobra. Después de una visita al hospital general de Culiacán, caminé un par de cuadras hasta llegar a casa, en la colonia Rosales. Casi enseguida tocaron a la puerta, y Carolina fue a verificar quién llamaba.

— Buenas tardes, ¿Qué se le ofrece? — le preguntó a un hombre extraño del otro lado de la puerta.

— "May, ¿verdad?" — dijo él, seguro de que era yo a quien buscaba.

— ¿Quién es usted? — le pregunté, sintiendo un nudo en el estómago.

— Me dicen el "Perrillo". Estaré a sus órdenes. El señor me mandó a entregarle esto — explicó, y enseguida puso en mis manos una pequeña caja, que claramente dejaba ver que se trataba de un dispositivo móvil.

— Préndalo. Está cargado. En un rato, le van a llamar — rectificó. El hombre se retiró sin más contratiempos.

A prisa y con el corazón dándome saltos, subimos para revisar la caja que "El Perrillo" me había entregado. En su interior se encontraba un Nokia de modelo reciente. El "Chapo" había logrado localizarme en la capital, donde creía que estaría segura y lejos de su alcance. Su poder era inmenso; contaba con un personal sofisticado para ubicar cualquier cosa o persona dentro y fuera del país, especialmente en la capital de Culiacán, su cuna. Minutos más tarde, sonó el móvil.

— ¡Hola! — conteste, abatida por los nervios.

— Hola, hola, amorcito. ¿Cómo estás? ¿Dónde has estado todo este tiempo? ¿Por qué abandonaste a tu rey? ¿Qué pasa con usted, mi "mosura"? — dijo, bombardeándome de preguntad y reclamos. Su voz era inconfundible, no tenía dudas, era el Chapo, y desde luego, me dejaba enmudecida. Tras un largo silencio, le cuestioné.

— ¿Cómo me encontró? — le pregunté, superando mi asombro.

— Amorcito, todo lo que me interesa, lo busco y lo encuentro. Ya vio usted, cuánto me interesa — dijo. El margen de su poder quedaba claro una vez más, no era cualquier pelado, aunque yo lo veía común como cualquiera otro.

— Te busqué mucho en casa de tus papás, mandé a este "chavalo 90". Dijeron que te habías ido —

— Sí... Pensé que no sabría más de usted y me vine a estudiar — le explique tratando de tranquilizar la molestia que reflejaba en su voz.

— Yo estoy haciendo mi vida y me alegra que usted, después de todo, esté bien — comente intentando que comprendiera que tenía una vida resuelta, y que comprendiera que era mejor no volvernos a ver.

—"Mosura", alístate. Mandaré ahora mismo por ti. Tengo ganas de verte acá, platicamos de todo eso" — dijo sin darme oportunidad de tomar mi decisión. Le dije que no quería regresar más a la sierra, pero insistió en que nos volveríamos a encontrar y me indico que enviaría por mí a mi casa, que me esperaba para platicar sobre nosotros, y enseguida colgó el teléfono. No tenía escapatoria.

Todo apuntaba a que tenía ojos por todos lados, posiblemente en cada esquina de la ciudad.

Más tarde, un carro Nissan llegó hasta la puerta de mi casa. Era "El Perrillo". Me llevó a una plaza comercial donde transbordé a otro auto, con un nuevo chofer que me llevó hasta la sindicatura de El Dorado. El chofer paró en un Mz. de El Dorado, Sinaloa, por instrucciones del personal de Joaquín.

—Señora, vamos a esperar aquí. Alguien más vendrá por usted para llevarla con el señor —dijo el chofer. Yo no comprendía aún nada; su vida en la ciudad era muy distinta a lo que había experimentado con él antes, en la sierra. Todo aquello me parecía una locura.

Hasta el Mz. llegó una joven a quien apodaban "La Cuata", integrante del equipo de "El Bravo". Condujo por las orillas de El Dorado hasta llegar a mi destino de encuentro. Un gran portón blanco se abrió ante mí, mientras "La Cuata" oprimía el micrófono de su radio y daba la clave de acceso. Al ingresar se detuvo frente a la puerta de la casa; era un pequeño rancho propiedad del licenciado Dámaso, amigo y socio de Joaquín Guzmán Loera.

De inmediato, Joaquín salió a mi encuentro, abrió la puerta del auto mostrándose caballeroso. Para ganar confianza, me entregó un pequeño ramo de rosas, símbolo de su nuevo plan de reconquista.

—" Mi Mosura, te he extrañado muchísimo. Te veo más hermosa que nunca. ¿No me extrañaste?" — me preguntó, demostrando distintas emociones.

—Venga, la mesa está lista para que cenemos juntos. Debe tener mucha hambre —dijo, mientras continuaba con seriedad. Caminamos hacia el interior de la casa, donde nos esperaban "Licha" y "El comandante". — Los saludé; la mesa estaba casi servida. Después de la cena, El Chapo y yo nos retiramos a la sala.

—Quiero que sepas, mi Mosura, que donde quiera que vayas, hasta allí te encontraré. Has abandonado mucho tiempo a tu rey. Aunque te vayas a Estados Unidos, sepa usted que hasta allá la encuentro — me dejo claro, sus palabras fueron difíciles de olvidar. No comprendí si en ellas expresaba verdad o solo bromeaba.

Intentaba comprender su comportamiento, su forma de ser y, por la seguridad de mi familia y sin andar con tantos rodeos, desde entonces no puse más resistencia a nuestra relación. Me adapté a su forma de vida, me enfoqué en ser obediente y poco a poco fui descubriendo sus gustos, costumbres y cualidades, pero también su lado oscuro.

Era astuto en su manera única de obtener lo que quería, extremadamente controlador en todo lo que lo rodeaba. Adaptarme al estilo de vida no fue nada fácil. Veía la vida de otra manera, entendía la felicidad como el amor, y no como una costumbre.

Tenía ya un cariño especial por él y comencé a odiar todo lo que fuera en su contra. Esa fue la relación más extraña y confusa de mi vida, en la que aprendí a vivir a mi manera.

# 6

# La Muerte de Don Juan El comandante

**Ahora le tocó perder, después de tantas batallas**

**la mayoría eran ganadas, su gente lo sabe bien...**

Autoría de los alegres    del Barranco

La historia de Don Juan estaba llegando a su fin, pero la de Lucero apenas comenzaba. Las cosas se pusieron difíciles en Culiacán, y el Chapo tuvo que huir a Sonora tras un fuerte operativo en Sinaloa. Me despedí de él en El Dorado y, pocos días después, ya quería verme nuevamente. Nuestros encuentros ocurrieron en distintos lugares: El Dorado, La Cruz de Elota, Culiacán y el hermoso paraíso de Los Cabos, entre otros.

Estaba aprendiendo aun a seguir todas sus indicaciones; me pidió tomar el autobús con destino a Navojoa, y durante aquel trayecto nos mantuvimos en constante comunicación.

— "Mosura, ¿ya salió el camión? Estoy deseando verte luego", — leía a menudo en mis mensajes. Aquella sería la primera vez que yo visitaba Sonora.

— "Amor, avísame cuando llegues a un retén militar. Debes bajar allí", — me indicó.

Una hora después, había llegado hasta el retén, tal como me lo había indicado Joaquín. Le avisé que apagaría el celular por unos minutos. Los militares revisaron nuestras pertenencias y al encontrar todo en orden, el autobús siguió su camino. Me bajé en una estación donde un hombre del Chapo ya me esperaba. El chofer me llevó hasta una bonita hacienda propiedad de "Jando", amigo y socio de Joaquín. Por al menos tres días, todo marchó tranquilamente. Me despedí de él en aquel lugar, luego de que tuvo que huir nuevamente del gobierno y regresé a Culiacán.

Joaquín se internó en las montañas del desierto de Sonora, donde dijo que, nos encontraríamos semanas más tarde.

"El Isra", uno de los choferes en Culiacán, me llevó hasta una pista en El Dorado. Desde allí, su piloto, "Cachimba", me trasladó en su avioneta Cessna hasta una pista que aterrizó en el desierto de Hermosillo, Sonora, para reunirme con Joaquín. Al aterrizar en la pista desértica, una camioneta me trasladó hacia las montañas rocosas donde estaba la casa que resguardaba a "El Chapo" y su gente.

—"Mi mosura, ¿cómo estás? Qué alegría volverte a ver", — me dijo enseguida de verme, con la misma forma cariñosa de siempre. Le conté los pormenores del viaje y compartió su bienestar.

Al llegar, no vi al comandante de inmediato, lo cual me llamó la atención siendo tan activo. Saludé a Licha y Joaquín me mostró la casa, como siempre hacía.

— "¿Dónde está el comandante?", — le pregunté al notar su ausencia.

— "Está en su cuarto, corazón. Ha estado enfermo", — me expresó Joaquín con seriedad, indicando que la situación era grave. Fue entonces que le pedí verlo.

— "Te acompaño. Está en su cuarto", — dijo el Chapo, guiándome hasta su habitación. El comandante estaba postrado en su cama, visiblemente desmejorado.

— "comandante, ¿cómo estás?", le pregunté mientras me inclinaba y tomaba su mano para saludarle. Indudablemente estaba preocupada al verlo en su triste estado.

— "'Reinita, viniste. Estoy muy mal del pecho, yo creo que ya me cargó San Pedro", — dijo, intentando dar una sonrisa.

— "No diga eso comandante. Te vas a poner bien. ¿No quieres ver a tu nieta? ¿Has tomado lo que te recetó el médico?", — le pregunté y enseguida me mostró sus medicinas, luego salí de la habitación junto a Joaquín.

— "¿Cómo ves al comandante?", — le pregunté a Licha.

— "La verdad, lo veo muy mal. Le dije que debería irse unos días a descansar, pero no quiere. ¿Qué haremos si le pasa algo aquí?", — dijo ella mostrando extrema preocupación por él y por Joaquín.

— "Deberías decirle al señor que lo mande con su familia unos días. A ver si tú lo convences", — sugirió.

— "Voy a hablar con él. Lo veo mal y así no creo que vaya a soportar otra corrida fuerte", — manifestó Licha mientras preparábamos un té para el viejito. Quedamos impresionadas al ver al comandante salir de su habitación. Apenas se sostenía en pie, pero insistió en acompañarnos a comer. Lo ayudé a llegar hasta la mesa. Le pedí que tomara el té y salí en busca de Joaquín para indicarle que la mesa estaba lista. Al encontrarme con él, hablamos de las posibilidades de enviar al comandante a una clínica y a su rancho.

— "La mesa está servida. Veo muy mal al comandante. ¿Qué piensa hacer? ¿Lo puede mandar a una clínica para que lo atiendan o a su casa en La Tuna? Cuando esté mejor, puede regresar", — sugerí.

— " pues... corazón, creo que lo mejor será enviarlo a su casa. Estoy casi seguro de que en cualquier momento nos dejará. No puede ir a una clínica, si lo descubre el gobierno, estamos perdidos", — argumentó Guzmán. Agregó que don Juan pensaba ir a ver a sus hijas y a su nieta; ese era su deseo. Joaquín estaba verdaderamente preocupado Por él. Entramos a la casa y nos dirigimos al comedor junto al viejito.

— "comandante, ¿cuándo te vas de vacaciones a La Tuna? Debemos mandar traer tu helicóptero para que puedas ir. ¿Qué piensas?", — le preguntó "El Chapo".

— "Si me voy, tú no vas a durar. Si sigues haciendo las cosas como las estás haciendo, te van a matar o te van a agarrar, nomás que falte yo, de mí te acuerdas", — le expresó don Juan, su preocupación era dejar a "El Chapo". Ese era el principal motivo por el cual no quería marcharse de su lado.

— "No, comandante, tú vas a estar conmigo por mil años más. No pienses así. Solo vas a ir unas semanas de vacaciones para que te recuperes y luego nos volveremos a ver. Es más, te propongo que la reina se quede aquí, déjale instrucciones y que ella te diga si hago las cosas mal. ¿Qué te parece? — bromeaba Joaquín, intentando convencerlo de tomar sus vacaciones. Por supuesto, yo no estaría allí para siempre; mis visitas duraban de tres días a una semana. Joaquín alternaba mis visitas con las de sus demás mujeres, en aquel tiempo. Y por supuesto, el "comandante", tenía razón. Sin él, "El Chapo" comenzaría a tomar decisiones equivocadas y apresuradas.

***

Días más tarde, Joaquín envió al comandante a su rancho natal, La Tuna, el lugar que lo había visto nacer.

Llegado mi tiempo con ellos, debía regresar a Culiacán. Me despedí en la casa de las montañas del desierto. Luego, me enteré de que "El Chapo" tuvo que huir y abandonar Sonora, luego de un operativo llevado a cabo en San Quintín. Joaquín y "Tinita" habían viajado juntos a San Quintín; ella había llegado después de mi visita y juntos recorrían aquellas plantaciones de marihuana en Baja California. Yo desconocía la existencia de los sembradíos.

A través de los noticieros, se anunció que, en junio de 2011, el gobierno sitiaba y destruía 120 hectáreas de plantaciones de marihuana. Descubrí que el Chapo había estado entre los plantíos ese día, acompañado de su mujer y socia en distintos negocios.

Consciente de la naturaleza de mi relación con Guzmán, me mantenía al margen de sus asuntos, así como de opinar de las relaciones con otras mujeres.

Mientras tanto, el comandante ya disfrutaba de sus merecidas vacaciones en La Tuna Badiraguato, junto a su familia. Después del operativo en San Quintín, el Chapo no tuvo más remedio que regresar a ocultarse de nuevo en Culiacán.

La mañana del 8 de agosto de 2011, sonó mi BlackBerry, teléfono celular que usaba exclusivamente para comunicarme con "El Chapo". Eran alrededor de las siete de la mañana cuando el sonido y la vibración continua del dispositivo me despertaron.

— ¿Buen día, amorcito? ¿Ya despertaste? ¿Debería levantarse si aún estás acostada? — leí en la pantalla. Era Joaquín Guzmán, hablando más temprano de lo habitual.

— Sí, aún estaba descansando. ¿Qué paso? ¿Por qué está despierto tan temprano? — le pregunté, extrañada de que estaba despierto a esas horas de la mañana.

— Amorcito, levántate. Con la novedad de que se nos murió el comandante. Prepárate para acompañar a las mujeres a La Tuna al velorio, para despedir a mi "comandante" como se debe — me escribió "El Chapo". En sus palabras escritas pude sentir la tristeza que lo embargaba tras la pérdida de su mejor amigo.

Al leer la triste noticia, me senté de golpe en la cama mientras el silencio de mi habitación me envolvía, recordaba sus últimas palabras.

— ¿Qué pasara con Joaquín después de su muerte? — Pensé abrumada.

— ¿Qué fue lo que pasó? Habían dicho que estaba mejor — escribí, luego de reponerme de la impresión que me causó la muerte del comandante. Bombardeaba de preguntas a Guzmán, como si él tuviera una buena respuesta. La noticia había tomado por sorpresa a todos.

La última vez que vi con vida a Don Juan, había sido en Sonora. Se encontraba en tierras desérticas junto a "El Chapo", mi pareja sentimental en aquel entonces. Sin duda, la salud del viejito había estado deteriorada. Se mostraba cansado, fatigado y con un aspecto amarillento; sus pulmones apenas conseguían oxígeno. Don Juan había expresado entonces su último deseo a Guzmán: viajar a La Tuna Badiraguato, Sinaloa, antes de que la muerte lo sorprendiera lejos de su tierra.

Anhelaba estar junto a su familia y presentía que sus últimos días habían llegado a su fin. "Así lo manifestó durante nuestro último encuentro, y tuvo la fortuna de morir en la tierra que lo vio nacer.

Con esta nueva tragedia, muchas cosas podían cambiar y eso me preocupaba. A Don Juan se le tenía un cariño y respeto especial a pesar de su historial criminal. Mantenía un lado humano noble y sensible que se manifestó ante mis ojos desde la primera vez que lo conocí. Solo puedo hablar de mi historia con él, sin conocer lo que fue en su pasado.

El lugar que ocupaba en la organización del cártel de Sinaloa se lo había ganado con creces, gracias a su habilidad con las armas y la valentía con la que defendía a Guzmán con uñas y dientes. Era capaz de dar su propia vida por él sin dudarlo si hubiera sido necesario. Había entregado una infinita lealtad a la familia Guzmán Loera, razones poderosas por las que muchos le respetaban.

Su personalidad era algo difícil de explicar y entender. Poseía gran sabiduría y sencillez, pero, sobre todo, poca ambición en las riquezas materiales, con ello ganó mayor admiración. En incontables ocasiones, se desprendió de sus ingresos para brindar ayuda a otros. Todo lo que narro y expreso en estos breves textos quedó demostrado con la humildad en la que su familia vivía visiblemente, y en la miseria en la que terminaron los últimos días de Don Juan.

Su vida transcurrió en un bajo perfil y humilde, a pesar de ser el hombre de mayor confianza de uno de los capos más poderosos del narcotráfico. Según la revista Forbes, El Chapo era multimillonario, mientras que "El comandante", a pesar de estar inmerso en un ambiente de abundancia, apenas veía riquezas asomarse a la puerta de su hogar.

Don Juan era un hombre cauteloso, hablaba solo cuando era necesario con pocos amigos. A veces, los trabajadores le jugaban bromas de mal gusto que, para mí, resultaban incómodas, molestas y una falta de respeto debido a su avanzada edad.

Quienes convivimos con él sabemos que no siempre mostró su lado más oscuro. Muchos confiaban en su buen carácter sin percatarse de que "El comandante" era poco bromista y decidido en su proceder.

Respetado y querido por muchos en la organización. Para El Chapo, don Juan era lo más cercano a su padre.

Por ello dejó a Joaquín consternado y entristecido tras su pérdida irreparable. En mi tiempo de convivir con ambos, esa fue la única vez que El Chapo y "El comandante" se separaban y definitivamente para siempre.

—"Lo echaré de menos", — manifestó Joaquín.

—"Parece ser que se asustó. Alguien le dijo que iban soldados hacia La Tuna, y salió corriendo con su nieta por el monte y allí cayó, mi comandante no resistió", contó Joaquín durante nuestra conversación matutina donde detalló lo sucedido y las causas del fallecimiento de Don Juan.

Para entonces, Joaquín ya había adelantado los detalles de su viaje y la forma en que se despediría de él.

—"¿No estará pensando en ir usted, ¿verdad?" — Le pregunté conociendo su manera de actuar, y sabiendo lo importante que era Don Juan para él.

—"Quiero ir, corazón. Vamos a ver si puedo despedirme de él. Lo haré desde el avión, no creo que baje. Ahí se encuentran los soldados, cerquita. Allá te veré", — me escribió desde su BlackBerry."

Mientras preparaba las maletas, Joaquín ya había ordenado todo lo necesario para el sepelio; incluso compró miles de rosas que fueron enviadas hasta La Tuna. Aquel día, me pidió que acompañara a Licha, la señora del servicio doméstico y amiga de Doña Consuelo Loera, a quien él consideraba una más de sus hermanas.

—"Ve y visita a mi jefa. Ya le dije a Licha que te llevé. Salúdala de mi parte y coméntale que es tu suegra", — me indicó Joaquín. Sin embargo, hacer aquello para mí era imposible.

—"No puedo hacer eso. Voy a cumplir con el velorio de 'El comandante', pero no me pida que le diga eso a su mamá. No puedo hacerlo", — le dije a Joaquín. Notando que lo decía de broma.

Conocía la fe de la señora Consuelo, la admiraba y respetaba, sin mezclar mi relación con su hijo y mi deber de hacer acto de presencia en el velorio del comandante. Por otra parte, nunca sentí sinceras las palabras de él. Conociéndolo como llegué a conocerle, más bien representaban una forma de ponerme a prueba para ver hasta qué punto era yo capaz de llegar en esa relación.

Esa misma tarde, viajamos a bordo de una camioneta todo terreno hasta La Tuna durante varias horas de trayecto, acompañadas también por "La Chaparra" y Liliana, sus cocineras.

Al llegar a La Tuna, todo estaba calmado. Al detenerse la camioneta frente a la casa del comandante, esperaba encontrarme con una gran mansión o algo similar, considerando todos los años de trabajo y la importancia que representaba para Guzmán. Al bajar del carro, observé detenidamente a mi alrededor. Me pareció un lugar bonito y original, con sus calles empedradas ahogadas en cemento. Ha sido la única vez que pisé el rancho La Tuna.

—"¿Ves aquella casa que está allá en lo alto?" — me indicó Licha.

—"Esa es la casa de Doña Consuelo, tu suegra. ¿Vamos a ir luego?" dijo Licha siguiendo las bromas de Guzmán. Joaquín le había pedido llevarme a visitar a Doña Consuelo. Ella no se encontró en el sepelio del comandante, para cuándo llegue ya se había retirado por cuestiones de salud. Verdaderamente estaba apenada por pisar aquellos lugares.

—"No te pasará nada. La señora es muy buena gente", — comentó. No tenía dudas de eso, sino de su hijo y de nuestra relación, ya que no era correcta en ningún aspecto. Dentro de mis pensamientos, no deseaba presentarme ante los ojos de familiares allegados a Joaquín.

Me hablo de los lujosos ranchos, de Joaquín. El Cielo, y El Caimán. — Si tenemos tiempo, podemos ir a conocerlos", — me indico mientras caminábamos hacia la humilde casa del comandante y sus hijas. Aquella era una pequeña casa de adobe, en piso de tierra y muy chica. El féretro de El comandante se encontraba en el pequeño portal bajo una sencilla techumbre. Entregamos el pésame a sus hijas y a su nieta, de al menos catorce años, quien presenció la muerte de su abuelo.

El velorio del comandante se extendió toda la noche. Al día siguiente, el sonido de una avioneta sobrevolaba por el aire. Era Joaquín Guzmán Loera, llegando para despedir a su amigo de toda la vida, quien lo había acompañado y aconsejado desde su juventud en sus andanzas delictivas.

El piloto tenía intenciones de aterrizar, pero una advertencia por radio sobre la presencia cercana de militares en "La Tuna" los llevó a cancelar el plan. En cambio, la avioneta dio tres vueltas alrededor de la casa del comandante, arrojando desde lo alto algunas rosas rojas. Algunas de ellas fueron recogidas del suelo por los presentes, incluyéndome. Las pocas que recogí del suelo, las coloqué sobre el féretro. Así, "El Chapo" se despidió de Don Juan, conocido también como "el Viejito", nombre cariñoso dado por muchos. Se cuenta que fue él quien nombró la comunidad como Rancho "La Tuna", con el apoyo de sus habitantes.

Al tercer día de su sepelio, el ataúd del comandante fue llevado en hombros por los hombres del rancho para un último recorrido por las calles de "La Tuna", Badiraguato.

Personalmente, pude ver el afecto y el respeto que la gente del pueblo le tenía.

Cuando el cortejo llegó frente a la casa de Doña Consuelo Loera, los hombres que portaban el féretro lo dejaron allí por un tiempo. La madre de "El Chapo" salió a recibirlo. Mientras esperábamos, la banda de viento tocaba suavemente. Doña Consuelo se acercaba al ataúd para despedirse de su amigo más querido. Las escenas fueron conmovedoras.

A pesar de su profundo pesar, Doña Consuelo mantuvo una fortaleza visible, expresando su fe en Dios y su convicción de un reencuentro en la otra vida.

— "Amigo querido... Este no es un adiós, sino un hasta luego", fueron algunas de las palabras que dirigió al cuerpo presente, dándole su bendición. Enseguida, el féretro fue llevado hacia su última morada, el panteón de "La Tuna". Al llegar, el grupo musical "Los Alegres del Barranco" recibieron el cortejo con la canción

"Te vas, ángel mío". — Las lágrimas inundaron a los familiares y amigos. Acompañé a la familia hasta el final de la tarde, entre la música y una gran cantidad de rosas rojas, para despedirnos de él. Los hombres dispararon al aire como un homenaje al comandante, dejando partir de este mundo a quien para ellos era un valiente en todos los aspectos. Para los habitantes de "La Tuna", el comandante significaba mucho más que una simple leyenda viviente. Para inmortalizar su legado, se erigió una estatua en su honor pocos días después de su partida. Ahora, sus restos descansan en el panteón de esa comunidad enclavada en la sierra de Badiraguato, Sinaloa, junto con los de otros miembros de su familia.

Después de la triste despedida, nos preparamos para partir, pero antes hicimos una visita a Doña Consuelo Loera en su casa, ubicada en lo alto de "La Tuna".

Al llegar, nos recibió con amabilidad y nos invitó a pasar al portal. Junto a Licha, compartimos un momento cálido con Doña Consuelo, quien nos contó detalles sobre los acontecimientos, incluyendo cómo el comandante corrió con su nieta al escuchar la falsa llegada de los soldados, y de cómo finalmente falleció en su tierra. Le mencionamos que ya estaba enfermo antes de dejar el desierto. Después de nuestra charla, Doña Consuelo insistió en compartir una comida con nosotras, ofrecimiento al que inicialmente nos disculpamos y rechazamos. Sin embargo, su amabilidad nos convenció para quedarnos, y así disfrutamos juntas de unos deliciosos frijoles con cuajada y tortillas de maíz recién hechas. Al finalizar la comida, nos despedimos agradecidas por su hospitalidad y nos dirigimos de regreso a Culiacán. Antes de partir, Licha me tomó por sorpresa al preguntarme si deberíamos contarle a Doña Consuelo sobre la relación entre su hijo y yo, o si ella misma lo haría. Decidí dejar las cosas como estaban y me apresuré a subir a la camioneta. Mantuvimos el asunto en silencio, como debía de ser.

Días después, me encontré con Joaquín, quien mostró interés por los detalles del sepelio y la salud de su madre. Licha le aseguró que Doña Consuelo estaba mejorando y le explicó que no mencioné nuestro compromiso. Joaquín se mostró molesto y cambió rápidamente de tema, centrando la conversación en la salud de su madre, quien se estaba recuperando favorablemente de una cirugía de cadera.

Con el paso de los días, las cosas volvieron a la normalidad. Joaquín, aunque afectado por la pérdida de su amigo y preocupado por la salud de su madre, encontró consuelo en el apoyo de su familia y mantenía el negocio en marcha.

Por mi parte, reflexioné sobre las complicaciones de mi relación con Joaquín y la necesidad de mantener ciertas cosas en secreto por el bien de todos. Decidí seguir adelante con precaución en esa relación peligrosa, manteniendo un equilibrio entre mi vida personal y la lealtad a mi pareja.

Joaquín y yo no habíamos vuelto a vernos en persona, desde que nos encontramos en Sonora, si no después de nuestro regreso del sepelio del comandante.

Al paso del tiempo, las heridas de las despedidas sanaban y la vida seguía su rumbo en el mundo del cartel de Sinaloa. No obstante, los recuerdos del comandante y el impacto de su partida seguían vivos en la memoria de quienes lo conocieron, era un reflejo de la fragilidad y la triste realidad del entorno en el que nos movíamos

## 7

## La continua desfachatez.

El repentino fallecimiento de Don Juan Ortega Villa nos reencontró a El Chapo y a mí en la capital de Culiacán Sinaloa, pocos días después del funeral, como antes mencione. Como era su costumbre, El Chapo había enviado a uno de sus hombres. "Nariz", un rostro nuevo para mí me llevó hasta una casa en la colonia El Vallado en Culiacán, Sinaloa. Antes de nuestro encuentro, "Nariz" se aproximó de manera misteriosa mientras yo estaba en el centro comercial MZ en la avenida Manuel Clouthier.

—¡Buenas tardes, señora! —dijo saludando desde el interior de un vehículo Cherokee negro.

—¿Es usted May? —preguntó, mencionando el apodo con el que Joaquín y algunos amigos me identificaban; sabía que venía de su parte solo por mencionarlo. "Nariz" se bajó del auto y me explicó que había sido enviado por el "Tío", como toda su gente lo llamaba. Me pidió que subiera al auto para llevarme a donde estaba El Chapo. Una vez dentro del vehículo, "Nariz" me colocó una capucha que cubría completamente mi cabeza y me indicó que me recostara en el asiento trasero del coche y me pareció muy extraño el acto. Aquello era nuevo para mí y temí lo peor. Durante los meses de relación con Guzmán, nunca habíamos tomado medidas de precaución tan extremas.

—Quédate ahí y no te muevas —me ordenó.

—¿Quién eres? —le pregunté con voz temblorosa, percibiendo la situación como algo inquietante.

El corazón se me salía del pecho; estaba asustada y la cabeza me daba vueltas pensando que había caído en manos contrarias, ya no estaba tan segura de que aquel sujeto, había sido enviado por Joaquín como decía.

—Ya valí, son enemigos del viejo —pensé de inmediato, y cuanto más pensaba, más me aterraba. Comencé a recordar el triste final de Zulema, una reclusa con la que El Chapo había compartido parte de su vida mientras estuvo preso en Puente Grande, Jalisco, en 1993.

Zulema, según la historia, apareció muerta en el año 2008; su cuerpo semidesnudo estaba envuelto en cobijas y cinta canela de la cabeza a los pies, y fue encontrado dentro de la cajuela de un automóvil abandonado en el Estado de México. Según medios periodísticos, en su cuerpo había marcas con la letra "Z", enemigos mortales de El Chapo.

Había leído sobre el romance entre Joaquín y Zulema durante su estancia en prisión, una trágica historia que recordaba cada vez que algo como aquello sucedía. Pensaba que tal vez mi destino sería tan trágico como el de ella si continuaba la relación con Guzmán Loera. "Nariz" recorrió el trayecto desde el MZ hasta la colonia El Vallado.

Muy pronto, sentí que el auto se detuvo y escuché el sonido de un portón que se deslizaba de lado a lado. Avanzamos y el coche se detuvo por completo bajo un techo de malla sombra de color oscuro.

Alguien abrió la puerta del auto, me tomó del brazo y me levantó del asiento. Me quitó la capucha del rostro y justo frente a mí estaba El Chapo. Al verlo, me molesté y respiré profundamente intentando reponerme de mis emociones. No pude evitar sentir coraje por aquel acto de mal gusto de su parte.

—¿Qué es todo esto? ¿Por qué me trajo así? —le pregunté alterada.

—Tranquila, no se asuste, mi "Mosura". Discúlpeme, pero ahora mismo no puedo confiar en nadie. Es algo nuevo que va a ser para todos los que vengan a esta casa —me aclaró Joaquín. Ese acto evidenciaba su desconfianza en mí y al parecer estaba atravesando graves problemas con enemigos y desde luego con el gobierno que lo buscaba sin cesar.

—¿Usted cree que esto es seguro? Solo me asustó. Pensé que era gente enemiga suya. Esto no sirve de nada. Sé dónde estoy ahora mismo. ¿Cree que alguien inteligente no lo va a saber? —le pregunté tras mi molestia. Con seguridad, conocía mi ubicación.

—¿Cómo? ¿Miró usted por dónde la traía "Nariz"? — me preguntó sorprendido.

—No... tracé mentalmente el trayecto desde donde salimos y las direcciones que tomó el carro. Conozco la ciudad y le puedo afirmar que estamos en la colonia El Vallado, y si no me equivoco, cerca del Puente que va a Home Depot —resumí en detalles a Joaquín, eso lo dejó sin habla y reflexionando sobre lo que le había dicho. Se sonrió y me invitó a pasar al interior de la casa.

—Oye, corazón, me doy cuenta de que eres como los gatos que los meten en un costal y saben dónde están. Cada día me sorprendes más con tu inteligencia —dijo, confirmando lo dicho. No era cuestión de inteligencia, sino de lógica. Cualquiera que conociera la ciudad podría dar con una ubicación tan corta sabiéndose en riesgo.

—Algo debo aprender en este mundo tan feo suyo — le dije y se carcajeaba. "Nariz" formaría parte de nuestras vidas desde entonces, llevándome de un sitio a otro.

Poco a poco, nada me parecía extraño; todo se volvía cada vez más familiar para mí. Me acostumbré a sus decisiones, a su mundo sin alternativas.

"El Chapo" se encontraba casi solo para entonces. Mucha gente a su alrededor llamaría la atención y decidió distribuirla por la ciudad en coordinación con sus socios, secretarios y lugartenientes principales, quienes tenían el control de cada movimiento. El servicio doméstico había sido cancelado también por razones de seguridad, así que tocaba asumir el roll de ama de casa, entonces.

En sus encuentros habituales, Joaquín Guzmán Loera estaba acompañado únicamente por sus secretarios más confiables, quienes se relevaban cada veintiún días. Por lo general, me encontraba con "Picudo" o "Cóndor", quienes se alternaban en la vigilancia. Ocasionalmente, trabajaban en conjunto, compartiendo la responsabilidad de mantener alerta a los halcones a distancia, supervisados también por "El 50" y "El Bravo", lugartenientes importantes para El Chapo.

***

Días después, desde Colombia llegó Alex Cifuentes Villa, mejor conocido en la organización como "Panchito", considerado también uno de los hombres de mayor confianza de Joaquín Guzmán Loera. Panchito estaba acompañado por un par de jóvenes holandeses, que dijeron ser escritores y ecologistas de profesión. También en ocasiones llegaba acompañado de una mujer colombiana, que parecía modelo. Según ellos, los jóvenes habían solicitado una reunión con "El Chapo" para elaborar relatos sobre su fascinante vida delictiva. También llegaban con la idea de proponerle a Joaquín inversión en proyectos ecológicos.

Durante dos días, permanecieron tomando alcohol bajo el resguardo del techo de malla sombra en el patio de la casa. Durante ese tiempo, compartieron risas, bromas y profundas discusiones sobre las propuestas que finalmente no lograron convencer a Guzmán, y los mandó a volar.

Si bien Guzmán siempre deseó contar su historia, habíamos hablado del tema y planeamos en su momento grabar sus relatos en grabadoras corrientes, pero por una cosa u otra, nuestra idea nunca se concretó y se fue olvidando con las ocupaciones constantes. Dentro de nuestras charlas Joaquín me confeso, que su sueño no era ser traficante, si no musico, y que le hubiera gustado estar en La Arrolladora de don cruz Lizárraga.

***

Entre Joaquín y yo, las cosas fluían cada vez mejor y me pidió darle hijos. Estaba obsesionado con la idea y comenzamos a hacer lo posible, tomando tratamientos alternativos para lograrlo. Hasta aquí todo iba bien.

Al paso del tiempo viviendo juntos, comenzaron a surgir detalles que no me convencían de procrear familia con él.

Cada vez que se inquietaba por nuestra incapacidad para concebir, creía que tal vez el problema era mío, haciéndome dudar de mi fertilidad. Finalmente, me exigió visitar a un médico para realizarme estudios. Aunque al principio ignoré su orden, acabé cediendo. Durante la consulta, el médico descartó problemas en mi salud.

Sin embargo, el médico sugirió hacer estudios a mi esposo para investigar si él era el problema. Me sentí nerviosa y pensativa al regresar a casa, anticipando lo que vendría.

Al llegar a casa, le expliqué a Joaquín lo que el ginecólogo había sugerido: que él se hiciera análisis de rutina para verificar si había algún problema. Para mi sorpresa, reaccionó mejor de lo que esperaba, aceptando hacerse los análisis de inmediato.

Con la ayuda de su médico de confianza y su chofer, "Nariz", se encargaron de realizar los estudios de laboratorios de manera discreta, mientras yo me encargue del resto. Esta accesibilidad me hizo pensar que realmente deseaba tener una familia estable. Sin embargo, sus resultados mostraron que era poco probable concebir de forma natural. Joaquín me propuso probar otros métodos recomendados por sus compadres médicos de Londres, como la inseminación artificial o in vitro, métodos desconocidos para mi hasta entonces.

Así comenzamos un largo y doloroso camino de tratamientos en varias clínicas en Guadalajara. Lamentablemente, ninguno tuvo éxito. Lo más impactante fue darme cuenta de que "El Chapo" fue padre, mientras nosotros luchábamos por concebir de manera similar.

La mañana del 16 de octubre de 2011, Joaquín y yo nos dirigimos al comedor para compartir el desayuno. Encendió el televisor para ver las noticias y me quede desconcertada al escuchar la noticia de que Emma coronel Aispuro, su supuesta esposa, había dado a luz a gemelas en California, el 15 de agosto. Joaquín volteó hacia mí, buscando mi reacción, mientras yo me sentía en shock.

Su rostro mostraba confusión y desconcierto. Permanecí en silencio, sintiendo un escalofrío recorrer mi cuerpo. Pensé en su desfachatez al utilizar mi relación para agrandar su imperio. Me levanté y me dirigí a la habitación, conteniendo una mezcla de emociones.

Mientras tanto, Joaquín seguía sentado, atento a las noticias sobre sus hijas. Sabía que se avecinaban problemas, no solo conmigo, sino también con "Tina", otra de sus mujeres más frecuentes. Desde la sala, escuché su celebración por haber "metido un gol a los gringos". Preparé mis maletas y, al entrar en la habitación, se sorprendió al ver que me iba. Fue tras de mí y no lo quise escuchar más, y se sentó en la mesa con seriedad, tocando su rostro como solía hacer cuando algo le preocupaba.

Salí hasta el carro y le pedí al chofer que me llevara a casa, pero este consultó a "El Chapo" antes de acceder a sacarme de la casa. Él aprobó mi partida con la condición de mantenernos en comunicación.

Abordé el auto y salí de su presencia. Aunque nunca exigí que dejara a ninguna de sus parejas, yo necesitaba un motivo para irme. Necesitaba una relación estable y normal, algo que no encontraría con él. Desde el principio, sabía que tenía más esposas y novias, porque así era él, enamoradizo y debía soportarlo todo. Él no estaba dispuesto a que lo dejara y nunca mire intenciones de que el quisiera dejarme tampoco. Nuestra relación no estaba destinada a durar; por todos los problemas, sabíamos que terminaría en cualquier momento. Él no aceptaba que no pertenecíamos al mismo mundo.

Una visita al médico confirmó que mi tratamiento de fertilidad no estaba funcionando. Sorprendentemente, me sentí aliviada; quizás era lo mejor. Con él, las aventuras eran inevitables. A veces teníamos que huir de la ciudad juntos o por separado debido a los movimientos del gobierno y los enemigos que intentaban capturarlo. Para evitarme problemas me aislé de la vida social. Dejé de convivir con muchas personas, especialmente con quienes no formaban parte de nuestro entorno. Me alejé de amistades e incluso de familiares.

***

Después de entender cómo Joaquín se protegía, consideré necesario adoptar ciertas precauciones. Su desconfianza me inquietaba profundamente. Bajo su tutela, aprendí a ser precavida e intuitiva, detectando cuándo algo no estaba bien a nuestro alrededor. También aprendí a guardar silencio y abstenerme de opinar si él no lo solicitaba, eso lo hacía sentir tranquilo y seguro.

Me esforcé por no ser una fuente más de problemas para él. A pesar de ser joven, aún influenciable y moldeable, me consideraba madura mentalmente. Durante años viví con miedo debido a su fama. "El Tío", "El Chapo", "El General", "El Apá" o "El Gerente", todos eran la misma figura amenazante.

Uno de mis mayores temores era que nuestra relación se descubriera. Él sabía cuánto me aterraba. Para mí, lo nuestro no era nada agradable. Durante seis años logré mantenerlo en secreto, incluso fuera de mi círculo cercano.

"El Chapo" me recordaba a diario los peligros de estar lejos de él y me pedía ser cuidadosa para asegurar su seguridad y la de su gente. Para él, la lealtad era lo más importante. Entendí perfectamente las consecuencias de una traición.

Durante nuestros encuentros, la precaución era primordial. No podía permitirme cometer errores, especialmente el de revelar nuestra ubicación y poner a otros en peligro. Mantenía en secreto los detalles de mis encuentros incluso ante mi familia. Todo surgía de manera sorpresiva y misteriosa. Con el tiempo, las cosas iban cambiando. Ya podía moverme con mayor libertad, entrar y salir de su casa en mi propio auto, sin depender del chofer todo el tiempo.

Durante esos seis largos años, mi vida estuvo marcada por muchos sentimientos, como el miedo y las desilusiones, pero también por el poder de las manipulaciones.

La persona más cercana a mí era Carolina, mi hermana, compañera y cómplice de toda la vida. A medida que mi relación con Joaquín avanzaba, fue imposible ocultar nuestra situación, los problemas, los negocios y los sucesos. Pero ella siempre estuvo ahí para consolarme en los momentos más difíciles y apoyarme en las demandas de "El Chapo". Él insistía, que incluso la ubicación de mi hermana tenía que mantenerse en secreto y estar alertas siempre por si éramos perseguidas durante nuestras rutinas diarias.

Aunque muchos envidian esa vida, no era tan ideal como se piensa. Mi vida con él no fue un cuento de hadas; anhelaba paz y oportunidades que él no podía ofrecerme. Me volví dependiente de su presencia, creyendo que solo él podía protegerme de todo, en lo que el mismo me había envuelto.

Nuestra convivencia, para entonces ya era casi diaria, sus reuniones familiares y sociales disminuyeron debido a la presión del gobierno que lo tenía acorralado en Sinaloa para capturarlo. Dejó de recibir a una gran cantidad de sus mujeres y familia.

\*\*\*

Después de un operativo en El Dorado, Sinaloa, dejé de verlo por un par de meses. Sin embargo, me escribía reiteradamente para decir que estaba bien y que pronto vendría por mí.

Justo cuando empezaba a respirar libremente y a desestresarme, aparecía como un fantasma con sus millones de problemas y tensiones, perjudicando también mi tranquilidad.

Nuestros encuentros se limitaban a las cuatro paredes de las casas de seguridad, con el conocimiento de sus más allegados desde que "El Chapo" abandonó la sierra. El dinero que poseía no se destinaba a viajes ni a lujos excesivos; y yo no tenía libertad para decidir por mí misma.

Mi debilidad más grande era mi hijo, a quien quería proteger y cuidar. Sin embargo, debido a la peligrosa situación, era demasiado arriesgado tenerlo cerca de nosotros. Por lo tanto, lo ubicaba en casas cercanas, bajo el cuidado de nanas y mi hermana. Lo visitaba por las tardes y los fines de semana, aprovechando cualquier oportunidad para pasar tiempo juntos. Ocasionalmente, cuando la ciudad parecía tranquila, Joaquín tomaba el papel de papá y compartía momentos importantes con él, y lo llevábamos con nosotros.

Cuando salía de compras, el chofer me dejaba en un punto y luego regresaba a recogerme, mientras Joaquín controlaba mis movimientos con mensajes constantes.

Inesperadamente, me propuso matrimonio, pero al enterarme de que aún estaba casado, rechacé la idea. Nunca acepté su propuesta de matrimonio, evitando el tema cada vez que lo mencionaba.

Nuestra relación era inestable, y yo no estaba segura de estar lo suficientemente enamorada como para casarme. Admiraba su inteligencia y su carisma, pero seguían las dudas. La vida que llevaba no presagiaba un futuro estable, y temía heredar problemas a nuestros posibles hijos, especialmente sabiendo que muchos de los suyos ya eran perseguidos por enemigos y el gobierno desde entonces, e incluso algunos de sus hijos sufrían ya el rechazo en las escuelas.

"La vida de las personas en esa clase de mundo, no siempre es lo que parece" …

## 8

## La renuncia de Virgo

En un mundo donde la tranquilidad es un bien preciado y la violencia acecha en cada esquina, Joaquín Guzmán y sus allegados luchábamos por mantener una vida aparentemente normal. Sin embargo, la calma se vio perturbada cuando "El Chapo" y sus socios tomaron fatales decisiones que desencadenaron una serie de eventos que sacudieron los cimientos de su entorno y pusieron a prueba su capacidad para mantener el control en su organización.

Una mañana aparentemente normal de diciembre de 2011, Joaquín y yo desayunábamos tranquilamente cuando su secretario interrumpió en el comedor con noticias aterradoras. El secretario mostraba un rostro descompuesto y la mirada fija en el suelo.

— "Tío" los plebes me acaban de informar que ya murió "Virgo", — dijo el secretario, con evidente pesar en su tono.

Al escuchar la noticia, Joaquín dejó su plato a un lado y su rostro reflejó una mezcla de emociones confusas. Mantuvo una larga seriedad, con la mirada perdida en la mesa, mientras su secretario permanecía en silencio a unos pasos de distancia, visiblemente afectado.

Desde mi lugar frente a Joaquín, observé su silencio con desconcierto. Su actitud ante lo lamentable me causó pesar. El silencio que nos envolvía se interrumpió con las palabras de "El Chapo" sobre la partida de su primo.

— ¿Y el compañero de "Virgo"? ¿Qué pasó con él? —preguntó Joaquín.

— También... "Tío", se murió como usted ordenó, —respondió su hombre, con voz quebrada al recordar que había sido Joaquín quien había ordenado su muerte. Lo que escuche me dejó sin aliento.

— Bueno... Es caminito que todos vamos a tener que seguir. De ahora en adelante, así serán las cosas. Quien me traicione, sea hombre o mujer, familiar o no, se va a morir. Así será, —repitió estas palabras el Chapo, levantando el rostro y clavando su mirada en mí al tiempo que las pronunciaba. La gravedad de sus palabras me estremeció.

Todo me sorprendió de golpe. Mi cerebro emitió una alerta inmediata al ser la única de sus mujeres presentes en ese momento. Fue un mensaje directo y contundente, pronunciado en voz alta, que nunca olvidaría y que siempre consideraría al tomar mis decisiones. Un nudo se formó en mi garganta, mis ojos se humedecieron, aunque traté de ocultar mi reacción. Mis manos y piernas temblorosas se congelaban mientras luchaba por asimilar lo que estaba sucediendo.

Mientras tanto, Joaquín permanecía sentado frente a mí, observando aún mi rostro con su mirada penetrante de siempre.

— Está bien, chavalón. Si necesitas algo, avísame. Hermosura, terminemos el desayuno, está delicioso, —dijo con frialdad, como si nada hubiera ocurrido. No podría volver a pasar un bocado después de eso.

Fue un día aterrador, uno de los muchos que viví a su lado. Aunque no lo expresó verbalmente, su mirada reflejaba rabia y asomaba lágrimas que se negaba a dejar caer. Mantuvo las manos empuñadas, luchando contra los sentimientos que lo abrumaban, sin admitir que la muerte innecesaria de "Juancho" le estaba afectando. Conocí a virgo con un par de visitas a la casa, sabia de quien se trataba, aunque desconocí sus negociaciones.

Cuando el secretario mencionó a "Virgo", pensé en una causa natural, pero al escuchar cómo habló sobre su compañero, "El Güero Bastidas", no pude evitar conocer la verdad, él los había mandado ejecutar.

Desde aquel momento, dormir a su lado se convirtió en una agonía. Eran situaciones difíciles para las cuales mi mente no estaba preparada para asimilar. Las decisiones de Joaquín eran conocidas por ser difíciles y drásticas, pero llegar al extremo de eliminar a su propia sangre estaba fuera de toda medida. Nos encontrábamos en un terreno mucho más delicado al traspasar esos límites.

En torno a esas muertes se formaron distintas teorías: algunos afirmaban que Juancho había desaparecido por días sin avisar a Joaquín, y que mentía cada vez que tenía la oportunidad. Se argumentaba que se ausentaba debido a su tendencia a quedarse dormido, lo que retrasaba sus respuestas telefónicas. Se decía también que Juancho tenía a su cargo ciertos negocios y oficinas que habían sido descuidados, lo cual lo volvía sospechoso. "El Chapo" comenzó a sospechar que su primo lo traicionaba y que existían rumores sobre una posible colaboración con el gobierno (hasta el día de hoy, nada confirmado).

La gota que derramó el vaso fue cuando Juancho le mintió a su primo sobre su ubicación en un momento crítico. Joaquín ordenó su búsqueda en Durango, pero nunca lo encontraron. Las oficinas de comunicación trabajaban sin pausa mientras Joaquín enviaba a su gente a buscarlo en Culiacán.

Al final, Juancho fue hallado muerto junto a otro individuo, "El Güero Bastidas", en un acto violento que conmocionó a Sinaloa. Aquella muerte desató temor y desconfianza entre los colaboradores de "El Chapo". Juancho, su primo, fue eliminado por motivos ambiguos, lo que generó un clima de paranoia. El ambiente era tenso, con un constante temor a cometer errores que pudieran llevarme al mismo destino. La traición acechaba en todas partes a Joaquín, y el miedo era palpable a su lado.

Después de enterarme de los hechos, me encontré ante un escenario donde la tragedia ya había hecho estragos. Guzmán había tomado decisiones desgarradoras y definitivas, y Virgo ya no estaba entre nosotros. Ignoraba por completo los problemas entre ambos, y aunque no puedo afirmar si las sospechas de "El Chapo" eran válidas, me cuestionaba si quitarle la vida a otro ser humano era la solución adecuada. La muerte del comandante tuvo consecuencias devastadoras, como lo anunció antes de partir.

"La ausencia de su fiel amigo llevó a Guzmán a cometer errores graves. A partir de entonces, el imperio de Guzmán comenzó a desmoronarse, marcando el inicio de su caída y la ruptura irremediable del cartel."

## 9

# OPERATIVO EN LOS CABOS B.C

Después de un intenso operativo de la Marina Armada de México en Culiacán, Joaquín se vio obligado a huir de la ciudad, alejándose del estado durante varios meses. Fue su hermano Ernesto quien le alertó del operativo, permitiéndole escapar con antelación. Por precaución, decidimos tomar caminos diferentes. Yo regresé a casa de mi familia, perdiendo contacto entre los dos."

El Chapo" había evadido con éxito la persecución, escondiéndose entre Culiacán y El Dorado. Aparentemente, todo volvía a la normalidad, y me pidió encontrarnos semanas más tarde. Había pasado por varias cirugías y tratamientos para preservar su salud y apariencia juvenil.

Aunque no estuve presente durante estos procedimientos, me pidió productos para curaciones, y me ordenó llevarlos hasta El Dorado, Sinaloa, donde se encontraba entonces.

– "Hola, mi amor. Ya te extraño. Te veré más tarde, mandaré por ti. También te mandare algo de dinero para que me compras algunas cosas que necesito", — dijo, adjuntando una lista.

—"Consigue árnica para cocer. También necesito gasas para cubrir heridas y todo lo necesario para que me ayudes a hacerme curaciones",

— escribió y de inmediato le pregunté si se encontraba bien; la situación me preocupaba.

— "Todo bien, corazón. De paso me compras camisas, pantalones y lo que creas que necesito. En las corridas perdí todo, ya sabes mis tallas. Nos vemos más tarde aquí y te cuento lo que pasó", — me respondió, limitándose a dar más detalles vía texto PIN.

Mi imaginación volaba, pensando qué estaba herido, considerando algún ataque enemigo o enfrentamiento, como solía pasar en su ambiente.

Joaquín no solía ser tan abierto acerca de los problemas que enfrentaba. Siempre mostraba una actitud positiva y prefería que nadie indagara más allá de lo que él permitía que se supiera, ni siquiera yo como mujer.

Después de recibir las indicaciones, Carolina salió a recoger el dinero que Guzmán había enviado para las compras y pronto nos dirigimos a las farmacias y a las plazas comerciales, donde habitualmente compraba sus prendas de vestir, pantalones, camisas, ropa interior, tintes para cabello, barba y bigote, entre otros productos que normalmente utilizaba.

Horas más tarde, el chofer enviado pasó a recogerme en una de las plazas y emprendimos camino hacia El Dorado a bordo de un Sentra blanco, haciendo una escala en la sindicatura de Costa Rica, Culiacán, Sinaloa. A donde Solía mandar hacer piezas de pan casero para él una o dos veces al mes, ya que a Joaquín le encanta el pan en la mesa y remojarlo en su café. Ese día no le avisé que me desviaría un poco, según sus cálculos me había demorado demasiado, así que me escribió para saber qué sucedía.

— "¿Ya vienen, corazón? Te estoy esperando", — me preguntó. Mensajes como aquel eran la clave para asegurarse de que todo estaba bien y de que nadie nos seguía hasta su ubicación. Vivir en tanta clandestinidad y adrenalina me causaba mucho estrés. Fueron tiempos vividos bajo demasiada presión y "El Chapo" demandaba el 90% de mi tiempo.

Por eso, me veía obligada a responder de inmediato. Mi celular se convirtió en una extensión de mi mano, y si me quedaba dormida, tenía que asegurarme de que estuviera junto a mí.

Si no contestaba, yendo de camino hacia él, Joaquín, debía calcular mis movimientos y cambiar de sitio. Contaba cada segundo que pasaba entre mi ubicación y la suya con una precisión impresionante.

— "Ya estoy en camino, todo está bien. Casi llegamos. Perdón, me desvié un poco para pasar con mi abuela por el pan calientito para usted y el teléfono no me daba señal", – le expliqué, cuando noté que me había demorado y la recepción en la comunicación estaba fallando. Era crucial para mí mantener la honestidad y no perder su confianza. El chofer conducía a toda velocidad también estresado.

Luego de algunos minutos, llegamos a mi primer punto de encuentro para realizar maniobras necesarias. El primer chofer asignado por su secretario me llevaba al centro comercial MZ, ubicado en la entrada de El Dorado. Desde allí, el equipo de "El Bravo", se encargaba de mi traslado hasta llegar con Guzmán.

En aquel lugar conocí a dos de sus lugartenientes más importantes, "El Bravo" y "50 o él Sonic", como eran conocidos en su mundo. A menudo estaban presentes, y nunca se alejaban a más de cien metros de Joaquín. Observaban cada movimiento con meticulosidad, atendiendo los radios que colgaban de sus pecheras y manteniendo al tanto de lo que sucedía fuera de la propiedad.

La propiedad estaba completamente cercada y contaba con un par de palapas a poco más de cincuenta metros de la casa, donde permanecían algunos hombres uniformados al tanto.

Al llegar, noté que Joaquín se mantenía de pie, pero en su aspecto estaba deteriorado, algo poco común en él. Me abrazó como de costumbre y revisé si tenía algunas heridas visibles en su cuerpo, pero no noté nada, ni siquiera rasguños como los que solía tener a menudo.

— "Tranquila, mi reina, todo está bien", – dijo, al verme inquieta, y me contó lo ocurrido. Se había sometido a una cirugía pélvica sin mencionar la causa, además de un par de tratamientos estéticos como inyecciones de rejuvenecimiento facial. Las suturas aún eran recientes, por lo que requerían ciertos cuidados.

\*\*\*

Durante tres días, estuve pendiente de su salud, siguiendo las indicaciones del médico sobre los cuidados necesarios y administrando sus tratamientos a tiempo. Me convertí en su enfermera.

Sin embargo, el tratamiento llegaría a su fin con dificultades. "50" tocó la puerta mientras Joaquín reposaba en su cama.

— "¡Tío Tío, ¡tenemos que movernos! Los del ancla vienen para acá", — le advirtió apresuradamente. El gobierno estaba nuevamente cerca de Guzmán.

Inmediatamente lo ayudamos a levantarse, apresuradamente preparé sus pertenencias mientras él se alistaba para salir hacia el punto de escape, donde una avioneta esperaría entre huertas de plantas de plátanos y palmeras.

— "¿Ya le avisaste a Cachimba que tenga listo el avión?", — le preguntó Joaquín a "50".

— "Ya está listo, Tío. Viene en camino y la "dura también está aquí lista. Súbase, tenemos que salir ya", — le rogó el joven desesperado. Debíamos abandonar la propiedad a bordo de camionetas altamente blindadas lo antes posible por seguridad.

Sus hombres nos condujeron a un lugar seguro para ocultarnos mientras esperábamos que el gobierno dejara de buscar. Mientras tanto, "50" y el piloto coordinaban el aterrizaje de la avioneta Cessna, que nos recogería en El Dorado, Sinaloa.

— "La avioneta ya llegó Tío", — anunció minutos después "50", y nos dirigimos hacia la pista clandestina. Abordamos la avioneta que había aterrizado en el reducido espacio. "Picudo", Joaquín y yo subimos rápidamente y, de inmediato, Cachimba recibió la orden de volar hacia Los Cabos, Baja California.

Aterrizamos en una remota zona tropical, cerca del Trópico de Cáncer, a orillas de la carretera transpeninsular San José del Cabo a La Paz. Allí nos esperaba Ángel, un chofer al servicio de Joaquín. Nos llevó hasta Cabo San José, donde ingresamos a una bella residencia con una impresionante vista al mar. El chef ya tenía preparada la comida, mariscos para recibirnos aquel día.

Desde la fuga de Sonora, "El Chapo" había estado moviéndose por Baja California y viajaba ocasionalmente a Culiacán para sus reuniones con socios, familia y mujeres. Se mantuvo estable en ese estado durante meses después de la salida repentina de El Dorado aquel día, yendo y viniendo entre San José del Cabo y Cabo San Lucas. Para evitar ser descubierto, cambiaba de residencia cada dos semanas o incluso cada semana, entre una vivienda y otra.

Con el paso de los días, me di cuenta de que se pagaban sumas considerables por el arrendamiento de las propiedades, un asunto que Ángel se encargaba de manejar.

Hasta entonces, todo seguía marchado bien entre Guzmán y yo como pareja, pero todo cambió de repente a raíz de las dificultades y aprietos en que se encontraba, el romance estaba llegando a su fin.

Las finanzas de "El Chapo" estaban tambaleando, su organización se encontraba al borde de la quiebra total, según sus propias palabras. La gente estaba perdiendo el control y no querían trabajar adecuadamente sin un sueldo fijo, específicamente mientras él se recuperaba de la cirugía, todo eso perjudicaba su seguridad.

Para empeorar las cosas, el secretario notificó una situación extraña a Joaquín mientras él descansaba, todo se salía de control tanto para su gente como para él. Yo, ajena a los asuntos internos y negociaciones, no entendía mucho de lo que hablaban ni de lo que estaba pasando, pero prestaba atención a algunos detalles.

— "¡Tío, no encuentran los aviones que salieron ayer!", – le informó el secretario con nerviosismo.

— "¿Cómo que no los encuentran? ¿Ya preguntaste bien?", – le interrogó Joaquín.

— "Sí, Tío. Me dicen que al parecer se cayeron. Había mucha nieve y el clima no estaba bien en la ruta que iban. No salieron, Tío. Dicen que nunca llegaron" –, continuo el secretario, detallando de los hechos ocurridos. Al escuchar eso, Joaquín se perturbó y carraspeó su garganta, la tensión se apoderó de él, lo noté en su rostro. Estuvo pensativo, con la mente perdida, y cuando volvió en sí, se apartó y se puso en acción desde su BlackBerry, hablando con quién sabe cuántas personas.

Caminaba de un lado a otro, jalándose el bigote, como era su costumbre cada vez que estaba nervioso, ansioso o preocupado, y su estado de ánimo me ponía igual de nerviosa.

Cuando se comportaba así, prefería mantenerme alejada sin atreverme a hablarle, debido al estrés que manejaba

Días después, terminó la incansable búsqueda de las dichosas avionetas y sus pilotos. Desaparecieron por completo, y el agotamiento y el estrés comenzaron a afectar a Guzmán. Su salud estomacal se convirtió en un problema grave, a raíz de la noticia del accidente y otras pérdidas que su organización sufría como consecuencia del daño colateral a las finanzas. Las traiciones, carencias y otros problemas relacionados con el dinero se sumaban a sus preocupaciones, sin dejar de dar órdenes a su secretario.

—"Localízame a "Tocayo", —ordenaba con frecuencia, utilizando apodos clave. Consciente de que sus asuntos eran delicados y no me competían, me mantuve al margen, sabiendo cuál era mi papel hasta entonces: callar, escuchar, observar y ocuparme solo de él.

Dijo: que inesperadamente, comenzaron a surgir retrasos en los pagos quincenales para gran parte del personal de su seguridad y otros empleados. "El Chapo" mencionó raramente que les debía varios pagos atrasados, contándome por primera vez algunos de sus problemas personales y financieros. Esto me llevó a involucrarme en su vida laboral y en algunos asuntos en los que me hizo participar, pidiéndome ayuda. "El Chapo" temía que su gente se desesperara y que algunos de sus grupos se dividieran como ya ocurría debido a la falta de dinero. La seguridad estaba organizada en tres anillos o filtros: secretarios, lugartenientes y halcones, cada uno con sus propias responsabilidades y diferentes niveles de acceso a la información. La seguridad preocupaba a Joaquín.

—"¿Quiénes están enterados de que estamos aquí?", — le preguntó Guzmán a su muchacho, consciente de la importancia de mantener la discreción de nuestra ubicación en todo momento.

—"La gente de su compadre y del Lic. Nada más, "Tío"— dijo su secretario en turno.

—"¿Y quiénes más? ¿Dónde está el negro?" —preguntaba Guzmán, su tono impregnado de autoridad infundía temor en nuestro entorno. No me gustaba verlo en esa faceta de su persona

—"Mi compadre negro se está organizando, Tío. Ya le dije que aliste a su gente para que se venga rápido", – narraba el secretario, tratando de ocultar su nerviosismo, mientras le explicaba que los aliados del "Bravo" se instalarían en La Paz, otros, en Los Cabos San Lucas y San José del Cabo.

—"Bueno, vamos a movernos de aquí, Manda a Ángel a rentar otra casa, que busque una más barata haya por las orillas. Dile a negro que eche las blindadas al barco y se las traiga. Aquí las vamos a ocupar para movernos. Despacha a la gente de mi compadre. Mantenlos lejos hasta que se ocupen, y que no sepan dónde estamos. Ahorita entre menos gente se vea mejor, que no se vayan todos, que se mantengan en otras áreas por si los ocupamos", – ordenó Joaquín en cuestión de segundos, mientras su voz resonaba con autoridad.

—"Checa a quienes tenemos en las nóminas. Hay que hacer recortes", – le siguió ordenando al secretario. En las nóminas figuraban algunos nombres de sus mujeres, viudas de algunos hombres caídos, de su familia más cercana y el personal de servicio. La mejor estrategia para Guzmán durante aquella crisis económica fue hacer recorte de personal, echar mano de los más cercanos y emplear a personas que no exigieran demasiado, pero que estuvieran dispuestas a obedecer por cualquier motivo y que le fueran útiles. Entre ellas, sin saberlo hasta entonces me encontraba contemplada yo. Me dejé manipular por muchas razones, principalmente por el amor que él decía tenerme y el cariño que yo le tenía, también el miedo a las consecuencias fue un motivo muy poderoso.

\*\*\*

Se podía percibir la cercanía de las festividades navideñas y de fin de año en noviembre de 2011, y para mantener a su gente contenta durante esa época crucial, era conveniente para El Chapo que todos estuvieran satisfechos.

Fue por aquellos días, que Joaquín me ordenó regresar a Sinaloa para cumplir con un encargo y luego me pidió viajar a la sierra de Durango. Estos favores, inicialmente, parecían ser simples gestos, pero con el tiempo se convirtieron en responsabilidades peligrosas y compromisos de los que no podía liberarme fácilmente. Con el descubrimiento de ciertas habilidades en mí, "El Chapo" comenzó a confiar cada vez más en mis capacidades, lo que me arrastró más profundamente en algunos de sus asuntos.

"El miedo a Guzmán y a su círculo más cercano se arraigó en mí, obligándome a caminar con extrema precaución y rectitud en todo momento. Ser parte de ese mundo no era tan sencillo como podría parecer a simple vista. Vivir con miedo constante, enfrentar peligros y riesgos inminentes, incluía la posibilidad de perder la vida propia y la de mis seres queridos, era una realidad a la que me enfrentaba cada día. Los errores en este entorno tenían un precio demasiado alto y aprender a navegar por estas aguas turbulentas se convirtió en una cuestión de supervivencia.

—"Amorcito, necesito que te vayas de regreso a Culiacán, te voy a mandar a la sierra a llevar un recado a un compadre", – dijo Joaquín, ahí comenzaba todo, sin siquiera tomarse la molestia de preguntarme si estaba de acuerdo. En un abrir y cerrar de ojos, me encontré en Sinaloa y desde allí, su piloto me llevó hasta la sierra de Bastantita, sumergiéndome en este mundo de intriga y peligro por primera vez.

— "Dile a mi compadre que me haga el favor de acaparar toda la hierba que salga ahí en su rancho. Coméntale que ahorita no tenemos mucho presupuesto, pero en cuanto la vendamos, yo le hago llegar algo en agradecimiento" — me indicó Guzmán, con una mezcla de urgencia y confianza en sus palabras. Siguiendo sus instrucciones al pie de la letra, volé hasta Bastantita, Durango, donde fui recibida por personas increíblemente amables, de buen corazón y humildes.

Al regresar de la sierra, por orden directa del Chapo, me dirigí al aeropuerto de Culiacán y tomé un vuelo hasta La Paz, donde me esperaba para recogerme el chofer y llevarme a Cabo San Lucas. Sin embargo, con el paso de los días, la estrategia de Guzmán no dio los resultados esperados y comenzó a considerar opciones más extremas después de aquel primer favor.

— "Mi mosura", quiero que vayas con tus parientes a la sierra, a donde vivías antes y preguntes lo que te voy a decir. ¿Sabes escoger buena mariguana, corazón?" — Me preguntó, con una seriedad que me desconcertó, al escucharle.

— No estoy segura, ¿por qué? — pregunté, sintiendo que algo no encajaba en esa conversación.

— "Bueno, quiero que vayas y preguntes si tienen marihuana lista para vender. Diles que dice tu marido que si nos pueden fiar; en dos meses les pagaremos. Necesitamos dinero para completar y empezar a pagar a la gente, ya les debo varias quincenas" — Me explicó, mientras que su idea me pareció exagerada. Su tono revelaba la desesperación por solucionar sus problemas financieros, usándome como una opción para solucionar parte de ellos.

— No creo que la gente quiera fiar, además, como mujer nunca he estado en una situación así — le dije, la idea propuesta me asustaba, y le confese que yo no sabría cómo manejar asuntos de ese tipo.

— "No te preocupes mi reina. Tú solo has todo lo que tu rey te diga y todo saldrá bien, ya verás. Ve esta semana a averiguar qué te dicen. Si no quieren fiar, trata de negociar, se las compras baratas, pero primero la checas que esté buena, cuando estés allá. Si está bien, veremos cuánto podemos ofrecerles y te enviaré el dinero depende de lo que logres" — insistió, No podía creer lo que me estaba pidiendo, la idea me dejó insegura e indecisa.

¿Cómo podía yo considerar hacer tal cosa? La sensación de ser utilizada se volvía cada vez más palpable, y sinceramente, nunca imaginé que algún día me pidiera algo tan descabellado. Aunque en la cultura sinaloense, era común ser agricultor de mariguana en las zonas serranas, de alguna manera lo veía así también, después de haber pasado parte de mi adolescencia en ese bajo mundo. Sin embargo, convertirme en una compradora y traficante de la misma ya no era algo muy normal.

Tampoco fue cómodo encontrarme en un mundo dominado por hombres, y había muchas cosas que no me quedaban claras, una de ellas era. ¿Por qué me mandaba a mí, si tenía tanta gente que podía hacer un trabajo tan arriesgado? Y que estaban dispuestos a quedar bien con él, por ser él quién era, pensé una y otra vez.

— "Está misma semana quiero que te vayas, corazón, a más tardar mañana si es posible. Entre más pronto vayas, mejor. Ni modo, corazón, vas a tener que mantener a tu rey" — decía en forma bromista y poco graciosa, cada vez que podía repetírmela. Esta frase solo aumentaba mi sensación de desconfianza, haciéndome sentir vulnerable y anhelando una libertad que tanto necesitaba.

Con miles de temores, me adentré nuevamente en la sierra, a donde viajé por tierra. Allí me reencontré con mis recuerdos del pasado y donde iniciaría una nueva fase de mi vida.

Al llegar a la sierra en Durango, entablé conversación con la gente que había formado parte de mi familia y conocidos del pasado. Establecimos acuerdos y encontré aliados dispuestos a ayudarme a organizar la recolección de la hierba en la comunidad y sus alrededores, las cosas habían sido más sencillas al principio de lo que pensé. Se recolectó pronto el primer vuelo, una parte a bajo costo, y una más a crédito. Después de mencionar la posibilidad de pagar, un precio muy bajo, como "El chapo" me lo había sugerido, algunos de los sembradores, tomaron la opción de vender por la falta de compradores para su producto.

Mis primeros resultados fueron positivos para "Él "Chapo", manifestándome que yo era su suerte lo cual le pareció atractivo y me llevó a involucrarme más en el negocio delictivo. Sin embargo, conforme cumplía con sus encargos, me encontraba exhausta, por la lucha constante de sus intereses que eran más exigentes cada día. Todo esto, impulsaba el miedo a negarme a seguir cumpliendo con sus órdenes.

Para él, mi trabajo era conveniente, y el que yo le tuviera ciertos temores también, no me atrevía a negarme hacer algo por él. Aun así, me consideraba inteligente y astuta, capaz de adaptarme a sus necesidades. Después de cumplir con el desagradable encargo que me había dado, regresé de la sierra y viajé a Baja California, visiblemente afectada por el cansancio. "El Chapo" me recibió con halagos, resaltando mis habilidades para los negocios, para el fui más importante desde entonces.

— ¡Amorcito, me salió usted muy buena para el negocio! ¡Nunca imaginé que fuera así de buena! Ahora sí vamos a salir adelante corazón — dijo con su característico humor sarcástico, cuando estaba contento. Lo cierto es que sus palabras no eran broma, y era vergonzoso e indigno de mis principios.

— "¿Está cansada?, vamos a ponernos un suero para animarnos" — dijo Joaquín, y enseguida ordeno a su secretario ir por el doctor. Por aquellos días perdí la oportunidad de negarme a continuar en esos favores, nunca pude decirle mi inconformidad, no lograba articular mis palabras sin que se ofendiera

Desde luego el noto mis cambios significativos de actitud, fui más seria que de costumbre, y pensó en darme un respiro durante unas semanas para reponerme. Él era consciente de que en algo me estaba afectando todo aquello. Aun así, su plan seguía adelante.

Mientras tanto, me relajaba, disfrutaba de que había un niño correteando y jugando por toda la casa, y él lo disfrutaba de la misma manera. Joaquín ya estaba más restablecido de su cirugía y más animado, pero sin dejar los cuidados necesarios para su recuperación.

Habitualmente reservada y limitada por mi propia obediencia, dejaba que mi imaginación e ignorancia llenaran los vacíos. Así pasamos por aquella época la Navidad y el Año Nuevo juntos, en la inmensa tranquilidad que nos brindaba el mar. Yo guardaba la esperanza de que la idea de enviarme de nuevo a la sierra se le pasara durante esos días y nuestra relación volviera a ser solo la de su "mujer".

Aburrida de estar encerrada, decidí salir de casa. Le pedí permiso para ir a realizar algunas compras. De inmediato ordenó a Ángel, el chofer, llevarme a conocer las mejores plazas de Baja California en Los Cabos, y donde podía realizar algunas compras. Durante el trayecto, Ángel me puso al tanto de situaciones que desconocía, incluyendo problemas económicos graves y conflictos internos entre las facciones relacionadas con "El Chapo" y el personal del licenciado Dámaso.

Ángel me informó sobre la creciente inestabilidad en la seguridad, con deserciones y fallas en la vigilancia que ponían en peligro a los líderes del cártel. Se estaban desatando guerras internas, lo que hacía peligroso demorarnos en las plazas comerciales. Me advirtió sobre el riesgo de ser rastreados por la gente contraria, y que uno de los cabecillas de la estructura, nombrado René, quien había traicionado a "El licenciado Dámaso", les disputaban el territorio de Baja California.

Además, debíamos tener cuidado con el gobierno, ya que tanto "El Chapo" como nosotros corríamos riesgos, fue entonces cuando iniciaba a conocer más detalladamente todo lo que conllevaba ese ambiente peligroso y deje de ver a Joaquín como el poderoso santo que podía protegerme de cualquier peligro, no era así.

— "Señora, no estoy seguro de si debería decirle esto, pero usted sabe cómo es el Señor, a nadie le hace caso. Pero quiero decirle que es muy peligroso estar saliendo y entrando a la casa en este momento. Por nuestra seguridad, le aconsejo que compremos lo necesario y volvamos pronto con "el don" — dijo Ángel, lo cual me inquietó muchísimo. Decidí regresar de inmediato a casa junto a mi pareja. No quería ni imaginar que alguien pudiera identificarnos y seguirnos hasta donde se ocultaba Guzmán; si algo le pasaba estando conmigo, su familia podría culparme, ya que siempre las sospechas sucedían, ese era un temor con los que vivía a diario a su lado.

— ¿Qué pasó, mi mosura? ¿Por qué volvieron tan pronto? — preguntó Joaquín al verme entrar por la puerta, notando que apenas llevábamos algunas compras. Le inventé que no encontramos lo que buscaba y que le había pedido a Ángel regresar a su lado.

— ¿No la llevaste a las plazas que te dije para comprar mis cremas? — preguntó, dado que él era vanidoso y eran parte de su rutina facial, por lo tanto, fue lo primero que aseguré en comprar.

— Si, señor, la llevé a todos lados, pero la señora ya no quiso seguir; dijo que prefería estar aquí con usted — explicó Ángel. Joaquín se sintió fascinado con la explicación del muchacho, le encantaba que como mujer fuera atenta con él, de la misma forma demostraba su interés en mí y por las compras de aquel día.

— ¿Hijo, ¿qué me trajiste? — le preguntó al niño, mientras le mostraba cada uno de los juguetes que sostenía en las manos. Joaquín se entretuvo en la sala junto a él niño. Le pedí a Ángel que no comentara nada de lo que me había dicho, para no incomodar.

René y el señor Dámaso tenían problemas graves por la plaza en Baja California, tal como me lo había resumido Ángel. La gente de Dámaso y René se enzarzó en una guerra que puso en peligro a la organización y a sus líderes en las paradisíacas playas. La tranquilidad de las arenas doradas se vio perturbada por el conflicto, mientras "El Chapo" se ocultaba cada vez más, temeroso de aquello.

Después de las festividades de Año Nuevo, "El Chapo" me envió de vuelta a la sierra, explicando que aún no contaba con suficiente dinero para sostener y pagar las cuotas de la seguridad. Me fui haciendo a la idea, que mi vida se convertiría en una rutina en el negocio, si no lo paraba. Puse muchas metas de mi vida en pausa, incluso mis estudios académicos, para cumplir con los encargos de Joaquín durante esa crisis.

En medio de esta mala racha, comencé a sentir compasión más por mí, que por él. Con el tiempo, sus peores temores se hicieron realidad: las traiciones no tardaron en llegar cuando algunos hombres de su seguridad fallaron debido a la falta de dinero, desatando conflictos de intereses. Los equipos de seguridad en La Paz se dividieron, algunos siguiendo a René, a quien culpaban de traición a la organización.

Mientras ellos resolvían sus problemas en Los Cabos, yo recorría la sierra y me enfrentaba a dificultades para conseguir más hierba. Intenté explicarle los detalles a Guzmán, pero él insistió en que debía resolverlos por mi cuenta, ante la desesperación de conseguir cargamento. Además, me ofreció una solución y sugirió que utilizara su nombre. "El Chapo" creía que esto nos proporcionaría mayores beneficios en la compra y recolección de marihuana en el Triángulo Dorado.

"Yo no compartía en absoluto ese pensamiento; por el contrario, estaba convencida de que mencionarlo solo me exponía a riesgo y atraía la atención de sus enemigos".

— "Te aseguro que, si les dices que vas de mi parte, la gente no te negará nada, especialmente si saben que es para mí" — afirmó con seguridad. Efectivamente, su nombre era conocido y respetado por muchos, pero en más de un lugar remoto en la sierra contaba con enemigos, y yo no estaba dispuesta a exponer a personas inocentes, ni a mí misma, por él.

Así que pensé en la forma de arreglármelas sola y a mi manera. Contaba con personas de la comunidad que me ayudaban en lo que podían, y para entonces ya se habían incorporado mis cuñados, quienes vivían en el área. Me apoyaban en lo que estaba a su alcance, así que le pedí al encargado que nos organizara los autos, para viajar más a la sierra y conseguir lo que Guzmán exigía.

Todo estaba alineado con las indicaciones de "El Chapo", la mayoría de ellas se cumplían al pie de la letra.

— Consigue la hierba lo más barata que puedas, porque no es tiempo de compra. Te enviaré el avión la próxima semana con dinero para que pagues el viaje que enviaste. Te iré diciendo lo que debes hacer— me indicó Joaquín. Era la peor época del año, cuando "El Chapo" me iniciaba como recolectora; algunos agricultores apenas estaban sembrando y enfrentándose a complicaciones para sostener los cultivos. Otros guardaban las reservas y lo que no se había logrado vender durante las cosechas de la temporada anterior, esperando buenos precios.

Días más tarde llegó el efectivo que Joaquín había prometido enviar vía aérea, y pudimos pagar a los campesinos parte del viaje que nos habían concedido a crédito. Esto se había logrado gracias a la amistad con la gente que sostenía en la sierra.

La mayor satisfacción de todo aquello fue ver la alegría de la gente; muchos finalmente estaban contentos de haber vendido y podrían abastecer sus hogares y proporcionar alimento a sus familias. La necesidad de otros me hacía soportar de alguna forma el ambiente, y la extraña relación con "El Chapo". Conocí más de cerca la necesidad de muchos y el corazón se me afligía cuando veía la pobreza y el olvido a la gente por parte de los gobiernos.

Mientras él recogía las ganancias, fruto de mi trabajo, salía de deudas e invertía más en el negocio de la compra de marihuana. Él enviaba el dinero exacto para cada viaje, sin un peso de más ni de menos.

Trabajé incansablemente para él, desde el amanecer hasta el ocaso. Afirmaba haber pagado quincenas, y desconozco cuántas mujeres mantuvo todo ese tiempo. Los años que pasé junto a "El Chapo" representaron una prueba constante, sobreviviendo a sus necesidades y con el paso del tiempo también a su desconfianza. Mi vida experimentó un cambio radicalmente.

Sin ser consciente, me fui adentrando cada vez más en ese mundo. Una cosa llevó a otra y me vi inmersa en él. Me hice conocida en la sierra, entre los agricultores de algunas zonas de Tamazula. Indudablemente, mi fama comenzó a extenderse por la zona; gané respeto, cariño y admiración de gente buena y amistades que fui conociendo a mi paso.

Muchas niñas expresaban su deseo de ser como yo, y me sentía apenada porque no era un buen ejemplo. Ellas desconocían la realidad y el peligro constante al que yo me enfrentaba al lado de alguien que me exponía a situaciones de riesgo y me conducía a la posibilidad de encontrar la muerte. A pesar de la admiración por ser la única mujer dedicada al negocio de la recolección de marihuana a gran escala en las áreas rurales de Tamazula, no me sentía orgullosa de ello.

Sin embargo, como suele suceder en todas las situaciones, me enfrenté a personas que llegaron a odiarme. Surgió la envidia por parte de hombres y mujeres que anhelaban ocupar mi lugar y deseaban que me fuera de la fregada, peor de lo que ya me iba. Desperté el rencor por la competencia, lo que tanto había temido se presentaba ante mí, y eso me preocupó más de la cuenta. Sabía que tarde o temprano, la dimensión de mis actos podría costarme caro. Sin embargo, también sentía miedo de desobedecer a "El Chapo". Entonces, ¿qué podía hacer en mi caso? Simplemente necesitaba tiempo y encontrar la manera de dejar de hacer lo que no era correcto, pero sin disgustar a Guzmán.

Desafortunadamente, me encontraba en la posición de sobrevivir hasta que Dios decidiera brindarme un camino mejor del cual nunca dude que encontraría. El trabajo excesivo al que me veía sometida ponía en riesgo mi salud; poco a poco me sentí agotada, perdí peso y los cambios en mi cuerpo eran frustrantes, especialmente considerando mi condición de mujer. Siempre he sido sana en cuanto al consumo de drogas, alcohol o cualquier sustancia energizante se refiere. Soy enemiga de todo ello y prefiero utilizar mi capacidad física y mental de forma limpia, aprovechando mi fortaleza natural.

A menudo, quienes desconocen este mundo, viven con la falsa impresión de que el camino es fácil. Sin embargo, yo no lo diría de ese modo, hay quienes la vida nos lleva por un camino equivocado y sin buscarlo. No deseaba dedicarme al narcotráfico, ni que mi pareja fuera de ese ámbito como muchos anhelan; nunca fue ese mi plan, me obligaron las circunstancias y quien se apoderó de mi voluntad.

En ese entorno, la envidia podía ser mortal. A diario me preocupaba por los riesgos y me aterraban las posibles consecuencias de que algo saliera mal. Temía hacer enfadar a Joaquín y sufrir una mala reacción de su parte. Prefería mantenerlo contento y satisfecho, sin importar las formas que debía adoptar para lograrlo.

Las razones sobran, explicarlas cuando todo el mundo sabe quién es "El Chapo". Desde la muerte de Virgo, su primo, la advertencia había sido suficientemente clara y resonaba en mi cabeza día a día. Soy humana y temer por mi vida fue lo más natural que me pasó en los años que estuve a su lado. El hecho de ser su mujer no me protegía de nada; estaba segura de que no dudaría en hacerme daño si yo fallaba.

Ante los riesgos que fui descubriendo en ese mundo, intenté usar pretextos para que "El Chapo" me retirara del negocio del tráfico de marihuana, pero no lo logré. Las palabras exactas siempre estaban en mi mente, pero jamás llegaban a mi boca. Y cuando finalmente pude decirlas, él me condicionó y pretendió involucrar a mi familia si abandonaba el trabajo que él me había asignado en la sierra. Mis hermanos y mi padre no son del mundo del narcotráfico, no estaban familiarizados con el manejo de esos negocios. Por ello, renuncié a la idea de abandonar el negocio de la compra y recolección, para evitar que mi familia cayera en las garras y manipulaciones del narco tráfico.

No debía permitir que los usara, y cuando ya no les fueran útiles, les hicieran daño. Prefería evitar el dolor y la culpa de perderlos. Durante mi relación con Guzmán y los negocios, mantuve a mi familia al margen, y la convivencia con él, lo más que pude. Creí tener una ventaja; más allá de ser trabajadora, también era su mujer, y sabía que existía la posibilidad de negociar si algo salía mal en el negocio, contrario a ellos. (Sin justificarme).

Mientras yo continuaba trabajando, él llevaba una vida rodeada de distintas mujeres durante mi ausencia, en las lujosas residencias de Los Cabos. Mientras él se divertía yo ya estaba resignada a pasar noches y días cuidando kilos de hierba entre los cerros, con la esperanza de que las cosas cambiaran para mí algún día. Era mi responsabilidad proteger cada hoja que se enviaba a Guzmán desde la sierra; esas habían sido sus órdenes.

De día y de noche, debíamos vigilar para evitar que se acercara gente extraña y así prevenir robos. Durante el día, también debíamos tener las fuerzas suficientes para seguir con la recolección; si algo mermaba, estaba obligada a pagar las pérdidas tanto a los proveedores que daban el producto a crédito, como al propio Guzmán. Además, vivía en alerta, cuidándome de sus arranques de desconfianza y de las incursiones de los militares, quienes frecuentemente patrullaban la zona.

En aquel mundo hostil, coleccioné un sinfín de aventuras y anécdotas de todo tipo. Una de ellas fue, un susto que me dieron los militares que recorrían el rancho de Mexcal titán, ubicado en las cercanías de los orígenes de Manuel Torres Félix, alias "El Ondeado".

Aquella tarde no escuché el bullicio de los radios que notificaron sobre la presencia de patrullas militares en el lugar. Manejaba tranquilamente de regreso a Tapi Chahua cuando me encontré de frente con ellos. Repentinamente, reaccioné a su presencia, impulsada por la mente maliciosa que a veces me traicionaba, y di reversa a la camioneta a toda velocidad. Me adentré por las brechas del rancho, estaba muy asustada. Los militares se acercaron demasiado y, por impulso, salí huyendo. Me siguieron durante algunos minutos, pero finalmente los perdí.

"Tanto la gente como yo estábamos presionados con el trabajo y los empaques para completar la carga que exigía "El Chapo", y debíamos estar listos pronto. Nos daba de margen de uno a cinco días para avisar al piloto, y que llegara por los viajes durante las mañanas muy temprano. Nada podía salir mal; sin falta, los paquetes debían estar en la pista antes de que el avión aterrizara antes del amanecer, y cargar a prisa la avioneta, y despegar antes de que saliera de lleno el sol.

Durante aquellas mañanas, íbamos a la pista y dormíamos allí, esperando que "cachimba" apareciera en el cielo neblinoso. Nuestra responsabilidad terminaba cuando se cargaba el avión y despegaba hacia su destino en Culiacán, Sinaloa, llevando la cantidad acordada, en empaques de hasta 10 kilogramos. El piloto estrella "cachimba" entregaba la mercancía en Culiacán al personal de Guzmán. Yo no podía tener contacto directo con nadie más, excepto con Joaquín, así eran sus órdenes quien era celoso y controlador cuando recordaba que estaba enamorado de su mujer en la sierra, pues del concepto de ama de casa ya había pasado a socia.

Después de eso, no sabía a dónde iban los paquetes ni dónde los guardaba la gente de Joaquín. Mi trabajo se limitaba a recolectar la mercancía en la sierra, coordinar la llegada del avión, conseguir la pista de aterrizaje si era necesario, como se hace comúnmente para los vuelos, comerciales o privados.

Una vez que el avión despegaba, subía al cerro para tener señal móvil y seguir en contacto con "El Chapo" tal como me lo ordenaba. Otro de mis contactos, registrado en mi BlackBerry, era su secretario, a quien dejaba los detalles de envío si Guzmán no respondía a tiempo.

\*\*\*

Mientras recorría la sierra, me topé con la competencia. La temporada de la buena cosecha había comenzado y estaban comprando ya marihuana en áreas como Tapichahua y La mesa del rodeo, zonas en las que yo también estaba concentrada. Para mi sorpresa, entre los compradores se encontraba mi expareja, originario de aquellas tierras, acompañando a clientes provenientes de Culiacán. También apareció "El Güero trampas", Estaba molesto, reclamando que esa zona era su territorio, lo que generó tensiones con mi grupo. La situación complicaba aún más la recolección, especialmente para mí como mujer. Con tantos compradores, y las malas temporadas, mermaban el abastecimiento de marihuana.

Días después "Las trancas" se acercó al rancho y reveló a qué grupo pertenecía, aprovechando el nombre de Guzmán, quien en realidad era su jefe. Me di cuenta de que "El Chapo" me había engañado todo ese tiempo. La mayoría de los compradores que operaban en la zona trabajaban para él desde hace años, recibiendo grandes sumas de dinero por cada viaje que realizaban en su nombre. Mientras tanto, en mi equipo, la escasez de recursos económicos era evidente, incluso para algo tan simple como una Coca-Cola o para cambiar llantas de los carros. Guzmán nos hacía creer que no había dinero y que me necesitaba en su negocio, pero en realidad estaba aprovechándose de mis habilidades para minimizar las pérdidas en las compras, así evitaba dar cuotas y pagar ganancias generosas a sus antiguos recolectores que sabían cómo se movía el negocio en realidad, cuando descubrí todo eso me sentí muy herida, usada y traicionada, porque no decirlo.

Con el aumento de los enfrentamientos con la competencia, ya no me sentía segura moviéndome por la zona. No tuve más opción que finalmente mencionar el nombre de "El Chapo" también y evitar tragedias. Le comuniqué a Joaquín los problemas y le expliqué detalladamente lo que estaba sucediendo, y que considerara retirarme del negocio.

— "Si hay algo que reclamar, debería hablarlo con el señor. La rama es para él, y le encantará saber de usted. "El Chapo" quiere saludarlo y hablar con usted. Dígale usted mismo lo que me dice a mí y a los plebes". — le dije, extendiendo mi BlackBerry aquel hombre que disputaba los terrenos. Su rostro mostró sorpresa al escuchar el nombre de Guzmán, y quedó en comunicación directa con él. Nunca mencioné la relación sentimental que tenía con "El Chapo" en ese momento, y permití que me vieran como una más de sus empleadas, lo cual, después de todo, esa era la actual realidad.

— "Güerito, ¿cómo estás, chavalon? Qué gusto saludarte. Te encargo que apoyes a la muchacha que está ahí contigo. Va de mi parte. Tú y yo nos arreglamos después. Ya me contó lo que pasa y pues ahí te encargo". — Eso fue parte del mensaje de "El Chapo" al hombre.

Aquél era simplemente uno más de los empleados que Guzmán mantenía acaparando la planta por las áreas de la sierra.

Dada la situación, después de eso, hablé con Guzmán sobre mis inquietudes y le pedí que me retirara del negocio. No me convenía en absoluto que la gente supiera de mi existencia, ni deseaba ser reconocida. No buscaba fama que, a la larga, podría perjudicarme.

— "Sabe, no estoy convencida de seguir con esto. Me preocupa mucho encontrarme con esta gente, y más con " El Trampas". Hace días tuvimos una discusión en un rancho. Dijo cosas que no me gustaron. "Amor, ya no me da tranquilidad estar aquí. Quiero regresar " — le expresé a Guzmán, pero él no mostró seriedad, ni le dio importancia a mi queja.

— "Tranquila, no hay nada de qué preocuparse." — me respondió fríamente.

— "No lo sé, me da miedo que la gente me identifique donde sea por esto. Pues la gente no se calla y dice muchas cosas. Cualquier rato apareceré con moscas en la boca por la envidia de la gente. No duermo amor" — le confesé a Joaquín, pero él no lograba entender mi preocupación. Intenté de todas las formas posibles, pero parecía no haber manera de hacerlo entrar en razón. Me encontraba en las alturas justo enfrente a una virgen, que marcaba la división entre los Estados de Durango y Sinaloa, donde tiempo después se alzó la estatua de San Judas, símbolo de una petición que proclamaba al santo para que intercediera por mí en aquella lucha. Aunque no era devota, confiaba en la fe de muchos fieles que lo habían proclamado.

— "Mira, la mafia mata a la gente que no paga o gente soplona. Pero si eres gente seria, no amor" — Entre palabras disfrazadas de caricias, me recordaba que en ninguna circunstancia debía traicionarle y que debía seguir fielmente a sus órdenes.

— "Bueno, eso es verdad, amor. Sé que cuando una persona es leal y directa puede durar años. Pero también hay gente envidiosa que, sólo porque quieren conseguir algo a fuerza, quitan a otros de su camino, y hacen cosas malas. Pero no tengo miedo de eso, amor. He pensado en cosas antes. Yo sé que no estoy haciendo nada malo. Al contrario, creo que esto es bueno para algunas personas, y más contigo, porque has ayudado mucho a los ranchos. Y estoy orgullosa y mantengo la cabeza en alto guiada por ti, amor." — Le expresé, tratando de reconfortarnos en medio de aquel mal momento, mientras me retorcía por dentro.

— "La mentira es la que acarrea malestar. Tú nunca eches mentira y siempre te verán bien, amor. Eso siempre recuérdalo, que te lo dije porque te amo. Aunque cometas algún error, no lo niegues y siempre andarás feliz y te apreciará la gente. Te amo" — dijo mezclando caricias y advertencias. Me di cuenta de que usaba su habilidad para manipular psicológicamente mis temores, y lamentablemente, funcionaban. Sus respuestas me dejaban confundida y desconcertada, haciéndome comprender que mi vida no tenía mucho valor para él. Interpreté su mensaje como una amenaza velada, cómo solía hacerlo, y me veía obligada a seguir siendo obediente, leal, todo el tiempo y tragarme mis frustraciones.

"Nadie sabe cuántos días y noches pasé secando mis lágrimas". Eran fruto de la impotencia de esa vida y sin desahogarme con nadie, seguía adelante. Sus caricias vacías alimentaban cada vez más mis miedos, destruyendo mi noble ser.

— "Yo quiero que usted esté orgulloso de mí en todo momento, y yo sé que lo está. Lo amo más que a mi vida" — escribía, a pesar del temblor en mis manos, buscando las palabras adecuadas para borrar cualquier mala impresión que mis palabras hubieran dejado en su mente.

— "Si a usted le gusta lo que yo he hecho y quiere que siga, yo sigo hasta que usted quiera. Bueno, quería comentarle que marqué los paquetes para que no se sigan equivocando y no los revuelvan con los demás y así evitar equivocaciones. Los marqué con un corazón y en el medio llevan el número cuatro, amor. El corazón es que lo amo, y el cuatro es que bendigo el día que usted llegó a este mundo" — le expresé en referencia al 4 de abril, día en que nació. Hice de todo con la esperanza de tranquilizarlo, mientras intentaba mitigar sus amenazas endulzadas para seguirme engañando a mí misma de un amor no existencial.

— "La semana que viene, para que compres 300 kg de marihuana y completes otro viaje, amor" —me ordenó repentinamente. Ese día me encontraba postrada en la cima de aquel cerro. Aún puedo recordar la sensación del viento caliente azotando mi rostro mientras se colaba entre los encinos. Mis manos estaban sudorosas y mi corazón latía al mil por hora mientras luchaba por contener sensaciones de desconcierto. Intentaba tranquilizar mis nervios tras leer sus mensajes extremistas.

— "Amor, mira cuánta rama hay disponible para comprarla toda. Pero rompan los costales y chequen que esté buena, amor" — dijo Guzmán, aprovechando su control sobre mí. Según él, algunos de los paquetes enviados anteriormente habían salido en mal estado, por eso ordenó la revisión.

Pero no era ese el problema; alguien estaba cambiando nuestro producto bueno por malo. Al llegar al almacén que tenía "El Chapo" en Culiacán donde se recolectaban los paquetes de varios compradores dispersos por la sierra de Tamazula, los abrían y cambiaban la envoltura. Lo que nadie sabía, ni siquiera Guzmán, era que, además de la marca externa, habíamos agregado una interna precisamente para protegernos de ese tipo de mañosos. Dentro de la rama habíamos colocado un clavo de errar, lo que significaba que, si no se encontraba, no era mi propiedad y así demostraba a Guzmán que alguien más de su gente estaba alterando nuestro trabajo. Toda aclaración en ese ambiente era necesaria. Ya que la situación ponía en riesgo mi vida y la de quienes me acompañaban.

—"Está bien, "mosura". Te amo. Cuando puedas ir, sube a enviarme mensaje, amor". — Me pidió, aunque su interés ya no estaba en la mujer, sino en la socia y los resultados que le había dado.

Aquella tarde, las órdenes que recibí fueron claras y se cumplieron unos días después, luego de completar su viaje de 300 kg. Necesitaba un descanso y regresé a Culiacán, desde allí viajé a Los Cabos, Baja California, donde Guzmán aún se encontraba evadiendo a las autoridades. Pasamos un par de semanas juntos antes de que yo retomara mis actividades.

Al regresar a la sierra, decidimos explorar otras áreas más difíciles de acceder para evitar conflictos con grupos rivales, que siempre buscaban lo más fácil. En ocasiones, usábamos bestias para transportar los costales con la rama desde los ranchos a los que no se podía acceder en carro, llevándolos hasta un área plana con tal de completar rápidamente el encargo. Mi vida junto a "El Chapo" fue difícil, llena de riesgos y con muchos vacíos.

Desde niña, fui una mujer de campo, capaz de adaptarme fácilmente a las dificultades y eso Joaquín lo sabía. Con sentimientos demasiado profundos no comprendía, "en qué momento me había convertido en algo tan insignificante, hasta para mí misma" Así me hacía sentir aquel con quien debía sentirme importante.

Una mañana, ordené a mis trabajadores subir a la camioneta y manejaba sin parar, tratando de cumplir con las exigencias de Joaquín dentro de un plazo determinado. Sin embargo, el cansancio me venció al volante y me quedé dormida. No supe qué sucedió, perdí el conocimiento mientras manejaba, provoqué un accidente en el camino.

La camioneta chocó instantáneamente contra un paredón y me desperté aturdida por el impacto. Algunas de las personas que me acompañaban resultaron heridas, unos con leves raspones y otros con fracturas en las piernas. Uno de los hombres que viajaba en la cajuela salió volando a varios metros de distancia. Cuando me di cuenta, los demás lo atendían, estaba herido. Hicimos todo lo posible para que recibiera atención médica, aquello fue una gota que derramaba el vaso, por fortuna él se encuentra bien hoy.

Uno de mis excuñados, quien entonces fue esposo de una de mis hermanas, me dijo:

—"comadre, sé que no debo decírselo, pero usted ya debe tomarse un descanso, sin importar lo que diga el señor, la está matando con tanta presión y así corremos peligro todos". — Aquellas palabras me hicieron reflexionar y comprender que no solo estaba poniendo en peligro mi vida, sino también la de muchas otras personas. Así era desafortunadamente por ayudar a quien no merecía mi cariño. Era evidente que esta situación no era saludable para nadie, y sabía que debía tomar medidas y remediar la situación.

Después de calmarnos y descansar un poco, decidí reactivar la actividad y reunir a aquellos que formaban parte de mi equipo en la sierra. Les informé que iban a ocurrir cambios importantes y que estaba decidida a hacer lo necesario para regresar a mi vida en la ciudad.

Quería regresar a casa con mi familia. Aquella vida me convertía en algo que yo no era; estaba segura de que no había nacido para esas ocupaciones. Siempre soñé con tener un hogar, una familia a la que cuidar. Y ser alguien, pero en otro ámbito.

— "Ya le mandé el último vuelo, ¿necesita más?, si no, para irme a descansar" — le pregunté a "El Chapo". Sinceramente, esperaba que me dijera que no, pero para mi sorpresa, me ordenó continuar y aumentar de 300 a 350 kg el próximo viaje. Hablando con él, me di cuenta de que todo lo había venido haciendo a la perfección, y pensé que debía hacer todo lo contrario. Debía comenzar a desobedecer muchas de sus órdenes.

La vida en la sierra me llevó a límites excesivos de estrés y ya no tenía tolerancia en muchas cosas. Él parecía mostrar poca importancia en mi bienestar y mi integridad como mujer se le había olvidado.

La opinión pública tal vez piense que, por ser amante o mujer de uno de los narcos más famosos, acumulé grandes cantidades de dinero. Sin embargo, lo que no saben es que apenas nos proporcionaba los recursos necesarios para los productos que los campesinos demandaban, y los gastos mínimos de alimentación y materiales para el empacado también eran escasos. En ese sentido, la competencia nos llevaba mucha ventaja y sus precios estaban por encima de los que me permitió manejar. Y que, por ningún motivo, Guzmán me dejaba incrementar.

— "Amor, tenemos que subir de precios. La gente no la quiere soltar por tan poco", — me atreví a sugerir ante las escasas probabilidades de conseguir lo que él demandaba. Pero argumentaba, que, si alterábamos los precios de la compra, la gente no estaría dispuesta a vender a precios bajos en el futuro.

— "Checa eso amorcito. Si no, págalas lo menos que puedas. Hay que regatearle", — dijo, manteniendo el poco margen en los precios para seguir negociando con los productores. Con eso, no había posibilidades de obtener ninguna ganancia, ya que un precio por debajo del valor de la hierba no me permitía hacer milagros.

\*\*\*

En los años 2011-2012, el valor que se manejaba rondaba entre los 700 y 800 pesos por kg de marihuana, un precio límite establecido por el cártel de Sinaloa que todos los compradores debían respetar, según las reglas, aunque eso no siempre sucedía. Mientras algunos respetábamos los precios batallándole, otros lo alteraban hasta llegar a los 1000 pesos por kg de la rama verde. Esto afectaba nuestro trabajo y mi desgaste físico, ya que éramos el grupo más pobre de los que acaparaban la zona. Los agricultores optaban por vender su producto a un precio más alto, y no podíamos completar el producto con las tres "B": Buena, Bonita y Barata, como nos había ordenado "El Chapo". Con 700 pesos solo podían comprar hierba oxidada o con semillas y guarumo, como se le dice a la rama demolida en las rancherías.

Finalmente, llegó mi hartazgo con tantas exigencias. Me di cuenta de que había sido yo misma quien me había metido en esa situación al recomendar a algunos productores vender su hierba a un precio justo.

Entendía el sacrificio y esfuerzo que dedicaban a sus siembras, así como la inversión que esto les generaba. Conocía el arduo trabajo que la gente pasaba, con largas horas bajo el sol, y sabía que todo ello requería mucho tiempo. El proceso no era fácil ni barato, y de eso dependían muchas familias de escasos recursos. No podía pasar por alto todo eso y aprovecharme de la situación y la necesidad de la gente, como otros lo hacían.

Ya había experimentado en carne propia la triste realidad de entregar nuestras cosechas a precios miserables. Cuando me tocó estar al otro lado de la moneda, vi posibilidades de ayudar y no de joder más a la gente.

Cansada de recorrer montañas y comunidades en la sierra de Sinaloa y Durango. Guzmán no me creía que estábamos batallando por conseguir producción. En aquellos días, "El Chapo" había enviado a "Gavilán" debido a los paquetes que aparecían en mal estado en los almacenes, que por supuesto no eran de mi zona. Su hombre de confianza había sido enviado para verificar lo que yo le informaba, pues el ya dudaba de mi palabra. Sin embargo, el joven me brindó su apoyo al darse cuenta de los problemas que enfrentábamos en la sierra, incluida la falta de recursos y las exigencias excesivas de Guzmán.

A pesar de todas las dificultades volteando la sierra al revés, logramos completar el vuelo que Guzmán había ordenado. Trabajamos durante toda la noche y durante la madrugada a la llegada de "Gavilán". La mañana siguiente llegamos a tiempo a la pista para esperar a "Cachimba".

— Buenas tardes, ¿cómo está amor? ya se fue el avión. Quería comentarle que no cupieron todos los paquetes en el viaje anterior y en este van 50 de más — le expliqué.

—¿Y cuántos eran, amor? — me preguntó El Chapo.

— Van 400 kg, solo cupieron 350 la vez pasada — le detalle.

—¿Quedaron muy bien empaquetadas, amor? ¿De cuánto son los paquetes? — volvió a preguntar.

— De 10 kilos amor. Llevan la marca del 4 en un corazón — recalqué.

— Si… ya llegó y me están diciendo que el viaje anterior trae mucha semilla. ¿Qué está pasando con eso, "mosura"? Eso no sirve así. Búscala que esté buena — exigió.

— Ya no hay producción, está muy escasa y aquí ya no hay nada que hacer. Aún quedan unos paquetes aquí; esa que va con semilla es una extra que quedaban. Me moveré de aquí, quiero ir y hablar con usted. Espero me pueda recibir — le dije esa vez, sin preguntarle si me podía ir de la sierra.

— Sí, amor, tráete eso para que no se quede ahí. Y ya después pregunta si hay buena y ya me dices cuando regreses, amor, para verte — dijo.

Joaquín Guzmán Loera, mi pareja sentimental, me pidió que viajara a Los Cabos, Baja California, para tomarnos unas vacaciones juntos. Aprovechando que había organizado el trabajo en la sierra, podía tomarme unas semanas de descanso. Para esas fechas habían pasado casi tres meses desde que "El Chapo" me inició en el negocio de la marihuana.

Al regresar a Culiacán, volé a Los Cabos, donde me reencontré con Joaquín. Como era su costumbre, me recibió con alegría y satisfacción en su rostro. Pasamos juntos disfrutando del mar y el solo interesado casi siempre en hablar de negocios.

—"Vamos a la playa"— me sorprendió una tarde, listo en shorts y con deseos de salir de la casa.

—¿Está seguro de que quieres salir? ¿No será peligroso que nos vean? —pregunté, recordando los peligros que acechaban en la zona debido a la guerra entre su gente y su compadre Damaso, que aún disputaban el territorio.

—"No pasa nada, corazón. Vamos un ratito, mi "mosura". Vamos a pasarla sabroso, nadie nos verá ni se fijará en este viejito"— aseguró Joaquín, confiando en sí mismo. Abordamos un carrito de golf y condujo hasta la playa. Se estacionó y caminamos juntos hasta la arena, donde se sumergió en las frías y saladas aguas del Océano Pacífico. Sentada en la arena, lo observaba sonriente mientras las olas lo mecían, dejándose llevar por las aguas del mar. Mientras tanto desde las profundidades me invitaba a entrar. A pesar de las preocupaciones y la inseguridad, esos momentos compartidos me llenaban de tranquilidad olvidando mi estrés.

—"Oiga, hágame el favor dígale a mi apá que ya nos vayamos", me pidió "Cóndor", — preocupado por la seguridad de Guzmán, mientras él disfrutaba del mar.

—"Venga vámonos ya, es tarde y está llegando mucha gente", — le grité desde la orilla, pero él no quería dejar el mar. Nuevamente intenté persuadirlo para que saliera.

—"No pasa nada, corazoncito. Solo son gringuitos que están disfrutando de la vida como nosotros. Lo único que pueden decir entre ellos es 'mira ese abuelito con su nieta", — bromeaba a carcajadas, consciente de nuestra diferencia de edades.

—"Vámonos, corazón. El agua se puso fría", —comento, tras dejar de nadar. Caminamos hacia el carrito de golf y regresamos de la misma manera. Al llegar a casa, el chef nos esperaba con la cena, de la cual disfrutamos junto a la alberca con la hermosa vista al mar.

*** 

De regreso a la sierra, debí moverse de residencia, instalándonos en el fraccionamiento turístico Punta Ballena. Al llegar a nuestra nueva estancia, recorrimos juntos la residencia por dentro y por fuera para conocerla. La propiedad estaba ubicada en lo alto del fraccionamiento privado, que contaba con un sistema de cámaras de seguridad por todas partes. Salíamos a caminar por la residencial de vez en cuando, y a Joaquín se le ocurría una nueva idea cada día. Ya no soportaba el encierro y quería prolongar nuestro tiempo fuera de casa.

—"Vamos a caminar, amorcito", — dijo repentinamente una mañana.

—"¿Cómo cree? Hay cámaras en la entrada", — le comenté.

—"No pasa nada. Me pongo la cachucha y ¿quién va a pensar que su rey anda aquí con su reina caminando? Van a pensar que la nieta anda acompañando al abuelito", — insistía en bromear con despreocupación. Aunque yo no lo veía conveniente, a Joaquín parecía no importarle.

— "Ve, dile a este muchacho que nos acompañe", — me ordenó, decirle al secretario.

— "Dígame, Tío"— dijo el secre.

— "Hay que ir a caminar"— le dijo Joaquín.

— "Como usted diga Tío"— contesto. Mientras él y el secretario se ponían al tanto de recados y conversaban, me acerqué a la cocina, donde estaba, Licha la señora de servicio más antigua de Guzmán, quien ya se encontraba en casa.

— "Oye, el señor quiere salir a caminar. A mí se me hace muy arriesgado", — comenté con Licha, después de tantas salidas de la casa.

— "Oye, pero si afuera hay muchas cámaras. ¿No pensará el señor que se arriesga demasiado? Dile que no haga eso, ya ves que uno no puede decirle nada"— comento la mujer, asustada y preocupada, pues Guzmán parecía no comprender la gravedad de sus problemas.

— "Vamos, amorcito", — dijo, apareciendo de repente Joaquín, ya preparado con ropa deportiva, y salimos de casa, recorriendo partes del fraccionamiento.

— "Tío, justo frente de usted hay una cámara. Agache la cabeza", —le dijo el secretario al verla al cabo de unos minutos caminando. Joaquín preguntó asombrado donde se encontraba la cámara. Cuando nos dimos cuenta, tal vez la cámara había captado su rostro. Estaba instalada entre arbustos que no permitían verla a simple vista, a pocos metros antes de llegar a la caseta de vigilancia.

—"Hay que darnos la vuelta entonces, corazón. Esperemos que no haya captado nada"— comento, y regresamos de camino a casa.

— "¿Cómo les fue en su excursión?"— preguntó Licha.

— "Bien, nos topamos con una cámara, pero es la de vigilancia. Nos dimos la vuelta y nos regresamos"— narró "El Chapo" a Licha en tono de broma.

— "¿Y no se le hace muy arriesgado a usted?" — Le preguntó ella, visiblemente preocupada, aunque nunca sugería nada; algo no la dejó tranquila aquel día, luego de la respuesta de Joaquín.

— "Tiene usted toda la razón, sí es arriesgado. Nos vamos a tener que controlar"— respondió Joaquín a Licha.

Después de ese día, solíamos salir a caminar después del desayuno, en un terreno baldío que se encontraba junto a la residencia que habitaba Joaquín en Los Cabos. Entre risas, sus bromas y la convivencia pasaban los días, y llegaban a su fin mis merecidas vacaciones.

La mañana siguiente desperté con terribles pesadillas que me perturbaron, sacudiendo mi tranquilidad. Convencida de la importancia de mis sueños y premoniciones, decidí compartirlos con Guzmán. En aquellos sueños, las sombras de soldados y policías armados acechaban la residencia, sembrando el temor en mi mente.

— "Me tengo que ir mañana y usted debe cuidarse lo mejor que pueda", — le expresé, contándole mis sueños, mientras miraba hacia los cristales que nos separaban del mar. Sentí cómo el miedo y la tensión de mis sueños se trasladaban a la realidad.

— "¡No la friegue, mosura! Eso es mala señal. Hay que hacerle caso entonces. Usted ya me ha salvado varias veces con esos sueños, y déjeme decirle que le ha atinado. Significa que hay que estar listos para todo mi Reina"—, comentó Guzmán, sorprendido. Siempre expresivo con sus emociones y firmemente creyente de las señales del destino.

— "Sí, es mejor estar alerta. Antes de irme, quiero contarle que me han elegido para participar en un certamen del pueblo, y me estoy preparando", — le confesé, recordando que por esas fechas se celebraba el Carnaval de Cosalá 2012.

— "¿Vas a participar, corazón?" — me preguntó sorprendido, al darse cuenta de que antes no se lo había mencionado ni lo había tenido en cuenta para esa decisión.

— "Sí, mis amigas me inscribieron y ya no puedo negarme. Ya todo está listo, será esta misma semana. Estaré por Cosalá", — le expliqué.

— "Bueno, ¿por qué no me habías dicho nada?" — me preguntó.

— "No pensé en participar y tampoco sabía si usted me iba a dejar hacerlo", — le manifesté, y luego de un largo silencio él se carcajeó.

— "Bueno, si mi reina quiere participar y ya se inscribió, ¿qué puedo hacer yo? No puedo hacerla quedar mal, amorcito. Los compromisos hay que cumplirlos. Ya está adentro. Le deseo mucha suerte y sé que mi Reina será la mejor", — comentó Joaquín, nada convencido de mi decisión, pero me dio su aprobación.

— "¿Y cuándo es eso, mi hermosura?" — preguntó nuevamente.

— "Es el 26, así que tengo que irme a organizarlo todo", — respondí.

— "Bueno, pues entonces vete para que organices todo. Nomás te encargo que no descuides a la gente allá arriba. Déjate organizado todo para que 'Gavilán' cuide y te vas a tu compromiso. Ya te comprometiste, ni modo", — manifestó Guzmán, mientras le explicaba que "Gavilán" ya estaba preparado. Joaquín estaba preocupado porque temía que descuidara su negocio y yo tomara otro rumbo. Pero para mí, los sueños y las oportunidades seguían siendo una motivación, especialmente siendo tan joven. Aquel pequeño certamen era uno de los tantos sueños de mi infancia.

*** 

Aquella tarde del 20 de febrero de 2012, partí hacia Culiacán y luego hacia la sierra de Tamazula para asegurarme de que todo estuviera bien organizado, siguiendo las órdenes de "El Chapo", antes de cumplir con mi presentación.

Después de establecer a Gavilán a cargo de la zona que abarcaba Tamazula, Durango, me retiré de la sierra y viajé de regreso a mi tierra, al pueblo de Cosalá.

— "¡Coma! Véngase, porque ya la inscribimos para el reinado", — decía el mensaje de Gabriela en mi BlackBerry mientras estando aun en la sierra antes de visitar a Joaquín y contarle sobre eso en Los Cabos. Al principio creí que era una broma y me negaba a participar.

— "No, ni qué nada. Ahora participa y no me va a hacer quedar mal. Usted puede ganar, ya está inscrita. ¿Dónde anda?" — Me preguntó mi amiga con insistencia, desconociendo mis ocupaciones.

A pesar de las miradas y los comentarios críticos que cuestionaban mi participación en aquel certamen, decidí más que nunca seguir adelante. Sentí que era el momento de desafiar con más fuerza la idea equivocada de muchos, quienes discriminan y menosprecian a las mujeres que han sido madres a temprana edad, negándoles el derecho a seguir soñando y participando en actividades como esta. Me sentí motivada a defender la idea de que todas podemos ser dignas "reinas" en cualquier circunstancia, y que nuestro valor como mujeres no se ve disminuido por haber dado vida a otra.

Mi objetivo en ese momento fue desafiar los estereotipos que impactan a las mujeres de mi pueblo.

Al término de la noche, el jurado tomó su decisión de forma independiente y sin influencias externas.

— "La ganadora de esta noche es el número ocho", — anunció el jurado, y una oleada de felicidad me invadió al recibir la corona. Después de la coronación y las felicitaciones, traté de comunicarme con Joaquín para compartir con el aquel triunfo. Nuestra relación se mantenía en secreto hasta entonces.

— "Qué extraño que no respondan los mensajes", — noté con preocupación al darme cuenta de que ni siquiera la oficina contestaba. Sabia con seguridad que algo estaba sucediendo. A pesar de las desilusiones que sufría con frecuencia, por ser como era de mujeriego, me preocupaba su bienestar. Después de todo, era mi pareja, y de alguna manera, seguiría a su lado hasta que encontrara la forma de dejarlo o el decidiera dejarme, algo que estaba lejos de suceder.

El Chapo había permanecido en Los Cabos hasta que un operativo del gobierno mexicano "le cayó encima".

— "Buenas noches, muchas felicidades. ¿Cómo has estado?", — dijo una voz entre la multitud, tomándome del brazo. Era "Guero90", a quien no veía desde hacía tiempo. Me pidió que lo acompañara, y de inmediato sospeché que algo estaba pasando con Guzmán.

— "¿Qué pasó? No me asustes", — le pedí, mientras el corazón me saltaba en el pecho.

— "Algo pasó, me pidieron que te llevara al crucero. Quiere verte", — dijo "Güero 90".

— "¿Pero ¿qué pasó? ¿Está bien el señor? Dime qué pasó", — pregunté ansiosa.

— "No sé decirte cómo está, pero si pasa algo grave y quiere verte", — insistió "90". Sin dudarlo, pedí a mi familia que regresara a casa y me despedí de ellos. Me dirigí al encuentro con Guzmán y abandoné la fiesta de aquella noche. En dos días más se llevaría a cabo el desfile del recorrido de los carros alegóricos de carnaval y mi presentación como la nueva soberana del pueblo cosalteco. Esperaba estar de regreso para entonces si todo resultaba bien con "El Chapo".

— "Lleve a mis papás a la casa. Me iré. Algo ha pasado. Tenga listo su teléfono por cualquier cosa", — le indiqué a mi chofer.

— "Está bien, no se preocupe señora. Vaya tranquila. Cualquier cosa me llama, estaré al pendiente", — respondió el chofer. Subí a la camioneta junto a "Güero" y nos dirigimos hacia la carretera Mazatlán-Culiacán, con la incertidumbre y la esperanza de que todo estuviera bien con Joaquín. Hasta entonces, no había tenido oportunidad de ver las noticias ni enterarme de lo que pasaba. Al llegar al crucero, una camioneta ya me esperaba en la carretera, donde "Güero 90" me dejó con un nuevo chofer de Joaquín, quien me condujo hasta una casa de seguridad ubicada en el municipio de La Cruz de Elota, donde él se encontraba. Al verme llegar, salió a mi encuentro con un ramo de rosas en mano y una cena que había enviado preparar especialmente para la ocasión.

— "¿Por qué me asusta así?", — le dije, mientras le noté múltiples golpes en el rostro, las manos y partes de su cuerpo.

— "No hay de qué preocuparse, mi reina. Ahora sí, con esa corona, se ve más hermosa, ahora sí es mi Reina. Te amo", — me dijo, intentando restar importancia a su apariencia maltrecha y pidió que nos retrataran aquella noche juntos, tomamos algunas fotografías que tiempo después fueron robadas de mi casa.

Durante la cena, comenzó a relatarme lo ocurrido en Los Cabos y cómo había logrado escapar.

— "Te cuento que tus predicciones fueron acertadas amorcito. Hay que hacerles caso de ahora en adelante. Te libraste del susto tan grande que nos llevamos", — me dijo.

— "¿Qué fue lo que pasó? ¿Por qué vino hasta acá y todo golpeado?", — le pregunté, revisando cada una de sus heridas.

— "Ay, corazón, para qué te cuento. Su rey está vivo de puro milagro, nos cayó el gobierno hace días y no pensé que la fuéramos a librar, amorcito. Mejor hay que celebrar que estamos aquí, vivitos y juntos, mi reina", — expresó.

— "Si no es por este muchacho, no la libró. Este muchacho se brincó la barda aquella alta, ¿te acuerdas de la casa por donde están las enredaderas?", — relataba refiriéndose a su secretario el "picudo".

— "Sí, pero ¿cómo brincaron por ahí si está bien alto y aparte tenía puntas la barda encima?", — pregunté asombrada por todo lo que me contaba sobre el escape.

— "Pues este muchacho no sé cómo le hizo para brincar tan alto. Está grandote, cuando estaba arriba me jaló y caímos del otro lado de la barda entre el espinero. Todavía traigo unas clavadas en las manos y la espalda, corazón, luego me las quitas", — dijo Joaquín mientras tanto el secretario escuchaba la narración y ayudaba a contar lo sucedido.

Al no ver a Licha, la señora de servicio, pregunté por ella y por Ángel, el chofer y piloto.

— "Pues, corazón, hay sí tengo malas noticias, la agarraron junto con Ángel en la casa, y también al jardinero y a su mujer, todos están presos", —narro. Por más que lo pensaba, no recordaba que tuviéramos jardinero; cuando tocaba mantenimiento a las casas, "El Chapo" se ocultaba de los trabajadores y nunca miraba mujeres con ellos.

— "¿Qué va a pasar con ellos?", — pregunté, y dijo no saber cómo estaban sus casos. Tenían un abogado, pero nada se podía hacer hasta que concluyera el tiempo de arraigo y las averiguaciones previas. En los negocios de Joaquín, las cocineras eran ajenas, estaban limitadas a deleitar únicamente el paladar de Guzmán.

La mañana siguiente, la noticia del operativo resonaba por todas partes, y Joaquín no pudo ocultar por mucho tiempo las mentiras que había inventado. La mujer del supuesto jardinero no existía, resultó ser uno de sus inventos; en aquel operativo, habían arrestado a Agustina Cabanillas, mejor conocida como "Tinita", quien había llegado poco después de que salí de la residencia. Una vez más, "El Chapo" demostraba que no podía estar solo, sin la compañía femenina.

El operativo se había llevado a cabo el día 22 de febrero en Cabo San Lucas, en el fraccionamiento residencial Punta Ballena, tan solo un día después de que la Secretaría de Estado de Estados Unidos, Hillary Clinton, se reunió con decenas de cancilleres en la misma ciudad turística, y en la llamada reunión G20.

Tras salir de la residencia, "El Chapo" y su secretario emprendieron la huida, buscando refugio entre arbustos espinosos en la parte arenosa.

— "Estuvimos hechos bola este muchacho y yo, hasta que fueron por nosotros", — relató consciente de que no podían permanecer ocultos en ese lugar por mucho tiempo.

— "Esperamos hasta que los helicópteros descolgaron para otro lado para correr más lejos, por poco y nos encontraba el bóludo, nos pasó cerca", — continuó, narrando cómo la gente que tenía en otras áreas de los Cabos lo ayudaron a escapar, llevándolos hasta un sitio seguro donde permanecieron hasta que pudieron salir de Baja California, y fueron llevados a Sinaloa por Cachimba".

— "Me acordé de este día, corazón, y no podía dejar de venir a ver a mi reina", — me explicó que había llegado hasta la cruz de Elota para reencontrarnos, en una casa de su compadre Damaso, pero eso tampoco era cierto, estaba ahí porque se ocultaba de las autoridades.

Al día siguiente del reencuentro, habíamos regresado de la Cruz de Elota juntos a Culiacán, y después de dos días conviviendo, llegó el momento de mi regreso a Cosalá para asumir mi papel como la nueva soberana del pueblo.

Joaquín notó mi disgusto al enterarme por las noticias sobre su acompañante arrestada en la residencia de Los Cabos, y decidió sorprenderme enviándome música para amenizar las fiestas de carnaval.

— "A ver, muchacho búscate a los músicos, a estos chavalos Los Alegres y averigua si están disponibles", — le ordenó a su secretario.

— "Tío, Los Alegres no están disponibles, están ocupados", — informó el secretario más tarde. Entonces le pedí el grupo Los Sebastianes, quienes entonces no eran tan conocidos, el secretario se encargó de los trámites correspondientes, y al final del evento se pagó a los músicos.

Así, Cosalá se vistió de fiesta durante mi debut como la reina del carnaval. Aquella noche, todo salió a la perfección. La gente bailó como nunca, y "La reina de Cosalá" junto con la música fueron la sensación.

El episodio resonó por todo el pueblo durante días. Fue tema de conversación entre la gente, que hablaba sobre el maravilloso evento. Fue así como la popularidad creció por los rincones más olvidados de mi tierra. Con ello pensé en hacer algo distinto con la corona y representar la verdadera vocación de servicio. No quise dejar pasar mi reinado como uno más. Me dediqué a llevar alegría a las comunidades más necesitadas, a las madres de familia y niños de mi bello pueblo, así como a los más desamparados y olvidados por el gobierno. Visitaba a la gente y comunidades que rara vez recibían visitas de políticos para brindarles ayuda, excepto en épocas electorales. Desde niña, había soñado con hacer cosas como aquellas, me gustaba ayudar al prójimo, un sueño de tantos que se hizo realidad. En nada de aquello tuve la necesidad de mencionar mi relación con Guzmán.

A raíz de la fuga en los Cabos, "El Chapo" se vio obligado a regresar a Sinaloa, donde contaba con la protección de sus socios, lo que facilitaba su ocultamiento en la ciudad, con la colaboración de su compadre Damaso organizaron la vigilancia del Estado, donde El Bravo" y "El 50" se encargaban de coordinar la protección de Joaquín Guzmán Loera, utilizando tanto la policía estatal y municipal.

Mientras tanto, yo continuaba involucrada en el negocio, y Joaquín comenzaba a confiar más en mi capacidad para ser útil en otras áreas. Después del arresto de Tina, quien seguía detenida después del operativo en Los Cabos, empecé a escuchar rumores y recibir información sobre su detención. Descubrí que su vínculo no se limitaba únicamente a lo sentimental, sino que también estaba involucrada en los negocios, similares a mis propias actividades. Según se decía, Tina era una recolectora más en la zona de Badiraguato. Haberme marchado a tiempo de Los Cabos me salvó de verme envuelta en aquel operativo.

Durante los años que estuve con Joaquín, experimenté innumerables momentos de huida, donde no dudaba en dejarme en casa, sin importar que resultara perjudicada. En ocasiones, nos pedía a las muchachas de servicio y a mí que nos quedáramos en la casa, mientras él huía, sin pensar que quedaban objetos comprometedores que podrían incriminar a cualquiera que estuviera presente.

A pesar de sus órdenes, en esas situaciones ignorábamos todo y salíamos de casa antes de que el gobierno llegara a buscarlo. Seguramente esto fue lo que ocurrió con "Licha" y "Tina" en Los Cabos, cuando fueron detenidas.

— "Ustedes quédense aquí, no se vayan, no les van a hacer nada" — solía decir Joaquín, aun confiando en nuestra suerte. El riesgo no solo residía en el momento de estar a su lado, sino también en las actividades que nos encomendaba realizar. Mujeres como Tina y yo le éramos útil y nos mantenía cerca por razones obvias. Éramos como cheques en blanco, cuyo valor se determinaba según lo que significáramos para él. Aunque nunca llegué a conocer personalmente a Tina ni a Emma, terminé conociendo detalles de nuestras vidas paralelas. Todas sufrimos de distintas maneras, pero con el mismo opresor.

Gracias a los noticieros y a personas cercanas a nuestro círculo, descubrí que la relación de Joaquín y Tina había continuado, a pesar de que él la seguía negando.

Respecto al operativo en Los Cabos, "El Chapo" culpaba a Tina, insinuando que había sido ella quien había intentado entregarlo a las autoridades en Baja California

## 10

## De la sierra a empresaria

El paso del tiempo no se detenía, y en nuestra relación comenzaban a surgir inconformidades. Mientras tanto, él se ocultaba aun en la capital de Culiacán, saltando de una casa a otra. Me pidió ir en busca de un par de autos seminuevos, y así mantener bajo perfil., después de una larga conversación sobre mis molestias, me brindaba un par de vehículos para trabajar en la sierra. Conocí cada una de las direcciones de las casas de seguridad donde residimos temporalmente, tanto en la ciudad como fuera de Culiacán, donde nos encontrábamos a menudo. Aparte, me rentó un par de casas en distintos puntos de la ciudad, dijo que era prioridad mantenerme segura, ya que pedía vernos con más frecuencia.

Para entonces, había organizado a gente en la sierra para recolectar la mariguana. Iba y venía sin contratiempos, ya que "El Chapo" había puesto a mi disposición su avioneta y su piloto, "Cachimba". Con el tiempo, Joaquín comenzó a comportarse de manera extraña, y le despertaban los celos sin motivo aparente, volviéndose un poco posesivo. Sin embargo, nunca quiso alejarme de los negocios y confiaba en mi capacidad para ello, como me manifestaba.

Imagine que algo grave le pasaba para que él fuera de esa manera. Solo había dos cosas que lo alteraban: los negocios y las mujeres, desde luego él no contaba mucho de sus problemas personales.

Poco a poco me enteraba de muchas mentiras, y tomé la decisión de hacer las cosas a mi manera. La soledad y la lejanía en la cima de los cerros agitaban mi estado de ánimo. Allí permanecía trabajando arduamente para él.

En uno de esos días de mal humor, el coraje me llegó y, para sentirme bien, hice algunas tonterías. Había costales listos para trasladar al empaque, ocultos entre barrancos y cerros en plena sequía, y con el sol ardiendo a todo lo que daba.

—"Hay que esconder bien los costales, vamos a llevarlos más al monte y acercar los que faltan. Vayan ustedes a recogerlos, yo cuidaré aquí. Váyanse ya"— le pedí a Gavilán y a los demás. Los militares se encontraban patrullando cerca, en el poblado vecino. Estaba enojada con Guzmán y aproveché el momento para destruir parte de la mercancía. La rama era mi problema, y el no comprendía que esa vida no me gustaba. Al día siguiente, esperábamos levantar vuelo.

Caminé cerro abajo sosteniendo un encendedor en mi mano hasta llegar al barranco donde se encontraba oculta la costalera. Cegada por el coraje que sentía con Joaquín, prendí fuego sin ningún remordimiento a la rama y subí de nuevo hasta el camino. Me senté en la orilla de la carretera bajo el sol y contemplé con serenidad el fuego y las enormes nubes de humo que salían de entre las colinas. Aún recuerdo la sensación del sudor corriendo por mi espalda y el aire caliente que azotaba, penetrante al aroma de la hierba seca.

Mi radio sonaba y sonaba, pero nunca respondí. En ese momento, todo dejó de importarme. Había decidido que el fuego consumiera todo a su paso. Dejé caer mi espalda contra el suelo, cubrí con una gorra mi rostro hasta quedar dormida, arrullada por la calma en las lejanías. Poco después, escuché el bullicio de voces y el sonido de carros que se aproximaban a prisa. Era Gavilán y algunos trabajadores que llegaron asustados al percatarse de la nube de humo y de su origen.

—Señora, ¿qué pasó? ¿Está bien? — se acercaron despertándome los muchachos con gran preocupación. Lo que había provocado aquel día me dio satisfacción y nunca me arrepentí de ello. Fui consciente de mis acciones y las posibles consecuencias, pero ya nada me importaba, necesitaba motivos para que me dejara regresar a mi vida normal.

—No sé, creo que andaban ahí los soldados y no nos dimos cuenta —dije para tranquilizarlos, ante la insistencia de averiguar lo sucedido.

—¿Y ahora qué le vamos a decir al señor? —preguntó Gavilán con notable preocupación, mientras miraba dispersarse las nubes grises por el cielo.

—Nada, usted no tiene que decir nada. La que tiene que asumir esto soy yo. Ustedes no deben preocuparse. Tranquilos, solo encárguense de hablarle a "Cachimba" para que no venga, y mándenlo a la otra pista. Vamos a completar con los paquetes que tenemos hechos y con lo que acaban de traer — le indiqué.

—Pero esos paquetes no sirven señora, tienen un chingo de semilla —dijo el encargado del empaque. Precisamente eso quería provocar a Guzmán para irme a Culiacán.

—No importa, así los vamos a mandar. Con esta que trajeron nueva, ustedes y aquella se va a completar el viaje. Así que vámonos a trabajar toda la noche si es posible —ordené. Iba a volver a Culiacán, me costara lo que me costara, y que "El Chapo" buscara a otra persona que me reemplazara. Mi hijo crecía, y no quería que viera ejemplos desastrosos en su madre.

—¿Está segura de lo que va a hacer? — me preguntó acercándose Gavilán. Daba lo mismo enviarle buena o mala mercancía, de igual forma, alguien ya nos saboteaba el trabajo.

—"Si, Yo no voy a seguir cumpliendo antojos. Como si este trabajo fuera algo ejemplar, solo somos peones. No voy a dejar de hacer otras cosas que quiero. Esto se acabó" — Le sostuve con coraje. Ya no quería estar en la misma situación de siempre. Ese negocio no era para una mujer como yo. Anhelaba hacer algo que me desafiara a ser mejor, en lugar de seguir siendo quien se limitaba a hacer lo que me ordenaban. Estaba harta de vivir bajo el yugo del miedo, sometida a las sombras, me había dado cuenta de que Joaquín no me quería, solo me usaba a su veneficio. Decidí pensar inteligentemente y razonar. Después de haber desahogado mi frustración, opté por manejar las cosas con calma. Jamás había considerado la traición en ninguna forma. Aunque yo me sentía traicionada, insegura y en peligro siempre.

\*\*\*

A pesar de los sentimientos apacibles que parecían dominar mi vida, había una parte de mí que se resistía a ceder por completo. Mis pensamientos y preocupaciones se dispersaron en sueños por alcanzar, anhelando un cambio que me permitiera escapar de una vida que no era la mía, y de un mundo al que no pertenecía. Soñaba con la libertad de hacer tantas cosas que aún no había experimentado, como salir con amigas como cualquier joven de mi edad y continuar mi educación. Un sueño frustrado que viví desde mi infancia, y al cual me aferraba. Sin embargo, "El Chapo" robaba mis años, mi tiempo y mis sueños más preciados, con aquel tipo de actividades.

Desde la infancia, fui educada para obedecer a los hombres, pero, aun así, dentro de mí existía un impulso de luchar por sobrevivir a cualquier situación adversa. El miedo constante me paralizaba, temiendo no hacer las cosas correctamente como Joaquín las pedía, y hasta sentía culpa, incluso por mi propia felicidad. Quizás había rechazado inconscientemente muchas oportunidades debido a mi obediencia y mi deseo de complacerlo, pero el abrir de ojos me había llegado gracias a él.

Un día cualquiera, estando con "El Chapo", preparaba mis maletas para viajar y continuar con mis obligaciones impuestas por Guzmán, antes de estos episodios. Su celular no dejaba de sonar. Joaquín estaba en el baño y confiaba en que nunca revisaría su teléfono, ese día algo cambió. La curiosidad me ganó y, de alguna manera, memoricé la clave de su BlackBerry. Al entrar a su mensajería, encontré el mensaje de una mujer, era "La Monita" enviándole fotografías suyas con una sonrisa aún infantil.

Otra conversación registrada como "canela", pedía permiso para salir de fiesta y divertirse sin remordimientos y con toda libertad.

— Amor, ¿me dejas ir con mi prima y su novio al antro? — alcancé a leer, mientras "El Chapo" daba sin restricciones su consentimiento a la chica.

Sentí un vacío en el estómago al darme cuenta de que mi realidad era distinta. A diferencia de ellas, carecía de libertad para disfrutar de los placeres simples de la vida. Era dolorosamente consciente de que mi vida estaba restringida mientras algunas mujeres de Guzmán parecían gozar de una libertad que yo anhelaba con desesperación.

Mientras exploraba la conversación, descubrí que la persona detrás del perfil "Canelas" era en realidad Emma coronel. Imágenes adjuntas revelaban momentos íntimos de sus hijas gemelas, enviadas después de su nacimiento. La esposa se divertía, mientras yo su amante cumplía roles que no me correspondían.

Tiempo después, Joaquín abandonó a su joven esposa "La Monita", pareció no alcanzar las expectativas de "El Chapo", quien dejó de buscarla y años después se casó de nuevo.

Reflexionaba días y noches enteras, sobre mi situación. Ya no quería seguir ayudándolo con todo y sus mujeres, quienes recibían una remuneración, mientras yo me encontraba en una posición confusa.

Dejé el celular en su lugar, sintiendo un nudo en la garganta tras deslizar mis dedos por la pantalla y encontrar una avalancha de mensajes de Joaquín y sus mujeres, las mismas que negaba incansablemente. "La Palma" demandaba saber cuándo lo vería, había tenido una supuesta hija de Joaquín. Otro contacto, registrado como "Árbol", intercambiaba insultos y le exigía sumas considerables de dinero:

— "Y espero que me hagas llegar lo mío, quiero los mismos cien mil de esta semana completos" —clamaba la mujer, quien identifique como una de sus primeras esposas. Entre todas esas mujeres, yo era la que menos problemas ocasionaba manifestaba Joaquín. Por otro lado, estaba Tina, a quien Guzmán apodaba "La fiera" o "Loba del Mar" debido a su temperamento arrebatado y violento, tal como él mismo la había descrito. Después de ocho meses, Tina finalmente había dejado la prisión de Baja California, luego de su arresto en Los Cabos.

Y así, cargada de desilusiones, regresaba una y otra vez, sumando el estrés que vivía en la sierra. Los pensamientos tormentosos de nuestra relación finalmente llegaron a su límite. Ya no podía más con la situación y quería terminar la relación, exigiéndole explicaciones de su comportamiento.

Me abandonaba en la sierra días sin responder el teléfono, mientras yo me esforzaba por resolver sus problemas.

—"¡Tienes unos arranques muy raros a veces, corazón!" —solía decirme, dejándome sin palabras, sin derecho a reclamarle. Él conocía mi personalidad en detalle y sabía cómo utilizar las palabras adecuadas para controlarme, y a veces incluso recurriendo a pequeños gestos. Reconocía qué cosas me hacían feliz y apreciaba los momentos más tranquilos que me satisfacían sin haber cosas materiales de por medio. Era algo que él mismo reconocía.

— "Mi reina no es nada interesada. Te quiero para mi vejez, es usted un amor" —me repetía una y otra vez en cada ocasión que podía.

Estuve atrapada en una etapa de enamoramiento donde creía sentir por él mucho más de lo que admitía ante mí misma. Sin embargo, ese encanto inicial se desvaneció gradualmente cuando me enfrenté a la cruda realidad. Con el tiempo, fui descubriendo más sobre su forma de actuar y de controlar cada aspecto de su entorno. Dominaba a la perfección el arte de la manipulación, utilizando sus encantos personales como armas letales: su elocuente forma de hablar, su carisma y su habilidad innata con la que trataba a las personas. Con su poder de persuasión y sus caricias engañosas, era capaz de doblegar incluso al más fuerte. Así, se apoderó de mi mente y mis sentimientos como un hábil poeta, con su apariencia de hombre caritativo, bueno y bondadoso. De esa manera, ingenua, permití que mi nobleza y mi debilidad interna me llevaran a creer que todo lo relacionado con su actitud era completamente normal. Convencida de que, como su pareja, le debía total obediencia y respeto.

A raíz de su forma de ser me adentré en la lectura de artículos sobre los distintos tipos de psicópatas y lo comparaba con uno en particular: el narcisista, con todas sus variaciones posibles. Descubrí que era un posesivo y estaba obsesionado con el control sobre su propia persona y el poder sobre los demás, aunque me costó tiempo reconocerlo.

Hoy, con la mente más clara y despejada, puedo ver con dolor que siempre fui utilizada para alimentar sus necesidades en todos los aspectos imaginables. Al paso de los años y los problemas que surgían en la relación me llevaron a despertar y buscar ayuda, pero lamentablemente, me dirigí hacia las personas equivocadas. En ese sentido, las posibilidades de liberarme a mí misma fueron prácticamente nulas.

Hablar con las personas equivocadas podría tener consecuencias graves y costosas. Desafortunadamente, mi situación era casi imposible de abandonar. Inmersa en un entorno corrupto, donde la voluntad de la sociedad estaba corrompida por el dinero, me sentía acobardada ante la idea de romper tanto silencio.

Francamente, no encontré una forma de ayudarme a mí misma, ni creí que alguien pudiera hacer por mí. Tengo la certeza absoluta de que mi cobardía me dominaba. Y que "Él Chapo" me dominó moralmente en un momento de mi vida en el que carecía de conocimientos y enfrentaba numerosas limitaciones mentales, las cuales él explotó a su gusto, mientras crecí a su lado el resto de mi juventud.

***

"El año 2012 fue testigo de un torbellino de experiencias, tanto buenas como malas. Para mí, fue un año de adrenalina y emociones de todo tipo, marcado especialmente por la confusión que caracterizaban mi relación con "El Chapo", tanto en el amor como en los negocios".

Joaquín alternaba las visitas entre su familia y yo. A su lado tenía un lugar, demostró que era especial para él. Aunque me encontraba en una posición en la que no me atrevía a reclamar mucho sobre sus encuentros con otras mujeres. Los problemas entre él, Tina y Emma, sin ánimo de ofender, se habían vuelto incontrolables, y eso también afectaba nuestra estabilidad sentimental., en el fondo estaba asfixiada y no me atrevía a expresarlo ante él. Siempre estuve convencida de que él sentía amor por mí, y me conformaba con eso, aunque me consumiera la confusión de mis sentimientos por él.

A semanas de su regreso a Culiacán, me alejé gradualmente del tráfico de marihuana, una decisión propia. Previo a esto, me solicitó reorganizar a la gente en la sierra para la recolección de hierba, marcando así mi establecimiento en Culiacán.

Me sumergí en otros conocimientos y comencé a trabajar en áreas que nada tenían que ver con Guzmán, enfocándome como empleada en bienes raíces. Creí que mi relación laboral con él había terminado y que finalmente podría perseguir mis propias metas.

Sin embargo, esto no fue así. Me indico nuevo trabajo y me dio nuevas responsabilidades, adaptándome a sus órdenes como si mi lugar en su organización debiera necesariamente dar frutos. Aunque se dice que el amor y los negocios no se llevan, para "El Chapo" esta combinación parecía ser perfecta.

Pronto fui enviada a la Ciudad de México, a pesar de tener escasos conocimientos en negocios empresariales, para realizar tareas que creía no ser capaz de llevar a cabo. Todo bajo instrucciones precisas de Joaquín Guzmán Loera.

Para antes, en Culiacán había conocido a Benjamín, un trabajador clave de Guzmán. Siempre lo llamé "Benja". Se desempeñaba como chofer y en la remodelación y mantenimiento de las casas de seguridad en Culiacán. Al igual que "Nariz", se encargaban de que estas casas estuvieran habitables cada vez que se necesitaran. Con la rutina monótona, se designó a Benjamín como mi chofer personal, sacándolo de su presencia directa para que se encargara de diversas tareas en la ciudad. Desde hacer las compras del supermercado hasta seguir instrucciones de "Nariz", quien con el tiempo había ganado una mayor confianza por parte de Joaquín. Con el transcurso del tiempo, "Nariz" había asegurado un lugar como persona de confianza dentro del círculo más cercano.

Compartía el mismo techo que nosotros, siempre atento a las necesidades que surgían. Contaba con información muy valiosa, no sé hasta qué punto estuvo involucrado en los negocios de Joaquín Guzmán Loera, más allá de lo que yo sabía. Al igual que muchos en ese círculo, provenía de una familia con escasos recursos económicos y trabajaba día a día para sustentar a su familia, sin contar con una educación formal ni una carrera profesional establecida. Considero que tanto "Nariz" como Benjamín optaron por las mejores alternativas que consideraban como únicas y con la esperanza de salir de la pobreza, como muchos, para ayudar a los suyos.

"Nariz" contaba con la ayuda exterior también de un joven apodado "El Ranas", quien lo ayudaba en parte de los mandados que los mantenían ocupados la mayor parte del tiempo. A diferencia de Nariz, estos no podían tener acceso a las ubicaciones de donde se encontraba su jefe.

Una tarde, en compañía de Joaquín, soltó nuevas órdenes a "Nariz":

— Dile a Benja que consiga unos muchachos de donde sea para enviarlos a la Ciudad de México. Necesito gente allá, y tú irás con ellos, corazón. Irás al DF cuando Benja consiga a la gente para que te los lleves — me explicó. Quedé en blanco, incapaz de formular un pensamiento claro, confundida sobre cuál sería el nuevo plan de "El Chapo" al mandarme a una ciudad que apenas conocía. Solo había visitado la Ciudad de México un par de veces, y nunca había viajado fuera del país. Respecto a otros estados, apenas los había recorrido por aire en compañía de Joaquín, como Sonora, Jalisco, Quintana Roo y Chetumal, en los que no permanecimos más de una noche. Por supuesto, la sierra era mi fuerte.

— "Oiga, ¿qué voy a hacer yo allá? ¡No conozco la Ciudad de México!" — le expresé a Joaquín aquel día, más que asustada, preocupada por los riesgos a los que me enfrentaría.

— Usted es muy lista, corazón. Podrá arreglárselas. Ocupó que vayas a hacerme unos trámites para una compañía que vamos a hacer desde cero. Tú conoces de trámites, la gente que consiga Benja las vas a poner en esas empresas que vas a hacer allá. Tú tranquila, lo que no sepas te voy a ir dando indicaciones de qué vamos a hacer paso a paso cuando estés allá — me explicó "El Chapo", sin preguntarme si estaba conforme con convivir con desconocidos o si quería viajar y hacer aquello. Me limité, como siempre, a sellar mis labios y continuar obediente en silencio desde que lo conocí. Estaba cambiando de opinión y prefería volver a la sierra; había resultado contraproducente abandonar el tráfico de marihuana.

— "Naricita", dile a Benja que sean dos muchachos, que los agarre de entre las colonias que conozca, él sabrá quiénes son de su confianza — ordenó Joaquín a "Nariz", quien obedeció inmediatamente, indicando las instrucciones a Benja como siempre. Debían ser personas accesibles, dispuestas a trabajar por precios razonables y capaces de seguir órdenes fielmente.

— Está bien, "Tío", yo le digo — respondió "Nariz". Todos conocíamos que lo que más complacía a Joaquín era la obediencia y la perfección en captar sus órdenes.

Días después, Benja había contratado a los hombres que Joaquín le había solicitado a través de "Nariz".

— "Tío", Benja ya tiene a dos chavalos listos. ¿Qué le digo que tienen que hacer? — Le pregunto "Nariz".

— "Muy bien, enseguida para que se entiendan con ella y les expliques lo que vamos a hacer" — Le explico. Tiempo después, me ordenó presentarme con ellos y explicarles el proyecto empresarial en puerta. También ordenó no revelar su nombre, ni para quién trabajaríamos en realidad; yo debía arreglármelas sola en aquellos detalles. Casi de inmediato, me senté con Pancho y Chuy, hombres contratados por Benja. A poco menos de una semana, estábamos viajando a la Ciudad de México, siguiendo las órdenes precisas dadas por "El Chapo".

— "Cuando lleguen allá, quiero que se instalen, busquen un hotel y luego busquen un despacho de abogados que les asesore. No dejes de escribirme, hermosura, y contarme cómo les va con eso" — Me indicó Joaquín, entregándome un fajo de billetes para gastos y hospedaje siguiendo sus instrucciones al pie de la letra.

Al llegar al Estado de México, me instalé en un hotel en la colonia Doctores. Durante esa semana, comenzamos la búsqueda del despacho de abogados con conocimiento en comercio internacional, importación y exportación.

Después del asesoramiento del despacho de abogados, procedimos con los trámites legales necesarios para el registro de la compañía. Eso incluyó elegir un nombre, obtener pasaportes para Pancho y Chuy, entre otros. En menos de un mes, el acta constitutiva fue elaborada ante un notario y presentada ante el Registro Público de Comercio y el Registro Federal de Contribuyentes. Ahora solo nos quedaba esperar la aprobación de la empresa por todas las leyes federales y de comercio.

— Amor, quería informarte que ya hemos completado todos los trámites de la compañía. Solo debemos esperar unos días más para recibir nuestra acta constitutiva y continuar con lo que desees hacer — escribí desde Ciudad de México a Joaquín.

— Te felicito, amorcito, eres muy astuta para los negocios, yo sabía que mi hermosura no me iba a fallar y que podía hacerlo. Ahora, corazón, hay que rentar una casa y una bodega para que hables con los muchachos. Diles que, si tienen familia y quieren llevársela, está bien. Les vamos a pagar por quincena — respondió, dando nuevas órdenes.

Pancho y Chuy estaban ansiosos de volver a Culiacán a ver a sus familias, y considerarían la propuesta de "El Chapo". Pancho estaba casado y con hijos, mientras que Chuy estaba próximo a casarse con su prometida.

— Los muchachos dicen que lo van a pensar. Creo que mientras podríamos regresar a Culiacán. Los documentos tardarán semanas o tal vez meses, y aquí no hay mucho que podamos hacer por ahora. Así evitaremos más gastos innecesarios — sugerí a Joaquín, ya que todos estábamos cansados de viajar de un lugar a otro y de movilizarnos a pie, en taxi o en metro, ya que no contábamos con un vehículo para transportarnos aún en aquella ciudad tan inmensa.

— Diles que se queden y que vayan buscando casa para rentar — insistió, sin tomar en cuenta nuestra opinión.

— Amor, pero ya no traemos dinero ni carro. Les debemos estas semanas a los muchachos que han estado por acá, y yo también quiero ver si puedo ir a ver a mi familia y descansar un poco mientras los documentos están listos. Ellos se irán de cualquier forma, no los puedo retener; sin ellos no se puede hacer nada, y sin documentos no podemos rentar bodega, — le detalle para convencerle de dejarme regresar. Fue así, que regresamos a Culiacán, mientras indico que nos enviaría para comprar los pasajes de regreso, cediendo a sus exigencias, no muy convencido.

En realidad, mi experiencia en el ámbito empresarial era limitada hasta ese momento. Sin embargo, aprendí mucho durante aquel proceso, trabajando estrechamente con abogados, notarios y asesores que contraté en la Ciudad de México. Pasaba días enteros con ellos, absorbiendo conocimientos sobre el manejo de bienes y comercio, lo cual resultó en un crecimiento tanto personal como profesional. Esta experiencia me inspiró a pensar en grande y a perseverar en la búsqueda de mis sueños de convertirme en una profesional. Fue una oportunidad de aprendizaje invaluable para mí, y por primera vez "El Chapo" me brindó algo importante: conocimientos que no había adquirido anteriormente, a pesar de mi constante deseo de seguir estudiando. Sentir que estaba ampliando mis horizontes me llenó de satisfacción y me hizo darme cuenta de que estaba destinada a ser algo más que una simple esclava del narcotráfico; estaba desperdiciando mi vida.

Después de completar todos los trámites y adquirir un valioso aprendizaje durante varias semanas en la Ciudad de México, regresé a Culiacán, a la espera de la aprobación de los documentos para una compañía de jugos de pulpas de fruta y cítricos.

Al encontrarme con Joaquín en persona, me sentí obligada a proporcionarle todos los detalles del proceso, aunque nunca dejamos de estar en comunicación a través de nuestros teléfonos celulares BlackBerry. Él quería que le explicara con profundidad todo lo que había hecho. Durante esos días, me dediqué a disfrutar mi descanso junto a mi familia, alternando el tiempo entre ellos y estar con Joaquín, yendo de un lugar a otro dentro del estado.

***

De manera sorpresiva, en ocasiones, Joaquín llegaba hasta mi domicilio ubicado en la colonia Montebello, acompañado de su secretario y "50", su lugarteniente de mayor confianza en esa época. Me había pedido buscarle en renta una vivienda cerca de la mía, a donde llegaba para vernos y donde llevaba a cabo reuniones con algunas de sus amistades. Vivíamos a una cuadra uno del otro, hasta que cambiamos de domicilio. La separación de viviendas era por seguridad de los menores que había en mi familia, y donde yo no permitía que entrara personal de Guzmán.

Hasta entonces todo parecía ir de maravilla en Culiacán, pero Joaquín y sus hombres se enfrentaban a un aparente robo en una de sus propiedades. En una tarde en particular, llegamos "El Chapo", Francisco Torres, alias "50", su secretario y yo a una casa ubicada en la colonia El Vallado. Al llegar a la propiedad, hicieron la inspección de seguridad, revisando cada rincón para asegurarse de que todo estuviera en orden.

—"Tío "¡se llevaron todo lo que teníamos guardado, no está!" — exclamó nervioso "El 50" al entrar a la casa

— "¿Cómo que nos robaron? ¿Y cómo entraron?", — preguntó Guzmán.

—"Por la compuerta Tío, está forzada" — volvió a exclamar "50", yo escuchaba atentamente sin comprender lo que estaba pasando.

— "Vamos, acompáñenme a ver eso. Tú quédate aquí, corazón", — me dijo Joaquín, tratando de mantenerme al margen de los detalles mientras se apresuraba al interior de la casa junto a sus hombres. Sin entender la situación, permanecí esperando e incómoda en la sala. Momentos después regresaron, y Guzmán comenzó a darles instrucciones.

— "Manden cerrar y sellar ese agujero con varillas y cemento. Piensen en quiénes más conocían este lugar para investigarlos. Interroguen a cada uno hasta que entreguen lo que se robaron. Vamos a dar con el que entró aquí. Nos moveremos a la casa tres, no podemos quedarnos aquí hasta que terminemos de investigar quiénes fueron los que entraron y se llevaron las cosas", — Les indico Joaquín a sus hombres, y enseguida fuimos a una de las casas de seguridad, enumeradas, de esa forma para identificar una de la otra.

— "No vayas a regresar a la casa, hasta que se aclare todo. No vaya a ser que te pongan cola chavalon", — le indicó Guzmán a "50", tomando precaución, después de dejarnos en otra ubicación.

La preocupación y la tensión aumentaron con el paso de los días, mientras su secretario y "50" buscaban incansablemente lo que se habían llevado durante el robo en la casa de la colonia El Vallado. Aunque Guzmán nunca me reveló qué habían robado exactamente, dejé volar mi imaginación. Fui testigo del inmenso estrés que la pérdida causó en Joaquín y en los muchachos, así como de la gran tragedia que parecía estar por suceder.

— "¿Ya encontraron quién fue?", preguntó Joaquín días después.

— "Sí, ya tenemos a unos chavalos, "tío". Están siendo interrogados por mi compadre", — le informó el secretario. Escuchar esas cosas alteraba mis nervios; entre la tensión del entorno de "El Chapo" y las ocupaciones que me encomendaba, mi vida se volvió cada vez más tensa, a medida que compartía mis días con Joaquín Guzmán Loera y sin derecho a opinar de sus asuntos.

Semanas después de aquel robo, surgieron más problemas. El secretario avisó a Joaquín sobre un fuerte operativo del que su gente estaba al pendiente. Un par de camionetas de elementos del ejército mexicano recorrían la colonia El Vallado. Aquella mañana, "El 50" no se encontraba en servicio; el viernes anterior había pedido un descanso para relajarse de las tensiones.

La mañana, 3 de agosto de 2013, el secretario reportaba los pormenores a El Chapo.

— "Tío, me están informando los plebes que el operativo está fuerte en la colonia, hay en El Vallado cerca de la uno," — le dijo a Joaquín, el "Cóndor".

— "Hay que estar alertas. ¿Dónde está "50"? Oye, búscate a este muchacho, no se haya ido a meter a la casa a descansar. A ver, llámalo, mira donde anda."— Le ordenó "El Chapo", con ojos saltones de asombro al estar casi seguro del lugar elegido de Francisco para pasar el día. El secretario buscó a "50" durante todo el día, tal como se lo habían pedido, pero el joven no respondió durante todo el viernes y el sábado por la mañana ya era demasiado tarde para salir de aquello.

— ¿Qué pasó con "50"? ¿Lo localizaste? — preguntó Guzmán.

— "No, tío. Mi compadre no contesta y me dicen que no está en su casa. Ya lo mandé buscar con los plebes y las rápidas siguen patrullando, hay en la uno desde temprano como si estuvieran buscando algo. Temprano fueron a tocar la puerta de la uno, pero nunca abrió nadie, dicen que no está ahí"— Le explicó Cóndor a Joaquín. Eran pasadas de medianoche cuando pidió retirarnos a descansar y encargó al muchacho estar alerta y seguir buscando a "50". Minutos más tarde, Cóndor tocó la puerta.

— "Dime" — respondió Joaquín desde la habitación.

—Me acaban de hablar los plebes de mi compadre "50" que sí está en la casa, tío. — dijo el secretario. De inmediato, Joaquín se levantó de la cama y salió hasta la sala.

— "Pero que no le dije a ese muchacho que no se metiera, manda a un plebe decirle que se salga. —escuché decir a Joaquín, y enseguida lo miré entrar por la puerta.

— "Amorcito, regálame un café" — me pidió y enseguida fui a la cocina a prepararle la cafetera, todos estábamos preocupados aquella noche.

— "Me dicen los plebes que mi compadre no recibe los mensajes, tío, y tampoco abre. Está allí con una muchacha y no se pueden acercar mucho porque están las rápidas allí en la esquina, como que cuidan algo."— Le informó su empleado.

—"hay, no te digo este muchacho. Toca esperar a ver qué pasa. Ojalá se vayan de ahí esos amigos. Vamos a descansar entonces. Me avisas cualquier cosa, dile a la plebada que estén pendientes," — ordenó Joaquín.

El "50" había pasado la noche del viernes 2 de agosto de 2013, en la casa de seguridad situada en la calle Bahía de O huirá, entre Tarahumaras y Olmecas de la colonia El Vallado. Pero la mañana del sábado 3 resultó infernal en la capital. El secretario tocó la puerta como de costumbre para despertar a Joaquín pasadas las ocho de la mañana:

— "¡Tío, tío! Los plebes dicen que le cayeron los militares a mi compadre "50" en la uno, y están agarrados a tiros tío" — gritó el secretario desde el otro lado de la puerta. El Chapo y yo saltamos de la cama al instante.

—"¿Cómo va a ser eso? ¿Y qué están esperando? ¡Apúrate y manda a los plebes a sacarlo de ahí!" — le ordenó Joaquín, caminando de un extremo a otro de la sala, con una angustia que rara vez se le veía.

—"Ya están llegando los plebes de mi compadre "Negro" Tío, pero los helicópteros también están llegando y mi compadre "50" sigue dentro de la casa, no han podido sacarlo, ya no puede salir"— explicó su secretario. El operativo se había expandido rápidamente, cercando a "Sony" o "El 50", a quien ya tenían ubicado. Todo indicaba que el ejército había estado esperando refuerzos desde el viernes, día en que "50" ingresó a la casa donde semanas atrás ocurrió el robo. Carlos Adrián Guardado, su verdadero nombre, al verse rodeado y con la salida de emergencia bloqueada, se enfrentó a los militares que le pedían rendirse fuera de la casa, al saberse perdido. Sin dudarlo, prefirió luchar por su libertad. En ese momento, "50" estaba comunicándose con el secretario de Guzmán.

—"Tío, mi compadre no puede salir de la casa, la salida está sellada", — informó el secretario a Joaquín, esa mañana, después de que

"50" le notificara que estaban atrapados. Las tensiones estaban al máximo.

— "¡Chingado! Le dije a este muchacho que no se metiera ahí. Dile que se rinda, que se entregue. Lo van a matar. Esperemos que haga caso. Moviliza a la gente rápido," — ordeno "Chapo", atormentado, a Cóndor. Para Joaquín, Carlos Adrián Guardado, "El 50" era muy importante, casi como a uno de sus hijos.

—"Ya están ahí "Tío", — decía el secretario, refiriéndose a la gente que iba a rescatar al muchacho de ese operativo. Yo me mordía las uñas, sintiendo escalofríos que me recorrían el cuerpo.

— "Ya están agarrados a balazos, los de la guardia y los plebes "Tío" —, dijo el secretario, caminando de un lado a otro con gran preocupación.

—"Fregado… este muchacho ya está perdido, — murmuraba "El Chapo", cuya preocupación era evidente en su rostro. Un pesado silencio se apoderó de la casa, mientras una profunda tristeza nos envolvió. Esperábamos que Carlos Adrián Guardado resistiera el enfrentamiento y se rindiera.

Ese 3 de agosto, Culiacán se sumió en un mar de sangre. El cartel estaba de luto, con balas y cuerpos esparcidos por la colonia El Vallado. "El 50" o "Sony", como se le conocía en la organización, cayó abatido durante el violento operativo. Durante más de dos horas, el estruendo de lanzacohetes y el humo de los autos en llamas alarmaron a la ciudadanía. Los impactos de las balas resonaban con fuerza hasta la colonia Libertad, donde "El Chapo" y yo nos encontrábamos bajo el mismo techo, a la espera del desenlace de esa mañana de guerra.

Antes de su muerte, desde el interior de la casa donde quedó atrapado "50" se despidió tanto del secretario como del "Chapo".

— "Compadre, ya valimos. Le encargó a la familia, dile a mi apá que le agradezco por todo," — les escribió, dirigiéndose a Joaquín con gratitud. La misión de "50" en el cartel y en este mundo había llegado a su fin. Aunque luchó hasta el último aliento, finalmente perdió la batalla.

Desafortunadamente, varios miembros del ejército y Armada de México también perdieron la vida en cumplimiento de su deber, ante la batalla contra la delincuencia organizada.

— "Mi compadre 'Tío' ya no respondió," — informó el secretario a Joaquín con lágrimas en los ojos a punto de asomarse. Joaquín bajó la cabeza, asimilando la pérdida del muchacho. Permaneció pensativo durante un largo tiempo, quizás recordando momentos junto a él y luego me envió a casa con mi familia.

— "Ve a tu casa, "mosura". Esto se va a poner feo. Yo me voy a mover fuera de la ciudad. — me indicó Joaquín.

Salí de la casa que compartía con Guzmán aquella mañana, con tristeza impregnada en mi rostro. Habíamos convivido tanto con el joven que sentimos mucho su pérdida. Al llegar a casa, encontré a Carolina devastada. "Había perdido a su amor platónico."

— "Lo mataron. Mataron a "50" está muerto". Fui a buscarlo. Está tirado en la entrada de la casa. Casi entré a la fuerza, no me querían dejar pasar. Todavía no lo levantan", — contó notablemente impactada de ver tanta sangre y los cuerpos que reposaban en el asfalto. Carolina y yo decidimos trasladarnos al lugar de los hechos y averiguar más de lo sucedido. Cuando llegamos, la zona estaba totalmente acordonada, ya no permitieron el paso. De lejos se veían varios hombres caídos, entre uniformados y civiles, y algunos autos en llamas que los bomberos intentaban apagar. En la propiedad se dijo, aseguraron armas de alto calibre, la detención de algunos de sus hombres y la joven que acompañaba a 50 aquel trágico día, fue puesta a disposición de las autoridades correspondientes. Al ver las imágenes de la tragedia, se concluyó que Carlos Adrián se había rendido, tal como "El Chapo" le había ordenado que lo hiciera. Pero apareció muerto en la entrada de la casa, con la cabeza destrozada y su cuerpo yaciendo sobre sus piernas.

Su cuerpo fue velado en la funeraria San Martín en la colonia Montebello. Entre los presentes a su despedida estaban amigos, familiares cercanos, sus viudas y uno de los personajes que más destacó fue la presencia de la señora Griselda López Pérez, segunda esposa de Joaquín Guzmán Loera. Aquel momento nos reunió para darle el último adiós a Carlos Adrián Guardado, alias "50" o "El Sony".

La noche caía dentro de la funeraria San Martín, y por un momento me sentí incómoda al encontrarme con Griselda, a quien observé de lejos. Momentos después, estalló un conflicto entre las viudas del difunto; discutían y peleaban junto al féretro. Esto distrajo mi mente. Griselda caminó para alejarse de aquella discusión y el amotinamiento, acercándose hasta donde me encontraba sentada junto a la "Cuata" y sus hermanas. Griselda intercambió palabras con las muchachas mientras me lanzaba miradas de vez en cuando.

Nunca me agredió en ninguna forma, ni física ni verbalmente, y tampoco tenía certeza de si conocía mi relación con su exesposo o simplemente pelear por Guzmán ya no le importaba. Al día siguiente "50" fue llevado a su última morada, al panteón jardines de Humaya.

Le conté a Joaquín de la presencia de Griselda en el sepelio, él estaba preocupado por las reacciones de su señora.

— ¿Te dijo algo corazón? me preguntó Joaquín. Le aseguré que no había motivos de preocupación, ya que según lo que me dijo, él y Griselda habían terminado su relación matrimonial. Según "El Chapo", lo que existía entre ellos era simplemente una relación familiar.

\*\*\*

"Amaba a sus hijos e hijas; de eso no hay dudas, en su casa tenía imágenes fotográficas de algunos de su familia, imágenes que atesoraba. Inexplicablemente, uno de sus retratos apareció con múltiples rayones hechos por pluma de color negro. Se molestó muchísimo y pronto pensó que habían sido sus nenas, las gemelas, las responsables de aquella inocente travesura, quienes recientemente habían salido de la casa tras visitarlo rápidamente. Joaquín ordenó a "Nariz" que lo llevará de inmediato a un taller fotográfico en Culiacán y tratará de rescatar las imágenes.

"Entre sus tesoros fotográficos conservaba a sus hijos en cuadros de madera, donde aparecían la señora Griselda López, Giselle, su única hija mujer con doña Griselda, Ovidio alias "El Ratón", Edgar alias "El Moreno", quien fue abatido en un centro comercial de Culiacán durante la guerra entre carteles en 2008. En una más aparecía yo, la cual desapareció inexplicablemente de la casa después de dañarse el cuadro de su familia.

\*\*\*

Las labores en la Ciudad de México junto a los muchachos ya no eran necesarias. Ellos se habían establecido con sus familias en Texcoco, habían alquilado una casa y una bodega, conforme a las indicaciones de "Chapo". Para entonces, yo había vuelto a Culiacán una vez que todo se acomodó.

Todo lo que existió de la fachada de negocios fue únicamente en documentos, que no generaban un centavo. Todo quedó inconcluso por falta de recursos económicos para avanzar, por ello Joaquín poco a poco dejó de enviarme de viaje, y gracias a la tecnología podía darle seguimiento a cualquier trámite de ser necesario. Así concluyó mi participación en aquel proyecto, para perseguir uno de mis sueños dentro de la política.

Mientras Pancho esperaba montar la compañía en físico para operar cuando estuvieran listos "El Chapo" me pedía sentarme a platicar, con "Mingo o el conta" un joven contratado de la misma forma, enviado a Holanda para ubicar otra de sus compañías en el país europeo. No estaba del todo claro qué pretendía hacer Guzmán con su fascinante plan empresarial. Aunque puede resultar difícil de creer, a pesar de mi habilidad para lograr lo que él pedía. También he sido ignorante y confiada.

En mis años de estudio, apenas había tenido contacto con la geografía. No conocía los continentes ni las fronteras, mientras que Guzmán los había recorrido casi todos. Cada vez que Joaquín mencionaba los nombres de esos continentes, mi mente volaba hasta esos lugares, tratando de imaginar su inmensidad. Esto despertaba en mí la curiosidad por conocerlos en el futuro, no por negocios, sino por el simple placer de explorar su historia y sus culturas. Sin embargo, atrapada en el oscuro mundo del narcotráfico, mis sueños se desvanecían.

Confundida y sin respuestas, buscaba desesperadamente en quién confiar y preguntar que debía hacer con lo que consideraba eran problemas. Esa incertidumbre me atormentó durante años, días y noches.

Cuando conocí a Mingo, le expliqué el plan del proyecto y me hizo preguntas a las que no sabía responder. Estaba atrapada en el guion que me habían ordenado manejar, sin poder revelar la identidad del verdadero dueño del proyecto. "El Chapo".

"—Explícame qué hay que hacer— dijo Mingo. Háblame con la verdad para saber a qué atenerme. Nadie hace una empresa así de la nada, menos en Europa. Su comentario me incomodó y me hizo reflexionar. Tal vez tenía razón, especialmente considerando quién era Joaquín.

—"Entiendo que es un proyecto legal y sin irregularidades — Le dije, titubeante ante mis propias palabras.

"Con el tiempo, "Mingo" aceptó viajar sin pedir más explicaciones, sin saber quién era en realidad el cerebro detrás del proyecto.

""Mingo" realizó investigación de logística, se sumergió en el proceso empresarial y en la solicitud de trámites en un país donde casi nadie hablaba español. Como equipo, descubrimos datos que se me habían ocultado, ya que siempre sostuve que el proyecto se limitaba a importación y exportación de jugos elaborados con cítricos y pulpa de frutas.

Pasadas algunas semanas del viaje de "Mingo" a Europa, Joaquín se mostró desesperado por una respuesta pronta de "el conta", así lo llamaba. Pero aún no existía el respaldo de trámites legales, para cuando Guzmán buscaba conectar a Holanda con Ecuador sin entender que no existía soporte legal alguno.

Fue ejercida demasiada presión hacia "Mingo" para que rentara una bodega, sin un acta constitutiva en mano, lo cual resultó imposible, luego de que el hiciera el intento y se viera aquel acto demasiado sospechoso, tanto para nosotros como para las autoridades holandesas, cualquier trámite se nos fue negado y sometido a investigación y el proyecto fracasó.

Para ese entonces "Ricón", padre de Angie, se encontraba en Ecuador trabajando para Joaquín, dato del que no teníamos idea. "El Chapo" había ordenado a su socio contactar las supuestas compañías de Ecuador y Holanda. Yo seguía sin comprender la función de "Rincón" en aquel lugar, ya que no tenía relación con mis asuntos. La única ocasión que lo vi y que habíamos tenido contacto, fue junto a su familia, en una de las casas de Culiacán, cuando habían visitado a El Chapo para hablar de la bodega que se le había solicitado a la joven Angie en Los Ángeles, un trato que surgió a mis espaldas entre ellos, y que desconocía. Aunque no trataron más negocios, pronto descubriríamos la verdad. "Mingo", ante las dificultades que enfrentaba, pidió vacaciones y solicitó reunirse conmigo en cuanto regresara a Culiacán. La diferencia de horarios dificultaba nuestra comunicación y, después de unas semanas de solicitar abandonar Europa, regresó a México.

— "Oiga necesitamos hablar con urgencia, hoy mismo" — Me pidió "el conta", por lo que nos encontramos en Culiacán. Fue desalojado de hoteles en Holanda por falta de dinero, según dijo. Discutimos los detalles de lo ocurrido en Europa. Carolina, quien siempre me acompañaba, y yo escuchábamos con atención mientras él nos contaba lo sucedido. Reveló detalles, abriendo una puerta a la verdad. La oficina de "El Chapo" había entablado contacto con él y el testaferro de Ecuador. Al no comprender de qué se trataba, ciertas cosas que le ordenaban decidieron regresar e investigar más con nosotras.

Antes de comenzar su trabajo, habíamos acordado que nadie debía tener contacto con personas ajenas al proyecto. El contacto debía ser exclusivamente con Carolina o conmigo, lo que hizo que desconfiáramos de la situación, algo que resultó positivo para nosotros.

Desde que comenzamos en el intento de los proyectos empresariales para Guzmán, nos habíamos comprometido a ser leales y protegernos unos a otros y a no ocultarnos nada para evitar problemas legales o peligros en ese ámbito.

— "Es un gusto verte de nuevo. Hay muchas cosas de las que necesito hablar contigo para seguir adelante con esto. También quiero mencionarles que alguien me contactó, dijo ser el secretario del señor, me dio un contacto y me pidió comunicarme con un tal "Cayo" para coordinarme con él. Hay muchas cosas que me dan desconfianza, la policía holandesa comenzó a investigarme por intentar rentar la bodega que esa persona me pidió, y sin los permisos correspondientes. Les advertí que era imposible — explicó "Mingo" en detalle. Carolina y yo nos miramos, sorprendidas y preocupadas, no estábamos al tanto de la comunicación de los secretarios y Mingo.

La situación comenzaba a tornarse oscura y preocupante. Sentí mayor desconfianza de todo. "Mingo" relataba los hechos. Basándome en sus explicaciones, tuve que confiar en él y revelarle quién era nuestro verdadero jefe de proyecto.

—"Ya dile la verdad de una vez, pues que fregados" — sugirió Carolina, con su peculiar estilo de hablar. Le pedí a "Mingo" escuchar atentamente. Le di la opción de retirarse del proyecto después de lo que iba a contarle, consideré que era vital que lo supiera después de que existía la posibilidad de ponernos en riesgo a todos los participantes.

— El dueño de estos proyectos no es ningún empresario, es un narcotraficante muy peligroso y poderoso: es "El Chapo Guzmán". No puedo contarte toda la historia ahora. Espero que puedas tomar la decisión correcta. Estás a tiempo. Él jura que todo es legal, pero dime, ¿qué ves de extraño? — le pedí que me explicara con pesar, mientras tanto mi corazón saltaba en el pecho. "Mingo" guardó un largo silencio, desconcertado y con el rostro pálido de susto, mirándome fijamente y confundido, su tez morena se tornaba más oscura de lo habitual.

Su voz cargada de preocupación me angustió. Sentí que el mundo se desmoronaba a mi alrededor, con el panorama que nos había mostrado.

— No es así... Por eso regresé y no pienso volver allá. Este señor es muy poderoso, tú debes saberlo. Y cualquier cosa que nos salga mal nos va a matar, y yo tengo familia. Aparte, siendo quien es, no nos paga lo suficiente. Imagínate, no alcanza para los gastos y además exige. A mí ya me explicó tu hermana algo, pero nunca me dijo que se trataba de este señor. Cuídate, May, porque te están utilizando. — Aseguro "Mingo". Luego prosiguió a contar sobre el giro que le estaban queriendo dar también a la compañía que se estaba constituyendo en Ecuador.

—Con "Cayo", — la compañía es de harina de pescado, eso le estuve contando a tu hermana. No es para jugos, no tienen nada que ver una cosa con la otra. – Explico. De la oficina directa de Guzmán habían ordenado cambiar los planes, "El Chapo" había ya invitado a ese proyecto también a sus socios a Dámaso y no sé cuántos más, al verlo constituido y sin darme por enterada. Fui sacando mis conclusiones, y el temor y la preocupación comenzaron a invadirme desde ese momento. Carolina, mi hermana, también empezó a deducir más. El sentimiento de traición me partió el alma, me sentía más utilizada y engañada que nunca.

— Qué estúpida, cómo pude creer en él — Me pregunté, en definitiva, yo no le importaba a Joaquín, su amor era falso.

— Ahora entiendo... Te dije que buscáramos la forma de que lo dejaras y no has hecho caso. Nos va a meter en grandes problemas a todos y terminará matándonos a las dos — señaló Carolina, sumamente preocupada, no era para menos el tema era delicado.

Después de aquel día ayudamos a "Mingo" a desaparecer y desde entonces perdimos todo contacto con él, mientras yo debía asumir los riesgos. La compañía más avanzada hasta ese momento era la de Ecuador. A raíz de la verdad revelada por "Mingo", supimos que "Ricón", socio de "El Chapo" y del Lic. Dámaso se encontraba en Ecuador bajo órdenes de Guzmán. Me comuniqué con "Cayo" y por todas las vías posibles le pedí que detuviera todo trámite hasta nuevo aviso. Para entonces, los avances en Ecuador eran notables; ya tenía una bodega que recién había alquilado y en la que pronto instalaría un cuarto frío de refrigeración. Todo esto estaba siendo apresurado por alias "Rincón", contacto de Él Chapo y El Licenciado Dámaso.

— No hables con nadie, desaparece tu celular y consigue un número nuevo. No recibas llamadas de nadie hasta que aclaremos este enredo ya que podemos estar en problemas. Espera a que te diga qué vamos a hacer — Le pedí de favor a "Cayo". Tenía que resolver aquel problema, en el que apenas nos estábamos metiendo y del cual Joaquín no me explicara con claridad.

Tener a todos los testaferros bajo mi control nos permitió manejar la situación de forma pacífica y adecuada con Guzmán. Su proyecto más importante era nuestro mayor seguro; nadie podría replicarlo, especialmente sin recursos. Eso me protegía en cierta forma de que alguien lo usara indebidamente teniendo la documentación bajo mi poder. Sobre esto, guardé silencio ante "El Chapo" como si nada hubiera ocurrido. Pero al perder contacto con los testaferros y no ver los avances, empezó a permitirme usar mi teléfono desde su ubicación para mantenerme en contacto con Carolina, para triangular la comunicación con quienes ya habíamos involucrado en los negocios administrativos.

Carolina fue parte importante para mí; se encargaba de mantener todos los documentos en orden y de gestionar los contactos empresariales desde su oficina personal, asegurándose de que no se nos implicara en actividades ilícitas más graves a la colecta de marihuana, que para entonces había dejado esa actividad.

"El Chapo" se enfureció mucho cuando su oficina no podía contactar más a los prestanombres, a quienes para entonces les habíamos restringido la comunicación con la gente y las oficinas de Joaquín. Indirectamente, le hice comprender a Guzmán que me necesitaba. Su hombre de confianza, "Nariz", se encargaba únicamente de la comunicación con Angie, la empresa que habían iniciado sin mi conocimiento. Decidí no involucrarme en ese terreno y también bloqueé cualquier conexión con Estados Unidos, al cual no debo delito alguno.

Aquella situación enredada desencadenó los problemas entre "El Chapo" y yo, que nos llevaron a la separación sentimental.

—"Amor, necesito que les digas a los muchachos que contesten el teléfono porque no responden, se están comportando de forma independiente"—, expresó inconforme, revelando su intento por tomar el control de nuestra gente y el proyecto para manipularlos según sus deseos.

—"No entiendo... ¿A qué teléfono y a quiénes se refiere? Si no me ha contado usted nada de eso, es cuestión de que diga cuándo contactarlos, Carolina o yo, y le aseguro que contestarán"—, le hice saber con claridad, sin revelarle que estaba al tanto de lo que se me ocultaba. Por dentro, mi enojo era evidente, pero mantuve la compostura, sabiendo que debía controlar mis impulsos y manejar la situación con astucia. La relación con él me había enseñado a ser más precavida y a no dejarme engañar fácilmente. Su estrategia fue frustrada gracias a nuestra intervención oportuna, conociendo el daño que eso nos podía causar.

—La verdad es que la oficina ha estado intentando comunicarse con 'Pancho', 'Cayo' y 'Mingo' para preguntarles por qué van tan lentos y por qué no responden. Necesito que las compañías empiecen a funcionar ya", — me expresó Joaquín, notablemente desesperado.

—"No pueden comenzar a operar si en Holanda todavía no hay nada establecido. Apenas estamos en las etapas iniciales de los trámites.

Para que todo sea legal, necesitaremos al menos unos dos años", — le expliqué, observando su reacción. Era vital hacer las cosas correctamente para garantizar la estabilidad de todas las personas involucradas, siempre y cuando fueran para uso adecuado. Sus exigencias en ese ámbito eran constantes y complicaban todo. También los gastos para su propio proyecto lo estaban rebasando, algo que hizo que Joaquín comenzara a dudar y cuestionar si se le estaba pidiendo demasiado. Con tantos empleados y la expansión del imperio que pretendía levantar en diferentes continentes, comenzó a exigir cuentas detalladas de cada peso utilizado.

—"Que está pasando amorcito. Ya no veo avances. A partir de ahora, quiero que pidas recibos de todo lo que se gaste. También dile a Carolina que, si usa una tarjeta de saldo, quiero que me informen y pidan los recibos", — exigió Joaquín. Esta solicitud me resultó humillante y también de risa. Las mensualidades que nos brindaba apenas alcanzaban, y para gastos personales me tenía designados diez mil pesos, más el pago destinado exclusivamente al pago de renta de la casa que compartía con Carolina. Nadie de quienes colaboraban con nosotras estaban dentro de las nóminas de pagos de Guzmán; sus ingresos provenían de su trabajo habitual. En innumerables ocasiones, recurrimos a nuestros ahorros para cubrir deudas que las exigencias de Joaquín generaban. Por dicha razón, su idea de comprobarle gastos me pareció excelente.

—Perfecto, no tengo problema con eso. Me parece muy bien que llevemos un registro detallado de todos los gastos. Así, podremos tener un mejor control y será más fácil identificar cuándo se debe pagar en diferencia por los gastos adicionales, — Le comenté conforme, con su propuesta. Sumados a los problemas financieros, la relación se fue enfriando, ya que los negocios no se mezclan con el amor, y en este caso Joaquín había entrelazado ambos aspectos. Un mes después, el primer reporte reveló que los gastos superaban lo previsto en comparación con lo que Guzmán proporcionaba.

En medio de las tensiones financieras y los asuntos comerciales, y tras su liberación, "Tinita" y Joaquín habían reanudado su relación. Surgieron dichos comentarios. Supuestamente los unía una larga historia de negocios, algo muy conveniente para "El Chapo". Casualmente me enteraba de los detalles a medida que transcurría nuestra relación. A pesar de la presión constante que Joaquín ejercía en mí, las empresas seguían estancadas. Evidentemente, "El Chapo" no podía tener ni hacer negocios a su nombre, por sus antecedentes, de esa forma se valía de la persona que le fuera útil, para eso. Poco a poco, las mentiras y verdades salían a flote.

\*\*\*

En 2012, los negocios con Joaquín se detuvieron, y decidí alejarme estratégicamente de su entorno. Sorprendentemente, él no pareció notarlo, ocupado con sus múltiples negocios y mujeres. Durante ese tiempo, disfruté de estar con mi familia y visitar mi tierra con mayor frecuencia. Consideré ingresar a la política y, tras largas noches de reflexión, acepté una propuesta para registrarme como precandidata a las elecciones de 2014, con la esperanza de alejarme de aquel mundo.

Aunque al principio me parecía una idea descabellada, comencé a anhelar la posibilidad de tener una nueva vida. Sin embargo, temía que la política pudiera perjudicarme más de lo que imaginaba.

"¿Será esta mi oportunidad de escapar de todo esto?", me preguntaba constantemente.

Un día, Joaquín me pidió encontrarnos. Llegué temprano a la casa de seguridad y poco después llegaron "Nariz" y Angie, la hija de "Rincón". Angie y su familia tenían vínculos laborales con Joaquín, y su presencia me sorprendió, pues nunca había llevado a otras mujeres a mi presencia. La conversación giró en torno a los desafíos de Angie para establecer una empresa en Los Ángeles, algo que no había avanzado debido a su limitado conocimiento en el ámbito legal y empresarial.

Joaquín, frustrado por la falta de avances, insistió en que me contactara para recibir mi ayuda, algo que me hizo sentir una creciente impotencia. A medida que escuchaba, me di cuenta de que Joaquín me utilizaba a mí y a otras mujeres para alcanzar sus objetivos.

La venda cayó de mis ojos: seguir a su lado ya no valía la pena. Mi futuro y el de mi familia eran inciertos. Durante la conversación, Angie reveló los recientes regalos que Joaquín le había hecho, lo que me llenó de rabia e impotencia. Cuando la familia se retiró, Joaquín comentó que de ahora en adelante haría negocios solo con mujeres, lo que desató una discusión entre nosotros. Le reclamé por no motivarme a mí con una casa propia, y su respuesta me dejó sin palabras:

—"Cuando tengamos un hijo, amorcito, te daré todas las casas que quieras". — En ese momento, estaba pasando por un tratamiento hormonal para un nuevo intento de fertilización in vitro, lo que hizo su comentario aún más doloroso.

— ¿Está diciéndome que, si no puedo darle un hijo, no merezco un hogar solo por eso? — Le reproche, y él, dándose cuenta de su error, se quedó en silencio.

Esa conversación fue el golpe final que necesitaba para ver con claridad mi situación. Entre lágrimas y sollozos, me retiré a la habitación, lavé mi rostro en el baño y traté de calmarme. Aquellas sospechas despejadas me enfrentaron a la realidad de que estaba en una relación abusiva, y juré poner fin a todo aquello.

Las drogas en Centroamérica formaban parte de la estructura empresarial que "El Chapo" planeaba. Después de conocer a Angie y a su familia, entendí mejor sus maquinaciones y decidí detener todo avance. Las compañías en México y otros continentes nunca estuvieron listas para operar, y ningún centavo pasó por esos proyectos. La única promesa de "El Chapo" a los testaferros y a mí, era un 10% de las ganancias futuras, algo que nunca sucedió.

Empecé a perder el interés y el cariño que sentía por él. Al final, me di cuenta de que era solo una más en su colección de mujeres bajo su poder absoluto. Tras meses de lucha interna y confrontaciones, reuní el coraje para liberarme de su influencia y tomar el control de mi vida. Y poco a poco me aleje de esa relación abusiva y peligrosa, buscando un nuevo comienzo lejos de los negocios ilícitos y la violencia.

## 11

## De reina a Diputada y Espionaje

La relación con Joaquín Guzmán Loera no fue en absoluto nada sencilla. Vivir entre bombas de tiempo, y mudanzas constantemente de un lugar a otro era cansado, sumado a la delicadeza de sus problemas, entre los cuales se incluía la constante presión del gobierno mexicano en su búsqueda. A pesar de todo esto, nunca descuidaba sus negocios ni dejaba de involucrarse en los problemas familiares que necesitaban ser resueltos.

Permanecer a su lado implicaba poner en riesgo la seguridad y la vida de mi familia. Durante largos meses, asumí el papel de una mujer amorosa de negocios y de hogar, siempre dirigida por quien entonces decía ser mi pareja sentimental. Los roles estaban invertidos, era yo quien debía salir a trabajar, mientras él me esperaba en casa para compartir la mesa juntos. El salía ocasionalmente a encontrarse con otras personas, reuniones a las que yo no asistía. Desde donde estuviera, él podía ordenar y dirigir su imperio gracias a la tecnología Móvil.

Mi vida era una lucha constante entre el deseo de escapar de Joaquín y la necesidad de permanecer a su lado. Sus conflictos con otras mujeres y su comportamiento impredecible me afectaban. Me había enterado del aborto espontáneo de "Tina", y tras cumplir su deseo de ser madre adoptó a un niño. Mientras tanto, motivada por entrar en la política, mi actitud hacia Joaquín se volvió fría y calculadora.

A pesar de sus intentos de reconciliación, ya no podía soportar seguir en esa relación. Joaquín cometió errores y se volvió a involucrar con otras mujeres, lo que me hizo despertar y darme cuenta de que no quería seguir en esa situación.

Durante una visita al penal en Aguaruto, descubrí que "Tina" estaba presa nuevamente. Se rumoreaba que la encontraron con drogas y su situación dentro del penal era complicada.

Mientras tanto, Joaquín tenía problemas para resolver los conflictos entre Emma y "Tina". A pesar de todo, seguía sintiendo una sensación de culpa y atrapada en un papel que no era saludable para mí.

—No podría decirte, pero sé que ha contratado muchos abogados para salir. Parece que hay alguien más poderoso que paga para que no sea liberada. A pesar de tener amistades en el gobierno, no ha logrado salir —contaron las reclusas. Al despedirme, me marché con la mente llena de dudas y la necesidad de investigar más a fondo.

—¡Pobre muchacha! ¿Será que este hombre tiene algo que ver en su encierro? —pensé mientras me dirigía a casa.

Al llegar, compartí todo con Carolina y concluimos que todo era obra de la maldad de la misma persona. Debíamos tener mucho cuidado.

—Tienes que buscar la forma de salir de ahí Lucero. Ese hombre está fuera de control y un día puede que dude de nosotras, como lo está haciendo con esa muchacha —afirmó mi hermana con toda la razón y la sensatez del mundo. Lo nuestro ya era insostenible.

—¿Qué puedo hacer? No sé cómo salir de esta situación — le dije, en tono de desesperación.

Días después de mi visita al penal, Joaquín expresó su deseo de verme, así que aproveché la oportunidad para indagar sobre "Tina".

—Hace unos días fui a visitar a Chayo en el penal —le conté. Él preguntó cómo estaba ella. Le aseguré que estaba bien y en espera de que su abogado la sacara de su situación. Chayo había sido detenida en la sierra mientras trabajaba como cocinera de "El Chapo".

—¿Y qué cuentan las mujeres de la cárcel? — preguntó Joaquín, imaginando que me había enterado de algo nuevo en aquella visita.

Le conté que sabía que "Tina" estaba presa de nueva cuenta.

—¿Qué pasó? —le pregunté, mientras él confirmaba que a quien

había apodado como la "fiera" era aquella mujer. Sin perder tiempo, le pregunté sobre lo sucedido y los motivos que llevaron a Tina a problemas legales. Joaquín me revelo el problema que causo su encarcelamiento. Amenazar con causar daños llevo a tina aquel lugar lo cierto es que ella estaba en prisión a propósito y desde entonces se convirtió en una enemiga más para "El Chapo", según sus dichos. Me pidió no visitar más el penal, insistía en que la joven era una mujer extremadamente peligrosa. Joaquín explicó que la mujer estaba fuera de sí desde su arresto en Los Cabos y que lo culpaba por no haber hecho nada al respecto por ella, pero para entonces yo ya conocía la verdad de lo sucedido, que me reservare por el momento. Mis relatos no son acusaciones, son versiones de las situaciones que viví y conocí mientras mantuve la relación con Joaquín Guzmán Loera.

Tina evidentemente crecía en lo económico, ya era independiente, y se alejaba del control de Joaquín. Principal motivo por el que la apartó del camino, poniéndola tras las rejas. Además, aseguraba que "Tina" tenía un amante, su chofer. Agustina manejaba importantes intereses económicos para "El Chapo", que le generaban grandes flujos de dinero. Además, estaba muy bien relacionada políticamente y tenía como socia a una mujer identificada como Yovana, quien estaba vinculada sentimentalmente con un importante político en el Estado de Sinaloa, a quien Joaquín se refería como don pedro. Esto le facilitó obtener permisos para operar algunos casinos.

Con la ausencia de su socia principal en dichos negocios, "El Chapo" pretendía hacerse cargo. Para ello, citó a la señora Yovana en una casa de seguridad de la colonia Libertad. La mujer se retiró sin dar muchos detalles y sin una respuesta concreta. Yo preferí no entrar en problemas y evitar tomar una responsabilidad que no era mía. Mis planes ya estaban muy lejos de los negocios para Guzmán; seguir mis sueños en política era mi prioridad.

Semanas después de la visita de la señora Yovana, Joaquín no insistió más en poner en mis manos un negocio como aquel, sino que me hizo saber que sus hijos tomarían el control, y nunca más hablamos del tema. Me interesé por explorar nuevos horizontes fuera de la organización de "El Chapo".

Nuestra relación en dichas épocas ya había perdido fuerza. Tal vez eso le hizo dudar más de mí y no poner nada en mis manos. Los sentimientos que había desarrollado durante años y la costumbre que nos habían mantenido juntos se desvanecían rápidamente. El comenzó a adoptar un estado crítico de desconfianza, a raíz de los problemas con tina. Afirmaba haber escuchado una conversación desde el interior de su vehículo, entre ella y su chofer, a través del sistema espía que le había colocado en el interior. Dijo haber escuchado una conversación negativa sobre él, eso lo enfureció. La citó y tuvieron una serie de discusiones que culminaron en la ruptura definitiva de su relación antes de enviarla a la cárcel. Los detalles los conocí por comentarios que provenían de su boca con amargura.

—Esa loba es peligrosa y grosera, un día se le pegó el micro y la escuché decir unas palabrotas peor que un macho —dijo sin darse cuenta de que estaba hablando conmigo y no con uno de sus compadres. Lo traicionó su subconsciente y habló en voz alta; ahí reveló que la estaba vigilando, sacando a relucir lo mal que estaban las cosas entre ellos.

Aquel día, todo cobró sentido. Nunca hubiera imaginado que también era víctima de su espionaje a través de su sistema de comunicación, el cual era controlado por el técnico colombiano Cristian Ramírez desde otro continente. Sin que me percatara de ello, me había instalado todo un sistema en el interior de mi camioneta. Esta difícil situación de nuestras vidas me causó un gran daño, al punto de preferir la muerte antes que seguir soportando las ideas absurdas de Guzmán. Mi carácter sufrió cambios drásticos. Me volví desafiante y confrontativa, reflejo de su trato. Además, sus problemas personales nos estaban rebasando.

Repetía comentarios y conversaciones que solo yo había tenido con Carolina, y que claramente las había escuchado a través de los micrófonos ocultos.

Una de nuestras tantas conversaciones giró en torno a mi relación con el Chapo. Le había compartido a Carolina que no estaba en paz, que estábamos atravesando momentos difíciles, y ella me sugería alejarme de Joaquín por mi propio bienestar. Percibía que probablemente no estaba tan equivocada, y que los micrófonos estaban en el teléfono celular que él me cambiaba semana tras semana. Empezamos a prestar más atención a los detalles. La vigilancia en los celulares era evidente: se encendían mágicamente segundos después de haberlos silenciado, automáticamente se dirigían a distintos puntos de la pantalla, como si una fuerza invisible los manipulara. Escuchábamos sonidos y voces extrañas que provenían de los mismos. Escudriñamos la casa en busca de cámaras y micrófonos ocultos, pero no encontramos nada.

Desde entonces, manteníamos los celulares alejados, guardándolos en algún rincón o dentro del carro, o simplemente los regalaba. Un día, Joaquín preguntó quién estaba usando el celular que me había regalado. Al responder que se lo había regalado a otra persona, confirmé mis sospechas. Carolina también comenzó a sospechar más y sufría delirio de persecuciones desde que le conté lo sucedido. Después de todas las revelaciones y descubrimientos sobre las intervenciones en nuestras conversaciones y la creciente paranoia, me mantuve alerta. Junto con Carolina, nos dimos cuenta de que nuestra única opción era seguir con rectitud. No podíamos confiar en nadie, ni siquiera en nosotras mismas, mientras tratábamos de discernir qué hacer con todo esto. La relación con el Chapo se volvió más tensa y volátil, y su comportamiento errático me hizo temer por mi seguridad. Sabía que tenía que encontrar una salida de este laberinto engañoso antes de que fuera demasiado tarde. Como el agua escurridiza, me fui alejando más y más...

***

Las precampañas electorales estaban a punto de iniciar. Después de muchas invitaciones para participar, finalmente había tomado una decisión concreta: mi popularidad había crecido gracias a mi trabajo en la región con la recolección de marihuana y mis visitas a algunas comunidades. Aunque la gente sabía poco de mí, me brindaron un voto de confianza, pensando que sería una buena opción para las elecciones de 2013. Mi altruismo me había abierto una puerta inesperada pero necesaria para rescatarme, tal como lo soñaba. Todo lo que hacía, lo realizaba sin esperar nada a cambio, y valía la pena si en eso encontraba mi tranquilidad. Con frecuencia escuchaba comentarios, de porque no entraba ala política, así que esa fue una motivación que me impulso a tomar la decisión definitiva.

En los ranchos que visitaba, se notaba la desesperación porque las cosas cambiaran. La idea comenzó a tomar fuerza, especialmente después de recibir múltiples invitaciones de militantes de diversos partidos políticos. Pero sobre todo la motivación de mi amiga Jaqueline, quien militaba en el PAN y que creyó en la propuesta, como directora de los jóvenes en el municipio.

El rumor se extendió por el pueblo cosalteco, y pronto me encontré con exmilitantes que habían dejado las afiliaciones partidistas de Acción Nacional (PAN). Estaban inconformes con sus dirigentes y buscaban una nueva ruta, una candidatura independiente que guiara a los jóvenes por nuevos rumbos, pero solos no podían levantar las firmas suficientes para un registro si no contaban con un buen candidato. Dichas personas se acercaban con nuevas propuestas para unir fuerzas y pelear por la candidatura que cambiara el rumbo de Cosalá.

Con los problemas que enfrentaba con Guzmán, consideré que esta sería la mejor opción para alejarme definitivamente del cartel. Rechazaba la idea al principio, debo reconocerlo; comprendía que por mi situación no podía participar en un evento como aquel o las consecuencias podrían ser fatales. Aun tras analizar la oportunidad, decidí arriesgar e intentar nuevas salidas. Lo hablé con Carolina, y ella simplemente no estaba de acuerdo; también conocía los riesgos que esto podía traerme y eso le aterraba.

—"¡Estás loca!" —dijo pensando que yo bromeaba y reímos juntas. Mi familia me pidió muchas veces que abandonara esa relación dañina y que huyera a Estados Unidos para comenzar una nueva vida y me olvidara del señor, y también de la idea de contender en política. Pero no tuve la fuerza de voluntad para abandonarlos y causarles riesgos. Mi hermana era la más preocupada, conocía a detalle el estilo de vida que me daba Joaquín y me pedía huir juntas.

—"Vete tú... luego te alcanzo" —le dije, tras insistir en abandonar el país, simplemente no había forma de hacerlo. Aun así, le prometí que todo estaría bien, pero le fallé por mis errores. Le ofrecí que ella tomara a los niños y huyera con ellos de Sinaloa y que se diera la oportunidad de tener una vida mejor y libre fuera de ese mundo maldito. Yo la había arrastrado a él sin pensarlo, y para salir no había demasiadas formas.

—"No te dejaré si tú no te vas. Yo no te voy a dejar sola nunca. Estaré contigo hasta el final" —dijo. La abracé con el corazón roto, sin poder darle las palabras que ella deseaba escuchar.

—"Aquí nos vamos a hacer viejitas las dos juntas, esperando que todo acabe" — decía y reía, como solíamos bromear. El abrazo de aquel día fue el más reconfortante.

Lo intenté de mil maneras, pero simplemente mi vida ya estaba muy complicada, envuelta en una telaraña sin punta ni tronco.

—Quiero hablar sobre nosotros. Sé que usted no me quiere y yo quiero seguir adelante con mi vida —le pedí a Joaquín. Con seriedad, tocaba su bigote, la misma costumbre que usaba cuando algo le desagradaba.

—Bueno, corazón, si eso es lo que quieres, pues ¿qué puedo hacer yo? Solo no me dejes tirados los negocios —dijo el Chapo, de dientes para afuera. Él comprendía que no nos unía nada, había dejado de visitarlo poco a poco, y lo referente a sus negocios, me pidió pasarlos a las oficinas de Cóndor, Chaneque y Picudo, sus secretarios, los que dormían a su lado.

Cuando llegué a casa, estaba emocionada. Compartí con mi hermana la noticia de que había dejado al señor. Ella no podía creerlo.

—¿Cómo? ¿Te dejó así, sin más? ¿No te parece extraño? —dijo sembrando en mí las dudas. Aun así, intentábamos retomar el control de nuestras vidas, a esperas de que el tiempo nos indicara lo que sucedería en el futuro.

*\*\**

Pasaron los días sin que tan solo la oficina de Guzmán me contactara, ni siquiera él mismo Joaquín me había buscado ni cambiado el teléfono y di por hecho que todo había terminado.

En cuanto a mi incursión en la política de la veda electoral de 2012, los registros estaban a punto de iniciar, y dicha decisión no la había consultado con "El Chapo". La idea surgió por gente experimentada en política, que había respaldado mi posible participación, eso me hizo sentir la confianza suficiente para animarme y lograr un mayor distanciamiento de las actividades delictivas y de Guzmán. Aún no sabía cómo él tomaría mi decisión, pero estaba dispuesta a arriesgarme.

En la recolección de firmas para el registro como candidata independiente, la gente respondió mejor de lo que esperábamos. A sabiendas de que mi participación estaba muy bien respaldada, algunos dirigentes y militantes de Acción Nacional, se acercaron para negociar mi participación por la candidatura presidencial, municipal. Por mi edad, desde luego no fue posible; entonces sólo contaba con 23 años.

—"Eres una loca. Al viejo no le va a parecer que entres en eso. Ni siquiera creo que te deje. ¿De verdad piensas matarnos a todos cuando él se entere?" —dijo Carolina, luego de escuchar que acepté participar firmemente como candidata.

Ella me recordaba tristemente la realidad en la que estábamos inmersas.

Yo, inocentemente, pensaba que nuestra relación pasaría a un segundo plano después de entrar en el ámbito político. Con esa oportunidad nacieron nuevas esperanzas, una nueva luz para olvidar ese entorno. Joaquín era impredecible como las aguas que iban y venían, desaparecía mágicamente por largas semanas y aparecía inesperadamente.

Cuando se enteró de mi participación en política, se sorprendió de la decisión que había tomado y no dudó en bromear con su personal.

— "¿Cómo la ven con mi reina? Quiere ser presidenta. Nos vamos para Cosalá", dijo Joaquín y carcajeó de forma burlesca. Me atraganté de nervios y comencé a sudar frío. Su mirada se clavó en mí. El comentario me había tomado por sorpresa. Yo no había hablado con él sobre mi participación aún; desde luego, se había enterado a través de su sistema de espionaje.

— "¿De dónde sacó eso?", — le pregunté, una vez que mencionaba el tema.

— "Un pajarito me lo contó, "mosura", — dijo, mostrando serenidad. Aquel día había confirmado que escuchaba nuestras conversaciones, así como nuestros planes. Cuanto más lo conocía, más convencida estaba de que necesitaba alejarme. Se ofreció a apoyarme, pero solo de dientes para afuera. A él, menos que a nadie, le convenía mi retiro de su lado. Comprendía que, al llegar a otra posición lejos de su alcance, sería complicado vernos cuando él lo dispusiera. Mientras tanto, la inestable relación con el Chapo retomaba su curso.

— "Corazón, la necesito en los negocios y yo también", — me decía Guzmán en cada oportunidad. A él le preocupaba mucho que retirara mi apoyo para continuar sus planes. Le aseguré que seguiría brindándole mi ayuda en lo laboral y le reafirmé mi compromiso de no abandonarlo en su intento por concretar el negocio empresarial que había quedado estancado. Eso apagaba momentáneamente mis esperanzas de alejarme; incluso, la idea política podía desvanecerse en cualquier momento. Pude leer la molestia en su mirada, pero supo contener sus impulsos.

— "No dejes de hablarle a Cayo y al de Holanda. No sabemos de ellos, corazón, para echar a andar las compañías. Solo tú puedes hacerlo. Nomás no me dejes el negocio y todo estará bien", — me afirmó el Chapo. Con voz entrecortada, le respondí que intentaría localizarlos. El hombre romántico había desaparecido, cambiando sus palabras de amor por órdenes rotundas de jefe. Los negocios y los momentos íntimos pasaban a largo plazo de la historia.

Tras convencerse de mi alejamiento, intentaba sorprenderme. Me obsequió un auto y me pidió que escogiera el regalo a mi gusto. Desde luego, el detalle tenía un doble propósito, que descubrí a través de los días. Acudí a la agencia acompañada de Carolina y escogí el pequeño detalle que él con insistencia pretendía darme.

— "¿Ya escogiste tu carro, "mi mosura?"— preguntó Joaquín. Al confirmarle que había elegido la camioneta, me pidió dejar los trámites de pago a cargo de "Nariz", a quien Joaquín había enviado con el efectivo. Esa misma tarde, la camioneta debía estar lista para circular, me aseguró el gerente de ventas de la agencia.

Pero conociendo las artimañas de Joaquín, Carolina y yo nos anticipamos a solicitar el servicio de rastreo GPS antes de que la camioneta saliera a la calle. Este sistema era personal, podíamos conocer a detalle la ubicación del vehículo, apagarlo y encenderlo desde otra ubicación. Esto era por seguridad y evitar robos.

Los pretextos extraños comenzaron a surgir, y las sospechas por parte de nosotras comenzaron a florecer. A través de nuestro sistema verificamos que la camioneta dejó la agencia de vehículos el mismo día que había sido adquirida. "Nariz" se había demorado para entregarla. Nuestro rastreo indicaba que la camioneta se encontraba bajo un galerón con rumbo a la salida norte de Culiacán. Desde luego, imaginamos que era extraño. Cuando pregunté a Joaquín qué sucedía, dijo que la camioneta había fallado al salir de la agencia y que la cambiarían por una nueva. Versión totalmente falsa, pues de ser así, hubiese permanecido dentro de la agencia.

Tres días después, la camioneta llegó conducida por "Nariz" hasta la dirección de mi casa en la colonia Montebello. Carolina, inteligente para los negocios y en todo lo que se proponía, también era protectora conmigo y de la familia; éramos el complemento perfecto. Aunque a diferencia de mí, ella no se involucraba en negocios de tráfico; su especialidad eran los transportes y la minería familiar. Le apasionaba el comercio y la facturación. También era una administradora del hogar, amante del cuidado de los niños y de todo lo que tuviera que ver con la casa.

Aquel día recibió a "Nariz" con la camioneta, mientras limpiaba el garaje.

— "Llegó 'Nariz', está abajo" —dijo ella, y me pidió bajar a recibirla. Cuando salí, la camioneta tenía un enorme moño de color rosa junto a un enorme ramo de rosas rojas y una tarjeta con la dedicatoria adjunta de El Chapo. En la tarjeta del ramo, se leía:

— "Para mí "mosura", te amo mucho, de tu rey J.G.L." —Aquellos detalles ya no me confundían como antes. Tenía clara mi decisión sobre aquella relación. Aunque seguía marcada por el miedo, luchaba por contrarrestar aquel sentimiento. No estaba dispuesta a renunciar una vez más a mis sueños por temor.

A días de la entrega de la camioneta por "Nariz", descubrimos micrófonos en la camioneta, adaptados a un equipo sumamente sofisticado, que alimentaban cámaras de vigilancia desde el interior del vehículo, al igual que los micrófonos. El Chapo, no conforme con lo que le sucedía con "Tina", había puesto en práctica su espionaje conmigo, muestra de su desconfianza y sus celos. Su plan no resultó como esperaba.

La camioneta nueva que el Chapo me había regalado presentó fallas mecánicas a raíz de aquel sistema. Contactamos al operador de nuestro sistema de GPS para que buscara remediar las fallas. Mientras llegaba, Carolina y yo buscábamos el problema; de pronto, notamos objetos extraños en el interior del vehículo. Recordé el problema de "Tina" que ya conocía y acertamos de qué se trataba.

—"Que no sea lo que estoy pensando", pensó en voz alta Carolina. En efecto, estábamos pensando lo mismo. Buscamos y buscamos entre el tapiz del interior; las huellas de manos plasmadas por la suciedad nos condujeron a las primeras evidencias. Al abrir el quemacocos, encontramos un primer micrófono. El cable que conectaba con este nos llevó hasta el retrovisor, donde encontramos una cámara que apenas se podía notar. Luego, siguiendo hasta el cuello del volante, encontramos cables extraños de color rojo y, bajo los asientos frontales, más micrófonos. Cuanto más nos guiamos el cableado, más nos sorprendimos. Cuando el mecánico de sistemas llegó, lo que seguía era aún más impactante. Bajo los asientos traseros, el Chapo había enviado fabricar un armazón donde colocó una caja negra de monitoreo inalámbrico, que funcionaba a través de sus servidores de comunicación.

Aquella fue la gota que derramó el vaso. Había tolerado todo, pero el sentir vigilado a los de mi familia y la humillación me llevó a otro nivel de ira. Lo llamé al instante, sin que mi furia se hubiera apaciguado, le pedí enviar a "Nariz" por mí con urgencia.

—"Está bien, corazón. Yo también quiero hablar contigo", — dijo el Chapo. Aquello me indicaba que estaba al tanto de que habíamos encontrado su sistema. Algo definitivo iba a suceder.

Aquel día llegué a su casa, ubicada en el número 1811 de la calle Emiliano García, de la colonia Libertad, en Culiacán; el Chapo me esperaba con molestia y aseguró que íbamos a hablar seriamente de lo nuestro.

— "Oh sí... pues a eso es que vine. Yo también quiero que hablemos de una vez por todas", — le dije. Las cosas no pintaban bien y, por supuesto, tuve miedo de enfrentarlo, pero era entonces o nunca para tomar valor y confrontarlo.

A solas con el dentro de la habitación que compartimos por largos años, nos mirábamos con coraje impregnado en nuestros ojos. Él caminaba de un lado a otro, aparentemente nervioso, mientras permanecí de pie frente a la cama, muy cerca a la puerta de la habitación, por lo que pudiera suceder; sostenía mi bolso en mano, a la espera de su reacción.

Dentro de mi bolso, mantuve la pelota de cables del sistema espía, junto con los micrófonos y cámaras que habíamos retirado de la camioneta que me había obsequiado recientemente. Junto a todo eso se ocultaba un arma calibre 25, también uno de los ostentosos regalos de él Chapo, aquel preciso día se me ocurrió sacarla de casa y llevarla conmigo. "Estaba decidida a acabar con el problema".

—"Bueno... vamos aclarando todo, un compadre me dijo que te vio entrar acompañada de alguien a un restaurante, que se llama "El Mirador", — dijo Guzmán. Aquello me sorprendió muchísimo, pues era un invento de su parte para justificarse ante mi carácter retador. Inmediatamente analicé minuciosamente cada palabra y las relacioné con el caso de "Tina". Y llegué a la conclusión de que ella nunca lo había engañado, como él pretendía culparla, sino que, por su forma de actuar y hacerse ver ofendido, había manipulado todo en su contra, como aquel día pretendió hacerlo conmigo. La había espiado durante meses hasta enloquecer y la puso tras las rejas, culpando por ese acto a una más de sus mujeres. Ahora, pretendía voltearme la jugada, tras darse cuenta de que había perdido el control sobre mí también. Todo lo que veía y escuchaba en aquel momento ya lo había vivido; el plan no le funcionó como esperaba.

Le pedí que cuando le contaran o inventaran algo, tuviera coherencia. Retándole le afirmé que los chismosos se quedaban cortos., le dije aun retándole. Sacó su celular y me mostró fotografías de un lugar x. Sonreí, segura de mi inocencia. Sabía que me estaba aplicando la psicología inversa qué siempre utilizaba. Pues en mi vida supe de los sitios que mostraba.

Aquella tarde, las cosas se complicaron entre él y yo; parecía el fin de todo. La discusión ardía como nunca y pensé que era el momento preciso para quitarnos las máscaras, después de todos los insultos y ofensas que me lanzó. Abandoné mi habitual calma y, llena de coraje, saqué de mi bolso la pelota de cables del sistema de vigilancia y los arrojé con fuerza hacia su pecho.

—"No le basta con vigilarme a mí. También tiene que invadir la privacidad de mi familia", — le reclamé, sintiendo cómo el peso de la sangre me hervía en las entrañas. Una sonrisa y una mueca burlona adornaron su rostro. El papel de la mujer calmada y comprensiva se había roto, sacando lo peor de mí para proteger a los míos.

Con la intensidad de la discusión llegaron ideas desesperadas a mi mente. Sus palabras resonaron en el aire, anunciando el fin de nuestra relación. Aunque en el fondo me alegré de escucharlo, no creí jamás que él respetaría lo que surgía de su boca aquella tarde. Si no todo lo contrario, en ellas se escondía la advertencia del comienzo de una guerra entre los dos, el miedo a lo que pudiera hacerme después de aquel día me preocupaba. Había aprendido a quererlo, sí, pero a respetarlo y temerle más por su forma traicionera de actuar y estaba segura de que mi vida sería un infierno desde ese preciso momento, y era el infierno que no quería seguir viviendo en silencio.

Había sacrificado tantos sueños y años de mi juventud junto a él, puse en peligro a mi familia mientras me mantuve a su lado, sintiéndome devaluada y utilizada como un objeto que podía desechar y recoger a su antojo cuantas veces deseara. Indudablemente, mantuvo el poder absoluto de mi vida en sus manos, hasta que mis límites de tolerancia habían sido rebasados. Sus ataques verbales dentro de aquella habitación no cesaban, perdí la cabeza, el llanto y la rabia me cegaban por completo, y sin razón aparente desenfundé el calibre 25 del interior de mi bolso.

En medio de la acalorada discusión, mi reacción fue instintiva. un mundo de emociones y pensamientos oscuros turbó mi mente. Él me observó fijamente con ojos saltones. Una voz interior me advirtió con cautela:

—"Matarlo no solucionará nada, solo empeorará las cosas". — Renuncié a apretar el gatillo, aunque sentí cómo el mundo a mi alrededor se desmoronaba. Aun así, persistía el temor de que su familia pudiera buscar venganza contra la mía, si algo le sucedía, era mi vida la que no valía nada. En ese momento, me vi obligada a enfrentar la aterradora realidad de que el verdadero problema residía en mí. Decidí, en un instante de desesperación, poner fin a mi vida.

El arma apuntaba a mis sentidos y aun yace entre mis recuerdos, la escena de aquella tarde. La figura del Chapo se giró hacia mí, sorprendido por mi acción. Se lanzó sobre mí manoteándome el arma, estaba seguro de que no bromeaba, me la quito con una ferocidad inesperada. Intenté accionar el gatillo con rapidez, pero el arma se desvió, alcanzando una de sus orejas. Luchamos cuerpo a cuerpo, mientras yo seguía aferrada al gatillo, los disparos resonaban en la habitación golpeteando las cuatro paredes, hasta que finalmente logró arrebatarla de mis manos y comenzó a golpearme violentamente. A pesar de la diferencia de fuerza luché por contraatacar. Entre golpes rodamos por el piso y encima de los muebles.

"Chaneque", el secretario intentaba tumbar la puerta mientras escuchaba los disparos que salían de la habitación. Para cuando logro abrir la puerta Joaquín me tenía sometida a golpes, en medio de la violenta pelea "chaneque" intentaba pararlo, me liberó y exaltada corrí hacia el baño en busca de refugio, mientras escuché al muchacho que intentaba contenerlo.

—"Tranquilo Tío, tenemos que irnos. Los vecinos han de ver escuchado los disparos y llamarán a la policía", – urgía el secretario al Chapo, quien ordenaba preparar rápidamente la huida. Encerrada en el baño, sentí desvanecerme, me sentí temblorosa y adolorida, me senté en el borde del inodoro, sollozando sin control. Escuché los golpes de la puerta, era el Chapo que aun a pesar de todo me exigía que quitara el seguro.

—"¡Ábreme! – me gritó, del otro lado de la puerta.

—"¡Váyase y déjeme en paz!", – le grité, decidida a no ceder ante su autoridad, lamentando profundamente haber contemplado la idea de acabar con mi vida. Mis ojos vagaron por el entorno del baño y descubrí un acceso oculto bajo la bañera que parecía descompuesta. Al asomarme, me encontré con una escalera sumergida en las sombras, envuelta en agua estancada. Nunca me imaginé que se trataba de un túnel, como se ha mencionado en noticias, que fue encontrado también en esa dirección.

Desde el interior del baño, escuché que encendían la camioneta y el portón se abría. Tomé mi bolso con cautela y salí de la habitación, el Chapo y Chaneque se encontraban al fondo de la parte trasera de la casa, mientras la camioneta permanecía lista para partir. Me apresuré a salir de la casa, mientras Joaquín escucho mis pasos, intentaba seguirme. Escuché que Chaneque lo detenía antes de que pudiera alcanzarme después que pisé la calle. Corrí sin detenerme por la ciudad, con el rostro marcado por los golpes y la sangre que brotaba sin parar.

Busqué desesperadamente un teléfono público y llamé a mi hermana, pidiéndole que preparara la camioneta y las maletas lo más rápido posible y se dirigiera a un lugar seguro con los niños.

—"Salte de la casa rápido y vete al punto que ya sabes. Te explicaré todo cuando nos veamos", — le indiqué. Con las pocas fuerzas que aún guardaba, llegué a la plaza MZ, un taxista se acercó, ofreciendo su ayuda al ver mi rostro desfigurado y mis pies descalzos.

—"¿Muchacha, estás bien? ¿Qué le pasó?", — preguntó. Le pedí que me llevara a la dirección que le había dado enseguida. Conteniendo el dolor y las ganas de soltar lágrimas, me tragué los sentimientos y le rogué al hombre que fuera rápido. Mientras tanto, mi mente divagaba llena de preocupaciones. El miedo comenzaba a invadirme una vez más, así que me olvidé del dolor y el ardor de los golpes en mi cuerpo.

—"¿Muchacha, necesita ir a un hospital? Está sangrando mucho, quiere que llamemos a la policía", — sugirió el chofer, visiblemente preocupado.

—"No, por favor, sólo lléveme a la dirección que le di. Muchas gracias, estaré bien. Solo necesito llegar allí", — le aseguré, tratando de mantener la compostura ante aquel señor preocupado. Al llegar con Carolina, su sorpresa al verme herida fue evidente:

— "¿Qué te pasó? ¿Qué ha hecho?", preguntó ella. Mi hijo, al verme en ese estado, comenzaba a llorar.

— "Tranquilo, todo está bien. No es nada, papi. Solo me caí y me golpeé un poco", – le aseguraba, intentando calmarlo, tampoco podía hablarle mal de quien el consideraba su papá.

Luchaba por contener mis lágrimas mientras le explicaba a Carolina lo que realmente había sucedido.

–"Tenemos que salir de Culiacán", – le dije. Consciente de que ella no sabía conducir en carretera, a pesar de mi estado, tomé el volante y nos dirigimos rápidamente fuera de la ciudad con rumbo a Cosalá, sin parar. En el camino, compartí con ella más de lo sucedido.

— "Ahora sí, el viejo nos va a matar. Mira cómo te dejó", – manifestó asustada, mientras las lágrimas de compasión corrían por sus mejillas y el temor se reflejaba en sus ojos. Le prometí que estaríamos bien y que nos refugiaríamos en el pueblo por algún tiempo. Una ventaja era que Joaquín poco o nada visitaba Cosalá.

Durante días, aquella escena en mi mente me atormentaba y a la vez me convencía de que lo que mal había comenzado, mal terminaría.

Antes de este fatídico episodio yo pude haber seguido como gloria Trevi, con los ojos cerrados y detrás de él. Pero afortunadamente los abrí y perdí el miedo, aunque parecía tarde.

*\*\**

Y así, nuestra vida transcurría en Cosalá, lejos del Chapo. Ya no me importaba si me buscaba o no. Había comprendido que nuestro cariño era solo una costumbre y todo había acabado. Empecé a ver nuevos rostros y no cerraba las puertas a la posibilidad de encontrar en el futuro a la persona ideal. Por ahora, me concentraría en mis metas y mis sueños.

Estaba más decidida que nunca a aceptar la propuesta política e inicié oficialmente las precampañas para diputada. Contaba con el apoyo de la gente del pueblo, y eso era más que suficiente. La aceptación fue excelente; la propuesta de un rostro nuevo y fresco representaba un verdadero cambio para el futuro de todos los habitantes de Cosalá. Pero también era un desafío para mí, como expresaba el pueblo. Con entusiasmo, busqué acercarme a personas con gran experiencia y obtener asesoría para adquirir conocimiento en ese ámbito. Sin siquiera imaginar la ambición y los monstruos con los que debía lidiar dentro de ese nuevo mundo, ambicioso igual o peor que el del crimen organizado.

Basándome en la experiencia y trayectoria política de "Paquis" Corrales, a quien admiraba en su momento, intenté acercarme a ella impulsada por consejos de militantes para procurar guía en ese camino. Sin embargo, su expresión me desconcertó, y desde entonces la había alertado de mi participación, sin imaginar que, durante las campañas, su hermana sería mi contrincante. Mi experiencia política, aceptablemente, era insuficiente.

A pesar de los obstáculos, no desistí y comencé a prepararme y a reunirme con miembros del partido PAN en diferentes puntos del Estado para escuchar las distintas propuestas, antes de decidirme a registrarme como candidata independiente. Desde entonces, mi mundo sería muy distinto a lo que había conocido durante los últimos años.

Mi compañero de boleta en la contienda electoral fue el profesor Manuel Ceballos, un hombre oriundo de Cosalá, Sinaloa. Coincidimos en el deseo de ayudar a nuestro pueblo, un sentimiento puro y sincero que nos unía por la gente. Él figuraba como militante y como el próximo candidato a la presidencia municipal cuando lo conocí.

Asistí a la primera asamblea de su partido, a la cual fui invitada por sus integrantes. Dentro de sus instalaciones, se presentaron el presidente del Comité Estatal Edgardo Burgos Marentes, el coordinador Adolfo Rojo Montoya y el exdiputado Guadalupe Carrizosa. También hicieron acto de presencia el presidente del comité Municipal por Cosalá, Ricardo Soto, y Saraí García, militante de Acción Nacional, la joven que más tarde figuró como mi suplente en el H. Congreso del Estado de Sinaloa, esta última fue impuesta por el dirigente Estatal, Edgardo Burgos Marentes.

En dicha reunión se trataron temas de interés, entre los que destacó la invitación formal para contender como candidata a la diputación por Acción Nacional. Prometieron brindar total respaldo e incluso los recursos económicos de ley para la campaña. Los militantes que habían abandonado las filas del PAN regresarían a él solo si yo aceptaba la propuesta bajo su bandera. Convencida de la importancia de unir a diversos partidos en beneficio de la ciudadanía de Cosalá, firmé mi registro frente a los presentes como la nueva candidata, sin una afiliación en Acción Nacional.

En estas decisiones, la influencia del Chapo no tuvo cabida, una vez dentro de la contienda, quien sí brindó su respaldo fue su compadre Roberto, pero no por mí, sino por la amistad que sostenía con una de las personas sentadas en aquella mesa en los edificios del PAN.

Al salir de las instalaciones del partido, Carla Úrsula Corrales y su esposo José Juan Conde me acechaban afuera del edificio, con la proposición de que fuera también su candidata y me uniera al Partido Sinaloense (PAS). Carla se había dado cuenta de que, como candidata, no generaba la suficiente empatía para lograr la votación que requería su nuevo partido. Necesitaban una propuesta popular, conocida y aceptada por el pueblo. La gente estaba más familiarizada con su hermana "Paquis", quien apoyaba entonces a su hermana Aidée Corrales, afiliada al partido tricolor (PRI).

El Partido Sinaloense había sido fundado el 14 de agosto de 2012, y se preparaba para hacer su debut en las elecciones de 2013. Fue fundado por el ex rector de la UAS de Sinaloa, Héctor Melesio Cuén Ojeda. Carla y su esposo habían recibido la dirección del PAS en Cosalá y buscaban un candidato sólido que pudiera dar resultados a su dirigente estatal.

En su debut como partido, Carla Corrales se postuló como síndica procuradora bajo el respaldo de su esposo y de Cuén. Después de ver las escasas posibilidades de ganar la presidencia en su primera contienda, decidió esperar su oportunidad. Después de hablar con Carla y su esposo, me presenté con el maestro Cuén, como se le conoce. Al escuchar las propuestas, firmamos el registro de una candidatura común con el PAN y el PAS. Mientras que con el Partido del Trabajo (PT) y el Partido de La Revolución Democrática (PRD), acordamos una coalición.

En ellos, no cabía duda de que los votos necesarios para mantener dicho partido activo serían positivos. La contienda se percibía exitosa desde el comienzo, y no precisamente por derroche de recursos, como tanto se ha rumoreado. La lucha no sería nada fácil, claro estaba. Me tocaba competir con grandes monstruos del ámbito político, con gran experiencia y también poder. Por todos los medios posibles, nuestra campaña se vio con intentos de sabotaje. Los del PRI no perdían oportunidad de usar campañas sucias en mi contra. Las Corrales sostenían una amistad con "Güero 90", por quien se habían enterado de algunos detalles de mi relación con Guzmán, no eran ajenas a ella.

Lo más sorprendente de aquella experiencia fue darme cuenta de que la ambición por el poder político divide familias. Tal era el caso de Carla, con sus hermanas, quienes, tras contender en distintos partidos, mantenían disputas, una estrategia que utilizaban para mantener el poder político. Como en toda guerra, los enfrentamientos y los numerosos obstáculos no detenían nuestra lucha. Mi contrincante Aidé Corrales estaba muy bien respaldada, indudablemente, por el priismo, pero, aun así, dábamos la batalla.

Para infortunio de las hermanas Corrales, mi nombre retomó con rapidez gran fuerza, y para hacerme la guerra sucia y sacarme del camino, se difundieron mensajes por todo el pueblo exhibiendo mi relación con información errónea.

–"No votes por Lucero Sánchez, es una delincuente, mujer de un pistolero del Chapo", – se podía leer en los boletines. A pesar de ello, la estrategia no tuvo impacto; ante los ojos del pueblo, yo era la menos peligrosa de todos los contrincantes. Efectivamente así era, no solo yo tenía cola que pisar. La diferencia fue que yo no sabía jugar sucio, no me valía de hacer daño a otros para lograr mis objetivos. Aún con todo aquello, la voluntad de los habitantes fue brindarme su voto de confianza, sin extorsiones ni amedrentaciones de por medio.

Los rumores de la guerra sucia llegaron a oídos del Chapo, y sorpresivamente convocó a una reunión en el municipio vecino, Elota, a meses de no vernos. A dicha reunión habían sido convocados "Guero90", "Paquis" Corrales, el licenciado Dámaso y otros más de Tamazula en nombre del candidato de ese municipio.

Aunque la señora "Paquis" Corrales, muy astuta, nunca asistió a la reunión, sino que envió como su representante al profesor Samuel Lizárraga para obtener información sobre el motivo de la convocatoria. El profesor desconocía los detalles, se mostró sorprendido y estaba muy asustado tras darse cuenta de la magnitud de los personajes. El Chapo fue claro con cada uno de los presentes:

—"No quiero saber que me estén fastidiando a mi reina. Ella está jugando limpiamente. Yo no me estoy metiendo en ese juego. Cada uno que juegue y que gane el mejor", – dijo Joaquín a todos los presentes, a pesar de las relaciones rotas.

¿Con qué finalidad abogaba por mí? No lo sé. Pero me pidió explicar lo que estaba pasando, y hablé sobre escasos detalles frente al maestro. Al ver que algunos de los invitados no asistieron a la reunión, Joaquín pedía notificarles. Después de unos tragos, sonreía a carcajadas mientras golpeaba la mesa.

—"Me extraña, "mosura", que no te defiendas", dijo en forma burlesca, y simulaba cómo terminaron las cosas entre nosotros la última vez que nos encontramos. Esa manía de actuar me desconcertaba.

—"Sabe que no soy de problemas y le agradezco que esté interviniendo, que quede claro que yo solo pido que me dejen en paz y que todos sepan que usted no me está apoyando en esto", – dije claramente frente a Joaquín y los presentes. Estaba muy apenada con el profesor por la invitación innecesaria que les habían hecho. Esa noche acordamos que todo sería en santa paz, una contienda limpia, y el mensaje sería dado a los que no asistieron a la reunión, con esta cita no quiere decir que los requeridos como el profesor Lizárraga tuvieran nexos con el Chapo o el licenciado Dámaso, pero sí quedó en evidencia mi relación con él, desde ese momento. Aquella fue una iniciativa del propio Guzmán.

Después de la reunión, quedó claro que el Chapo no me había brindado su apoyo económicamente ni de ninguna otra forma, excepto había intervenido esa única vez. Intentaba convencerme de volver a nuestra relación, yo seguía en lo dicho.

En 2013, tuve el honor de convertirme en la diputada más joven en la historia del Congreso del Estado de Sinaloa. Durante la campaña, experimenté un apoyo inmenso de diferentes sectores, desde mineros hasta comerciantes, quienes se unieron a nuestras propuestas con entusiasmo, convencidos de su éxito.

El voto juvenil, en particular, fue fundamental y me expresaban su apoyo con mensajes cariñosos impregnados en las boletas electorales.

Sin embargo, el verdadero triunfo no fue mío, sino del pueblo al que con orgullo y amor representé.

Recuerdo con emoción el cálido recibimiento en las comunidades. Adultos, jóvenes y niños mostraban un interés especial en su nueva candidata; en algunas ocasiones, los padres y jóvenes me seleccionaron como madrina de sus hijos, mientras concluían el ciclo escolar y celebraban graduaciones.

En los distintos rostros, veía el deseo ferviente de la transformación; la gente era consciente de la importancia de cambiar un sistema opresor y corrupto que había dominado durante décadas al pueblo. La campaña fue el fruto del esfuerzo de todos los ciudadanos que se sumaban día a día a la temática "Unidos ganas tú", cooperando desde su voluntad con vehículos y alimentación para llevar a cabo los recorridos. Así se demostraba un apoyo masivo de la comunidad cosalteca.

A pesar de las dificultades financieras y las trabas burocráticas, logramos superar los obstáculos y financiar nuestra campaña, demostrando la solidaridad de quienes creían en el cambio que representamos. Mientras tanto, nuestros oponentes intentaron impresionar con ostentosas caravanas y derroche de recursos, subrayando la brecha entre ellos y la gente común. Aun así, seguíamos adelante, caminando entre la multitud como campesinos humildes, escuchando y compartiendo las preocupaciones de la gente real.

Nuestra campaña se destacó por su austeridad, pero también por su autenticidad y compromiso con el bienestar de Cosalá y sus habitantes. Aunque el resultado final no fue en su totalidad el esperado, el recuerdo de nuestra campaña perdura en la memoria de los habitantes de Cosalá; incluso hoy en día algunos candidatos tratan de igualar sus recorridos. Y también hasta hoy, la gente sigue esperando un cambio significativo para su comunidad, y mi nombre, ya sea para bien o para mal, permanece en la conciencia como un símbolo de esperanza y aspiración por un futuro mejor.

La sucia campaña orquestada por el PRI siguió su curso hasta el día de las votaciones. Durante la movilidad de los votantes, extrañamente aparecían hombres armados para sabotear casillas y amedrentar a la gente que llegaba a votar libremente; a algunos les exigían votar por el partido Tricolor con amenazas, mientras que a otros se les sobornaba con efectivo. Todo esto se escuchaba desde las instalaciones de Acción Nacional municipal. Me sorprendió mucho conocer la otra cara del mal que se disfraza de buenas promesas al pueblo.

Los riesgos a los que se enfrentaban los votantes, escrutadores y representantes de casillas fueron traumatizantes para algunos; se me había advertido de dichos actos, pero jamás imaginé la magnitud del modus operandi que utilizaba la vieja política con tal de conservar el poder. A pesar de las múltiples amenazas y advertencias a la ciudadanía por dichos grupos, la gente salió con valentía y la esperanza de un cambio real y defendían las casillas a capa y espada.

El 7 de junio de 2013, casi a las 11 de la noche, el ambiente estaba cargado de anticipación al triunfo. Voces emocionadas resonaban, siguiendo de cerca los resultados electorales a través de los radios.

— "¡La Lucerito va ganando, mi gente con un chingo de votos a favor!" — exclamaban ciudadanos por los repetidores, hablando así por cariño. La expectativa crecía mientras aguardábamos por los resultados finales y la confirmación de nuestra victoria, ansiosos por ver nuestros nombres marcados en la lista completa de ganadores. Sin embargo, minutos antes de que se completara el conteo de votos, cerca de la medianoche, surgió un inconveniente inesperado: dos casillas fueron reportadas como desaparecidas.

La noticia desalentadora se esparció rápidamente entre quienes estábamos al tanto de los entresijos políticos; durante cada veda electoral, era común esperar que los competidores intentaran todo lo posible por mantener su poder. El conteo de votos a favor del profesor Manuel Ceballos se desplomó de manera significativa y repentina en el trayecto desde la comunidad del Ranchito hacia la cabecera municipal, donde las casillas de ese sector parecían haberse extraviado, mientras eran trasladadas al consejo electoral (INE).

Horas más tarde, el consejo declaró ganador al profesor Samuel Lizárraga Valverde, del Partido Revolucionario Institucional (PRI), con una diferencia de votos considerable por encima de los que respaldaban a Manuel Ceballos. Los cientos de votos que lo colocaban casi como ganador se esfumaron, dejándolo en desventaja con apenas 7 votos menos que el profesor Samuel.

En julio de 2013, se produjo una sorpresa inesperada para muchos: la candidata panista, siendo la más joven en la historia, derrotó a Aidée Corrales y, con ello, al priismo.

Este logro se alcanzó gracias al apoyo de la movilización popular, respaldada por la gente humilde y trabajadora con la que había logrado conectar. Mi nombre quedó grabado en la historia como la ganadora en el Distrito XVI de Sinaloa, con una impresionante votación nunca vista en el municipio, con poco más de 4,000 votos a favor, casi el 40 por ciento de la lista nominal.

Esta victoria no solo representó la segunda votación más alta jamás obtenida por un aspirante a diputado en Cosalá, sino que también marcó el fin de siete décadas de dominio del partido tricolor en la región, el cual hasta la fecha no se ha logrado recuperar. Con el respaldo de los ciudadanos, finalmente asumí el cargo como su representante siendo la voz del pueblo cosalteco ante el Congreso del Estado de Sinaloa.

\*\*\*

Hace un año que yo tuve una ilusión…

hace un año que se cumple en este día…

No recuerdas que en tus brazos me

dormía, y yo, inocente muy confiado, te

entregue mi corazón

De la autoría Antoni Aguilar.

El 31 de diciembre de 2013, con orgullo y dedicación, llegué a las tribunas tomando protesta como diputada. Había alcanzado otro de mis sueños y estaba segura de que la suerte me sonreía, iba un paso hacia mi libertad lejos de las sombras que me atormentaban. Sin embargo, lo que estaba por venir aún era desconocido.

A pocos días después de haber sido electa como diputada por mayoría, la sombra del Chapo lo opacaba todo. Se le ocurrió la idea de viajar a Cosalá para felicitarme personalmente, situación incómoda que no esperaba. Una avanzada de camionetas con hombres vestidos de negro llegó a la casa de mis padres con la misión de prepararlo todo para su llegada. "Güero 90" estaba entre esa gente. Yo sostenía una reunión con mi nuevo equipo de trabajo en la casa de la señora Silvia Delgado, cuando me notificaron de la caravana. A las personas reunidas conmigo aquella tarde no se les permitió salir de la propiedad una vez que llegó la gente de el Chapo.

Al hablar conmigo uno de los encargados de aquel movimiento, me dijo que fuera hasta el Crucero Culiacán-Mazatlán, donde me esperaba Guzmán. Al vernos, intenté convencerlo de que no siguiera camino al pueblo y se retirara, ya que su reaparición me afectaría negativamente.

— "Vengo a celebrar contigo, mi Mosura," — dijo, y luego intenté impedir su entrada al pueblo, pero fue inevitable, a pesar de la advertencia que le hice de que estaba lleno de militares.

Joaquín llegó acompañado de sus hombres de mayor confianza: "El Bravo", "Condor" y "Chaneque". Estando en Cosalá, organizamos una cena y Guzmán pidió a su Chalán, el "Güero 90", que contratara a los músicos del pueblo e invitara amistades de Joaquín de los rumbos de Ama culí.

Con él no asistió la supuesta hija, Rosa Isela Ortiz, como ella lo hizo saber a los medios de comunicación y quien ha intentado desprestigiarme, sin conocer la verdadera historia entre su supuesto padre y yo.

Horas más tarde, el grupo musical "Los centenarios" amenizaban la tarde, entonando en repetidas ocasiones la canción "Hace un Año", la canción preferida de Joaquín Guzmán Loera.

Guzmán había ingresado al pueblo para despejar sus celos, y envió a sus hombres a buscar a mi expareja, Rubén. El joven fue obligado a asistir aquella tarde acompañado de sus padres, quienes por temor no dejaron que los hombres se lo llevaran solo. El Chapo tenía la idea equivocada de que yo tal vez me entendiera con él, algo que jamás sucedió. Él tenía a su familia, yo respetaba y solo podía verlo como lo que él representaba para mí, el padre de uno de mis hijos. Permaneció ahí, aislado, lejos, hasta que la gente de negro les permitió retirarse a casa con su familia.

Durante la fiesta, Guzmán había bebido más de la cuenta e intentó sobrepasar los límites con mi mejor amiga, la hija del excandidato Manuel Ceballos, mostrando el lado oscuro que yo conocía ya de él. Por dichos motivos, mi amiga y el profesor se retiraron de la fiesta, temiendo su padre y yo que Guzmán pudiera intentar algo más vergonzoso, y frente a ellos me hizo pasar aquella penosa noche incómoda.

Durante la acalorada discusión con Guzmán, le pedí que se fuera. E insistió en llevarme con él y me sacó del pueblo. "El Bravo" lo complacía en todo y me pidió acompañarlos. Ante los presentes, abordé la camioneta junto a él Chapo, ya embrutecido por el alcohol, y el Bravo condujo hasta un rancho cerca de Mazatlán, mismo que habíamos compartido por algún tiempo.

Durante el camino, me llamó repetidas ocasiones por el nombre de mi "amiga", mostrando persistencia en su búsqueda. A pesar de que discutimos nuestras diferencias, quedó claro que nuestras circunstancias no habían cambiado y que esa relación no debía continuar.

Después de aquellos hechos, me enteré de que Guzmán había enviado pagar votos con la finalidad de que mi candidatura no se concretara exitosamente. Nuestra relación seguía siendo un reto constante...

## 12

## El adiós del X1 Y CAROLINA.

"Nunca critiques a una mujer por no saber irse a tiempo, ni a un hombre por no conocer el camino correcto"...

Después de la victoria, los desafíos y la desgracia parecieron perseguirme incansablemente, como si el sufrimiento vivido no hubiera sido suficiente. La vida me golpeó con una de las pérdidas más devastadoras: mi mayor apoyo.

Unas semanas antes, mi hermana Carolina había sido víctima de un intento de asfixia por parte de su expareja. Él ingresó a nuestra casa y la atacó en su habitación. Carolina solía mantener en secreto muchas de las dificultades que enfrentaba con su expareja para evitar preocuparme, según afirmaba. Sin embargo, al regresar de uno de mis viajes, noté de inmediato que algo andaba mal.

La vi afligida y desorientada mientras sostenía a su bebé en brazos y preparaba la cena.

— "¿Qué te pasa? ¿Por qué estás tan callada?", – le pregunté, tras notar sus ojos desbordados de tristeza.

— "Nada, no pasa nada", insistió. Me acerqué y tomé a la bebé de sus brazos. Al notar que intentaba ocultarse tras ella, mientras se llevaba las manos a su cuello, en el que había marcas de violencia.

—"¿Quién te hizo eso?", –le pregunté con asombro. Ya no pudo contener sus lágrimas, mientras contaba que su ex había entrado a la habitación, la había tomado por la fuerza sexualmente y enseguida intentó asfixiarla mientras luchaba por defenderse.

Sentí como la sangre me hervía y fui a confrontar a César y le pedí que se fuera. Fue despedido de su trabajo y le rogué que se mantuviera alejado de ellas y de nuestra casa para siempre. Me aseguré de que se marchara de casa esa tarde y me despedí de Carolina y los niños, mientras debía hacer un viaje.

La tarde del 10 de enero, justo cuando el sol comenzaba a descender, ella me esperaba como de costumbre a mi regreso, y me sorprendió encontrar con ella a César, estaba de vuelta en sus labores, Carolina lo había reubicado nuevamente.

— "Así no puedo ayudarte. ¿De qué sirve que yo te defienda si no estás dispuesta a aceptar mi ayuda? Yo lo corro y tú lo recibes", — le reclamé a mi hermana con pesar, por no mantener su carácter. Sus argumentos ya habían sido expuestos, dijo: que le entristecía ver que él quedara sin empleo y que quería que su niña conservara a su padre.

Desde entonces, las posibilidades de ayudarla ya no estaban en mis manos.

Aquella tarde los acompañé a visitar algunas tiendas en la ciudad de Culiacán. Mientras ellos realizaban sus compras, yo esperaba en el asiento trasero del automóvil. Sin embargo, sentí algo inexplicable ese día, que me agobió el resto de la tarde. Carolina actuaba de una manera extraña, muy distinta a como solía comportarse. Un dolor inexplicable comenzó a amenazarme el pecho. Días antes de este episodio, había tenido algunas revelaciones extrañas. Cada vez que la veía frente a mí, visualizaba su pecho cubierto de sangre, y aunque ya había pasado un accidente del cual salieron ilesos, aun así, mi paranoia no desaparecía. En varias ocasiones, compartí estas inquietudes con ella.

—"No sé qué me está pasando. Te veo y te imagino con el pecho ensangrentado. Siento que algo malo nos va a pasar", intenté prevenir, creyente de mis presentimientos, y sin comprender aquel aviso anticipado.

—"Estás exagerando. No nos va a pasar nada. Ese hombre ya te tiene loca. Deberías ir a ver a un psicólogo", – sugirió, refiriéndose al Chapo y a mi estado mental del cual hasta me hizo dudar, y no es que estuviera loca si no que una fuerza extraña me alertaba y me preparaba para lo descrito en su destino.

Aunque siempre nos rodeó la sombra de la muerte, nunca pudimos vislumbrar claramente que estaba tan próxima. No escuchamos el mensaje de precaución que nos enviaba Dios. Dada mi relación y el estilo de vida que llevaba junto a aquel hombre podía comprender que la tragedia me acechara directamente. Día tras día, me invadía el pensamiento de que mis días podrían estar contados debido a mi entorno, pero nunca imaginé perder a un ser tan importante de mi familia.

El día de las compras, Carolina expresó el deseo de ir a un lugar en particular.

— "Vamos a ver a mi amá" – dijo, algo inusual en ella.

— "Que raro que quieras visitar a mi mamá a estas horas", – le comenté sorprendida.

— "No sé, simplemente me dio ganas de verla", — respondió. Este repentino deseo me inquietó aún más. Un presentimiento oscuro comenzó a crecer en mi interior y no me dejó estar tranquila desde entonces.

Al llegar a casa de mi mamá, todo parecía normal. Cenamos un bistec que ella había preparado, mientras César permanecía allí, serio y ensimismado. Observé cada movimiento de todos los que me rodeaban, como si una voz interna me susurrara que era la última vez que la vería. Ella había sido mi compañera de luchas en la vida y la única verdadera amiga desde que nuestros padres nos trajeron al mundo. Aquella tarde noche la vi feliz y radiante, como nunca, me sentía triste y apagada sin razón aparente, contrario a ella.

En mi mente aun guardo los recuerdos de aquel día, ella tomó la manguera del agua para regar los rosales de mi madre, la noche ya había caído.

—"María, tus rosales se van a secar si no los riegas", – le dijo a mi mamá. Ella amaba las plantas, especialmente los rosales, y siempre se aseguraba de cuidarlos dondequiera que llegaba, los acariciaba y se robaba podos.

Eran pasadas las nueve de la noche cuando nos despedimos de mi mamá. Ella se apresuró a subir al carro, como era su costumbre, al igual que César. Mientras tanto, yo me tomé mi tiempo abrazando a mi mamá. No entendía lo que me pasaba. Le di un beso y le expresé cuánto la quería, pensando que tal vez sería la última vez que la vería.

—"Ya me voy, ama", — le dije, ella notó que estaba triste y apagada. Y me pregunto que me pasaba, pero no supe explicar lo que me sucedía.

—"Nada, no sé, me siento rara. Tal vez solo estoy cansada. No se preocupe, ama. La quiero mucho", — dije mientras la besé y subí al carro. De repente, mire que Carolina se bajó del auto y corrió a abrazarla también.

—"¿Y por qué a mí no me dio ni un beso ni un abrazo, viejita?", — escuché que le decía a mi mamá, en forma de reproche y cariño.

—"Pues tú nunca me abrazas. Yo no sabía que querías que te abrazara. La Lucero siempre me abraza, tú no", — le dijo mi mamá mientras la abrazaba fuertemente. Como si ellas presintieran, al igual que yo, que sería la última vez que se verían y que eran nuestros últimos abrazos. Mi mente estaba confundida, preguntándose qué pasaba, por qué me sentía así, con temor y alerta de todo. No encontré explicación, no pude descifrar el peligro, simplemente sabía que algo no estaba bien.

Llegamos a casa y fui a mi habitación, ellos se pusieron a trabajar un rato repasando sus pendientes. Carolina se encargaba de administrar la casa y los negocios familiares, fruto del arduo trabajo de la familia.

Eran las 11:20 de la noche cuando Carolina subió a buscarme a mi cuarto.

—"Oye, voy a salir un rato ahora que César se vaya. Se me antojó un esquite, iré a la lomita. ¿Tú quieres algo?" —

—"A estas horas, ¿no crees que es muy tarde?", — Le pregunte

—"No te preocupes, no iré sola. Voy aquí nomás a la lomita. Me voy a llevar a Lupita y a la niña", — insistió. Lupita era la muchacha de servicio que le ayudaba con la limpieza de la casa. Un escalofrío me recorrió el cuerpo de nuevo, así que decidí bajar para alcanzarla.

Para entonces, se suponía que César ya se había ido a su casa y ella estaba a punto de salir por sus esquites. La alcancé en la cochera.

—"Carolina, no vayas, ya es muy tarde. Me siento muy mal, no salgas, te juro que no sé qué me pasa", — le supliqué. Imaginando que los peligros solo se podían encontrar en la calle.

—"Voy a venir luego. Están cerquitas y voy a ir caminando. Cálmate, no va a pasar nada", — trató de convencerme. Intenté detenerla de todas las maneras posibles y un impulso me hizo abrazarla muy fuerte.

—"No sé qué traigo, pero tengo mucho miedo. Algo malo va a sucedernos, lo presiento. No te vayas, mejor vayamos a dormir", — le suplicaba con desesperación.

—"No seas tonta. Nada malo nos va a pasar. ¿Qué puede pasarme por ir aquí a la lomita?", — respondió ella, continuando con su convicción de que nada malo sucedería y que yo necesitaba ayuda profesional. La abracé y la dejé ir, sin pensar que sería la última vez que la vería con vida y que aquel abrazo fue el último que ella sintió de mí, mientras en casa, la sensación de miedo me atemorizaba.

Supuestas versiones, al subir a la lomita de Culiacán, ella se encontró con uno de los trabajadores del Chapo, a quien se le conocía como "el 12". Se saludaron y entablaron una conversación que duró más del tiempo que ella me había dicho que estaría de regreso. Quién iba a pensar que César se le había ocurrido fingir que había regresado a su casa y acechaba a las afueras de la calle y las persiguió, así me lo hizo saber Carolina por teléfono.

De repente, César apareció en mi casa, entró y subió la escalera casi hasta llegar a mi habitación. Salí y le pedí que se fuera, pero él se negaba a retirarse.

—"Necesito hablar con la Caro", — dijo.

—"Ella no está, salió a la farmacia", — le mentí. Lo noté más extraño que en el resto del día. Fue entonces que le pedí que se retirara y le dije que no era correcto que estuviera en mi casa a esas horas de la noche. Para colmo de males, había dado la noche libre a los muchachos de seguridad. El diablo estaba suelto y las cosas se ponían a favor de César para cometer la peor de las atrocidades de su vida. No puedo evitar sentir un nudo en la garganta y el corazón partido en dos al relatar esto. Al notarlo extraño, le escribí rápidamente a Carolina:

—"¡Vente a la casa, César está aquí y lo noto muy raro! No sé qué le pasa, e insiste en hablar contigo". — Carolina respondió molesta:

—"¡Ah, que se vaya a la fregada!". — Al parecer, había pasado algo entre ellos que ignoro y que él tampoco jamás dijo.

—"¿Qué hago? Dice que quiere hablar contigo y que no se va a ir hasta que llegues", — le escribí nuevamente desesperada. Esa sensación de mal presentimiento no me dejaba, mi corazón no paraba de golpear de manera extraña, cada vez más intenso. Volvió a la sala y hablé con él:

— "César, necesito descansar. Mañana tenemos que madrugar. "Mañana platiquen bien. No sé qué traen ustedes, yo no me quiero meter ya en sus problemas, solo te pido que hagas las cosas bien, retírate", — le pedí de buena manera, mientras me miraba molesto. Y se levantó del sillón:

—"Me voy a ir, pero dígale a la Caro que me hable en cuanto llegue", — insistió con forma urgente.

José, el menor de mis hermanos, estaba despierto aún. Escuchó la conversación y se acercó a mi lado. Mientras César se iba de la casa, le pedí a José que se asegurara de que César en realidad se había marchado. Me quedé intranquila, así que salí hasta la calle junto a él y vimos que César se perdió mientras doblaba en una de las cuadras. Confiamos en que se había ido a su casa, sin imaginar lo que planeaba.

Subimos a nuestras recámaras, encendí el televisor, me vestí y me quedé despierta esperando a que ellas regresaran. Volví a tomar mi teléfono por la intranquilidad.

—"Voy por ti en el carro. Me da miedo que César te espere por ahí", — de alguna manera extraña le anticipaba lo que sucedería. Habían llegado ya las tres de la madrugada y ellas no regresaban a la casa. Intenté conciliar el sueño.

Las maletas nos esperaban preparadas en la puerta de la entrada, para viajar a Cosalá ese día siguiente, 11 de enero, por la mañana. Cerré mis ojos intentando descansar cuando escuché ruidos extraños afuera en las escaleras. Me asomé, pero no vi nada, así que regresé a mi habitación y puse el seguro a la puerta. Los ruidos seguían, y parecían provenir del cuarto de Carolina. Me tranquilicé asumiendo que ella había llegado al fin.

—"¡Lucero...!" — Me despertó un grito que creí escuchar y me hizo saltar de la cama. Corrí a asomarme por la ventana y las escaleras y esperé escucharlo de nuevo. Minutos más tarde, sonó mi celular. Era María, nuestra hermana menor, quien entonces estaba casada con José, hermano también de César.

—¿Qué pasó? — respondí al teléfono. "

—¡Busca a la Cala rápido! ¡César la va a matar!" — Dijo desesperada María, a quien el asesino había llamado para advertir lo que haría, la angustia en su voz me heló la sangre. De inmediato corrí a su cuarto en su búsqueda y encendí la luz del cuarto de Carolina. La puerta estaba entreabierta, y la luz de la luna llena entraba por la ventana, iluminando la habitación. Vi un bulto en su cama y pensé que ella estaba dormida bajo las sábanas. Entonces, sonó mi celular de nuevo, era María, nuevamente llorando desconsolada.

—"¡Corre! ¡Búscala! ¡César la va a matar! ¡Ya no me contesta!" — gritó del otro lado del teléfono. Destapé el bulto, pero ella no estaba allí. César aparentemente había llegado hasta su cuarto y había simulado con almohadas que ella se encontraba dormida, tal vez mientras intentaba sacarla de casa. De pronto, en la pantalla de mi teléfono apareció un mensaje de César:

—"La Caro ya no está... Cuide a la niña como si fuera su hija." — Desconcertada, respondí aquel mensaje:

—"Pobre de ti si les haces algo, César." — Le escribí, pero él ya no contestó. llamé a su celular muchas veces, pero nunca descolgó. De nuevo llamé a María:

— "Él me llamó y me dijo que la va a matar, y que él también se va a matar. Cuando contestó, él no me hablaba, solo se escuchaba que respiraba hondo. ¡Encuéntrala, por favor!", — Me suplicaba. Mi desesperación crecía mientras María me explicaba todo aquello e intentaba llamar angustiada al número de Carolina, que solo sonaba y sonaba sin parar.

Prendí el carro estacionado en la cochera desde el control remoto y fui al cuarto de servicio. Ahí estaba la sirvienta con la niña de Carolina, algo que me tomó por sorpresa. Las dos dormían. La desperté y le pregunté:

— "¿Dónde está Carolina? ¿Por qué la dejaste sola? ¿Por qué tienes a la niña aquí contigo?" — La zarandeé mientras intentaba obtener respuestas. Lupita se mostró confundida y no supo qué responder.

—"¡Levántate! ¡Sube al carro con los niños! ¡Vamos a buscarla!" — le indiqué en medio de mi desesperación y mis temores. Insistí en seguir llamando una y otra vez al celular de Carolina. Cruzaba la sala y, a través de la puerta de cristal que daba a la calle, vislumbré la luz de su celular. Seguí la luz, abrí la puerta para salir corriendo en su búsqueda. De pronto, caí de golpe tropezando contra algo extraño. Me levanté y encendí la luz de la entrada.

—¡Dios mío! – Grite aterrada. había caído sobre Carolina y César, ambos estaban tendidos en el suelo. Comencé a gritar pidiendo ayuda. Mi voz apenas podía escucharse. Para colmo de males, me recuperaba de una cirugía de garganta. Intenté mantener el control y reanimar a Carolina. Ella estaba tendida boca arriba, César estaba inconsciente a su lado mientras la abrazaba. En mi desesperación, comencé a golpearlo, tratando de separarlo de ella para llevarla al hospital. Tomé su pulso, pero no lo sentía. Aún recuerdo su cuerpo cálido, sus ojos como queriéndome hablar.

—¡No me dejes! ¡Aguanta! —Le gritaba, aunque por más que lo intenté, no pude hacer nada por ella. Se había ido y mientras la sostenía en mis brazos, noté su cuello roto, un surco que atravesaba de lado a lado. César la había degollado. Eso fue lo más doloroso y traumático que he experimentado en toda mi existencia. Sin piedad, le arrebató la vida de manera terrible.

Aquella madrugada, sentí cómo el corazón se me desplomaba en el pecho. No estuve allí para protegerla como se lo había prometido, y esa ausencia de acción a tiempo es lo que más duele, a pesar del transcurso de los años.

Ni todo el dinero del mundo ni el inmenso poder de nadie pueden proteger de la maldad de otros, mientras existan seres tan despiadados.

Aquella mañana, el dolor me consumía mientras seguía golpeando a César. De pronto, e inexplicablemente, él se levantó del suelo.

— "¡Dejaste a mi niña sin mamá y sin papá!", — le reproché. Él intentaba responder, pero no podía hacerlo; había cortado su propia tráquea en su intento de suicidarse. De repente, lo vi dirigirse hacia un macetero donde había dejado el cuchillo con el que había cometido el crimen. Lo tomó y se acercó a mí. Forcejeamos hasta que el arma cayó nuevamente de sus manos después de una intensa lucha. Frente al cuerpo de Carolina, noté que ya estaba José, en estado de shock por lo que estaba presenciando.

El miedo de que el asesino nos lastimara era latente y saqué fuerzas para seguir protegiendo a los niños. Entró a la casa y subió las escaleras hasta mi habitación. Aquel momento fue de desesperación; mi Rubencito se encontraba en la recámara. Traté de detenerlo, pero me cerró la puerta en las narices.

En mi desesperación de madre, le dije a José que reaccionara y llamara al 911 para pedir ayuda, explicando lo que estaba sucediendo y solicitando una ambulancia porque César estaba herido. Mientras tanto, Lupita se había escondido con la niña de Carolina en algún rincón de la casa.

Yo decidí saltar por una ventana del segundo piso y caminar por las cornisas hasta llegar al balcón de la recámara para poder rescatar a mi hijo de las garras del asesino.

Desde el balcón, intenté abrir el cristal corredizo, pero tenía el seguro puesto. Traté de comunicarme con César, mientras lo miraba sosteniendo mi bolso en sus manos y haciendo señas que no logré entender. Todo a mi alrededor se había teñido de rojo: las paredes, las escaleras, las alfombras, las cortinas e incluso yo misma.

Con la mirada, busqué a mi niño en el interior de aquella habitación. El temor de perderlo se apoderaba de mí. No podía acobardarme; el corazón parecía explotarme. Con la vista, recorrí el entorno de la terraza y tomé uno de los bancos de madera que había ahí. Golpeé con todas mis fuerzas el cristal del ventanal, pero el banco no sirvió de nada. Nada parecía afectarlo.

—"¡César, mírame, escúchame por favor!", — Le dije, intentando por todas las vías posibles captar su atención y hacerlo entrar en razón. Parecía perdido en sí mismo. De pronto se acercó tras el cristal, sus manos llenas de sangre se colocaron junto a las mías a través del vidrio. La alborada se asomaba mientras yo percibía el olor a sangre, mi ropa empapada de pies a cabeza se pegaba a mi cuerpo, me faltaba ya el aliento. Lo contemplé a los ojos sin encontrar al César que solía conocer, en él se escondía un ser desconocido; el ser noble se había ido. Mis sentimientos me traicionaron, y quería seguir creyendo que él no había sido capaz de haber hecho aquello, me rehusaba a aceptar que pudiera ser capaz de tanto, que él no era el cerebro detrás de esa escena macabra.

—"Por favor, César, reacciona. Ya mataste a la madre de tu niña, ya me has matado a mí en vida. No hagas esto más difícil por tus padres y tus hermanos", — le supliqué. De pronto, detrás de él, vi a mi hijo corriendo hacia la puerta, tumbando el seguro y salió asustado. José, mi hermano menor, estaba en la puerta de la habitación y tomó al niño en brazos. Al fin, César abrió el cristal, entonces pude entrar a la habitación, y comencé a empujarlo hacia las escaleras. Lo llevamos hasta donde estaba el cuerpo de Carolina que aún yacía tirado en el piso; él lo contemplaba. La policía, el ministerio y los encargados de la seguridad tardaron mucho en llegar. Parecía que el universo conspiraba en nuestra contra.

Minutos más tarde habían llegado los hombres de mi seguridad. Mi hermano menor, completamente trastornado, desenfundó una de las armas del cinturón de uno de los muchachos y apuntó a César; afortunadamente, entró en razón a tiempo. Después de eso, llegó la policía, aproximadamente una hora después de la llamada al 911. La ambulancia llevó a César de urgencia al Hospital General de Culiacán, donde recibió la atención médica adecuada. Posteriormente, el Ministerio Público realizó su trabajo, pero su primera acción fue intentar cerrar la investigación sin haber siquiera retirado el cuerpo. Tuve una discusión con ellos y les pedí, por respeto, que se llevaran su cuerpo antes de que llegara mi familia, especialmente mi madre, a quien no sabía cómo le daría la trágica noticia.

Mandé a uno de los muchachos a buscar a mi amá, y les pedí que no le dijeran nada, solo que le informaran que Carolina había sufrido un accidente. Tenía que ser yo quien le explicara.

—"¿Dónde está la Carolina? ¿Qué pasó?", — preguntaba una madre desconsolada. Ni siquiera le pude explicar; la abracé con fuerza y entendió que su hija estaba muerta solo al ver mi ropa bañada en sangre. Fue necesario que un médico la atendiera mientras yo me preparaba para ir con el cuerpo al Semefo para los trámites correspondientes. Mi familia estaba primero y yo no podía darme el lujo de vivir mi duelo.

¿Pero cómo les explicaba a mis padres que habían perdido a una hija de la manera más trágica y dolorosa, y sobre todo a manos del hombre que simuló amarla y que se suponía debía protegerla por encima de todo, siendo la madre de su hija?

Carolina era una joven alegre, simpática y muy bromista, un ser de luz, con carácter, pero con mucha nobleza, sensible, cariñosa, pero sobre todo solidaria con los demás, un alma sin maldad e inocente.

Este dolor que la vida me ha infligido ha sido uno de los más grandes que he experimentado a lo largo de mi existencia. Por un momento, llegué a creer que todo era un sueño, que no era real. No podía ni siquiera llorar, mi rudeza no me permitía mostrar mi debilidad frente a la gente, mi hijo, mis padres, mis hermanos, pero sobre todo mi sobrina huérfana me necesitaba, el gran pilar de la casa no se podía doblegar, aún después del dolor que me consumía en silencio.

Después de los trámites en el Semefo, seguí su cuerpo a la funeraria. Pedí que me dejaran vestirla, peinarla y maquillarla con la ayuda de nuestra amiga Jaqueline. Necesitaba asimilar el traumático momento.

Me rehusaba a que su cuerpo frío y sin vida yaciera en la mesa de una funeraria cuando debíamos ir de camino a casa.

La peiné y la maquillé con todo el amor que podía entregarle aquel día.

—"Vamos a estar bien, iremos juntas a la casa, con mi amá, afuera está mi apá y los plebes. Te voy a dejar bonita, como me pediste", — le dije. Su último deseo había sido ese. El día anterior me había pedido que la acompañara de compras para su armario. Quería estrenar su nuevo cuerpo, aún en proceso de recuperación por las cirugías, cuando César le arrebató sus sueños. No podía soportar cómo su hermoso cabello, largo y abundante, se desprendía.

—"No te preocupes, lo vamos a arreglar", — le dije como si pudiera escucharme, al ver sus mechones de cabello en mis manos. Mi recuerdo, la mire hermosa como una muñeca de porcelana. Vestida con sus mallas negras, su blusa blanca y una linda bufanda rosa que simulaba las heridas profundas de su cuello.

Junto a ella recordé nuestra infancia, misma que no volverá jamás. Ya la noche había caído cuando su cuerpo se nos fue entregado en un ataúd. La carroza se dirigió hacia la salida norte hasta llegar al pueblo mágico de Cosalá. Fue velada durante tres días en casa de nuestros padres y sus restos ahora descansan en un panteón de la tierra que nos vio nacer. El recuerdo de ese momento se quedó grabado en mi memoria, pero con seguridad sé que algún día, nos vamos a encontrar…

Se que la verdad para los padres de cesar resulta difícil de aceptar, pero, desafortunadamente, las cosas fueron así, les pido que como yo lo he perdonado, acepten la culpabilidad, su hijo un día saldrá de prisión, pero mi hermana jamás se levantara de esa tumba a donde el la mando.

*\*\**

El 21 de enero de 2014, la muerte también sorprendió a Rubén, mi expareja, otro golpe difícil de asimilar. La vida se ensaño dejando a dos criaturas inocentes sin padres: mi hijo y mi sobrina. Me encontraba cumpliendo con mis deberes en el Congreso del Estado cuando llegó mi asistente para informarme de los hechos.

Sin duda, la noticia me golpeó con fuerza. Me quedé desconcertada y salí precipitadamente, pensando en mi hijo. Me asusté mucho, ya que en ese momento el niño estaba con su padre en Cosalá y estuvieron a punto de lastimarlo. Tomé el teléfono y llamé a su casa para asegurarme de que estuviera bien. Al escuchar la noticia, me comunique con Joaquín Guzmán Loera, debido a los celos que había manifestado anteriormente. La familia de Rubén aclamaba a su ayuda para dar con el responsable en caso de no haber sido el, el de aquel daño:

—"¡Fue usted, ¿verdad?! ¡Dígame!" — Estaba muy traumatizada y le pedía que me dijera la verdad. Todo era extraño. Joaquín intentó calmar mis ánimos y envió a uno de sus hombres para que me llevara a su lado.

Sin dudarlo, fui al encuentro. El coraje me invadió y no pude contener el llanto. Aquel momento era demasiado amargo para mí, no porque aún amara a mi expareja como hombre, sino por los sentimientos ligados a los niños. Mi hijo era muy apegado a su padre y la muerte de este le causó traumas imborrables desde una edad temprana. Desde entonces, lleva en su memoria dos muertes significativas que ni el tiempo ha podido borrar.

—"¡Cálmate, mi amor! Yo no tuve nada que ver con eso, no tenía motivos para hacer algo así", — me dijo El Chapo y me prometió investigar lo ocurrido para que estuviera tranquila. A pesar de sus juramentos, nunca pude volver a dormir en paz cerca de él mientras mis sospechas existieran. Me ordenó que no asistiera al velatorio, algo que me hacía dudar aún más de su palabra. Lo único que me quedaba era alejarme y no volver. Entre nosotros, todo se desvanecía a base de promesas y mentiras.

—"No puedes irte así, espera que te lleve un chofer", insistió. Mis nervios estaban muy dañados, así que Joaquín me trajo un vaso de agua que ordenó su secretario. Me quedé profundamente dormida durante algunas horas. Cuando desperté, Joaquín estaba a mi lado, observándome con ternura, como si realmente me amara mucho. Su forma de quererme me desconcertaba y, al mismo tiempo, me destrozaba por dentro.

—¡Buenos días, señorita! —dijo con su habitual tono relajado

—. Vamos a comer para que acompañes a nuestro hijo en el velorio de su papá. Yo había despertado en un estado de calma y serenidad inexplicables. El vaso que había bebido anteriormente contenía un fuerte tranquilizante, aparentemente Joaquín estaba preocupado por mis nervios.

Días después de acompañar a mi hijo en el sepelio de su padre, regresé a Culiacán. Todos esos episodios me obligaban a volver a los brazos de Joaquín, acompañada de mi hijo. Ahora debía hacerme cargo de su bienestar al cien por ciento, ya que mi hermana había cuidado de ellos mientras yo estaba ausente.

Hasta el día de hoy, la muerte de Rubén quedó sin resolver. Probablemente los asesinos siguen vivos, o tal vez muertos. Las tragedias me habían unido momentáneamente a Joaquín después de largos meses de separación.

Como víctima de los hechos, solicité ayuda y protección al estado, el cual me proporcionó dos elementos muy competentes. Esto no le agradó mucho a Joaquín Guzmán, ya que no volverían a permitir que hombres de su confianza se acercaran a mí. Intenté hacer cambios en mi vida para proteger, especialmente a los niños, ya que desde ese momento solo yo estaba a cargo de cuidar de ellos.

Los cambios me obligaban a poner fin por completo a la relación entre Joaquín y yo, ante todo por el bienestar de los menores y mi propia estabilidad en general.

## 13

## La captura del chapo en el Miramar.

Mi vida y mi juventud se esfumaban, agobiada por el dolor y el poder de mi egoísta pareja, quien pensaba en sí mismo. Mi situación a nadie le importaba, sabía que estaba sola en mi lucha. A pesar de que ya habíamos hablado de no volvernos a encontrar con la misma frecuencia como antes, "El Chapo" me buscaba insistentemente. Parecía no comprender la gravedad de mi situación y mi trabajo legislativo.

El 15 de febrero de 2014, me convenció de vernos nuevamente y yo cometí aquel error, me reuní con él de nuevo, decidida a terminar con él definitivamente, sin imaginar que mi vida estaba a punto de complicarse aún más en aquellos 5 minutos de pendejismo.

—"¡Creo que es el momento de hablar con la verdad e intentar dejar esta relación por el bien de los dos!" — Dije para sí, misma aquel día, mientras salía de mi trabajo legislativo, decidida a verme con Joaquín.

Le ordené a los hombres de mi seguridad ir a casa; ellos desconocían mi situación y mis nexos con "El Chapo" Guzmán. Tenía que hablar con ellos y darles una excusa válida para que me permitieran tiempo a solas. Al llegar a casa con mi mamá, les regalé el resto de la tarde libre y acordamos vernos la mañana siguiente en casa.

—"¡Pero señora, no puede salir sola, cualquier cosa puede llamarme!", —dijo don Julio, quien me guardaba un profundo aprecio.

—"Tranquilo, todo va a estar bien, despreocúpese", — Le asegure, para que se retirara en paz, sin decirles que planeaba salir a ver a Guzmán.

Minutos más tarde llegó un muchacho que me entregó un vehículo Jetta de color negro, propiedad de Joaquín y en el que, según, pasaría desapercibida para llegar hasta su ubicación para reencontrarnos. Lo conduje hasta la colonia Libertad en Culiacán para darnos cita y aclarar puntos personales. Me recibió feliz y contento como siempre lo hacía. Tenía aquella forma tan extraña de actuar que me confundía y me daba temor decirle algo en un mal momento. Muchas veces, su manera de tratarme me llevaba a contener mis palabras. Y confundida de no saber lo que quería en mi vida, comenzaba a gustarme la idea de tenerlo lejos y verlo simplemente de vez en cuando, sin saber cómo alejarme de él definitivamente.

Desde que lo conocí, fue el mismo en su peculiar forma de ser y de actuar. Vivía sus momentos sin importar ver el sufrimiento de los demás.

— "Venga, mi reina, vamos a comer. Ya hace mucha hambre",— me invitó casi inmediatamente al verme entrar a la casa, sin siquiera conversar de nada especial. Todo parecía ir tranquilamente, cuando minutos más tarde, llegó hasta la mesa Cóndor, su secretario, con desesperación.

—"¡Tío, nos tenemos que mover rápido! Los plebes me están reportando que hay mucho movimiento de rápidas y que vienen para acá tío. Dicen que llegaron a la base un montón de helicópteros tripulados y que parecen gringos". — Rápidamente, Joaquín se levantó de la mesa y con tranquilidad como si nada pasara, se ajustó un cinturón camuflado a la cintura; nos despedimos de Lily y fuimos a la otra casa ubicada a unas cuadras en la misma colonia Libertad a esperar lo que pasaría.

Al llegar, a la otra propiedad, ahí se encontraba La Chaparra, "Nariz" había salido mucho antes de que yo llegara. El Chapo y Cóndor estaban intranquilos, los miré caminando hacia el patio y salí tras ellos.

Miraban al cielo mientras se escuchaba el sobrevuelo de un helicóptero. Fue entonces que con asombro Joaquín vio la seriedad del asunto.

—"¡Hay cabrón, vamos a tener que movernos chavalon!", — dijo entonces El Chapo, y le ordeno a Cóndor que alistara la camioneta para huir de la ubicación donde nos habíamos encontrado. La situación se volvió tensa y yo quería volver a casa.

—"¡Mi reina, espérame! Ahora mismo mando por usted y por Chapis, no te vayas, tenemos mucho de qué platicar. Dame un rato para instalarme, estate al pendiente del teléfono", me dijo, — mientras puso en mis manos un BlackBerry, para permanecer en contacto.

— "Mi mosura, alístenme toda mi ropa. Ayuda a La Chaparra por favor a poner mis camisas donde ya sabes, corazón, y todas mis cosas, todo lo que puedan llevarse", — me indicó y enseguida se despidió con besos y abrazos. Entendiendo la gravedad de la situación, lo acompañé hasta su camioneta blindada GMC, una Sierra de color gris.

No quería tener remordimiento de que nos sucediera algo malo y quedarme con esa sensación en mi ser. Al sentir que las cosas para nosotros se habían venido complicando los últimos tiempos, me sentí culpable de abandonarlo en aquel mal momento. Nuestras vidas eran un día a la vez. No conocíamos cuándo sería la última vez que nos volviéramos a encontrar, en mi corazón no cabía la maldad y, a pesar de todo mi sufrimiento junto a él, nunca tuve el deseo del mal.

Al marcharse Joaquín, comenzamos a empacar a prisa sus maletas tal como lo había ordenado, esperando a que él se comunicara, extrañamente tampoco "Nariz" había vuelto a casa.

—"Amor, ¿qué hacemos? Necesito moverme porque nos van a caer a nosotras aquí en la casa". — Para cuando Joaquín contestó "La Chaparra" y yo ya habíamos tomado la iniciativa de salir a la calle. Finalmente, minutos más tarde de haber abandonado la casa, sonó el bendito BlackBerry. Era Joaquín

— "Mi amorcito, todo está bien. ¿No ha llegado Nariz por ustedes?". Preguntó.

— "No, 'Nariz' nunca llegó, por eso me salí. Es muy raro". — El Chapo me respondió pronto, parecía que habíamos hecho las paces en aquel momento y todo iniciaba de nuevo como muchas veces.

—"A mí se me hace que a 'Nariz' lo agarraron, corazón. Salgan se de la casa te van a caer ahí", — me escribió.

— "Ya nos salimos hace rato en mi carro", — respondí. Solo esperaba sus indicaciones para saber a dónde llevaría sus maletas y a Chaparra. "Cóndor" mantuvo comunicación con la Chapis y ordenó esperar en una farmacia Moderna ubicada entre calles Zapata y Bravo.

—"Mi Mosura, espérate ahí y bájense a comprar algo y pongan atención si nadie las sigue", — nos pidió Joaquín. Siguiendo sus indicaciones, "La Chaparra" y yo entramos a la farmacia, no encontramos ni miramos nada extraño. Decidí hacer las maniobras de costumbre, pasear un poco por la ciudad para verificar que nadie nos seguía. Momentos después, "Cóndor" y Joaquín se comunicaron con nosotras y nos enviaron la ubicación. Conduje hasta la colonia Guadalupe, justo a una calle detrás de la Funeraria San Martín ubicada sobre Avenida Zapata.

Al llegar, uno de los portones se abrió y Joaquín salió hasta la cochera a recibirme como de costumbre, como si hubieran pasado meses sin vernos. Fue la primera y única vez que había estado en esa dirección, no tenía conocimientos de la casa. Me tomó de la mano y me dio un tour por la propiedad. Fuimos a la parte trasera donde vi una alberca y algunas pantallas de monitoreo. Le pregunte para que eran y me dijo simplemente que eran para ver televisión mientras se usara la alberca.

Observé la tela ciclónica de color verde encima de la barda, me di cuenta enseguida de que del otro lado estaba la Funeraria San Martín.

—"¿Estamos detrás de la funeraria?", —le pregunté, mientras Joaquín me confirmaba que si

—"Así es, corazón. ¿Estamos detrás de los muertitos, quién va a saber que dormimos con ellos aquí?", dijo con la sonrisa que acostumbraba a usar cuando algo le parecía gracioso. Entramos de nuevo a la casa y subimos la escalera, conociendo una a una las habitaciones. Llegamos a la habitación de Cóndor, donde había monitores de vigilancia, equipo táctico, radios de comunicación y un montón de celulares

BlackBerry. Debería estar acostumbrada a ver todo eso, pero, aunque suene extraño, en casa nunca tenía a la vista nada de eso.

Era más cuidadoso; raras veces me tocaba un arma cerca. La inteligencia con la que ellos cuidaban de sí mismos siempre fue buena. Pocas veces vi al Chapo usando un arma en mi presencia; quizás estar en la Ciudad le brindaba seguridad de no necesitarlas. Normalmente su gente estaba a los alrededores, donde ni yo ni nadie los veía. Solo ellos sabían sus puntos exactos, dónde cada uno de los halcones o punteros se encontraban. Con todo un sistema bien organizado, era difícil hacer algo de lo que Joaquín no se enterara, con todo el equipo de seguridad que manejaban entre él y sus secretarios desde una habitación tan común y sin lujos, donde todo parecía una vivienda familiar como cualquier otra en Culiacán.

Recuerdo a detalle aquel día. Nos dirigimos a la sala, nos sentamos a la mesa y mostré algunas imágenes a Joaquín de momentos especiales, mientras esperábamos noticias de nariz.

—"¿Qué sabemos de Naricita?", — le preguntó a cóndor.

—"Tío andan checando los plebes con la familia de "Nariz". Parece tío, que a "Nariz" ya lo traen los del agua. Ya lo andan paseando, poniendo las casas", — respondió Cóndor. El Chapo abrió los ojos como habitualmente cuando se asombraba. Volteé a verlo, sabía lo que eso implicaba. Temía que "Nariz" no soportara la tortura y los llevara a nuestra ubicación. Eso también me preocupó.

—"Hay pues esto ya valió madres... Los va a llevar a las casas ¿'Nariz' sabe de esta casa?", — le preguntó Joaquín a Cóndor, presintiendo que las cosas estaban peor de lo que parecía.

—"No, tío, tengo entendido que no sabe para acá", — le respondió Cóndor. Joaquín se tranquilizó con lo que Cóndor dijo, pensativo y preocupado, no muy convencido de estar a salvo. Cruzó los brazos y tocaba su cara. Si bien lo conocía, eran señas de angustia y preocupación. Aunque no quería demostrarlo, Joaquín sabía que la situación pintaba mal. "La Chaparra" y yo nos miramos preocupadas. Cóndor permanecía en los BlackBerry tratando de averiguar más de lo que ocurría. Solo quedaba esperar.

—"Bueno, pues vamos a dormir. Cualquier cosa, me avisas chavalón", — le ordenó Joaquín a Cóndor, confiándole su seguridad y sereno de que no darían con nuestra ubicación. Fuimos hasta la habitación ubicada en la planta baja. Conversamos durante un largo tiempo; él, a pesar de su preocupación, se quedó dormido, mientras yo no lograba conciliar el sueño, con la mente llena de preocupaciones pensando en que "Nariz" ya había valido. Finalmente, el cansancio me doblegó y caí en un ligero sueño.

Eran casi las tres de la madrugada cuando fuertes golpes en la puerta me sacaron bruscamente de mi descanso.

—"¡Tío tío! Abra la puerta ¡tío! ¡Nos cayeron, nos cayeron!", — gritaba desesperado Cóndor detrás de la puerta. Joaquín saltó de la cama y abrió, mientras yo me quedé sentada aún en la cama, aturdida, tratando de abandonar la confusión. Miré hacia los monitores de vigilancia dentro de la habitación; mientras ellos corrían de un lado a otro, a fuera de la casa, pude notar hombres encapuchados que golpeaban la puerta, listos para capturar a "El Chapo" y a quienes estábamos con él aquella madrugada del 16 de febrero de 2014.

Vi cómo "La Chaparra" entró corriendo a la habitación cargando su maleta, seguida de Cóndor, quien selló la puerta rápidamente.

— "¡Al baño, al baño!", — indicó El Chapo. Reaccioné apresuradamente y tomé mis pertenencias, mis sandalias y mi bolso, lo más rápido que pude antes de seguir a Joaquín, quien, como siempre, actuaba con rapidez.

Entré tras de ellos y miré cómo jalaban intentando abrir la tina del baño. Rezaba con todas mis fuerzas.

— "Van a entrar, ay, Dios mío, no los dejes entrar", — rogaba, mientras los golpes en la puerta resonaban, acompañados por voces en inglés que indicaban que no eran solo las fuerzas del gobierno mexicano.

—"Amorcito, ven aquí, corre", — me susurró Joaquín, tomándome de la mano. Estaba asustado, lo noté en su rostro. Entró en la tina bajo el baño y lo vi descender por el agujero. Luego bajó Cóndor para ayudarnos a la Chaparra y a mí a terminar de bajar rápidamente la escalera.

—"Cóndor, cierra la tina", — ordenó El Chapo, agitado. Vi cómo Cóndor tiraba de la agarradera debajo de la tina y todo se sumía en la oscuridad, excepto por la tenue luz de su celular. Joaquín forcejeaba para abrir la compuerta, que llevaba al ducto del drenaje pluvial, pero estaba atascada, así que Cóndor lo ayudó sin éxito. Solo quedaba rezar y unir fuerzas mientras los golpes seguían afuera.

De repente, una explosión sobre la tina nos sacudió. Estaba aturdida y no sabía si era mejor haber bajado o haber sido descubierta arriba.

No quedaba más opción que seguir adelante. Temía más al gobierno que a El Chapo. Así, que decidí ayudar a abrir la compuerta atascada, hasta que finalmente se abrió.

— "¡Salgan, salgan!", — decía Cóndor, mientras El Chapo ya llevaba ventaja adelante. Entré en el túnel de concreto que conectaba con el sistema de drenaje pluvial de Culiacán

—"¡Síganme reina!", escuché la voz de Joaquín resonar a lo lejos. Todo era oscuridad total. Al pisar, resbalé y caí de sentón, pero me levanté y continué avanzando, tratando de no hacer ruido, para evitar ser descubiertos.

— "¡Shhh, cállense, nos van a oír!", — nos susurraba Joaquín, quien iba adelante.

Me quedé atorada; mi sandalia se había atascado en el agua y el lodo del drenaje y la perdí por completo. Me quité la otra y la tomé en mi mano, sintiendo la estructura rasposa que lastimaba mis dedos. Pronto, una detonación nos dejó atónitos e inmóviles. Me senté en el cemento, intentando recuperar la audición. "La Chaparra" tuvo que abandonar la maleta que llevaba, al igual que Cóndor soltaba sus pertenencias. Parecía que las fuerzas de la marina y la armada habían dado con la entrada al túnel, lanzando una granada de sonido que paralizó nuestros sentidos.

Escuchamos mucha actividad cerca de la entrada del túnel. Aceleramos el paso, sabiendo que cada segunda era crucial para poder escapar. Intentamos reponernos con la ayuda de "El Cóndor", quien nos instaba a continuar sin demora. A pesar de la oscuridad y el aumento del agua en el drenaje, avanzamos decididos. Cada paso era significativo, y la sensación de tocar ratas y cucarachas solo aumentaba nuestra angustia. Correr tres kilómetros bajo tierra era una experiencia aterradora, y pronto me di cuenta de que había perdido de vista a Chaparra y a Cóndor en la oscuridad. Tropecé con un obstáculo, cayendo sobre Joaquín, quien parecía al borde del desmayo, se había golpeado fuertemente su cara en ese trancazo que lo mando al suelo. Intenté ayudarlo, y al encender la luz de mi celular, descubrimos que nos habíamos estrellado contra un muro que dividía el camino en dos direcciones distintas.

Consultamos a Cóndor sobre qué camino tomar, el parecía conocer el camino y continuamos nuestra carrera hacia las rejillas, donde intentamos comunicarnos con su compadre "Picudo", — sin éxito debido a la mala recepción.

Mientras avanzábamos por el estrecho túnel, mis pensamientos se centraban en mi familia y en la esperanza de volver a casa sana y salva. El camino fue largo. Hasta que finalmente, divisamos la salida y me apresuré hacia ella, pero no vi a Joaquín por ningún lado.

Grité su nombre, y escuché su respuesta susurrada a lo lejos. Nos reunimos y continuamos por un estrecho camino junto a la desembocadura del río, improvisando prendas para cubrir a Joaquín, quien había olvidado su ropa durante la huida. Nos refugiamos bajo un puente mientras esperábamos la oportunidad de continuar nuestra fuga.

Después de un tiempo eterno, finalmente "Picudo" respondió a la llamada de "Cóndor" y acordaron un punto de encuentro.

Sin embargo, ante la demora de "Picudo", la desesperación impulsó a Joaquín a considerar robar un automóvil para escapar de la ciudad. Cuando estuvo a punto de hacerlo, aparecieron varias camionetas de la Marina cruzando la avenida Pedro Infante y nos ocultamos cerca de la carretera, abrazándonos los cuatro junto a un muro de concreto. La situación se volvía más tensa, hasta que "Picudo" finalmente llegó en una Durango roja, y nos apresuramos a subir al vehículo para continuar nuestra huida.

Tomamos rumbo al malecón y retornamos, pasando por un fraccionamiento cercano a la compañía de Coca-Cola, donde el Chapo se vistió con ropa. Una vez allí, nos detuvimos en un baño mientras ellos organizaban nuestro nuevo destino.

—¿Por qué no nos deja aquí a Chapis y a mí, y usted se va más tranquilo? — le sugerí, estaba asustada por lo que recién había pasado.

—"No, amorcito, yo sin usted no la hago" — me dijo, se mostraba sereno después de la situación. Recorrimos el camino por la autopista Culiacán-Mazatlán. Decidí mantenerme alerta y observar lo que sucedía hasta llegar al kilómetro 24, donde nos esperaba Bravo. De ahí nos trasladaron a una de sus propiedades ubicada en un lujoso fraccionamiento en Mazatlán, donde nos proporcionaron comida, ropa y un botiquín para curar nuestras heridas. Joaquín tenía múltiples golpes en el rostro y la espalda, así que le di, un par de desinflamatorios y se quedó dormido hasta el día siguiente.

Las yemas de los dedos de mis pies y manos se habían desprendido por arañar el concreto del sistema de drenaje pluvial de Culiacán. Después del mediodía, nos mudamos a una casa en la salida norte de Mazatlán. Mientras tanto, el Chapo ideaba estrategias para despistar al gobierno de Estados Unidos y México respecto a nuestro paradero.

***

Ya tenían sospechas de que la mujer que acompañaba al Chapo era la legisladora de Cosalá, durante la fuga de aquel 16 de febrero de 2014.

Mientras pensaba en una estrategia, el Chapo me envió con "La Chaparra" y una de las esposas de "El Bravo" a hacer compras de ropa, zapatos y artículos de aseo personal en tiendas de Mazatlán. Después de regresar de las compras, Joaquín tenía una nueva estrategia, antes de caer el sol, nos envió a la capital de Durango y me ordenó usar mis cuentas bancarias con la esperanza de que las autoridades siguieran el rastro y nos persiguieran hasta allí, pensando que él se había trasladado a Durango.

El gobierno sabía que yo estaba con él, luego de encontrar mis pertenencias en la casa de la fuga en Culiacán. Después de las compras, partimos según el plan diseñado por el Chapo para resolver la situación en la que me encontraba. Nos encontrábamos exhaustas y doloridas, pero debíamos cumplir con la misión encomendada por Joaquín como requisito por nuestro bienestar. A pesar de los contratiempos, como la ponchadura de una llanta, que nos obligó a esperar un taxi para repararlo, Joaquín seguía enviándome mensajes, mostrando su preocupación por nuestra demora y revelando su desconfianza.

Cuando finalmente regresamos a Mazatlán, era pasada la una de la madrugada, lo encontré molesto y desconfiado, inmerso en la búsqueda de respuestas sobre el operativo Gárgola en Culiacán.

Nos convocó a todos en la sala para una reunión, donde el interrogatorio por parte de "Bravo", su lugarteniente, reveló su desconfianza hacia todos los presentes, incluyéndome a mí. Aunque Bravo era considerado su hombre de mayor confianza en materia de seguridad, siempre me había parecido poco confiable y, al parecer, Joaquín también comenzaba a desconfiar de él y de todos los movimientos a su alrededor, incluso de los míos. El Bravo preguntó con su voz de militar rudo.

— ¿Desde cuándo sabía usted la ubicación de la casa de dónde escaparon? Me defendí ante aquella interrogación absurda.

— Ustedes deben de saber mejor que yo quién fue, yo no conocía esa casa, hasta ahora que él me llevó allí — respondí con seguridad. El Bravo parecía más nervioso que nosotros, a quienes pretendía interrogar. Con eso, me descartó de la investigación. Estaba segura de que ninguno de los presentes había dado información sobre la ubicación aquel día. Llamó mucho la atención su nerviosismo en lo personal. Después de haber preguntado a cada una de nosotras y no encontrar nada sospechoso, Joaquín dio instrucciones de retirarnos.

— "Bueno, vamos a descansar, estamos todos cansados. Mañana seguimos investigando qué pasó, compadre. Las mujeres están cansadas del viaje. Vamos, hermosura, y me cuentas, corazón, cómo te fue en Durango" — dijo Joaquín. Me sentí ofendida y molesta cuando llegamos a la habitación. Él estaba pensativo y demasiado serio.

— Me extraña que usted esté desconfiando de mí después de todo lo que he demostrado. Soy incapaz de traicionarlo, no sabía de esa casa. ¿A quién más llevó allí, piense? — le dije, mientras lo miraba fijamente, aunque notaba mi enojo.

— Tienes razón, corazón. Ya sé quién fue. Me acabas de abrir la mente. Ya decía yo que mi reina no podía ser — respondió.

— ¿Y según usted, si no fui yo, ¿quién fue? — le pregunté, temblando de miedo y coraje al mismo tiempo.

— "Fue la Loba. Averiguaremos eso, llama a Cóndor, que venga enseguida" — me pidió, levantándose de la cama.

— "Cóndor, sube, el señor quiere verte" — grite al secretario desde la segunda planta. Sigiloso, Cóndor subió las escaleras de unos cuantos brincos.

— ¿Dígame, tío? — preguntó asomándose desde la puerta.

— "Mándale un mensaje al licenciado para que visite a La Loba en el penal. Dile que vaya a verla y que le diga que yo dije que no se le hizo. Y que pronto nos vamos a ver las caras, así dile, ella solita va a saber de qué se trata. Si fue ella quien dio la ubicación, vamos a saberlo. No hay duda, ella era la única que conocía la casa, ella la rentó. Así que no hay duda de que ella nos traicionó" — dijo Joaquín a Cóndor, mientras hablaba se refería a aquella mujer como la "Loba". Mientras Joaquín seguía explicando, preferí no opinar sobre el tema, aunque le sugerí ir a otro lugar.

— "Aquí no está seguro, debería irse a la sierra" — le dije. Él respondió con su risa sarcástica, que esperaría que pasara el carnaval para despejar la mente, creí que solo era una más de sus bromas. Cóndor llegó esa segunda noche con malas noticias.

La detención de "el Picudo" el 18 de febrero nos tomó a todos por sorpresa. Cuando Joaquín recibió la noticia, su expresión de shock era evidente, y hasta yo misma me sentí impactada.

— "Tío, me acaban de informar que detuvieron a mi compadre "Picudo" — dijo a Joaquín con desánimo en la voz, el secretario.

— Ahora sí la fregamos, ¿Cuándo fue eso? — le preguntó, visiblemente afectado.

—Ya estamos buscando otro lugar, compadre. No se preocupe, Picudo no conoce esta ubicación, aseguro. Efectivamente, Picudo nos había dejado a mitad de camino, y no conocía nuestro paradero actual en Mazatlán. Picudo había regresado a Culiacán.

Cada hora que pasaba, mi estrés aumentaba. Sentía que el operativo de la Marina nos alcanzaría en cualquier momento, aprovechamos al máximo el tiempo que nos quedaba juntos, sintiendo que quizás serían nuestras últimas horas compartidas. Al día siguiente, uno de los muchachos de Bravo llegó para buscar un nuevo domicilio al cual yo no iría, ya que Joaquín y yo habíamos hablado de mi regreso a casa.

\*\*\*

Era el 21 de febrero de 2014, alrededor de las 4:00 de la tarde, cuando me despedí de Joaquín en Mazatlán, Sinaloa, se había quedado entonces aun en la casa de Bravo. Él dijo que se quedaría a ver el carnaval y yo regresaría a mi casa, después de convencerlo de dejarme regresar. Lo abracé con fuerza, con sentimientos oprimiéndome el pecho, mientras nos despedimos. Le insistí en que era peligroso que se quedara en esa ciudad, pero no pude convencerlo de lo contrario.

—"Tranquila, mi mosura. Estaremos bien. Cuando vea a mi compadre, iré contigo la próxima semana", — aseguró mientras me acompañaba al auto que me llevaría de regreso a Culiacán.

—Váyanse con cuidado, te la encargo, chavalón — le dijo Joaquín a Güero, uno de los trabajadores de Bravo. El joven me llevó hasta Culiacán, y desde allí partí a Cosalá.

Por la mañana del sábado 22 de febrero, me despertaron para ver los Noticieros.

— "Carnala, levántate. Agarraron al señor, está en las noticias — dijo mi hermano pancho. Me levanté y me senté frente al televisor. Las noticias no hablaban de otra cosa que no fuera la detención de "El Chapo Guzmán".

Había sido capturado durante la madrugada en el condominio Miramar, junto a Emma coronel Aispuro y sus hijas, la nana de las niñas, "La Chaparra", la cocinera que permaneció junto a nosotros durante el escape en Culiacán hasta llegar a Mazatlán, y "Cóndor", el secretario, su hombre de confianza. Las noticias narraban cómo había sido su detención, y mientras tanto, en mí se movían un sinfín de sentimientos. El miedo constante de esperar mi muerte junto a Joaquín parecía dispersarse.

\*\*\*

A días del arresto de Joaquín, el Bravo eligió ocultarse de las autoridades y sus enemigos en los rumbos de Cosalá. Sin imaginarme que se encontraba por mis orígenes, se presentó en casa de mis padres, donde entonces yo vivía. Aquella noche, la presencia inesperada de "El Bravo" llenó mi entorno de mucha tensión. Mientras, su sonrisa parecía no reflejar la gravedad de la situación. Sostenía unas cervezas en una mano y un rifle AR-15 con lanzagranadas en la otra, vestido como si estuviera listo para el combate.

— ¿Qué lo trae por aquí? — Le pregunté con cautela, observando cada uno de sus movimientos.

— Estoy de paso. Me dijeron que vivía aquí. Y vine a saludar, voy para Ama culí mientras las cosas se calman — dijo, intentando dar explicaciones como si entre nosotros existiera una amistad, daba excusas que no parecían del todo convincentes.

Con el transcurso de la noche, el Bravo compartió unas cervezas con uno de mis hermanos, prolongando su estadía en la casa de mis padres más de lo necesario. Intenté desviar la conversación hacia su motivo de visita.

— ¿Y de qué quería hablarme? — Le pregunté directamente, buscando respuestas claras.

Él insistió en que tomara una cerveza, pero rechacé la oferta, aclarando que no bebo alcohol. A pesar de mis intentos por acortar la charla, el Bravo continuó hablando, desviándose hacia un tema que me resultaba incómodo: las otras mujeres relacionadas con Joaquín.

— No vivo con ellas — declaré, tratando de poner fin a esa línea de conversación que no tenía relevancia para mí.

El Bravo continuó con su relato, detallando su versión de los eventos durante la detención de Joaquín en Mazatlán. Sin embargo, sus explicaciones parecían contradictorias y poco confiables. No sé por qué intentaba convencerme de algo que desconozco, mientras una sensación de inquietud se apoderaba de mí y deseaba que se marchara lo antes posible.

— Y a usted ¿quién le mandó a decirme todo esto? ¿Que ella también sufría y se sentía mal porque el señor prefería a otras antes que, a ella, o por qué me cuenta estas cosas? — respondí a la conversación que el Bravo me expresaba. Era una conversación muy incómoda; no entendía qué hacía ese hombre allí o si había sido enviado por alguien en especial, intenté cerrar la conversación.

— Bueno, oiga, ya es muy noche; creo que debe retirarse — le pedí, en buena manera.

— Ah, ¿me va a correr? Estamos platicando tranquilos. Aún no le pregunto por lo que vine — insistió, mostrando una actitud demasiado confianzuda. Ahí comenzaron otros problemas para mí con los que tuve que lidiar, el Bravo buscaba conocer el paradero de Ricon en Ecuador, pues al parecer, tenía algo de interés para él. Pero yo desconocía los detalles de lo que buscaba.

— Mi compadre me dijo que usted sabía de eso — afirmó, pero yo sabía que estaba mintiendo, entre Joaquín y yo no existían aquel tipo de conversaciones.

— Creo que es mejor que se vaya, porque, aquí no va a encontrar lo que busca y es muy tarde no creo conveniente que usted esté aquí a estas horas. Las cosas podrían malinterpretarse — le indiqué, con cierta molestia.

— ¿Ah, ¿me está corriendo? — dijo nuevamente, con una mezcla de desafío y sorpresa.

— ¡Sí, Váyase de mi casa! — dije con firmeza.

Se levantó de la silla donde se encontraba de manera desafiante y se tiró en el sofá, mientras yo lo observaba de pie. Corrí hacia el interruptor de luz, como me había indicado mi escolta, con quienes ya me había puesto de acuerdo antes de que el Bravo los viera se había ocultado, para estar alertas de lo que surgiera. También mis hermanos ya se habían despedido estratégicamente. De repente, el sujeto se levantó y se abalanzó sobre mí, sujetándome del cuello

Mis hombres de seguridad brincaron, apuntando con sus armas. La señal de peligro se había encendido. "El Bravo" siempre pensó que yo estaba sola, nunca imaginó que mi seguridad estaba al acecho.

— "¡Suéltala cabrón! ¡No te quiero disparar!" — le dijo Julio, uno de mis mejores elementos, a "El Bravo".

— Tranquilos, solo váyase de aquí — intenté hacerlo entrar en razón, mientras se escudaba en mí.

— Dígales a sus hombres que bajen las armas y todo va a estar bien — me ordenó "El Bravo", mientras retrocedía sosteniéndome del cuello y apuntando con su arma.

— Ellos no las van a bajar. Suélteme y no van a disparar — Le respondí con firmeza, segura de que me mataría.

— Usted se va conmigo — me dijo. Mi corazón latía con fuerza, tratando de buscar una forma de librarme, pero manteniendo siempre la calma.

De repente, uno de mis hermanos apareció por detrás de la espalda del Bravo, simulando tener un arma. Esto hizo que "El Bravo" me soltara, levantara las manos y mi seguridad se preparara para lo peor. "El Bob", acompañante del Bravo, lo esperaba en su camioneta cuando se percató de lo que ocurría y se acercó, apuntando también con su arma.

— Llévese a su jefe. Aquí no ha sucedido nada — le dije al gatillero. El hombre lo subió a su camioneta y se marcharon rápidamente hacia Tamazula, Durango. Todo pasó muy rápido. Después de ese incidente, mi equipo y yo tuvimos que tomar medidas drásticas de seguridad, pues para el sujeto yo ya era su enemiga, después de esa humillación. Sospechábamos que alguien de mi círculo cercano estaba filtrando información, luego de haber recibido de regreso a uno de los hombres de Guzmán. Así que decidí reducir mi círculo de confianza. Solo dejé a dos de mis mejores elementos: dos de ellos asignados por el estado y mi asistente. Nunca fui aficionada a las armas, pero entendía que, de necesitar usar una, debía hacerlo.

***

El domingo por la tarde, con destino a Culiacán, un carro con hombres armados nos interceptó, nuevamente.

— Creo que nos están siguiendo — dijo el jefe de seguridad, quien iba al volante, dando instrucciones para prepararnos, por cualquier eventualidad.

— ¡Señora, si tiene que disparar, hágalo, ¿me escuchó? — dijo, mientras me miraba con cara de preocupación. Pero decidida a defender nuestras vidas, al igual que todos los que estaban a mi lado. Defender la vida en situaciones como esta era necesario. Julio maniobró el carro a una alta velocidad por las calles de Cosalá, confirmando que nos estaban siguiendo. En mi mente surgió la idea de usar el teléfono y llamar al comandante de la policía municipal, mi compadre Juan.

— "Compadre, necesito su ayuda. Nos está siguiendo una camioneta con hombres armados y necesito que nos reciban en la comandancia", De repente, se levantó y se abalanzó sobre mí, sujetándome del cuello le pedí. El comandante alertó a sus elementos, y cuando Julio llegó a la comandancia frenando bruscamente, me bajé del carro mientras la policía municipal y mi equipo tomaban posiciones para repeler cualquier agresión. Al ver a todo un ejército unido, el grupo de delincuentes armados retrocedió y se marchó en dirección desconocida.

— ¿Se encuentra bien, comadre? — preguntó el comandante, a lo que afirmé que estábamos todos bien.

— La vamos a acompañar a la capital para que esté más segura — recalcó. Le agradecí profundamente a mi compadre, sintiendo el aprecio y la solidaridad en ese momento de horror, sin olvidar que mi cargo público como funcionaria en el congreso del estado me brindaba una inmunidad que pronto dejaría de ser respetada.

Durante el camino, mi equipo y yo discutimos lo sucedido y algunas sospechas nuevamente habían surgido. Adrián, sugirió evitar regresar a nuestra ubicación habitual, y comencé a considerar seriamente sus opiniones, especialmente porque nuestra relación se había fortalecido desde que se unió a nuestro equipo. Entre él y yo crecía un vínculo más profundo; su protección se volvió esencial para mí, convirtiéndome en dependiente de su presencia.

— ¿Y a dónde voy a ir ahora? No tengo un lugar seguro — le dije. Ante eso, las medidas de precaución eran obligatorias. Dejé mi casa para refugiarme y proteger mi vida. La ciudad ya no era segura para mí ni para mi familia. Mi vida pendía de un hilo, y decidí refugiarme en la sierra, buscando la protección de amistades que había coleccionado a mi paso. Los fines de semana, mi destino ya no era Cosalá, sino Bastantita, Durango, una comunidad remota en el triángulo Dorado.

\*\*\*

Había conocido a don Erasmo años atrás, un hombre oriundo de la municipalidad de Tamazula. Una mañana lluviosa entre junio y julio de 2011, cuando "El Chapo" me había enviado a ese lugar en una avioneta piloteada por Cachimba, cuando pensaba en iniciarme en el negocio de la recolección de marihuana, episodios que ya he relatado anteriormente. Bastantita fue la primera opción para refugiarme, ya que el apoyo de esas personas era lo único que tenía, y no económicamente, sino ayudándome a encontrar un lugar seguro en la sierra. Desde luego, no podía acudir a las autoridades.

Don Erasmo fue uno de los afectados por el recorrido de Guzmán por la sierra. No se relacionaba con actividades fuera de lo común, solo con la siembra. Pero le tocó la mala fortuna de conocer la prisión entre los años 2005 y 2007 por portación de arma exclusiva del ejército.

Contó que su vida había cambiado tras la llegada de El Chapo a la sierra, cuando un operativo implementado para recapturar a Guzmán se llevó a cabo. El Chapo se había refugiado en Bastantita como tantas veces lo hizo, hasta que llegaron a prenderlo sin éxito en aquella zona remota; en su lugar se llevaron a Erasmo.

A partir de ese encuentro, nuestra amistad creció y eventualmente nos convertimos en compadres. Me di cuenta de las necesidades que pasaban y la única forma que tuve de ayudarlos fue brindándoles mi solidaridad. Se ganaba la vida también en la recolección de marihuana en su comunidad, aunque fuera poco.

Erasmo vivía en los cerros, sin importar dónde pasaría la noche, navegando entre sus escasos bienes. En su comunidad, la marihuana era escasa debido al clima húmedo y a las condiciones de pobreza. La falta de atención médica y los escasos apoyos gubernamentales hicieron que la comunidad se convirtiera en un lugar olvidado, pero propicio para acoger a personas como Joaquín y su gente. Los hombres de la sierra protegen a sus familias y a su territorio con mano firme, enfrentándose a cualquiera que se acerque con intenciones de hacerles daño. La posesión ilegal de armas es común en estas zonas, donde las autoridades gubernamentales brillan por su ausencia.

En este entorno, también me desenvolvía asumiendo los riesgos que conllevaba esa cultura. Cuando llegué a Bastantita, mi compadre y su familia me brindaron su apoyo incondicional, y la gente del rancho se unió para protegerme. En Bastantita, también se encontraba un grupo de gente del Bravo, dirigido por alias el "21". Dicho grupo, al paso de los días, se fue desintegrando debido a la falta de pagos de parte de su jefe, y se unieron al grupo protector de la comunidad, que al menos les brindaba techo y alimento.Cada fin de semana seguía yendo y viniendo a Culiacán, ya que mi trabajo legislativo demandaba cumplir con mis obligaciones y amaba mi trabajo como diputada.

Días más tarde, el abogado Refugio, representante legal de Joaquín Guzmán Loera, llegó hasta las instalaciones del Congreso del Estado. Llevaba un recado para mí, dejó una nota en mi escritorio con el número telefónico de Manuel Osuna, el abogado litigante del Chapo en la Ciudad de México.

— "Debe comprar un teléfono nuevo para llamar a este número o cuando tenga el número me lo da para que la llame el licenciado a usted", — dijo el abogado Refugio. Días después aquel número telefónico sonaba, era el abogado de Guzmán, quien se identificó como Oscar Manuel Osuna, quien verdaderamente, hoy sé que se apellida Gómez Núñez. Dijo que su cliente le había pedido contactarme con urgencia y hablar conmigo personalmente, acordamos encontrarnos en el aeropuerto Benito Juárez de la Ciudad de México. Nunca fue de mi conocimiento que Joaquín planeaba fugarse, ni que Manuel lo ayudaba a planear el escape.

Unas semanas después llegué al aeropuerto acompañada de Adrián, mi asistente y quien al paso de ese camino se volvía más importante en mi vida. Juntos entramos al Hotel Camino Real, ubicado frente al aeropuerto internacional de la Ciudad de México, donde me esperaba el abogado Oscar Manuel en el lobby.

— "Aquí voy a estar en la barra viéndote de lejos, cualquier cosa me haces una seña", dijo Adrián.

— "Está bien, asegúrate de que no te vea el hombre", — le pedí.

Caminé hasta la mesa del abogado, nos identificamos por el color de las prendas de vestir, mientras me guiaba a través del teléfono. Estaba sentado en una pequeña mesa al fondo del bar del hotel, disfrutando de una bebida refrescante. Saludó y me invitó a sentarme apenas me acerqué.

— "Mucho gusto, licenciada. Pase, siéntese. ¿Le ofrezco algo de tomar?", — dijo amablemente. Le acepté un vaso de agua, casi enseguida y a las prisas le pedí entrar en el tema que le interesaba transmitir.

— "Bueno, voy a ser breve. Me imagino que usted está cansada del viaje y tiene mucho que hacer. El señor quiere que venga a verlo al penal", — dijo sin tapujos. Esto sucedía a poco más de un mes de la detención del Chapo. Me cayó como cubetada de agua helada la proposición, y llena de asombro, exclamé:

— "¿Cómo cree el señor que yo voy a hacer algo así? Dígale que yo no puedo hacer eso, me perjudicaría muchísimo", — le dije a su abogado. Manuel intentaba convencerme de que no pasaría nada malo, puesto que él estaba involucrado en el plan que llevaban a cabo, y con toda la alevosía juraba que Guzmán necesitaba de mi ayuda para llevar y traer información desde afuera. Nunca entró en detalles, aun así, la propuesta era estúpida y me rehusé a aceptar.

— "Mire, no entrará con su nombre. Le vamos a conseguir documentos para que pueda verlo sin ningún problema. Todo estará arreglado", — dijo insistente el abogado, como si fuera algo fácil lo que pretendían.

— "Esas son las órdenes que traigo para usted. Piénselo. Usted conoce al señor. Es terco y cuando algo se le mete en la cabeza, no hay nada que lo haga razonar. Yo la entiendo. Solo hago mi trabajo", — explicaba el abogado, desde luego conocía el actuar de Guzmán y desquitaba las cuantiosas sumas de efectivo que recibía como pago a sus honorarios.

— "¿Usted cree que voy a entrar con documentos ilegítimos? No es una solución adecuada. Dígale a su cliente que lo siento, pero no puedo ir a verlo. Que busque a otra de sus mujeres sin tantas complicaciones. Si eso era todo, me retiro", — le dije, mientras él continuaba intentando convencerme de lo contrario. Me levanté de la mesa y salí del bar, muy nerviosa, yo había decidido no arriesgarme más por el Chapo, ni retomar nuestra relación nunca más.

Aquel día creí que sería la última vez que sabría del abogado Oscar Manuel, pero mantuvimos la comunicación durante aquel proceso contra Joaquín. Le conté a Adrián lo que me contó el abogado, y mi estrés se sumaba a una preocupación más.

— "¡Nombre! Eso sería como jugarse la vida. ¿Qué piensa ese vato?", — Me expresó, asombrado de los alcances de Joaquín y su gente a pesar de estar recluido en máxima seguridad.

— "No lo sé, pero no pienso hacerlo. Le voy a dar largas a eso cada vez que me mande buscar. Creí que no tendría forma ya de buscarme", — comente, esa situación me mantenía en zozobras. Seguir involucrada en esa relación empeoraría mi vida. Tiempo después de aquella visita, el propio abogado me contó que, ante mi rechazo de ayudarlo, el Chapo había solicitado confiarle la situación a Emma coronel y que Joaquín estaba muy molesto conmigo. Su enojo desde luego me causaba temor.

Dentro de todo aquello, en la capital de Culiacán, uno de mis hombres había sido atacado. Era el tercer atentado que se llevaba a cabo en mi contra por hombres de "El Bravo". Su insistencia en dar con mi paradero me aturdía. No comprendía por qué se empeñaba en lastimarme.

Ese día, pensando que yo iba en el asiento del copiloto, intentaron bajar del vehículo a mi chofer quien se disponía a rellenar el tanque de gasolina, en la salida sur de Culiacán. Se defendió como pudo y, al intentar huir, recibió un disparo que atravesó el vidrio del carro y alcanzó uno de sus brazos. El chofer, al ponerse a salvo rápidamente, se comunicó con mi seguridad para ponerlo al tanto de lo ocurrido. Nos pidió mantenernos alerta y en un lugar seguro.

— "Dígale a la señora que intentaron levantarme, venían por ella. Se identificaron como gente del Bravo, estoy herido, pero estoy bien" — dijo a mi jefe de seguridad, asignado por el estado.

— "Me les peleé. Voy a buscar dónde meterme y, cuando esté seguro, les hablo" — notificó el chofer. Su herida había sido mínima, pero al final de cuentas la situación era grave. Supuse que El Bravo intentaría de nuevo un levantón, de no tomar mis precauciones aquel gatillero terminaría por matarme. Era momento de tomar cartas en el asunto. No entendía ¿cuáles eran las razones para ir en mi contra, ni por órdenes de quién? Supuse que deseaba el poder y el control vacante con la detención del Chapo.

\*\*\*

El Bravo buscaba obtener los contactos que lo llevaran a lo que buscaba. Dar con la familia de Ricon, las hijas y la esposa, pues ellas tenían información valiosa para el cartel que yo desconocía, hasta el momento. Desafortunadamente, El Bravo no era el único tras aquellos datos; también el licenciado Damaso me buscaba para lo mismo.

Tras mucho pensar en cómo resolver la situación de los atentados perpetrados por El Bravo, decidí que lo mejor para mí era reunirme con Damaso. A pesar de mis intentos por alejarme de ese círculo, las circunstancias me obligaban a pedir apoyo.

Al exponerle mi situación a Damaso, aseguró que no debía preocuparme, y que yo le había caído del cielo. Pues su compadre Chapo ya le había hecho llegar una carta donde le pedía buscarme para que le diera detalles de las empresas que seguían en proceso sin concluir para que él tomara el control de ese proyecto, ese era el motivo de todo aquello.

— "Voy a mandar por usted y platicamos personalmente", — me indicó vía texto, y quedamos de vernos un día por la tarde.

Horas después envió a su chofer y me llevó a una de sus casas de seguridad dentro de la ciudad de Culiacán. Nos saludamos cordialmente y hablamos de los temas que nos preocupaban.

— "Sí, señor, las cosas no están fáciles, y vengo a darle otro problema más" — le dije, mientras me recibió.

—"De hecho, yo ya había mandado a buscarla, pero no me dieron razón de usted, y no la quería molestar. Tenía por ahí unas preguntas que quería hacerle, pero ya estamos aquí" — dijo Damaso. La charla fue breve, le expuse mis inquietudes.

— "Me dijo mi compadre que usted tiene contacto con Ricon, ¿lo conoce verdad?" — Me preguntó Damaso.

— "No exactamente, sé quién es, pero yo no tengo tratos con él. Lo vi un par de veces cuando su compadre lo invitó a casa a él y su familia, pero hasta ahí" — aclaré.

— "Yo creí que usted tenía relación con él, mi compadre me mando decir que la buscara por eso" — insistió, pero le aclaré nuevamente que no era de esa manera, pues su compadre chapo me había ocultado mucho en relación aquel proyecto tan perseguido. Después de explicarle me dejó hablar de mis problemas. Entre ellos lo que había sucedido con "El Bravo".

—Intentó llevarme, y desde entonces a la fecha van tres atentados en mi contra, le dieron un balazo a Camel, creyendo que yo iba con él. Aquí está el muchacho por si usted quiere confirmar que lo que digo es cierto", — Le expuse a Damaso. Aquel día, visite a Damaso en compañía de mi chofer, el afectado. También le rectifiqué una vez más, que no tenía tratos con "Ricon", pues el interés en aquel hombre era mucho. El haber compartido la mesa con ellos un instante, me ponía en el blanco de los socios del Chapo y me hacía partícipe en una situación ajena a mi conocimiento.

Días más tarde descubrí que buscaban a Ricon por haber guardado mercancía importante y de interés para aquellos que solicitaban saber su paradero. Aquel día también le conté a Damaso los planes de Guzmán para que yo lo visitara en el altiplano.

— "También quiero comentarle que el abogado de su compadre quiere que yo vaya a verlo, al penal. Y quiere que use documentos ilegítimos, me pone en una situación complicada". — Le expresé al socio de Joaquín, y le solicité una opinión.

— "No, señora, usted olvídese de mi compadre. No vaya a ir usted allá por nada, él ya no va a salir de allá. Usted haga su vida, no se perjudique más" — me aconsejó. Y le Conte que esa respuesta había enviado a Joaquín con su abogado.

— "Usted no se preocupe, siga con su vida normal, cásese, rehaga su vida, sea feliz. Él ya disfrutó su vida, él tiene a una de sus mujeres que lo visita. No se meta usted en más problemas" — insistió Damaso.

Refiriéndose a su esposa. Desde aquel día, me sentí liberada de toda responsabilidad y le di la razón por lo que me había dicho y acerté que yo estaba en lo correcto de no ver más al Chapo. E intentaba rehacer mi vida.

— "Le sugiero que no se quede en la ciudad", — me dijo, ante los peligros a los que estaba enfrentando, y se ofreció a ayudarme para salir de ella. Yo no entendía qué cosas pasarían, pero ese día, Damaso sí sabía lo que decía. Después de la reunión, me sentí más preocupada por la sugerencia de salirme de la ciudad. Era evidente que no encontraría un lugar seguro donde refugiarme.

Las cosas no andaban nada bien, manifestó Damaso. Con las vacaciones en el Congreso, era el momento perfecto para ausentarme y tomar distancia por algunos días. Siguiendo el consejo, redacté una carta y la envié a Guzmán al penal con su abogado, quien también me hacía llegar misivas de él Chapo. En ella expresé mi imposibilidad de ir a visitarlo debido a mi compromiso laboral. En dicha carta le pedí que no me obligara a hacer algo que pusiera en peligro mi seguridad y mi tranquilidad.

El 8 de abril de 2014, leí la noticia de la muerte de "El Bravo", en los periódicos. Aponte Gómez fue encontrado sin vida en un camino rural, con signos de tortura y múltiples disparos, desconozco los motivos de su muerte. Sus hombres también habían sido ejecutados en una bloquera ubicada en la Cruz de Elota.

*** 

Las cosas no terminarían ahí. Una mañana, mientras me dirigía al trabajo legislativo, en la pantalla de mi teléfono aparecieron mensajes de forma urgente de Angie y su madre, esposa e hijas de Ricon.

— "Buenos días, señora, disculpe que la molestemos, por favor es urgente, ayúdenos" — escribió la joven, totalmente afectada. De inmediato atendí el teléfono al darme cuenta de la urgencia con que solicitaba la atención.

— "Señora, hablé con su esposo, por favor dígale que nosotras no tenemos nada que ver con los problemas que han surgido entre él y mi papá", — me pidió Angie sin más preámbulos. Yo no comprendía de lo que estaba hablando y le pedí que se calmara y me diera más detalles de lo que intentaba decirme.

— "Señora, el licenciado Dámaso mandó levantar a mi hermana, Estefany", — me dijo de golpe. Hombres armados la habían interceptado cerca de Fórum, y se la llevaron, según la explicación de la muchacha.

— "¿Cómo? ¿Dámaso secuestró a su hermana? ¿Por qué y dónde?" — pregunté sorprendida y confusa de lo que pasaba.

— "Señora, por favor, ayúdenos", — suplicaron. Yo pensaba en qué hacer para ayudarlas; ante la desesperada petición de aquella madre no podía negarme a intentar hacer algo por la joven. Decidí tomar la responsabilidad de abogar por ella, conociendo el dolor de perder a una hermana. Aún con todos los riesgos que eso implicaba también para mí, contacté al licenciado y le pedí que me diera señales de vida de la joven, asegurando que sabía que él la tenía.

— "Buen día señor, me contacto la familia de la muchacha que usted tiene. ¿Quiere saber cómo está ella y cuáles son los motivos del levantón?" — le pregunté., pues Dámaso había localizado al fin a esa familia, desconozco porque medios lo hizo.

— "Ella está bien, dígales que estará bien hasta que su esposo entregue lo que tiene. Dígale a la señora, a la mamá, que ella sabe cómo solucionarlo", — respondió él. Yo estaba tensa y preocupada por la situación, intentando por todos los medios posibles que la chica saliera ilesa. Yo solo era una intermediaria en toda esta historia.

Nuevamente contacté a la familia de Estefany, a la mamá específicamente, para pasarle las indicaciones con las que liberarían a su hija:

— "Señora, ¿por qué dice el licenciado que usted sabe cómo solucionarlo? ¿Qué está pasando? Si no me explica, no puedo hacer nada más", — Le expresé a la madre de la chica, quien asedió a explicarme la situación.

— "Mire, ellos levantaron a mi hija como garantía, quieren que mi esposo pague. Lo que pasó fue que mi esposo estaba cuidando una casa, pero lo detuvieron, y lo que estaba en esa casa se lo robaron. Había una persona más que sabía de eso, pero creo que también está detenida; yo no he visto a mi esposo apenas viajaré a verlo y le diré que me diga lo que sabe", — me explicó la madre de la joven. En ese momento, un panorama más claro se abrió ante mí, comprendí por qué la insistencia de los socios del Chapo para dar con el contacto de Ricon.

— "Por favor, ayúdeme. Hable con su señor, sé que usted puede hacerlo. Dígale que estamos dispuestos a pagar lo que sea necesario, pero que nos entreguen a mi hija sana y salva", — suplicó la mamá desesperada. Mi corazón latía con fuerza, incapaz de creer que me estaban involucrando en una situación tan delicada.

Enseguida pensé en la opción de llamar al abogado Óscar Manuel y le expuse la situación, rogando que trasladara el mensaje a Joaquín, mientras esperaba con la esperanza de evitar una tragedia inminente. Pasaron dos días sin recibir respuesta, así que nuevamente me comuniqué con Damaso para obtener información sobre la chica.

— "Ella está bien, está comiendo bien y está en una habitación normal, no está atada ni nada por el estilo. La están tratando bien y la vamos a dejar ir pronto", — informó, aliviando un poco mi preocupación. Le informé los detalles a la madre de Estefany. Para entonces, la madre de la joven había quedado en contacto con gente del licenciado y yo me aparté del caso. Días después, pensando en ellas, pregunté a Angy, quien dijo que Estefany había sido liberada, sana y salva.

Hasta hoy en día, desconozco cómo llegaron a la negociación definitiva de aquel problema. También desconozco si los socios de Joaquín consiguieron lo que buscaban con "Ricon", el padre de las jóvenes involucradas. Resuelto el alboroto, decidí alejarme y me deshice de contactos de aquel círculo para evitar verme en conflictos similares, y lidiar con mis propios problemas, los cuales eran demasiados, más los que estaban por surgir. Pues no solo el caso de la familia de "Ricon", se veía en conflictos con los Dámaso, también sufrió los daños de las traiciones la esposa de Rene, por la cual también debí intervenir.Entre Damaso y yo no existió una amistad, todo había surgido a través de las circunstancias...

***

Bastantita seguía siendo mi refugio preferido, hasta cierto momento. Allí encontraba la tranquilidad que necesitaba, manifestada bajo la sombra de los pinos, mientras el viento fresco de la noche se colaba suavemente por las casas de madera. Me sentí libre y acogida por su gente. Desafortunadamente, esa calma pronto se vio opacada con la llegada de visitas inesperadas que tomaron control de los contornos de Bastantita y su gente.

Eran los hermanos Guzmán quienes llegaban también en busca de refugio y tranquilidad a la zona, perturbando la serenidad de quienes ya habitábamos la comunidad. El temor por la presencia de aquellos me desconcertaba. Arribaron en fechas separadas, cada uno por su lado. Ernesto Guzmán recorría esa zona desde hacía mucho tiempo según me informaron. Su destino era la casa de Emilio Varela, hombre de su mayor confianza, también encargado de cobrar cuota a los sembradores de marihuana en esas áreas.

A partir de la detención de "el Chapo", habíamos concluido en el mismo pensamiento: refugiarnos en lo más remoto del Triángulo Dorado. Se esperaba que también "Los menores", hijos de Joaquín Guzmán Loera, llegaran para unirse a sus tíos, pero por fortuna no sucedió de esa forma. Aun así, el nido dejó de ser un refugio seguro, no se sabía en qué momento detonaría un conflicto, ya que entre los hermanos Guzmán existían graves diferencias y ninguno de los grupos se toleraba.

Cada inicio de semana regresaba a Culiacán recorriendo las montañas de la Sierra Madre Occidental. Don Erasmo, preocupado por mi seguridad, me encaminaba desde Bastantita para asegurar mi protección hasta dejar las inmediaciones de Durango. Sin embargo, ocurrían percances inesperados. La muerte acechaba en las barrancas de la sierra, y la camioneta en la que viajaba, junto a jóvenes preparados para cualquier eventualidad, se accidentó.

En el subir y bajar de las pendientes, los frenos de la camioneta dejaron de funcionar en las alturas. La fricción constante de las balatas causaba el deterioro de estas, trayendo como consecuencia la desestabilización de la camioneta. Observé cómo el chofer luchaba por bombear los frenos; sus expresiones lo decían todo. Al borde del precipicio, Carmelo alertó:

—¡Nos quedamos sin frenos, nos vamos a estrellar! Por impulso, abrí la puerta y me lancé del vehículo en movimiento. Detrás de mí, salió Adrián siguiendo mis pasos justo antes de que el vehículo se precipitara al fondo del barranco.

—¡Bájense! —grité mientras volaba en el aire, intentando alertar a los demás. Mi cuerpo impactó contra el suelo mientras rodaba dando volteretas. La camioneta se estrelló en el fondo del barranco, dejando a algunos de los ocupantes gravemente heridos y a otros con lesiones menores. Erasmo y el chofer salieron ilesos, lo confirmamos después de bajar hasta el barranco para auxiliarlos. Hoy en día el sitio es llamado "El Punto de la Comadre".

Después de ese susto, la tensión se disipó entre risas por la peculiaridad de mi salida del vehículo. El peligro siempre fue una constante en mi vida, y en el camino perdí a muchas personas queridas, por sucesos como este y muchos otros.

A pocos días de aquel accidente, los hermanos del "Chapo" solicitaron conversar conmigo y aclarar malentendidos sobre la detención de Joaquín Guzmán Loera. La desconfianza entre nuestras familias era palpable, pero era necesario enfrentar la situación por la seguridad de los míos. De no ser así, México no tendría un rincón para protegerme. Quedé sola a merced de mi suerte, con poco más que mi voluntad. Por decisión propia, me aparté de aquellos contornos y busqué otras opciones para refugiarme.

El apoyo de gente buena siempre fue incondicional. Con bondad y respeto, se pueden alcanzar grandes beneficios como el cariño, la lealtad y la confianza, sin necesidad de dinero de por medio. A lo largo de esta historia, he experimentado la importancia de valores tan valiosos e incorruptibles. A pesar de los desafíos y riesgos, el respaldo de personas como Adrián, Erasmo y su familia me ha guiado y protegido en momentos críticos. Reconozco que, incluso en los momentos más difíciles, el vínculo humano puede ser una fuerza poderosa que nos sostiene y nos lleva hacia adelante.

## 14

## VISITA EN EL ALTIPLANO

"Con el paso implacable de los años, he conocido la maldad de mentes retorcidas, dispuestas a alcanzar sus objetivos poderosos, sin importarles el daño que puedan causar a los demás. la manipulación ha jugado un papel importante en su mayoría. Al final, estas mentes se basan en el dinero, el único que mueve los hilos del mundo y corrompe voluntades".

Cuando todo parecía marchar con calma, irrumpió la insistente llamada del abogado Óscar Manuel. Un Característico parlanchín:

— "¡Licenciada, le tengo excelentes noticias! Estamos ganando el caso del señor. Él está muy contento y me dijo que la llamara para contarle los avances", — decía el abogado, sus palabras sembraron confusión en mí. El caso de Guzmán era tan grave que no parecía posible que saliera de la cárcel, al menos no por la puerta grande. Además, me causaba incomodidad recibir tales informes sobre su cliente, ya que correspondían a su familia directamente.

—"Todo marcha muy bien y, si sigue así, el señor estará en libertad pronto, calculo que en un año más o menos", — añadió el abogado. Me reí, pensando en que estaba totalmente loco. Jamás imaginé el plan de fuga, no hasta que, un año después de aquel comentario, ocurrió la evasión de Guzmán.

—"Ah, pues dígale que le ponga ganas y ojalá todo salga muy bien. Saludos de mi parte y que cuidé su salud", — le mandé decir, ignorando las advertencias anticipadas sobre el regreso inminente de Joaquín. A pesar de tener a su esposa tan cerca, Joaquín aún me consideraba importante, como una herramienta crucial para sus propósitos, los cuales planeaba a mis espaldas.

—"Está bien. Le avisaré cualquier novedad", — le dije, tratando de aplazar la conversación. Me despedí pensando que lo que decía el abogado era mentira; no había forma de que Joaquín saliera de prisión, y todo lo que me contaba era un intento para convencerme de visitarlo en el penal de Almoloya. Ciega, no alcanzaba a divisar el verdadero propósito de mi visita.

Para entonces, la noticia de mi embarazo había llegado, una razón más para no exponerme. Aunque el Chapo sabía de mi estado, su sombra me perseguía, al igual que su abogado. Además, las hermanas de Joaquín intentaban contactarme, pero me negaba a entablar parentesco. Supuse que el abogado había orquestado esos intentos de contacto, buscando convencerme de visitar a su cliente. Sin embargo, nunca supe las verdaderas razones ni intenciones detrás de esa búsqueda, ya que nunca accedí a encontrarme con ellas. Entre otras cosas, "El Chapo" me enviaba cartas y tarjetas expresando su profundo amor, desde la prisión, las cuales llegaban a mí a través del mismo abogado.

En ellas se interesaba por los niños, la familia y los negocios familiares, todo como un pretexto para iniciar en ellas una conversación. Aunque ignoraba y seguía rechazando la idea de ir a visitarlo, el destino ya me había marcado mi límite en esa etapa de mi vida. Con extrema urgencia recibí una llamada del abogado. Quería verme de inmediato porque Joaquín le había pedido que me buscara personalmente en Culiacán. Nos encontramos en la calle Sanalona, en la esquina con Revolución. Allí, se mostró emocionado, y me entregó un amparo obtenido a favor de Joaquín Guzmán Loera.

— "Licenciada, si Dios quiere, pronto estará en libertad. Él quiere que usted esté enterada", — dijo el abogado entusiasmado, insinuando que el Chapo aún seguía teniendo el control y que esperara su regreso.

—"Él está muy feliz y está esperándola para que vaya a verlo. Tenga este amparo, puede quedárselo usted", — añadió, entregándome el documento, el cual conservé durante mucho tiempo.

Los meses pasaban y yo seguía haciendo caso omiso de aquella petición, manipulada maliciosamente para hacerme parte de su plan.

En una de sus cartas, Joaquín me pedía que estuviera pendiente del abogado, quien conseguiría la identificación para que yo pudiera visitarlo, y sin mi consentimiento. Todo había sido ideado por el Chapo y su abogado Manuel. El 2 de septiembre, el abogado me llamó con urgencia y misterio. Su insistencia me agobiaba, pidiéndome que nos encontráramos en la Ciudad de México, para tratar un asunto delicado, alegando no poder revelar detalles por teléfono. A pesar de mis reservas, accedí a nuestro encuentro.

—"Estaré allí mañana por la tarde. Nos vemos en el aeropuerto", — le dije al abogado, con intención de regresar pronto. Insistió en que fuera sola, una petición que desobedecí.

Al día siguiente, 3 de septiembre, viajé a la Ciudad de México acompañada de María. Aterrizamos de noche y, antes de descender del avión, llamé al abogado para asegurarme de que estuviera afuera. Prometió estar en la salida, pero no apareció. En su lugar, nos indicó subir a un taxi que nos esperaba afuera, asegurando que nos encontraríamos en otro lugar debido a un imprevisto.

— "Afuera la espera un taxi. Suba", — me indicó el abogado.

—"Pero ¿usted no vendrá?", pregunté confundida. "Surgió un imprevisto, pero aquí las espero. El taxista es de confianza y conoce la dirección a donde las llevará", respondió, aunque sus explicaciones me dejaron más perpleja. Conforme a sus indicaciones, nos subimos al taxi amarillo que guardaba por nosotras.

—"¿Es usted Don José?", — pregunté al conductor, un hombre de unos cincuenta años.

—"Sí, ¿cómo están? Suban", respondió cortésmente. Sin decir más palabras, tomó el volante y nos dirigimos hacia un destino desconocido. Cuando noté que nos alejábamos de la ciudad expresé mi preocupación:

—"¿A dónde nos lleva? ¿Por qué nos estamos desviando del camino?", — le pregunte.

—"Vamos para Toluca. Me dijeron que las llevaría allá", — respondió Don José, el taxista.

—"El abogado no me mencionó nada de eso, regrese al aeropuerto", — le ordené. Al intentar contactar al abogado, su teléfono estaba apagado. Yo estaba alarmada. El taxista llamó a otro número distinto al que sí le contestaron. Desde entonces, desconfiaba de las intenciones del abogado. El taxista no se detuvo hasta llegar a un hotel en Toluca. Tras varios intentos, el abogado finalmente respondió y prometió llegar pronto, pero nunca apareció esa noche.

A la mañana siguiente, 4 de septiembre, finalmente llegó al hotel, con un montón de excusas. Nos estábamos preparando para regresar al Estado de México cuando una llamada interrumpió en la habitación.

—"Buenos días, licenciada. ¿Está lista?", saludó con cinismo. "— Estoy lista desde ayer, diga lo que tenga que decirme", —le dije molesta, mientras me pedía bajar.

—"¿No tiene otro color de ropa?", — me preguntó, insinuando sobre mi vestimenta. Me sentí ofendida y le insinué que no.

—"Está bien, no importa. Platicamos en el carro. Ahora les explico", — dijo. La conversación fue intrascendente hasta que nos adentramos en un camino lleno de baches. Hizo una parada en una fonda de aspecto triste y ordenó a María bajar del auto. Dándome cuenta de los peligros, cuestioné al abogado.

—"¿Por qué la está bajando aquí? ¡Se ve que es un lugar peligroso y ella estará sola!", — exclamé. Sin embargo, su respuesta fue desconcertante.

—"Ella no puede acompañarnos", — respondió, y entonces comprendí hacia dónde nos dirigíamos. Me había hecho viajar con miles de escusas.

—"Lucero, no vayas. Te van a perjudicar", — me advirtió María, pero ya era tarde. Aquel día, sin cenar ni desayunar, acompañé al abogado. Mientras dejamos a María abandonada en aquel sitio, me sentía exhausta y aterrada por el temor de mi embarazo de alto riesgo y de estado avanzado, me sentí atrapada en la trampa planeada y sin explicación alguna.

—"¿Cómo puede creer que yo voy a entrar ahí? ¡Ustedes están locos!", — le exclamé al licenciado.

—"Las órdenes del 'bajito' fueron esas y no hay de otra", — declaró Manuel, haciendo referencia a Joaquín Guzmán y dejando claro que solo obedecía órdenes. Al llegar al estacionamiento, puso en mis manos un documento. Ese mismo con el que debía ingresar al interior del penal.

—"Aquí está. Va a usar este documento para entrar", — me indicó el abogado. Aquel documento era la identificación IFE, con el nombre Debany Vianey Villatoro Pérez, con domicilio en el Estado de México.

—"No, prefiero usar mi identificación", — le expresé al observar el documento, entendía que eso podría traerme graves consecuencias. Pero Óscar me impidió usar mi documento oficial, obligándome a usar la identificación apócrifa que él me proporcionó aquel día.

La presión del entorno de el Chapo era cansada, y mis temores en mi estado me dejaban aturdida. Guzmán parecía empecinado en seguir su propio juego, sin ninguna compasión por mí. Al llegar a la garita del CEFERESO, el abogado me aseguró que el uso de la identificación no tendría repercusiones, garantizando que todo estaba arreglado. A pesar de sus vagas explicaciones, la molestia no me abandonaba.

Pasaron horas mientras el abogado hablaba con el personal del centro penitenciario y esperaba la llegada del abogado Andrés Granados, encargado de resolver algunos trámites. Cuando Granados finalmente apareció, saludó al abogado y a mí, y enseguida se apartaron y conversaron en privado.

Después de los tediosos trámites de seguridad, nos dirigimos hacia donde se encontraba "El Chapo". Me entregaron un gafete con la letra J. y a pesar de las promesas del abogado, se tomaron imágenes de mi ingreso. Desde ahí me di cuenta de que todo iba mal. Finalmente llegamos a las ventanillas donde estaría el Chapo, y después de algunos minutos de espera, apareció detrás de los cristales que nos mantenían separados.

—"Mi hermosura, ¿cómo has estado? Estoy muy contento de verte", — me expreso, notablemente nervioso. Al igual que el, yo también me sentía nerviosa y angustiada por estar en ese lugar. Le respondí con la cortesía de siempre y enseguida preguntándole por su bienestar.

—"Bien, corazón. ¿Cómo está nuestro hijo y cómo va esa pancita?", —inquirió, mostrando interés por mi embarazo. Le aseguré que todo iba bien.

—"Cuéntame cómo van los negocios de tu familia", — preguntó refiriéndose al negocio familiar de minería al que se han dedicado. También me preguntó sobre unos corrales y tierras de riego, las cuales en algún momento él había puesto a mi disposición. Pero que, a falta de él, pasaron a manos de una de sus mujeres. Al entablar aquella escasa conversación, Joaquín fue trasladado a una sala, en la que se llevó a cabo una breve audiencia con el juez de su correspondencia.

Estuvieron presentes el director del penal, el abogado, Joaquín y yo solamente. La audiencia tuvo una duración de escasos 20 minutos.

Aquél 4 de septiembre cambiaría mi vida totalmente. No hubo nada fuera de lo común durante la visita. Joaquín, al igual que yo, estaba muy nervioso y habló muy poco, mucho menos de lo habitual, desde luego. La urgencia con la que había sido requerida para aquel momento no tenía sentido. Es hasta hoy que comprendo que ese hecho había sido una estrategia planeada por él y su abogado, misma que le serviría más adelante como un distractor.

Después de una breve interacción, me despedí de forma fría y desconcertada, enseguida dejamos el CEFERESO. Nuevamente recorrimos el trecho lleno de baches que se alejaba de "El Altiplano". De camino recogimos a María en la casucha donde el abogado la había dejado. Durante el camino, Manuel trató de ser empático al notar mi seriedad, pero su imprudencia lo hacía hablar de más.

—"¡Ajajay!", sonrió. — "Cuando la otra dama se entere de que estuvo usted aquí, se le va a armar al hombre", — comentó, refiriéndose a Emma coronel.

—"¡Se enterará cuando usted le dé el informe de todo lo que hice, me imagino!", — afirmé en tono sarcástico, ese comentario anticipaba lo que habían planeado, sin que yo lo imaginara.

—"No…, pero ya ve cómo son las mujeres, se enteran de todo", — dijo, dándose cuenta de que la había regado en sus comentarios. Se mostró nervioso luego de aquello. Le pedí que nos llevara al hotel para recoger nuestras maletas y enseguida al aeropuerto, donde tomamos nuestro vuelo de regreso a Culiacán.

Desde aquella visita, extrañamente el abogado Manuel dejó de buscarme. Su objetivo estaba cumplido, ya no le servía para más.

\*\*\*

En abril de 2015, todo parecía transcurrir de forma normal y rutinaria. Asistía como de costumbre a mis obligaciones legislativas en el congreso del estado. Cuando me notificaron que el noticiero de Joaquín López Dóriga anunciaría una supuesta bomba. La noticia dejó perplejos a más de medio mundo. López Dóriga sembró la incertidumbre en todo el país.

—"Será una bomba. El nombre de la legisladora que visitó el Altiplano y a uno de los narcotraficantes más poderoso. Mañana aquí les revelamos el nombre de la funcionaria", — anunció. Enseguida supe que se trataba de mí, era evidente que el malvado abogado o una mujer despechada había filtrado el video a dicho noticiero. Esa noche no dormí, rogando para que no revelaran mi nombre, sabía que eso destruiría mi actual carrera política. Con aquella anticipada noticia, los reflectores se encendieron.

—"Dicen que la persona de la que van a hablar mañana en el noticiero eres tú", — dijo susurrándome al oído un diputado del parlamento, la noticia no me callo de extraño. Lo que llamaba mi atención fue ¿cómo sabía él ese dato? Me he cuestionado una y otra vez. Aunque afirmó que un contacto desde la Ciudad de México le había filtrado la información, aquel contacto podía ser el mismo que filtró el video, ya que todo era posible y la maldad se encuentra en cada esquina.

Tal como lo había anunciado un día anterior, Joaquín López Dóriga soltó la bomba la mañana siguiente. La cara se me cayó de vergüenza.

— "Yo no quería visitar a El Chapo", — pero lo hice y tuve que asumir las consecuencias de los actos de otros y los míos.

Al salir del recinto parlamentario, los medios locales se me abalanzaron e intentaron abordarme. No podía hacer declaraciones sin antes consultar a mi abogado. Aunque sabía que no podría aplazar las aclaraciones para siempre, hoy ese día ha llegado, aunque pude retardarlo.

Después de que López Dóriga soltó su "bomba", también anunció que fui la financiera de Joaquín Guzmán Loera, una aberrante calumnia que sigo sosteniendo con absoluta verdad.

Efectivamente, la noticia fue una verdadera bomba mediática. Todo había salido perfectamente, tal como lo habían planeado el abogado y su equipo de trabajo para liberar a "El Chapo". Los distractores estaban enfocados en "La Chapo Diputada", mientras los ingenieros terminaban el túnel hasta la celda de Guzmán. Yo me había convertido en un caso formal de investigación desde que a López Dóriga le filtraban imágenes de un supuesto video del circuito de seguridad del penal. De su conocimiento o no, Dóriga también contribuía a la fuga de "El Chapo". De esa forma, también mantuvieron ocupadas la Procuraduría General de la República y del Estado. Siempre fui una ciudadana recta y responsable hasta aquel día. Aquella noticia se extendió rápidamente por todo México, Estados Unidos y dio la vuelta al mundo.

El 13 de junio de 2015, se inició el proceso de desafuero en mi contra debido a las declaraciones públicas en el noticiero de Televisa. Con esos hechos, se sepultó a Lucero Guadalupe Sánchez López y su carrera política, dando vida a "La Chapo Diputada".

Mi desafuero fue tomado como base de investigación por la Procuraduría General de la República, descrito en el expediente entregado a la Secretaría General de la Cámara de Diputados. Fue una investigación infundada destinada a vincularme a proceso ante el Congreso, sin un claro sustento de pruebas. De alguna forma se lograría mi destitución. Con todo eso, me volví víctima de amenazas y el blanco de enemigos de Guzmán Loera.

El 21 de enero de 2016, regresaba a mi casa ubicada en la colonia San Isidro en Culiacán, Sinaloa, en compañía de Adrián. Nos percatamos de patrullas de la Policía Federal de Caminos que extrañamente vigilaban mi residencia. Adrián, siempre atento a cualquier señal de peligro, notó que algo no estaba bien, principalmente que dichas patrullas estaban fuera de su jurisdicción.

—"Esto está muy raro, algo no está bien. Están vigilando la casa", — nos dijimos el uno al otro. Sin embargo, no le di mucha importancia, ya que había una emergencia en casa. Uno de mis hijos había sufrido un accidente, quemaduras de segundo grado. Esa fue la razón por la que no consideré que estuvieran buscándome dichos policías. Ante todo, me preocupaba mi deber de madre.

Yendo rumbo al hospital para atender a mi hijo, varias camionetas de la Policía Federal nos interceptaron. Nos rodearon cerrándonos el paso desde distintos ángulos. Los agentes se bajaron apuntando sus rifles hacia nosotros. Una mujer vestida de civil se acercó por el cristal y me pidió que saliera del vehículo. Conociendo mis derechos, me negué a hacerlo.

—"Señora Lucero Sánchez López", — dijo con voz apenas audible, parecía temerosa de acercarse a mí.

—"Tiene que acompañarnos", —dijo, sin explicar en calidad de que. Mientras sus hombres seguían apuntando con sus armas a un vehículo en el que más de la mitad de sus tripulantes eran niños.

—"¿Trae una orden?", — inquirí, solicitando el documento de ley. La oficial me mostró una carta de presentación para rendir declaración.

Aun así, trataron a mis hijos con la misma criminalidad que pretendían darme. La ley de derechos humanos establece como principio universal que nadie puede ser sometido a una detención arbitraria, como ocurrió entonces. Esto significa que nadie puede ser privado de su libertad salvo por las causas establecidas en la ley y de acuerdo con el procedimiento legal establecido. Sin embargo, se violaron no solo los derechos al fuero constitucional que me proporcionaba inmunidad, sino también los de tres menores de edad: Isabel, la menor de mis hermanas de tan solo 14 años, Rubén de 7 años, y el menor de 1 año, estos dos últimos son mis hijos. Además, se afectaron los derechos de Adrián, ajeno al problema con el que se me vinculaba.

Por supuesto, ante las arbitrariedades, no cedí a bajar del vehículo. Tenía preocupación por mi vida y la de mis hijos. No estaba segura de que aquel contingente de uniformados fuera real. ¿Quién me aseguraba que no eran enviados por los enemigos de Joaquín Guzmán?

—"No me voy a bajar. Primero voy a llevar a mi hijo al hospital y luego, en presencia de mi abogado, veremos qué sucede", — le dije al oficial.

—"No, usted nos tiene que acompañar", — insistió, aferrándose al poder que le otorgaba el uniforme y las más de 10 armas apuntando a mi camioneta. Con la arrogancia que los caracterizaba, se acercó un civil con una placa policiaca que pendía de su cuello y amenazó con bajarme a la fuerza, sin importar el pánico que estaba provocando en los niños. Le esbocé una sonrisa retadora.

—" Bueno, pues si los tienes puestos me vas a llevar con todo y carro, porque de aquí no me voy a bajar. Además, vas a dejar que mis hijos se vayan. La niña se va a bajar con los niños para que puedan darle la atención médica", — le dije al arrogante oficial. El tipo no se compadeció al ver al niño sufrir por las quemaduras, la razón de nuestra salida de casa. Escuchar su llanto de dolor hizo crecer mi repulsión por los uniformados, mis hijos no son unos criminales.

Al final del día, los uniformados liberaron a los tres menores en plena carretera y los expusieron a los peligros de una sociedad cruel. Una menor de edad se hizo cargo de dos niños mucho menores que ella y cargó a un bebé de meses y su pañalera, caminando por las calles de Culiacán, con el riesgo de no llegar a salvo a casa, como sucede en muchos casos.

Por los daños causados, interpuse una denuncia ante la Comisión de los Derechos Humanos en el Estado de Sinaloa, cuando la institución estaba a cargo de Juan José Ríos Estabillo. Pero este hizo caso omiso a la denuncia, tal como ocurre impunemente en nuestro país, lindo y querido, México.

Como mujer adulta y responsable, acepto mis faltas y señalamientos, pero mis problemas no competen a mi familia. Los actos de los padres no son responsabilidad de los hijos, menos cuando son tan pequeños. Por todos los daños psicológicos causados, hasta hoy, los menores quedan excluidos de la mayor parte de mi historia. Está demás decir que la justicia en México y las buenas dependencias no hacen bien su trabajo, lo mismo da su existencia.

—"Se tiene que bajar y subir allá", — me dijo el oficial, insistió en que descendiera de mi camioneta y subiera a una de sus patrullas. Fue entonces que le pedí al oficial que la mujer que los acompañaba subiera a mi camioneta porque de otra forma no cedería, después del abandono a mis hijos. El oficial bajó de tono y supo distinguir cuáles eran sus obligaciones y cuáles seguían siendo mis derechos.

— ¿Y qué garantía tengo de que no es una trampa y de que me llevarán a donde dicen?, — les pregunte manteniéndome en mi teoría de no confiar en ellos.

— "Mire, nos está esperando un avión de la PGR en el hangar del aeropuerto para trasladarla a declarar en la Ciudad de México, solo eso va a hacer" —volvió a explicar.

—"¿y porque no llegas como lo que eres, la ley y no un delincuente apuntándome e interceptándome de esta manera, en vez de tocar a la puerta de mi casa, con oficio en mano" — dije recordando mis derechos constitucionales ante el oficial. Además, que nunca se me notifico mediante oficio, ni por ningún otro medio legal.

— "¿Cómo pretende que lleguemos a una persona como usted con gente armada?" — dijo cínicamente. Sonreí ante sus justificaciones increíbles, pero ciertas.

— "¿Te parece que mis hijos son gente armada y que él y yo estamos armados?" — Declare, prolongando la discusión con el oficial. Al final, decidí acompañarlos, sin dejar mi camioneta. La mujer con charola policiaca nos acompañaba. Llegamos al aeropuerto y fue hasta que llegó el avión de la PGR que descendí de ella. Posteriormente, abordamos aquel vuelo particular que aterrizó en las instalaciones de la SEIDO en Ciudad de México.

A pesar de que se rehusaban a que Adrián me acompañara en aquel vuelo, no les fue posible que abordara el avión privado y viajó junto conmigo hasta dicho hangar.

— "Él no puede ir" dijo el oficial cuando estábamos a punto de abordar.

— "Pues a ver cómo le haces, porque no pienso dejarla ir sola. Quién sabe quiénes son ustedes, ni siquiera sabemos si son del gobierno de verdad ni a dónde la quieren llevar" — discutía Adrián, a falta de mi abogado y aferrándose a mí.

No les quedó más remedio que dejarlo abordar el avión y hasta que llegamos a la Ciudad de México, se las ingeniaron para deshacerse de él. Al bajar del avión, los policías sometieron a Adrián, y a mí me condujeron a otro vehículo. Al entrar al hangar, los oficiales se pusieron sus chaquetas y empezaron a filmar las cámaras que tenían preparadas, comenzaba el circo para hacer más interesante el show.

Me reservé mi derecho a dar declaraciones sin la presencia de mi abogado. Pasada la medianoche llegó mi representante legal, Rubén Tamayo, enviado por mi grupo de abogados desde Culiacán.

Al analizar los expedientes, mostraban que la denuncia por haber ingresado al penal había sido presentada el 7 de mayo de 2015 por el director del Centro de Readaptación Social número 1 Altiplano, ubicado en Rancho la Palma, colonia Santa Juana Almoloya.

Había transcurrido poco más de un mes desde aquel escándalo. Cuando la fuga de Guzmán ocurriría el 11 de julio de 2015 para ser exactos, mientras yo vivía entre expedientes acusatorios, amparos y presentaciones en los juzgados por el problema en el que me había metido por haber entrado a verlo dentro del penal.

Increíblemente nadie escuchó los golpes de martillos, picos y taladros que cada noche retumbaban bajo las celdas del penal de Almoloya, Estado de México; nadie excepto Joaquín Guzmán Loera y su vecino, Sigifredo Nájera Talamantes, quien tras informar lo que nadie escuchó, apareció muerto en la prisión de máxima seguridad el 7 de septiembre de 2015, según información pública. "El Canicón", como se le conoció, fue considerado uno de los sicarios más sanguinarios de Los Zetas, y aseguró que Guzmán Loera y Celina Oseguera Parra, coordinadora nacional de penales federales, tenían una estrecha relación y que ella lo visitaba de manera frecuente en su celda. También denunció los privilegios que Joaquín recibía de los custodios y personal del penal.

Eran aproximadamente las 9 de la noche cuando ocurrió la fuga histórica. La presencia de cámaras de seguridad dentro del Altiplano casualmente no monitoreaba la fuga más importante, pero captaba una visita insignificante.

Ese 11 de julio, El Chapo Guzmán salió por un agujero cavado en el área de regaderas; casi 40 minutos después, las rejas de su celda se abrieron para dar paso a los custodios "sorprendidos" por la fuga del siglo.

Sin embargo, la presencia de Lucero Sánchez en el Altiplano no pasó tan desapercibida como aquel hecho tan importante. La denuncia formal en mi contra la había interpuesto el director del CEFERESO, Valentín Cárdenas Lerma, el 7 de mayo de 2015, ante la PGR después de que los medios de comunicación difundieran mi participación. Cárdenas fue uno de los funcionarios de más alto nivel que fue acusado de favorecer la última fuga de Joaquín, registrada la noche del 11 de julio de 2015 en el Penal del Altiplano, a través de un túnel de 1.5 kilómetros.

Como bien vimos en el caso del secretario de Seguridad Nacional Genaro García Luna, fue encontrado culpable en Estados Unidos por sus nexos con el crimen organizado, específicamente con el cártel de Sinaloa. Es indudable que también tuvo participación en aquel plan de escape.

Tras permanecer más de 23 horas de interrogatorio en las instalaciones de la Subprocuraduría Especializada en Investigación de Delincuencia Organizada (SEIDO) de la PGR, abandonaba la sede federal. Ahora, las autoridades me investigaban como presunta culpable de uso de documentación falsos para ingresar al penal de El Altiplano, en el Estado de México, para ver al entonces reo Joaquín Guzmán Loera.

Durante esas largas horas, mi preocupación por Adrián era abrumadora. Desconocía el paradero que los uniformados habían elegido para él, y como ocurre con frecuencia en México, temía su desaparición. Nuestro reencuentro se dio después de que fui liberada de las instalaciones de la PGR. Adrián relató los detalles: lo habían abandonado en una de las calles más peligrosas de la Ciudad de México, en plena oscuridad. Desesperado, buscó por todos los medios la forma de llegar hasta las SEIDO para obtener información sobre mi caso.

Después de identificarse y registrarse como alguien cercano a mí, los agentes lo procesaron como testigo en mi contra, obligándolo a declarar forzosamente. Buscaban perjudicarme con su testimonio, pero no había nada que declarar en mi contra. A pesar de mi inmersión en ese mundo criminal, mi conducta era intachable como ser humano. Mis antecedentes hablaron por mí; esta sería la primera vez que me vería envuelta en problemas judiciales.

Luego de abandonar las instalaciones de la SEIDO, y desfilar entre cámaras periodísticas el abogado Rubén Tamayo nos llevó a un hotel, pero por seguridad decidimos salir de ahí. Regresamos a Sinaloa esa misma madrugada, tomando el autobús hacia Mazatlán y luego un Uber para entrar a la ciudad de Culiacán. La desconfianza era mucha. La difusión de mi situación me había expuesto a peligros inesperados.

Fue a partir de entonces que mi nombre comenzó a resonar en televisión, convirtiéndome en notas amarillistas y blanco perfecto para los enemigos de Guzmán. Comencé a ser víctima de múltiples amenazas, poniendo en peligro la vida de mis hijos y de quienes me rodeaban. Vivía huyendo y escondiéndome en las montañas de Cosalá, como una prófuga, similar a como lo hacía el Chapo, buscando proteger a mi familia de todos esos infortunios.

Dios tiene un destino para todo y no todos los episodios malos son tan terribles como a veces pensamos; muchos de ellos nos conducen hacia la luz, como finalmente fue mi caso.

## 15

## 181 días prófugo

Era julio, apenas tres días después de su fuga, cuando recibí un contacto inesperado de Joaquín Guzmán Loera. Un teléfono móvil Samsung llegó a mis manos a través de "El Ranas", su empleado de confianza. Nuestro encuentro tuvo lugar en un Oxxo ubicado en la avenida 87 de Culiacán.

—"Aquí le mandaron esto, esté pendiente de que ahora le van a llamar", — me advirtió "Ranas" al entregarme el móvil.

—" ¿Quién me va a llamar?" —Le pregunté con curiosidad.

—"Usted ya sabe, no sé si va a hablar él o el secretario", — dijo antes de retirarse, no podía creer las locuras de Guzmán. En efecto, sabía de quién se trataba. Me sentí ansiosa, y con la mente en un torbellino de emociones. La reaparición de Guzmán Loera generaba en mí un choque emocional, mezcla de temor y ansiedad. Después de enfrentar un prolongado período de limitaciones y batallas legales, me encontraba a punto de envolverme nuevamente en el mundo y las intrigas de Joaquín. El teléfono vibró con un mensaje entrante. Era él, utilizando una aplicación desconocida para mí.

—¡Hola, hola, hermosura! ¿Cómo está?" — Me escribió. A lo que respondí que bien, y enseguida le pregunté como se encontraba.

—"Estoy bien, corazón, feliz porque ya quiero verte. ¿Cómo están los niños?" — Me cuestiono.

—"Ellos están bien. ¿Cómo espera que lo vea si me tienen vigilada? No podemos vernos ahora", — le explicaba con precaución.

—"Bueno, corazón, ya encontraremos la manera", insistió él. Mis nervios estaban a flor de piel, incapaz de discernir qué respuesta dar. Opté por dejar el mensaje en visto.

—"Ah, mi reina también tiene muchas ganas de verme", — añadió más tarde, al no recibir mi respuesta.

—"Me alegra mucho saber que está libre y espero que todo le salga bien. Pero no podemos vernos, entiéndalo", — repliqué, tratando de mantenerme firme en mi posición. Con aquello se despidió y dijo que volvería a escribirme más tarde. En mi interior, anhelaba no volver a saber de él ni que él tuviera conocimiento de mi vida. Mi meta era distanciarme y finalizar nuestra relación en paz, aunque intuía que él no compartía mi opinión al respecto.

Con el paso de los días desde su fuga, recibí amenazas anónimas tanto en mi hogar como en las oficinas del congreso estatal. Los mensajes instaban a que alejara de mi lado a una persona en particular: Adrián, mi compañero, quien se había convertido en una parte importante de mi vida.

Para protegerlo, le rogué que se distanciara; y se marchó a Estados Unidos. Bajo la sombra de esas amenazas, llevé los anónimos a las autoridades estatales. Fue allí donde conocí al licenciado Jesús Antonio Aguilar, apodado "Chuy Toño", quien reveló haber conocido en su momento a Joaquín Guzmán Loera en Los Mochis en los años 90, eso fue una conversación simple.

En el mes de agosto, días después de mi negación para verlo, Joaquín me contactó más exigente. Esta vez, su tono era diferente, ya no era el Chapo dulce, estaba claramente enfadado.

—"Quiero verte. Alístate, pasarán por ti. Te veré con mi compadre", me escribió, anunciando que iría a un punto específico de la sierra.

—"No puedo ir ahora. El bebé está enfermo, no puedo sacarlo así", — traté de explicar y convencerlo de que no era el momento adecuado para vernos. El bebé sufría de temperaturas repentinas e inexplicables, los médicos no habían encontrado una causa del problema desde su nacimiento. Pero Joaquín estaba decidido a encontrarnos a pesar de eso y me ordenó preparar mis maletas.

—"Alístate, aquí atenderán al rey. Tendremos al doctor listo por si se pone malito. Tengo muchas ganas de verlos. Tráeme a mis reyes, quiero que los traigas ya", — insistió el Chapo, refiriéndose a los niños. Así que acepté no prolongar más nuestro encuentro.

—"No iré sola, me llevaré a alguien que me ayudé con el bebé", — le indiqué.

—"Está bien, corazón. Tráete a quien quieras, lo importante es que vengas. Te escribo ahora para decirte a dónde ir para que te recojan", — respondió. Así que, como un perro arrepentido, volví al sometimiento de sus decisiones, y navegando con el mundo de problemas legales que esa relación me había causado ante sus exigencias amorosas.

***

Eran aproximadamente las 2:00 p.m. cuando sonó mi teléfono celular, era "Ranas", empleado de Joaquín, quien había llegado por nosotros para trasladarnos hasta la pista, donde guardaba la avioneta de cachimba para llevarnos a la sierra de Bastantita, Durango. Me indico encontrarnos en el Oxxo que está por las Torres, junto a la feria ganadera. Minutos más tarde nos encontramos en el sitio acordado. Llegó acompañado del hermano de "Cachimba", el piloto particular de Joaquín Guzmán Loera. Ahí abordamos una pickup Chevrolet roja, que nos llevó hasta la pista por la carretera El Dorado. Para llegar a la pista, recorrimos un estrecho camino de terracería por el ejido Villa Juárez.

Nos saludamos afectuosamente después de tiempo de no vernos." Cachimba" indicó a su hermano revisar las turbinas de la avioneta y que se asegurara de su buen funcionamiento. Este era mecánico.

—"Va a salir un vuelo primero. En cuanto nos indiquen que nos levantemos, nos vamos. No se desesperen", — pidió el piloto.

Esperábamos en la pista cuando llegó una camioneta con tres personas a bordo, dos hombres y una mujer. Saludaron a lo lejos mientras se dirigían para subir a una de las avionetas, que los llevarían también rumbo a Bastantita, para visitar a "El Chapo".

—"Vamos a esperar un poco más oiga, esa gente va para allá. No podemos irnos", — me explicó el piloto al recibir instrucciones por radio.

Después de algunas horas, en la radio se escuchó un estrepitoso alboroto. Cachimba intentó prestar atención a lo que ocurría, lo sucedido en aquella región era espantoso. Las condiciones del clima eran poco favorables. Al intentar regresar la avioneta que había salido horas más tarde, sufrió un aparatoso accidente. La avioneta Cessna se había desplomado con sus tripulantes a bordo, se precipitó al fondo del barranco y explotó tras intentar despegar. Se desconocen las causas de su desplome, lo que impidió un regreso seguro de la localidad de Bastantita.

Los tripulantes fallecieron calcinados; aquellos eran amigos y socios de Joaquín, entre ellos quedaron hechos cenizas el piloto de la aeronave, Álvaro alias "El 18", originario de Tamazula, Durango, Alejandro o "Jando", como se le conocía dentro de la organización, originario de Navojoa, y su mujer quien lo acompañaba aquel desafortunado día. Por aquello se canceló el viaje a Bastantita, Durango, y se pospuso hasta días después. Después de aquello Joaquín se comunicó, como se esperaba.

—"Mi mosura, ¿cómo están? Ayer no pudo venir 'Cachimba', tuvimos problemas y me tuve que mover de lugar. Si todo está bien, regreso para verlos por la tarde", — Me escribió Joaquín. Le dije que sabía lo sucedido y que comprendía la demora.

—"Sí, corazón, estuvo muy feo el accidente. Ponte de acuerdo con 'Cachi' para que los lleve con mi compadre", — me indicó nuevamente Guzmán. La razón por la que Joaquín cambió de lugar aquel día fue para evitar ser descubierto si las autoridades acudían a hacer el parte de los hechos del desplome del avión.

De nueva cuenta, tres días después regresamos a la pista en Villa Juárez, con temor de lo sucedido. Otra vez tuvimos que esperar, las condiciones del clima estaban en contra de que el Chapo y yo nos encontráramos de nuevo. Lo veía como una mala señal.

—"Cachi cachi", — Escuche por el radio, era la gente de Joaquín desde la sierra, para darle al piloto el estado del clima.

—"Wey, no te vengas, está lloviendo mucho", — Le ordenaban, detener nuevamente el vuelo.

—"¿Hay mucha neblina? ¿Para dónde está corriendo el viento?", —preguntaba "Cachimba".

—"Dice mi apa que te esperes a ver si baja la niebla", — decían.

Fue entonces que dijo "Cachimba" que debíamos esperar. Las malas señales se hacían más latentes, mientras que el bebé no paraba de llorar, ante su incomodidad de irritación. Al notar su estado de salud el piloto sugirió discutir el viaje con Joaquín.

—"¿Y por qué no le dice a mi apa que está malo el niño? Como lo va a llevar así para allá, le va a hacer más daño el clima", — aconsejó "Cachimba". Habíamos discutido tanto el tema y sabía que Joaquín tenía para eso a su doctor, y las excusas no eran válidas.

—"Pues ya ve cómo es él, ni quien le contradiga", — le expliqué mientras esperábamos el cambio climático. Después de una hora, "Cachimba" estaba listo para despegar, a pesar de no estar en las mejores condiciones el cielo.

—"Que te jales, Cachi, que te jales", — le ordenaron al fin al piloto desde la sierra. "Cachimba" encendió motores y emprendió el vuelo. Nuestro trayecto de aproximadamente 20 minutos concluyó en el descenso en la pista de Bastantita. Las fuertes tormentas, ni los vientos, pudieron impedir que llegáramos hasta aquel sitio, a nuestro encuentro. Si por algo se caracterizaba "Cachimba", era por ser un grandioso piloto, en el cual Joaquín confiaba plenamente por su destreza en las alturas. Con él, el trayecto garantizaba más seguridad.

Antes de concluir el aterrizaje, desde el aire observé un grupo de hombres uniformados, todos bien equipados. Las cuatrimotos y camionetas todo terreno hacían fila hasta el borde de la pista. Aquel escenario me puso inquieta, no había visto a Joaquín en algo similar desde la primera vez que lo conocí, en 2010.

El Cessna se detuvo y enseguida un grupo de hombres se acercó. Abrieron las puertas de la avioneta y comenzaron a bajar maletas, todos muy bien organizados. Antes de bajar del avión, "El Chapo" me esperaba, descendió de una camioneta color blanco de la línea GMC, vistiendo su estilo habitual: camisa a cuadros, chamarra negra, pantalón Levis, gorra y tenis deportivos.

—"Bienvenidos, mis reyes", —se dirigió con alegría a los niños, abrazándolos.

—"Mi Reina, bienvenida", — me dijo enseguida y nos condujo hasta su camioneta. Estaba muy nerviosa y no sabía qué decir después de tanto tiempo sin vernos, nuestra vida ya no era la misma.

—"Qué bueno que llegaron bien", — agregó con su noble carácter y gran respeto mi compadre Erasmo. Joaquín se sentó al volante. Los recuerdos se me venían a la memoria al verlo, se repetía la historia entre nosotros.

—"¿Usted va a manejar?", — Le pregunté, pues tenía algunos años de no conducir.

—"Claro, el rey debe llevar a su reina", — bromeaba mientras sonreía. Lo noté nervioso y contento al mismo tiempo, mientras que yo no encontraba seguridad en mis sentimientos. Entre nosotros había mucho que decirnos y más reproches que amor. De camino a casa, Joaquín tuvo un pequeño percance, al conducir se llevó por delante un extremo de un paredón, lo que nos asustó a todos.

—"¡Ay, caray! A su rey ya se le olvidó la manejada, amorcito", — dijo mientras casi se me salía el corazón del susto; el percance no pasó a mayores y seguimos nuestro camino. Cuando llegamos a casa, Lily, también estaba de regreso y tenía la comida lista. Joaquín me llevó hasta la habitación para alojarnos y enseguida fuimos a la mesa. Pasamos un rato agradable conviviendo entre distintas expresiones y emociones ambiguas.

—"Estoy muy emocionado de que hayan venido, "mosura". No saben cuántas ganas tenía de verlos y ver a los reyes también. Ya están bien grandes estos hombres", — dijo con gusto incontenible. La nostalgia se reflejaba en sus ojos, nuestro encuentro era momentáneo. Él se mostraba cansado y comprendía que debía seguir corriendo a su edad sin encontrar tranquilidad.

Joaquín apenas había llegado a Bastantita y no había tenido oportunidad de saludar y platicar con gente de aquel lugar. Huía sin parar de las fuerzas gubernamentales. Esa noche la plática fue amena, sonreímos mientras compartió detalles con los invitados de cómo se llevó a cabo su fuga del "Altiplano".

—"El Inge metía una broca grande y gruesa, y luego la ponían en reversa. La broca sacaba la tierra hasta donde ellos estaban, de ahí la sacaban en cubetas. Ya se me hacía, compadre, que no iban a acabar nunca. Pensé que no la libraba. Ya era mucho el escándalo que traían estos muchachos, cuando salí, me subí a la moto y ahí les voy. Me monté en un carro que tenían listo. De ahí fuimos al avión. Los muchachos pararon el tráfico y de ahí despegamos de una carretera", — narró, ocultando más detalles que no quiso compartir esa noche. Algunos en la mesa manifestaron haber creído que solo en las películas podía ocurrir algo como eso, pensamientos fruto de la inocencia e ingenuidad que solo se vive en las comunidades serranas.

Esto eran alcances del dinero y el poder. Yo escuchaba mientras lo acompañé a brindar por su libertad, lejos de ser una más de sus mujeres, Joaquín me consideraba una agradable compañía en todo sentido. Le gustaba sentirse comprendido y escuchado. Fueron momentos que se disfrutaban más que la intimidad.

—"Gracias a Dios, aquí estoy otra vez, con todos ustedes y con mi reina. ¡Salud!", — brindó Joaquín levantando su vaso con Buchanan's 18. Después de la conmovedora charla, se levantó de la mesa.

—"Bueno, hay que irnos a descansar. Mañana, compadre, aquí lo espero para que desayunemos juntos", — le indicó a Erasmo. Nos despedimos de las muchachas de la cocina y fuimos a nuestro cuarto. Él no quería dormir, estaba tan emocionado por nuestro encuentro que tenía ganas de conversar.

—"Tanto que te necesité, corazón, para que ayudaras a tu rey y nunca quisiste ir", — Fue lo primero que me reprochó.

—"Como quería que fuera, me metió en graves problemas y todavía sigo aquí metida con usted. No sé qué va a pasar conmigo, estoy muy preocupada por esta situación", —le expresé.

—"Nada va a pasar. Vamos a buscar el mejor abogado, y vas a salir de eso. No te estés preocupando para qué tienes a tu Rey", — me dijo Joaquín, pero yo ya no estaba tan segura de lo que me decía, y le dije que aceptar su ayuda era seguir de la misma forma.

—"¿Yo no sé en qué momento ustedes me metieron en ese problema tan grande y por qué lo hicieron? El abogado Manuel todo el tiempo me estuvo insistiendo e insistiendo que usted decía que yo tenía que ir", — le reproché también a Joaquín, estaba afectada emocionalmente por ambas situaciones.

—"No tenía a nadie que me ayudara. Hasta te mandé, corazón, un amparo y nada. No te pude convencer. Eres dura", — me dijo, sin dejar de echarme en cara que lo abandoné a su suerte. Le hice saber que me encontraba sola, sin amistades ni apoyos de ningún tipo desde su partida.

Entre reclamos y reproches, trató de convencerme de que las cosas así tenían que ser. En realidad, así tenían que pasar, pues Emma era la única esperanza que Joaquín tenía en el exterior. No quería continuar con una vida llena de estrés y no por cobardía, sino por la paz que tanto me hacía falta, le expresé a Joaquín. El descubrimiento de una vida distinta al narcotráfico me empujaba a aferrarme a ella.

—"Ah, usted pensaba dejarme hace mucho, lo notaba, pero no creía. Pensé que estaba jugando", — me expreso, aun bromeando con lo cierto. Estaba cansada.

—"Yo solo quiero que le vaya bien a usted y a mí. Yo ya no lo voy a ver más. Solo vine por eso, para que hablemos con la verdad y despedirnos en paz", — Le pedí. Por un momento, Joaquín se quedó serio. No esperaba que yo fuera alejarme. Alguien tocó a la puerta y nuestra conversación quedó inconclusa.

—"El niño tiene mucha fiebre. No ha parado de llorar. Ya le di medicamento y no sé qué más hacer para que le baje", — dijo detrás de la puerta María. Lo llevé a la cama e intentamos arrullarlo, pero él no paraba de llorar. Joaquín se acercó e intentó consolarlo.

—"Sí, está muy rojo, corazón", — dijo y llamó a su gatillero "El Cholo" por radio.

—"Dígame, señor", — respondió desde la puerta Edgar coronel, quien parecía ser el secretario de Joaquín en aquel momento.

—"¿Dónde está el doctor? Llámalo. Dile que venga rápido a ver al rey, está muy malito", — le ordenó el Chapo al muchacho, quien enseguida se apresuró en ir en su búsqueda. La madrugada se había deslizado sin descanso y mi desesperación iba en aumento por la salud del bebé. Momentos más tarde, el doctor tocó a la puerta y rompió el silencio entre Joaquín y yo.

—"Permiso, señor", — anunció el doctor.

—"Adelante, doc. Revise al rey y vea qué le está pasando a este hombre con tanta fiebre", — le indicó Joaquín. El doctor solicitó examinar al niño.

—". Déjame traer algo para bajarle la fiebre, mientras usted consígame una bandeja con agua y toallas", — ordenó el doctor. Como se había previsto, el cambio de clima fue fatal para el niño. El frío y la lluvia persistente solo empeoraron sus condiciones de salud.

—"Creo que sería mejor llevarlo a Culiacán para que lo atiendan, ¿no cree?", — Le pregunté a Joaquín, buscando su apoyo para regresar de inmediato.

—"La fiebre bajará. El doctor ya le dio antibióticos. Tiene una infección leve", —me aseguro. Pero yo insistí en que no bajaba y me puse histérica, y el agotamiento invadiendo mis ojos. Joaquín se volteó hacia el otro lado y se quedó dormido, también agotado, mientras yo intentaba mantenerme despierta para velar por el bienestar del niño. El amanecer había llegado y también nuestro compadre llegaba a la visita de la mañana temprano para acompañarnos a la mesa. Lo escuché mientras Joaquín aún dormía y salí a su encuentro.

—"¿Cómo amanecieron?", — preguntó. Le expliqué la situación de salud del bebé durante la noche.

—"Pobre muchachito. ¿Dónde está el ahijado?", —pregunto por él. Y le señalé que apenas dormía. Enseguida apareció Joaquín saliendo de la habitación. Saludó a nuestro compadre y lo invitó a pasar a la cocina, para el desayuno.

—"Oye, tú chavalón, dile al cuñado que venga", — le indicó, a uno de los presentes solicitando a su cuñado Edgar coronel, quien minutos más tarde entró en la cocina y entregó los pormenores a Joaquín. Convivir con los hermanos coronel fue parte de nuestra dinámica. Nadie podía cuestionar ni reclamarle a "El Chapo" su proceder, no importaba si dolía la traición a las hermanas, ninguno de nuestros familiares estaba en posición de reprochar, pues ninguna de sus mujeres estaba engañada sobre la existencia de la otra.

***

Al transcurrir el día, Joaquín y yo tuvimos una conversación a solas sobre los problemas surgidos entre sus hermanos. Lo miré fijamente y mientras me contaba lo sucedido, noté que se aferraba a una imagen grabada en una medalla que colgaba de su cuello. Joaquín adoraba a su hermano Ernesto, a quien se refería como "El Apá".

— "Qué bonita medalla", le comenté. Ernesto Guzmán Hidalgo había sido asesinado brutalmente y con signos de tortura, y mutilado junto a Raúl Astorga, ambas víctimas de la supuesta paranoia de su propio hermano.

— "Sí, corazón, me pesa mucho lo que le paso a mi carnal" — expresó Joaquín, con la tristeza reflejada en el rostro. Su libertad fue marcada encontrando a su paso la desgracia y las amargas noticias que debió enfrentar. Al final, Joaquín y yo compartíamos el mismo sentimiento, el dolor que se sentía por perder a un hermano. No había forma de comprender que Caín había matado a Abel…

Joaquín estaba preocupado por no saber qué sucedería en su familia. Sus hijos, sus hermanas y su madre estaban desamparados, luchando unos contra otros. Manifestó no saber cómo se encontraba su madre ante aquella pérdida, pues a pesar de que doña Consuelo no trajo al mundo a Ernesto, lo adoptó como propio desde muy niño.

— "Lo cité hace días, nos miramos y platicamos de por qué paso eso. Quién sabe qué irá a pasar, corazón. Al parecer, alguien le calentó la cabeza y se les fue la mano con el carnal, al que mandaron investigar" — contó Joaquín, refiriéndose a su hermano menor y explicando sobre la muerte de su medio hermano, también conto que le dejo caer unas cachetadas al verlo de frente.

Ernesto también se conocía como abuelo del dos banderas, Alfredito Beltrán Guzmán, hijo de Alfredo Beltrán Leyva, otro de los narcotraficantes prominentes en su época en México, y también hijo de Patricia Guzmán Núñez, hija del finado. También los Guzmán y los Beltrán tenían un parentesco sanguíneo, siendo todos ellos primos. El peso de la muerte de Ernesto se reflejó en los ojos de Joaquín, como nunca lo noté, bajo la cabeza. Su hermandad era muy estrecha. Las circunstancias que rodearon la disputa entre Ernesto y "Guano" las desconozco en detalle. Este doble homicidio ocurrió en abril de 2015 en la comunidad de Bacacoragua, cerca de Santiago de los Caballeros y La Tuna, donde nacieron y crecieron los hermanos Guzmán.

Tiempo después del regreso de El Chapo, Cristóbal Muro, segundo al mando de "El Guano", y quien había perpetrado los asesinatos de Ernesto y Raúl Astorga, por írsele la mano. Fue abatido en una emboscada en las montañas de Badiraguato, en San José del Barranco. Se le había citado a una reunión supuestamente convocada por Joaquín Guzmán Loera, y se le sometió a un juicio improvisado en venganza por la sangre derramada de Ernesto. El sujeto, apodado "el 02", y sus demás matones, torturo a Ernesto, le arrancaron las uñas y le mutilaron los dedos índices de ambas manos, como un mensaje para aquellos con intenciones de delatarlos ante las autoridades. Yo no podía soportar más tragedias, y vivir entre tanta sangre me lastimaba emocionalmente. Imaginar a mis hijos crecer en ese ámbito me enfermaba y pensaba cómo apartarlos de aquel mundo criminal.

Al caer la tarde, mi hijo continuó con fiebre alta, por lo que le rogué a Joaquín que me permitiera regresar a casa.

— "Por favor, llame a Cachimba para que venga por nosotros. El niño está muy enfermo", — le expresé. Joaquín me miró con detenimiento, mostrando indecisión respecto a permitirnos volver a Culiacán.

— "Esperemos a que el medicamento haga efecto. El doctor lo está revisando. Tu tranquila, corazón", — dijo, y evadió la conversación. Salió de la habitación y se reunió con El Cholo y sus hombres a las afueras de la casa.

La actividad frenética de los hombres, en sus carros y motos de un lado a otro, era un claro indicio de que algo estaba ocurriendo. Preocupada, me acerqué al compadre para averiguar más y solicitar su intervención.

— "Compadre, ¿qué está pasando? Oiga, por favor, ayúdeme a hablar con su compadre. El niño sigue mal y Joaquín no quiere que vayamos a atenderlo. Convénzalo de que me dejé ir", — le rogué, visiblemente angustiada. Él, con serenidad, propuso que primero investigáramos la situación que ocurrió en la pista para luego hablar con Joaquín.

— "Si el niño está enfermo, es mejor que se vaya. Vamos a ver qué podemos hacer" — respondió con su habitual calma llena de humildad. Enseguida salió de la casa y se dirigió a uno de los hombres. No alcancé a escuchar la conversación. Pronto regresó a donde me encontraba y me informó que no sería posible que el avión llegara aquella tarde.

Al parecer, había ocurrido un nuevo accidente en la pista de Bastantita; el terreno en las alturas de la sierra, sumado a los fuertes vientos, complicaron los aterrizajes durante aquella época de lluvias. En tan solo días habían ocurrido dos accidentes mortales aéreos. Una falla en el tren de aterrizaje produjo que la última Cessna se estrellara contra el suelo, y el piloto perdiera la vida trágicamente en el acto. El fuerte impacto lo hizo salir precipitadamente por el cristal de la aeronave, propiciando su muerte al instante. Joaquín no quería que me enterara del accidente para no aumentar mi preocupación y alterar más mi nerviosismo, por lo que mantuvo todo en secreto con su gente.

Al día siguiente, compartimos el desayuno como de costumbre y Erasmo sugirió a Joaquín que intentara que llegara el avión para llevar al niño a Culiacán y que recibiera atención médica especializada.

Joaquín, dudando de dejarme ir, decidió verificar primero si la pista estaba libre y si era posible que el avión aterrizara por nosotros, después de tanta insistencia.

— "Chavalón, checa si Cachimba está disponible para que venga por la reina" — ordenó finalmente a su hombre de confianza. Horas más tarde, recibimos la confirmación de que el avión llegaría en minutos por nosotros y nos trasladaría de regreso a la ciudad.

— "Ah, caray, una hora es muy rápido" — comentó, mientras que yo estaba contenta de regresar Joaquín todavía mostraba cierta desilusión por la situación. Se acercó a mí después de que me levanté a preparar maletas:

— "Bueno, mi Reyna, cuídese mucho. No sé cuándo nos volveremos a ver, no te olvides de mí. En cuanto el niño esté bien, nos pondremos de acuerdo para estar más tranquilos; aún tenemos mucho que platicar usted y yo" — recalco. Joaquín parecía olvidar nuestra conversación anterior. De no volver a vernos más, preferí no volver a tocar el tema y dejarlo con su idea.

— "usted también, cuídese mucho y no se exponga demasiado" — Le sugerí, mientras se despedía de los niños.

— "Mis reyes, cuídense mucho, cuiden a su mamá; los veré pronto" — dijo.

— "Mi rey, ¿ya aprendiste bien a manejar el avión?" — le preguntó al mayor de mis hijos, pues siempre intentaba que Cachimba le enseñara a volar en las alturas, aunque yo me oponía a tales locuras.

— "No le meta esas ideas, me da miedo que quiera manejar de verdad esos aparatos" — le dije a Joaquín, mientras seguía bromeando con que le enseñaría a volar.

— "Este hombre va a ser un buen piloto, y va a llevar a su apá a todos lados, ¿verdad hijo?", — le asistió Joaquín, motivando al menor. Después de varias despedidas, nos condujo hasta la camioneta y nos acompañó a la pista para abordar el avión.

Tras ese último encuentro, decidí tomar un rumbo diferente en mi vida. A pesar de los lazos que me unían a Joaquín, preferí alejarme de los peligros a los que él se exponía a diario. Aquel encuentro lo consideré nuestra despedida definitiva, aunque él no la aceptara. Comprendí que no podría rehacer mi vida mientras él estuviera cerca y persistieran sentimientos. Mientras tanto, Joaquín se perdía entre la sierra y sus alrededores, huyendo para evitar ser capturado.

## 16
## La última recaptura.

Los tribunales de la penitenciaría en Culiacán, Sinaloa, se convirtieron en mi pasarela. Comparecía ante ellos dos veces al mes para cumplir con mi proceso legal. Hasta el momento, mi defensa había obtenido dos amparos contra posibles órdenes de aprehensión por el uso de documentación falsa, por aquella famosa visita a Joaquín en el Altiplano.

Este complejo proceso legal fue más complicado por la presión ejercida por Joaquín. A pesar de ser buscado por las autoridades mexicanas y estadounidenses, no mostraba temor y seguía buscando la forma de mantener todo contacto conmigo.

— "Hola, mi "Mosura", Corazón, necesito un favor. Sé que estás lidiando con tus problemas, pero no tengo a quién más hablarle para esto. Tú eres la única que conoce mis gustos. Necesito que me compres ropa: algunas camisas, ropa interior y pantalones corazón. Te enviaré algo de dinero en un momento para cubrir los gastos, hazme ese favor". — Me pidió Joaquín. Aún no olvidaba aquella costumbre. Esperaba que me pidiera llevar personalmente su encargo, algo que solía hacer, pero esta vez fue diferente, conociéndolo como sabía, era extraña su forma de actuar.

Mas tarde, compré las prendas habituales: Joaquín en su pasado, solía gastar en marcas costosas, pero con el paso de los años, aquel derroche había cambiado. Se acostumbró a compartir las prendas sobrantes que ya no usaba, obsequiándolas a mi padre. Como de costumbre, visité la boutique de bajo costo en Plaza Fiesta, Culiacán, donde conseguía los precios al por mayor, en camisas que iban desde los trescientos hasta los seiscientos pesos, como marcas no reconocidas, como la llamada marca "BARABAS". Aquel día elegí colores azules, entre otros y con estampados, según mi criterio a los gustos de él. Cuando terminé las compras, enseguida me comuniqué con Joaquín.

— "Ya tengo lista su ropa. Los pantalones son largo estándar"— le escribí, ya que solía acortarlos a su medida, aquel día no me fue posible. Joaquín me dio las gracias y me pidió entregar las prendas a la familia de su compadre Roberto en Cosalá, lo que me indicó que se encontraba más cerca de lo que pensaba.

— "Qué linda eres. Gracias, corazón. Te escribiré para vernos esta semana. Estoy cerca de tu casa", — me dijo Joaquín. Me quedé pensativa y preocupada de que se apareciera por casa de mis padres. Pensé que tal vez estaba con una más de sus mujeres, sin imaginar que se encontraba en esa zona para encontrarse con una prestigiosa mujer del medio artístico. Intenté que me dijera dónde estaba, pero no lo dijo.

— "Es una sorpresa, amorcito. No te impacientes"— me escribió, sin mencionar que estaba a punto de tener una reunión con la actriz Kate del Castillo, en la reserva ecológica de la UAS, ubicada en Cosalá. Le pedí que se cuidara. Desde aquella conversación habían transcurrido tres días sin noticias de él.

Se había desplazado de Bastantita, Durango, a la Sierra de Cosalá, recorriendo nuevamente la región montañosa de Guadalupe de los Reyes. Mientras tanto, la Marina Armada de México había desplegado un fuerte operativo para capturarlo en las entrañas del Triángulo Dorado.

El 6 de octubre, los radios de frecuencia comenzaron a emitir señales de alarma. Los habitantes de la zona reportaron un ataque aéreo en martes por la mañana. Hombres y mujeres de todas las edades se despertaron bajo una lluvia de balas. Los pobladores comenzaron a huir casi inmediatamente y entre ellos se camufló Joaquín para escapar. El gobierno mexicano estaba seguro de que "El Chapo" se encontraba refugiado en El Limón entre sus pobladores.

El sonido de los aleteos de helicópteros lo alertó y se introdujo entre las montañas, mientras "el 80", su hombre de confianza, lo ayudaba a refugiarse entre barrancos. Sus hombres se dispersaron por la sierra, perdiéndose de vista unos a otros. El horror que los habitantes vivieron aquel día era consecuencia directa del enclaustramiento de "El Chapo".

"La Piedrosa" y sus alrededores se vieron gravemente afectados. Nadie imaginaba que él había decidido refugiarse en la sierra de Cosalá; yo, pensaba que seguía oculto en la sierra de Bastantita. Los daños colaterales de aquel operativo militar, que incluyó artillería pesada para capturar a "El Chapo" vivo o muerto, desplazaron a más de quinientas personas, entre ellos, hombres y mujeres de todas las edades.

Ante estos catastróficos eventos, los habitantes buscaron ayuda, acercándose a las autoridades municipales. Como representante de los ciudadanos cosaltecos en el Congreso del Estado, tomé la tribuna no para defender a "El Chapo", sino para denunciar las arbitrariedades cometidas contra los pobladores.

Las víctimas más afectadas por el terror eran los niños, cuya integridad emocional había sido gravemente afectada. Mi prioridad era defender los derechos humanos de estas personas. Sin embargo, debido a las sospechas de mi relación con Joaquín Guzmán Loera, los medios interpretaron erróneamente mi discurso como un apoyo a Guzmán, cuando ese no era en absoluto el objetivo. La situación se complicó más cuando en otras áreas de la sierra, como Tamazula, y específicamente en el poblado de Bastantita, Durango, también se reportaron violaciones a los derechos humanos de niños y mujeres. Aunque no era mi jurisdicción, pobladores acudieron a mi ayuda. Estos abusos se dieron en el contexto de la operación militar para recapturar a Guzmán, quien fuera mi pareja sentimental.

Los medios de comunicación se dedicaron a manipular y difundir llamadas telefónicas obtenidas de manera ilegal, según lo estipula la sección 631 del código penal de Estados Unidos. La Constitución Política de los Estados Unidos Mexicanos también protege la inviolabilidad de las comunicaciones privadas. Sin embargo, esto no detuvo a los medios de editar y reproducir una llamada en la que Erasmo, desde la sierra, solicitaba ayuda para denunciar los abusos de la Marina Armada de México ante las autoridades de derechos humanos. La llamada fue editada maliciosamente, haciendo creer a la sociedad que estábamos involucrados en actividades delictivas.

A pesar de la manipulación mediática y las injusticias sufridas, seguí adelante con mi lucha para proteger a los más vulnerables y denunciar las violaciones a los derechos humanos, asegurándome de que la voz de los afectados fuera escuchada en todos los niveles de gobierno.

La denuncia de Erasmo relataba en aquella llamada cómo los uniformados saquearon sus casas, golpearon a niños menores de diez años y hasta maltrataron al burro propiedad de la familia. El gobierno creía que "El Chapo" había regresado allí después de huir de Cosalá, Sinaloa. Aquella llamada no tuvo cabida en negociaciones criminales de ninguna índole, aunque estábamos apenados por los desastres propiciados por Joaquín.

Unos meses después, en noviembre para ser exactos, Joaquín se comunicó nuevamente y explicó un poco la situación ocurrida en la sierra de Cosalá. Para entonces, me había enterado de su encuentro con la actriz Kate del Castillo, aunque él no me había mencionado que esa reunión sucedería. Algunas veces manifestó su interés en conocerla y también habló de ese encuentro tiempo después.

—Hola, hola, mosura. ¿Cómo han estado tú y mis reyes? —preguntó, refiriéndose a los niños como solía hacerlo. Le informé que todos seguíamos bien en cuanto a salud y, como siempre, le pregunté por su bienestar.

—"Ya mejor, corazón. Te cuento que no te he podido ver porque me lastimé una pierna, pero ya voy saliendo de eso para verte", — me explicó. Sinceramente, entre tantos problemas legales, lo último que deseaba era encontrarme con él y evitarme más problemas con la justicia.

—"Ya te contaré con detalles cuando te vea. Quiero estar listo de esta pierna, corazón, para verte muy pronto —insistía en nuestro nuevo reencuentro. Entre mensajes de conquista y reconciliación, los días transcurrieron y pronto llegó diciembre. Al final, acepté vernos una vez más a pesar de que

me encontraba sumergida en problemas legales delicados; para entonces había sido removida por completo de mi cargo como diputada local, una decisión tomada por el pleno de la Cámara de Diputados en la Ciudad de México.

***

El 13 de junio de 2016, el jurado de procedencia decidió a favor de mi desafuero con un total de 414 votos a favor y 37 abstenciones. La sección instructora había declarado procedente iniciar un proceso penal en mi contra por el probable delito de uso de documento público falso.

Esta resolución me devastó. Sentí un profundo resentimiento culposo con el mundo, sin darme cuenta de que esos problemas me los había provocado yo misma con una relación inaceptable que había mantenido en secreto durante años con Joaquín Guzmán Loera. Inexplicablemente, no podía odiarlo; en todo caso, descargué esas culpas en mí, haciéndome responsable de todo lo que me había ocurrido hasta ese momento por no saber manejar la tumultuosa relación que me llevó a cometer graves errores. Cargada de todas esas culpas y sentimientos confusos, nuevamente le bajé de tono a mi altanería con Joaquín.

El 30 de diciembre de 2015 lo recuerdo claramente; fue nuestro último reencuentro. Joaquín estaba completamente recuperado de sus heridas. Su salud era buena y su rodilla había sanado perfectamente.

— "Mi reina, estoy ansioso por verte. Quiero que celebremos y recibamos el año juntos como otras veces. Te amo, mi mosura, eres todo para mí. Mañana mandaré a un muchacho por ti, para que te lleve a donde estoy". —Me escribió, más efusivo que nunca. Yo estaba derrotada por el despojo de mi cargo como diputada y saber que la sociedad me despreciaba dolía tanto, y lejos de ayudarme esos sentimientos solo me convencían de que solo su protección me quedaba, como tantas veces él lo decía. Aquella derrota política me convenció de que mis sueños de ser alguien de bien se habían terminado, aquel episodio jugaba con mi mente entre confusiones y frustraciones, se me dificultó más la vida y dudaba de que el destino tuviera cosas buenas para mí.

Joaquín desde luego no era mi príncipe azul, lo tenía plenamente claro. Lo nuestro podría terminar en cualquier momento debido a sus distintas situaciones, para eso estaba preparada mentalmente.

Pero mientras eso pasaba, como él me lo dijo, solo lo tenía a él y nadie más podía protegerme, porque mis amistades políticas que habían surgido mientras me necesitaron, se habían vuelto en mi contra. Era de esperase, mientras el pastel está en la mesa las moscas se arriman.

***

El 31 de diciembre, por la tarde salí a encontrarme con "Teteras", uno más de los empleados de Joaquín como chofer, me llevó a un punto intermedio para llevar a cabo el viaje hasta la ubicación del Chapo.

— ¡Hola, buenas tardes! Mi apá me dijo que pasara por usted para recogerla. Que se venga en el Jeep, hasta la gasolinera que está frente a la feria ganadera por las Torres —me indicó. Tras recibir indicaciones, tomé un par de maletas, al más pequeño de mis hijos y a María, quien cuidaría de él.

El viaje comenzó desde Culiacán hasta Guamúchil, Sinaloa, un recorrido de aproximadamente una hora y cincuenta minutos por la carretera México 15 N. Al llegar a Guamúchil, un compadre del "Cholo Iván" ya nos esperaba para continuar el camino hacia Mocorito.

— "Señora, aquí las voy a dejar. Alguien más las va a recoger", indicó "Teteras". — La acción no me pareció extraña; conocía el proceso de traslado hasta llegar con Joaquín. Era una regla que se implementaba siempre, la misma que viví durante más de seis años, subiendo y bajando de autos y con choferes distintos.

El compadre del Cholo apareció más tarde, con algo de retraso, a bordo de una camioneta pickup de color gris oscuro. Se estacionó detrás del auto de "Teteras" e indicó que nos preparáramos para transbordar al otro vehículo y cambiar las maletas. El nuevo chofer nos saludó con cordialidad y amabilidad respetuosa.

— Buenas noches, señora. ¿Cómo ha estado? —preguntó, como si nos hubiéramos tratado muchas otras veces. Respondí a su saludo y él se disculpó por el retraso.

— Disculpe que me tardé, pero su señor quiere que le lleve tacos y no encontraba aquí cerca, tuve que ir hasta otro pueblo — explicó.

Sabía que era una de las mujeres de su patrón, no había duda. Enseguida, el compadre del Cholo subió al volante y continuó su recorrido hasta Mocorito, Sinaloa, a unos veinte minutos de distancia desde Guamúchil.

Durante el trayecto, el radio del vehículo no dejaba de sonar; eran los hombres del "Cholo" que cuidaban a Joaquín en aquella zona. Al prestar atención, escuché que en la casa donde se encontraba el Chapo, había ocurrido un incidente. Todos celebraban la llegada del Nuevo año, consumían alcohol y otras sustancias alucinógenas, mientras permanecían bajo las órdenes del "Cholo". Todo parecía ir en perfecto estado, pero al entrar al Municipio de Mocorito, algo extraño se escuchó en el repetidor del radio del chofer. De pronto, se detuvo y bajó de la camioneta, intentando comunicarse con su compadre, "Vago". No podía quedarme quieta y bajé de la camioneta para escuchar lo que pasaba, después de notar su extraña reacción.

— "Compadre, ¿qué pasó?" —preguntaba, pero nadie le contestaba. La espera se hacía preocupante. El chofer estaba desesperado y la situación se volvía cada vez más tensa. Me explicó que debíamos esperar a que el repetidor sonara con una respuesta favorable para continuar nuestro camino. Lo que no esperábamos era que Joaquín estuvo a punto de ser asesinado por uno de sus trabajadores aquella noche.

— "Adelante, adelante" — sonó al fin el radio, después de al menos veinte minutos.

— "E y, wey, ¿qué pasó? ¿Fueron disparos?" —preguntó el compadre del "cholo Vago". El sujeto del otro lado del repetidor le confirmó que efectivamente habían sido detonaciones y preguntó nuestra distancia.

— "Estoy aquí, ya a unos metros de tu ubicación, esperando luz verde para entrar", le dijo el chofer.

— "No, no entres todavía, wey. Dice mi apá que te esperes. Tenemos un 7, el patrón no quiere que la señora mire el desmadre", — le indicó el sujeto sin saber que yo escuchaba aquella conversación. Comprendí que la clave se refería a un hombre caído.

— Suba al carro, señora. Nos vamos a tardar un poquito en seguir. Algo sucede en la casa, pronto tendremos luz verde para entrar, no se me desesperen —me dijo el conductor muy nervioso, y decidí seguir su consejo asomada a lo que había alcanzado a comprender.

En medio de la confusión, minutos más tarde, el secretario adelantó la orden de entrar a la casa donde se encontraba El Chapo, refugiado hasta el fondo del municipio de Mocorito, esperando nuestro encuentro. Era una casa pequeña pero muy discreta. Después de tanto tiempo sin él y su presión a prueba de lealtad y confianza, tenía claro que lo que me ataba a él era solo el temor para enfrentarme a situaciones que sola no pudiera resolver.

Al mismo tiempo, estar tan cerca de él me confundía. Comprendía que el miedo no era la base de una vida feliz y que el amor verdadero no se encuentra en el temor a otros ni en la necesidad por comodidad. Se necesita más que inteligencia y astucia para sobrevivir ante aquellos que buscan dañarnos con sus manipulaciones y malos deseos. Se necesita una mente fuerte y un estómago bien curtido para soportarlo todo, y el mío nunca se pudo adaptar a eso.

Una vez dentro de la casa, Joaquín salió a recibirnos hasta la puerta del auto, tal como solía hacerlo, demostrando su caballerosidad inalterada a pesar de haber estado en la cárcel.

— "Qué bueno que llegaron, corazón", — dijo al vernos bajar del auto, saludó a María y al menor de brazos. Esa noche, sorpresivamente, su compadre Roberto estaba a su lado.

— "Pasen, sirvan la cena amorcito, ya hace hambre", — nos pidió, dado que no había personal doméstico en ese momento. La casa lucía un tanto desordenada, así que María y yo nos pusimos manos a la obra para poner orden. Joaquín también me pidió que recalentara una olla de cagua manta que esperaba sobre la estufa. Mientras tanto, él y su compadre compartían anécdotas. Durante la conversación, observé un agujero en la pared detrás de Joaquín, justo donde se había sentado a la mesa.

Este incidente violento había sido la causa de la muerte de un hombre aquella noche. La tensión era palpable en su rostro, lo noté nervioso y agitado, tocándose frecuentemente el estómago y el pecho, aquello le había dejado una sensación de temor.

— "¿Se siente bien?" le pregunté con mi habitual forma de respeto.

— "Aún estoy con el susto, corazón. Casi me alcanza una bala hace un rato, por poco vienes y velas a tu rey," — bromeó, señalando el agujero en la pared. Luego entre bromas, él y su compadre Roberto explicaron lo sucedido mientras los hombres del "cholo" aún resolvían el problema afuera.

— "Un chavalo se destranpó y perdió la razón y comenzó a disparar alucinado, tal vez las desveladas lo trastornaron. Cuando escuché los disparos me moví a un lado y la bala pasó cerca de mí y pegó en la pared. Los otros muchachos le dispararon porque hirió a otro muchacho y, desafortunadamente, murió" — relató Joaquín. Mientras tanto, esos hechos me habían puesto tensa y nerviosa, pensando en la situación peligrosa en la que nos encontrábamos y hasta cuándo me seguiría exponiendo. Observé en la puerta el otro agujero por donde la bala entró hasta llegar al comedor.

Al llegar la medianoche, nos retiramos a descansar. Sin embargo, una discusión entre Joaquín y yo se prolongó desde el interior de nuestra habitación y alertó a su compadre Roberto y a María, quienes estaban en la sala.

— "Te esperé mucho y nunca quisiste ayudarme. Te necesitaba y me dejaste solo", — me reprochó otra vez, parecía no poder olvidarlo, mientras dejé caer lágrimas agobiada por su maltrato. Él estaba notablemente frustrado, y por más explicaciones que intenté darle, no pudo comprender la razón de mi abandono.

— "¿Cómo quería que lo ayudara? No se da cuenta de los problemas que enfrento ahora, por esa locura suya de ir a verlo", — le recordé.

— "Eso se podía haber arreglado", — insistió, asegurando que pudo ayudarme a solucionar la situación, pero yo ya no podía confiar en sus promesas.

— ¿Para qué me hizo venir entonces? Tenía mucha gente que lo ayudara, y además tenía a su mujer", — le recordé una y otra vez en mi intento de hacerle entender que nuestra relación había llegado a su fin.

— Tú no quisiste venir. Necesitaba a alguien que viera a mis hijos y tú te negaste, así que tuve que pedirle a mi compadre que lo hiciera", —

me explicó, como si eso pudiera cambiar nuestra situación. Le pedí no discutir más el tema y olvidarnos el uno al otro.

— "Debería calmarse y vivir tranquilamente su vida por sus niñas. Yo tengo muchos problemas y usted también", — le aconsejé. Con eso, expresó celos infundados, algo que no tenía nada que ver con la discusión que estábamos teniendo. Creí conveniente no sacarlo más de su error.

— "No me vuelva a hacer esto. Si sabe entonces que tengo a alguien más, no debería buscarme. ¿Para qué lo hace?", — le dije en mi enojo, de pronto noté cómo se desabrochaba su cinturón. Comencé a caminar por la habitación, viéndolo acercarse. Salté sobre la cama mientras la discusión se escuchaba aún hasta la sala. El tono de la conversación estaba fuera de control, y decidí que era mejor salir de la recamara antes de que las cosas se pusieran más violentas.

Mi forma de ser, según algunos lo provocaba y antes de que pensara en levantarme la mano, brinqué por la cama de un salto, y abrí la puerta, dejándolo atrás en la habitación a solas. Al salir, me encontré detrás de la puerta a su compadre Roberto. Me siguió hasta el sofá donde estaba María con el niño.

— ¿Estás bien? —me preguntaron en voz baja.

— "Sí, solo un poco asustada", — les manifesté después de aquella discusión y el estrés de Joaquín. Imaginé que podría golpearme, aunque en su comportamiento parecía no ser violento.

— "Ya le había dicho a ella que, si escuchaba que la estaba golpeando, iba a entrar a ayudarla. Qué bueno que se salió a tiempo. No se preocupen, ahora se le pasará, hay que dejarlo que se calme, está estresado", — lo justificó su compadre tratando de tranquilizarme, mientras intente comprender su situación.

— "No, yo me quiero ir. Escuchamos todo lo que te dijo. Tenía miedo y le dije a él que me parecía que te iba a pegar, por eso se fue a la puerta", — dijo María visiblemente espantada.

— "No pasa nada, ahora se le pasará". Si no, aquí duermo contigo y el niño — le dije, aunque también sentía una gran ansiedad.

— "No creo que nos deje ir. Está como loco. ¿Recuerdas en Bastantita cómo se puso aferrado a no dejarnos ir?" — recordó María, mientras el nerviosismo se apoderaba de nosotras. El inicio de Año Nuevo no fue bueno.

De repente, Roberto nos indicó que guardáramos silencio cuando se abrió la puerta de la habitación. Él se había ganado la confianza de Joaquín después de brindarle refugio nuevamente en la sierra y alimentarlos durante los días que permaneció oculto en una cueva en las entrañas de la sierra de Cosalá. Permaneció allí hasta que llegaron a rescatarlo la gente de su compadre Dámaso. Narró que caminaron de noche hasta llegar a San Ignacio y luego se dirigieron a los terrenos de la cruz de Elota. Durante algún tiempo, se ocultaron en esos poblados hasta llegar a la plaza de "El Cholo Iván" en Guamúchil y Mocorito. Desde entonces, Roberto permaneció como su hombre de confianza, con el puesto de secretario.

Aquella madrugada, cuando Joaquín salió de la habitación, habló con Roberto. Le pidió verificar si todo estaba bien en los alrededores y luego irse a dormir. Estaba más calmado.

— "Hasta ahora todo está tranquilo, sin novedades", — Le dijo Roberto. Enseguida, manifestando que no sucedía nada, tomó mi brazo y fuimos de regreso a la habitación.

— "Vamos a dormir como lo que somos, marido y mujer", — me dijo, olvidando que no éramos nada, solo dos amantes a largo plazo. Le expresé que no quería seguir jugando a una relación normal que no existía. Ya no quería seguir con ese juego.

A la mañana siguiente, el 31 de diciembre, la tensión aumentó. Los hombres del "Cholo" informaban sobre la llegada de camionetas de la Marina Armada de México. El Chapo salió de la casa con sus hombres, dejándome instrucciones precisas antes de partir.

—"Mi reina, toma el carro negro que está afuera y vayan a la plaza. Las llaves están dentro. Espera ahí hasta que te hable, no te vayas a ir. Haz algunas compras, compra juguetes para mi rey y mantente al tanto de cualquier movimiento", — me indicó antes de marcharse, asegurando que nos veríamos en unas horas.

Rápidamente me dirigí a la plaza del pueblo de Mocorito. Recorrimos las tiendas de la plaza y realizamos algunas compras, aguardando la señal de Joaquín para regresar a casa. Por un momento, pensé en desobedecer e ir de regreso a Culiacán, pero sabía que solo empeoraría las cosas. Unas horas después, El Chapo me escribió:

—"Corazón, regresen a la casa". — Con la señal recibida, fuimos de regreso y nos reencontramos con Joaquín y su personal.

—"Bueno, corazón, prepárate que nos vamos de aquí. Vamos a ir a casa de un compadre cercano para celebrar la noche de Año Nuevo con él y su familia", — anunció Joaquín, sorprendiéndome de los planes que tenía a pesar de la cercanía del gobierno.

—"Será algo tranquilo, hay con su familia", — aseguró. En ese momento, entraron el "Cholo" y su compadre Roberto.

— "¡Compadre, compadre, vámonos! Las rápidas están cerca, se devolvieron, ¡córrale!", — Le urgieron, obligando a Joaquín a huir una vez más, dejándome sola en la casa mientras se llevaban todos los autos. Poco después, reflexiono que me había dejado a la deriva y me escribió:

—"Corazón, la comadre del Cholo irá por ustedes. Vayan con ella y espera ahí hasta que te recojan. Nos vemos con mi compadre", — me indicó, sin revelar nombres. Sus planes seguían adelante. Casi enseguida la mujer apareció y sin indagar demasiado, nos llevó hasta un restaurante donde nos resguardó hasta que su esposo llegó por nosotras. Posteriormente, nos trasladamos al rancho llamado, "La Higuerita", ubicado a unos veinticinco minutos de la cabecera municipal Mocoritense. Ahí recibimos la noche del Año venidero 2016, en compañía de la familia del compadre de Joaquín, un rostro nuevo para mí, entre sus amistades.

Aquella noche, la incertidumbre se mezclaba con la celebración de Año Nuevo, hasta que Joaquín se relajó y disfrutó de la noche entre tragos de licor, convivía afuera en el patio con sus amigos y hasta explotó fuegos artificiales, mientras yo entablaba conversación con las mujeres de la casa.

Otros más de sus hombres permanecían alerta ante la posibilidad de tener que partir precipitadamente si el gobierno aparecía. Para mí fue una convivencia más como muchas a su lado, nada novedosa; las costumbres de convivencia de Joaquín no me resultaban ajenas, puesto que ya me había acostumbrado a su vida.

Al día siguiente, compartimos el desayuno, Joaquín pasó el resto del día con sus compadres, mientras yo reflexionaba sobre la situación en la que nos encontrábamos.

Mientras tanto los periodistas se preguntaban: "¿Dónde se encuentra 'La chapo diputada'?" Mientras perseguían la nota del momento para las primeras planas de sus encabezados periodísticos, alguien les había filtrado el dato de que me encontraba recibiendo el año nuevo al lado de Joaquín Guzmán Loera. Se dijo que la información la dio una mujer cercana a su círculo.

Por la mañana del 2 de enero, el compadre Roberto amaneció enfermo, con signos de deshidratación. El doctor le aplicó suero y medicamentos para estabilizarlo durante el resto del día. Mientras tanto, Joaquín continuó bebiendo al darse cuenta de que la condición de su compadre no era grave. Había dormido solo un par de horas y, al ponerse de pie, se mostraba tenso y preocupado por su seguridad, como me manifestó. Afortunadamente, el día concluyó sin incidentes y el enfermo se recuperó más rápido de lo esperado, pudiendo continuar con sus ocupaciones.

El 3 de enero, las cosas tomaron un giro inesperado. "El Chapo" había tenido suerte y había pasado el Año Nuevo lejos de los escondites en los montes. De repente, Joaquín entró apresuradamente en la habitación donde me encontraba y comenzó a recoger sus pertenencias. Le pregunté qué sucedía.

—"Me están cercando, corazón. Tengo que irme. Espérame aquí hasta que regrese, voy a volver. Nos vamos a esconder en el cerro, mi compadre nos llevará con ellos hasta que sepamos qué están haciendo las camionetas de los soldados que están llegando. Cuida a los Reyes, los quiero mucho, mi" mosura". Dijo despidiéndose apresuradamente, con planes de rencuentro sin saber que sería la última vez que nos veríamos como pareja. Al irse, sentí un nudo apretándome el pecho, sin entender que ese sentimiento marcaba nuestra despedida definitiva.

Aquel día, como de costumbre, le pedí que se cuidara. Con angustia, esperaba su llamada, esa llamada indicadora de que todo marchaba bien. Horas más tarde, el compadre de Joaquín habló por radio con su esposa, pidiéndome que siguiera esperando a Joaquín, muy seguro de que volvería por mí.

—"Dice el señor que esperemos aquí a ver qué pasa, que estemos alerta". — Compartió las órdenes la mujer. Con el paso de las horas, las noticias no llegaban y, ante la llegada del gobierno, me desalentaba, convencida de que Joaquín no regresaría al mismo sitio, si no que se había marchado. Entonces, tomé decisiones propias.

—"Sabes qué, necesito irme. No quiero quedarme más aquí", — le dije a la mujer y le pedí que nos llevara a un lugar cercano donde tomar un autobús.

—"Pueden tomar mi carro, váyanse en él, se lo presto. Tengo quien puede ir a recogerlo a Culiacán". — Ofreció la chica, convencida de que su esposo tampoco regresaría. Acepté su ofrecimiento y mientras subía mis maletas, seguimos intercambiando experiencias como mujeres de hombres mayores a nuestra edad.

— "Me imagino que es muy difícil ser esposa de un hombre como él, y con todos los problemas que ya tienes, debería cuidarse más", — susurró la joven, con palabras de compasión y entendimiento. Nos despedimos agradeciendo su hospitalidad. Subí al volante y manejé su carro hacia Culiacán. Durante el trayecto, Joaquín escribió a mi teléfono móvil y me pidió que fuera a Culiacán, que él había huido de aquel lugar por seguridad, pero ya había tomado esa iniciativa, antes de que él me lo ordenara. Nos despedimos con palabras afectuosas, esperando un nuevo reencuentro en el futuro. Sin embargo, a partir de aquel día, no volví a tener más noticias de él.

\*\*\*

Fue hasta el 8 de enero de 2016, las noticias sobre su paradero llegaban solas. Los medios de comunicación televisivos transmitían la última y definitiva reaprehensión de Joaquín en Los Mochis, Sinaloa.

El narcotraficante más buscado por las autoridades mexicanas, y seguramente con orden de extradición directa a Estados Unidos, había sido recapturado. En los noticieros se transmitieron imágenes de su captura, donde se le veía sentado en una cama del hotel Doux, marcado con el número 41, de Los Mochis. El operativo "Cisne Negro" trabajaba intensamente para localizar a Joaquín Guzmán y finalmente lo consiguió. Su captura marcó más de dos décadas de la historia de la organización criminal más poderosa de México. Joaquín se movía dentro del Estado de Sinaloa, su ubicación exacta era desconocida hasta que las autoridades llegaron a la casa de seguridad donde se alojaba en Los Mochis, donde se escondía junto a "El Cholo Iván" y sus sicarios.

A las 4:00 de la madrugada, un enfrentamiento se desató en la calle Los Olivos. Los sicarios abrieron fuego para darle tiempo a Guzmán y a "El Cholo Iván" de escapar a través de un pasadizo secreto que conducía a las alcantarillas de la ciudad. Al salir, robaron un vehículo que circulaba y emprendieron la huida a toda velocidad. El robo fue reportado inmediatamente, lo que llamó la atención de la policía, según versiones mediáticas. Las autoridades ordenaron detener el vehículo, pero los ocupantes hicieron caso omiso y provocaron su persecución. Al ser alcanzados, los oficiales descubrieron que a quienes habían detenido eran "El Cholo" y a "El Chapo Guzmán". Confiando aún en su poder, Joaquín intentó sobornar a los oficiales, pero ellos no cedieron y dieron parte a la Marina Armada de México, y fue encarcelado para el resto de sus días.

***

Una semana después de su detención, recibí un mensaje de Roberto, pidiendo encontrarnos con urgencia. Me reuní con él en el parque Botánico de Culiacán. Roberto subió a mi auto, notablemente preocupado. Me contó que esa madrugada él no se encontraba con Joaquín, lo que había desatado especulaciones entre los cercanos a Guzmán, quienes acusaron a Roberto de haberlo entregado a las autoridades.

— Señora, tengo un problema muy serio — dijo, explicando que había estado con su familia en Los Mochis por insistencia de su compadre, la madrugada que todo había ocurrido. Le aconsejé esconderse hasta que todo se aclarara, ya que los hijos de Guzmán podrían actuar si creían en verdad que los había traicionado, datos que definitivamente yo desconozco que sucedió.

— No, señora. Ya hablé con ellos y les dije que aquí voy a estar a la orden. Si me matan, pues ni modo, yo no soy un cobarde que huye. Si me voy, pensarán que yo lo entregué. Roberto insistió mostrando su lealtad. Lo que nunca comprendí fue el ¿por qué me confiaba algo tan serio? conociendo la identidad de la verdadera familia de Joaquín. Yo nunca tuve una relación estrecha con los hijos del Chapo, ni con su círculo cercano. Tras aquella última recaptura de Guzmán, me retiré de toda actividad y de toda persona relacionada al crimen organizado.

— Pero si se queda, se pondrá en peligro tanto usted como su familia. — le pedí pensarlo, preocupada por su seguridad y la de todos los que dependían de él.

— "Veremos qué pasa. Quería que supiera que yo no tuve nada que ver en eso. Si algo me pasa, sepan que soy inocente", — dijo, pero su inocencia sólo puede ser reconocida hoy en día a través de estos escritos, pues la verdad de los hechos y de quién traicionó a Joaquín, si es que realmente sucedió, solo la conocen las personas indicadas y las autoridades.

Semanas después, en Culiacán, Roberto asistió a una nueva reunión convocada, según mis fuentes, por el licenciado Dámaso. Pero no se supo más de él. Y días más tarde, fue encontrado sin vida en el interior de la cajuela de su coche. Junto a él, se encontró también a un joven originario de la colonia Las Lomitas, municipio de Cosalá, Sinaloa. Ambos cuerpos presentaban signos de tortura y el tiro de gracia en la frente, según peritajes policiales. Este caso tenía similitudes con el de Alejandro Aponte, alias El Bravo.

\*\*\*

A días, de estos asesinatos, un grupo armado irrumpió en un taller mecánico en Cosalá, llevándose consigo a Saúl y uno de sus sobrinos, todos de la familia de Roberto Peña. Ante tanta tragedia, me sentí desamparada ante un mundo que se desmoronaba en cuestión de segundos.

Tras todas esas muertes, Cosalá se volvía una zona de terror. Un grupo desconocido y fuertemente armado ingresó al pueblo en plena noche. Se adentraron en la sierra de San Ignacio, Guadalupe de los Reyes, y hasta llegar al Limón, tierra de los Peña. Mi compañero Adrián se encontraba de viaje en esa dirección, cuando por la radio se escuchó que la gente alertaba de aquel grupo armado, quienes cobraban vidas inocentes en la sierra sin motivo alguno.

— "Ey, ¿qué está pasando?" — Llamé a Adrián por la radio. No obtuve respuesta inmediata y la angustia comenzó a apoderarse de mí hasta que finalmente logré comunicarme.

— "Los están matando a todos", — susurró en voz baja, no había libertad para contestar, aquello me dejaba sin aliento y sin saber qué hacer.

—"Voy a ir por ti", — le indiqué. Pero ya no contesto. Un frío recorrió mi cuerpo de la cabeza a los pies. Encomendé a mis hijos a Dios y a la muchacha que cuidaba de ellos. Equipé mi maleta, tomé un radio, y monté en una cuatrimoto en medio de la noche. Adrián se había convertido en un ser de suma importancia para mí, nunca me dejó sola cuando lo necesité y era el momento de hacer lo mismo por él. Aquel día llamé a mi compadre Juan, comandante de la policía, para notificar lo que sucedía y salir juntos a aquella zona. El objetivo era rescatar con vida a Adrián de la sierra de San Ignacio.

Avanzaba por el camino en plena noche cuando Adrián me llamó. Conociendo mis arranques, él intuía que algo así haría por él.

—"No vayas a venir, no te vengas para acá", —dijo en el repetidor.

—"Ya vengo en camino. ¿Dónde están, están bien?" — Le pregunté, pues estaba angustiada.

—"Estamos bien, regresa a la casa. No dejes a los niños solos". —. Dijo entonces que se encontraban a salvo, y que él y sus compañeros se habían ocultado entre el río.

Aquellas horas fueron una eternidad, mientras que por los radios se siguieron transmitiendo las detonaciones que culminaron en un sin fin de personas asesinadas, y de las cuales las autoridades nunca recibieron la denuncia.

Adrián regresó al día siguiente a salvo, y narró los momentos de terror que habían vivido en las comunidades enclaustradas en la sierra de Cosalá.

Todo pasó en cuestión de tiempo. Después de que los medios anunciaron la visita de la actriz Kate del Castillo a El Chapo, llevada a cabo en la reserva ecológica de la Universidad Autónoma de Sinaloa. Agregaron que mi último encuentro con Joaquín había ocurrido en Año Nuevo, y efectivamente así ocurrió, la polémica a mi alrededor crecía como una bola de nieve.

No obstante, dos mujeres estábamos siendo juzgadas y perseguidas por la opinión pública y medios de comunicación, y posteriormente por el gobierno, casi por el mismo error, haber visitado a Joaquín.

Mientras tanto, los de Marina llegaban a Cosalá buscando mi ubicación, interrogando a los habitantes del lugar, como si fuesen la fiscalía, no había certeza de que fueran reales. A raíz de esta situación y el temor de dejar solos a mis hijos, viví meses huyendo como lo había hecho Joaquín Guzmán Loera, cruzaba cerros con mis hijos, temiendo ser separada de ellos. A pesar de cumplir correctamente con mi proceso legal y los delitos imputados, viajaba de un lugar a otro para proteger a mi familia y a mí misma, temerosa de pisar la prisión mexicana.

***

En marzo de 2017, un convoy de camionetas rodeó mi casa en el municipio de Cosalá, Sinaloa. Un buen samaritano llegó hasta mi puerta para alertarme de graves peligros.

—"Vienen por ti, ¡corre! Se llevarán a tus hijos", — Me advirtió. Al escuchar sus palabras, tomé una mochila que mantenía preparada con todo lo necesario para salir a prisa en emergencias como esa. Tomé a mis hijos y salí con ellos saltando cercos, ocultándonos entre el monte. La mochila contenía un radio, dinero y un celular para comunicarme con un contacto de emergencia, cosas que aprendí a prevenir con mi relación con Joaquín, en caso de tener que huir de enemigos o cualquier otro peligro, a mi conocimiento.

Camine por minutos entre matorrales, hasta salir a una carretera, ahí me esperaba ya una camioneta; después de hacer la llamada de emergencia. Era Adrián, quien nos recogió en aquel camino de terracería que conducía a tres destinos diferentes, la sierra, la ciudad y las minas del pueblo.

Desde entonces, hui de mi tierra natal, y me establecí en la capital, en Culiacán, cuidando cada paso que daba y pensando en los planes que mejor convenían para el porvenir de los menores de edad.

En mayo de 2017, tomé una decisión que cambiaría nuestras vidas radicalmente. Tomé un vuelo desde el aeropuerto internacional de Culiacán y Viajé a la frontera en busca de asilo político para el resguardo de mis hijos. Pero fui arrestada por agentes de la DEA, les expliqué las razones de porque estaba ahí.

Tocaba afrontar los riesgos, esa opción era mi única salida, ya no podía encontrar seguridad en México. En situaciones como esta, descubres que los lazos familiares y las amistades se desvanecen cuando el peligro acecha, descubres de estas solo, y que no se cuenta con nadie, peor aún si son situaciones extremadamente peligrosas.

Fue el 21 de julio de 2017, cuando decidí dar ese paso audaz: Una etapa que marco nuestras vidas, con el corazón lleno de incertidumbre y esperanza sacrifique mi libertad, por el futuro de los que más amaba.

Al llegar al Aeropuerto de Tijuana, me dirigí hacia la garita de San Diego, al identificarme, el oficial migratorio me informó que no era apta para ingresar a los Estados Unidos, a pesar de que todos mis documentos estaban en regla, eso no me gusto para nada. Fue un golpe devastador, hasta que decidí hablar con los agentes todo cambio. Fui ingresada a una prisión federal, las rejas me separaron de mis hijos un par de años, el dolor de no poder abrazarlos durante largos años me consumía, me perdí de algunas etapas hermosas de sus crecimientos que nunca nadie me podrá devolver.

Vivir en una cultura marcada por el narcotráfico trae consigo un peso inmenso. La fama y el poder se entrelazan, llevándonos a un abismo del que es difícil escapar.

Joaquín Guzmán Loera, conocido como "El Chapo", es ahora un claro ejemplo para las nuevas generaciones de que el mal caminó, solo conduce a dos destinos finales muy tristes, muerte o cárcel. Aunque apareció en la lista de multimillonarios, como la revista Forbes, el cartel experimentó una decadencia evidente, pero de la que las autoridades ni la sociedad se dieron cuenta.

Mis regalos como pareja de un narcotraficante eran superficiales y vacíos, no todo lo que brilla es oro. Mi mejor consejo es no irse con la finta.

Vivir en constante miedo y ansiedad es agotador. Hoy he decidido quedarme solo con los recuerdos de los momentos de felicidad compartidos con Joaquín Guzmán Loera, para sanar y cerrar esas heridas que nunca debieron ser abiertas.

El pasado quedó atrás, y ahora miro hacia el futuro con renovada esperanza y optimismo. Sé que la vida me ha bendecido con segundas oportunidades, para amar y ser amada, y no puedo estar más agradecida con Dios por ello y con todos los que me juzgaron en su momento, quienes han sido parte de la renovación de mi persona.

Con el corazón rebosante de felicidad, me sumerjo en esta nueva etapa de mi vida, sabiendo que he encontrado un lugar en el mundo y que, con un ser amado a mi lado, el futuro parece brillar con infinitas posibilidades y promesas que vienen de parte de Dios eterno.

Mi historia termina con un final feliz, encontré de nuevo el amor.

Mientras que el juicio del siglo es otra historia.

Continuara...